中华泰山文库·著述书系

泰山风景名胜区管理委员会　编

泰山神文化

中华石文化与泰山石

袁爱国 著
周谦 著

山东人民出版社·济南

图书在版编目（CIP）数据

泰山神文化　中华石文化与泰山石/袁爱国，周谦著. --济南：山东人民出版社，2019.4
（中华泰山文库 · 著述书系）
ISBN 978-7-209-11303-8

Ⅰ. ①泰…　Ⅱ. ①袁…　②周…　Ⅲ. ①泰山－神－文化　②石－文化－中国　③泰山－石－介绍　Ⅳ. ①B933　②TS933

中国版本图书馆CIP数据核字(2018)第284217号

项目统筹　胡长青
责任编辑　刘　晨
装帧设计　武　斌　王园园
项目完成　文化艺术编辑室

泰山神文化　中华石文化与泰山石
TAISHAN SHENWENHUA　ZHONGHUA SHIWENHUA YU TAISHANSHI
袁爱国　周　谦　著

主管单位　山东出版传媒股份有限公司
出版发行　山东人民出版社
出 版 人　胡长青
社　　址　济南市英雄山路165号
邮　　编　250002
电　　话　总编室（0531）　82098914
　　　　　市场部（0531）　82098027
网　　址　http://www.sd-book.com.cn
印　　装　山东新华印务有限责任公司
经　　销　新华书店

规　　格　16开（210mm×285mm）
印　　张　24.5
字　　数　200千字
版　　次　2019年4月第1版
印　　次　2019年4月第1次
印　　数　1-1000
ISBN 978-7-209-11303-8
定　　价　280.00元

《中华泰山文库》编委会

立岱宗之弘毅

——序《中华泰山文库》

一生中能与泰山结缘，是我的幸福。

泰山在中国人民生活中有着广泛而深远的影响，人们常说“重于泰山”“泰山北斗”“有眼不识泰山”……在中国人心目中，泰山几乎是“伟大”“崇高”的同义语。秉持泰山文化，传承泰山文化，简而言之，主要就是学做人，以德树人，以仁化人，归于“天人合德”的崇高境界。

自1979年到现在，我先后登临岱顶46次，涵盖自己中年到老年的生命进程。在这漫长岁月里，纵情山水之间，求索天人之际，以泰山为师，仰之弥高，探之弥深。从泰山文化的博大精深中，感悟到“生有涯，学泰山无涯”。

我学习泰山文化，经历了一个由美学考察到哲学探索的过程。美学考察是其开端。记得在20世纪80年代，为给泰山申报世界文化与自然遗产做准备，许多专家学者对泰山的文化与自然价值进行了考察评价。当时，北京大学有部分专家教授包括我在内参加了这一工作。按分工，我研究泰山的美学价值，撰写了《泰山美学考察》一文，对泰山的壮美——阳刚之美的自然特征、精神内涵以及对审美主体的重要作用，有了较深的体悟。除了理论上的探索，我还创作了三十多首有关泰山的诗作，如《泰山颂》：

高而可登，雄而可亲。
松石为骨，清泉为心。
呼吸宇宙，吐纳风云。
海天之怀，华夏之魂。

这是我对泰山的基本感受和认识。这首诗先后刻在了泰山的朝阳洞与天外村。

我认为泰山的最大魅力在于激发人的生命活力。我对泰山文化的学习，开端于美学，深化在哲学。两者往往交融在一起。在攀登泰山时，既有审美的享受，又有哲学的启迪（泰山自然景观和人文景观的结合，体现了一种天人合一的艺术境界）。对泰山的审美离不开形象、直觉，哲学的探索则比较抽象。哲学关乎世界观，在文化体系中处于核心地位，对人的精神影响更为深沉而持久。有朋友问我：能否用一个词来概括泰山对自己的最深刻的影响？我回答：这个词应该是生命的“生”。可以说，泰山文化是以生命为中心的天人之学，其内涵非常丰富，可谓中国文化史的一个缩影。泰山文化包容儒释道，但起主导作用的是儒家文化，与孔子思想有千丝万缕的联系。《周易·系辞下》中讲“天地之大德曰生”，天地生育万物，既不图回报，也不居功，广大无私，包容万物，这是一种大德。天生人，人就应当秉承这种德行，对于人的生命来说，德是其灵魂。品德体现了如何做人。品德可以决定一个人的人生方向、道路乃至生命质量。人的价值和意义离开德便无从谈起。蔡元培先生讲：“德育实为完全人格之本，若无德，则虽体魄智力发达，适足助其为恶，无益也。”

“天行健，君子以自强不息；地势坤，君子以厚德载物。”这两句话深刻地体现了“天人合德”的思想。学习泰山文化要与时代精神相结合。泰山文化中“生”的精神对我影响很大，近四十年，我好像上了一次人生大学，感到生生不已，日新又新，这种精神感召自己奋斗、攀登，为人民事业做奉献。虽然我已经97岁，但生活仍然过得充实愉快，是泰山给了我新的生命。

泰山文化是中华民族优秀传统文化的主要象征之一，是我们民族文化的瑰宝。在这方面，历史为我们留下了浩瀚的资料，亟待整理。挖掘、整理泰山文化，是推动中华优秀文化遗产的创造性转化、创新性发展的迫切需要。

日前，泰山风景名胜区管理委员会的同志来舍下，告知他们正在编纂《中华泰山文库》。丛书分为古籍、著述、外文及口述影像四大书系，拟定120卷本，洋洋五千万言，计划三到五年完成。我听了非常振奋！这是关乎泰山文化的一件大事，惠及当今，功在后世，是一项了不起的文化工程。我对泰山风景名胜区管理委员会领导同志的文化眼光、文化自觉、文化胆识和文化担当，表示由衷钦佩；对丛书的编纂，表示赞成。我认为，编纂《中华泰山文库》丛书，将其作为一个新的文化平台，重要意义在于：

首先，对于泰山文化的集成，善莫大焉。关于泰山的文献，正所谓“经典沉深，载籍浩瀚”（刘勰《文心雕龙》）。从大汶口文化时期的象形符号，到文字记载的《诗经》，再到二十五史，直至今天，在各个历史阶段都不曾缺项。一座山留下如此完整、系统、海量的资料，这是任何山岳都无法与其比肩的，在世界范围内也具有唯一性。《中华泰山文库》的编纂，进一步开拓了泰山文化的深度和广度，对于古今中外泰山文化资料及研究成果的发掘、整理、集成、保存，都具有无与伦比的综合性、优越性和权威性，可谓集之大成；同时，作为文化平台，其建设有利于文化资源和遗产共享。

其次，对于泰山文化的研究，善莫大焉。文献资料是知识的积累，是前人智慧的结晶，是文化、文明的成果。任何研究离开资料，都是无米之炊。任何研究成果都是建立在资料的基础上。同时，每当新的资料出现，都会给研究带来质的变化。《中华泰山文库》囊括了典籍志书、学术著述、外文译著、口述影像多个门类，一方面为学术研究提供了所必需的文献资料，大大方便了研究者的工作；另一方面，宏富的文献资料便于研究者海选、检索、取舍、勘校，将其应用于研究，以利于更好地去伪存真、去粗取精，提高研究效率和研究质量。

再次，对于泰山文化的创新，善莫大焉。文化唯有创新，才会具有更强大的生命力。所以说，文化创新工作永远在路上。新时代泰山文化的创新，质言之，泰山文化如何引领新时代的精神文明，服务于新时代的精神文明建设，是一个重大课题。就其创新而言，《中华泰山文库》丛书的编纂本身就是一种立意高远的文化创新。它有目的、有计划、有系统地广泛征集、融汇泰山文献资料，集腋成裘，聚沙成塔，夯实了泰山文化的基础，成为泰山文化创新的里程碑。另外，外文书籍的编纂，开阔了泰山走向世界、世界了解泰山的窗口，对于泰山更好地走向世界、融入世界，具有重要的现实意义。而口述泰山的编纂，则是首开先河，把音频、影像等鲜活的泰山文化资料呈现给世人。《中华泰山文库》的富藏，为深入研究泰山的文化自然遗产，提供了坚实的物质保障。

最后，对于泰山文化的传承，善莫大焉。从文化的视角着眼，随着经济社会的发展变革，亟须深化对优秀传统文化重要性的认识，以进一步增强文化自觉和文化自信；通过深入挖掘优秀传统文化价值内涵，进一步激发其生机与活力；着力构建优秀传统文化传承发展体系，使人民群众得到深厚的文化滋养，不断提高文化素养，以增强文化软实力。毋庸讳言，《中华泰山文库》负载的正是这样一个优秀传统文化传承发展体系。如上所述，集成、研究、创新的最终目的，就是为了增强泰山文化的生命力，祖祖辈辈传承下去，延续、共享这一人类文明的文化成果。这是一个民族兴旺发达的源泉所在。《中华泰山文库》定会秉承本初，薪火相传，继往开来。

更为可喜的是，泰山自然学科资料的整理和研究，也是《中华泰山文库》的重要组成部分，无论是地质的还是动植物的，同样是珍贵的世界遗产。

中国共产党第十九次全国代表大会报告中指出："文化自信是一个国家、一个民族发展中更基本、更深沉、更持久的力量。必须坚持马克思主义，牢固树立共产主义远大理想和中国特色社会主义共同理想，培育和践行社会主义核心价值观，不断增强意识形态领域主导权和话语权，推动中华优秀传统文化创造性转化、创新性发展，继承革命文化，发展社会主义先进文化，不忘本来、吸收外来、面向未来，更好构筑中国精神、中国价值、中国力量，为人民提供精神指引。"这是我们编纂《中华泰山文库》丛书工作的指南。

编纂《中华泰山文库》丛书是一项浩繁的文化系统工程，要充分考虑到它的难度、强度和长度。既要有气魄，又要有毅力；既要正视困难，又要增强信心。行百里者半于九十，知难而进，迎难而上，才能善始善终地完成这项工作。这也是我的一点要求和希望。

值此《中华泰山文库》即将付梓之际，泰山风景名胜区管理委员会的同志嘱我为之作序，却之不恭，写下了以上文字。我晚年的座右铭是："品日月之光辉，悟天地之美德，立岱宗之弘毅，得荷花之尚洁。"所谓"弘毅"，曾子有曰："士不可以不弘毅，任重而道远。仁以为己任，不亦重乎？死而后已，不亦远乎？"故而，名序为：立岱宗之弘毅。

杨辛
2018年7月

目 录

泰山神文化

中华石文化与泰山石

泰山神文化

袁爱国　著

序

泰山是中华民族的精神象征，它蕴含着从古至今无比丰富的民族文化宝藏。“打开扇子崖，金银财宝往家抬”的民谣，就强烈地折射了这种宝藏意识。

当爱国同志把寻宝的探测仪对准神文化，即泰山崇拜与信仰的文化时，无疑是找到了一座富矿。在我看来，泰山文化几乎是一部传统文化的百科全书，但它不像孔子学说、稷下学说那样，是相对完整的思想体系，而是以泰山为载体，在人类原始社会就已发源，经过不断累进与变异逐渐形成的。在这个过程中，有些盛行的东西消亡了，有些虽然流传下来，却变化很大；各种史传对泰山的记载多是只言片语，阙载有间，明清以来出现的泰山志书又以景胜为主，这就使泰山文化的珠玉散见于群峰众壑。因此，搜罗剔抉，钩沉发微成为研究泰山文化的首要任务，需要探索者有几分眼光。

前些年，爱国同志曾跟我学习古典戏曲小说和民间文学，近年转向研究泰山文化，除留心历代泰山文献方志外，还注重学习文化学、民俗学、宗教学、神话学等，有了比较开阔的视野，同时还做了大量的民间调查，掌握了一些鲜为人知的材料。凭借这样的基础，他开始了泰山探宝的历程。本书是他的第一次收获，较之他近年发表的一系列泰山研究论文，更加系统与丰厚，初步显示了他的功力，以及独立思考，大胆探索的勇气。书中的有些篇章，如阴阳五行学说与泰山，封禅起源问题，五岳真形图之谜，经石峪刻经的起因、时代与作者，泰山佛教的宗派与活动等等，都是独抒己见，道前人所未道，给人以新鲜的启示。

当然，爱国同志的泰山文化研究还不能说已臻于尽美境界。但是他正朝这个方向迈进。我们希望他的探宝有更大收获，也希望把泰山文化研究推向更加广阔的领域。

李万鹏

1991年6月10日于山东大学

东方崇拜与信仰的典范

——《泰山神文化》绪说

本书的主题是泰山神文化。泰山神文化是以泰山为载体和对象，关于崇拜和信仰的文化。泰山神文化是整个泰山文化的核心部分，是中华民族东方崇拜与信仰的典型范例。

一、神山与神文化

世界上有古老文明的民族，大都有自己的神山。例如古希腊的奥林匹斯山，古印度的须弥山，日本的富士山等。神山是人类童年时代思想意识的产物，往往能集中体现该民族文化的原始形态，并对该民族的文化传统和文化心态产生至关重要的影响，成为民族精神的一种象征。

雄踞于齐鲁大地的泰山是中华民族的神山。

这是一片神奇的土地。在远古时代，泰山地区就是先民们生息繁衍的栖息地。近年来考古研究和大批出土文物证明，沂源县土门骑子鞍山发现了猿人的头骨、肢骨化石，是距今四五十万年前人类的遗踪。新泰乌珠台发现了一枚50000年前“智人”少女的牙齿。距今约7500年的北辛文化以及后来的大汶口文化、龙山文化、岳石文化，呈现出脉络分明的文化延续。文化史研究认为，泰山在先民心目中处于“齐州”中原的中心部位。在燕山之南，太行、秦岭之东，伏牛山、桐柏山、大别山以北，大海以西，形成一个三角形的较为平坦的区域——中原。这里有被称为“四渎”的四条大河，即黄河、济水、淮河、长江。河岳之间，泰山周围，就是原始社会中东夷民族的发祥地。我们的祖先在这里创造了灿烂的文化，迈进了文明的门槛。这种产生于神山的文化，其主要内容及特色就是神文化。

二、泰山神文化的主要内容

泰山神文化大致按其产生时代形成序列，主要内容包括泰山神话、泰山封禅、泰山作为阴阳五行学说的象征物、泰山宗教、泰山民间俗神及信仰等，在发展与传承过程中，它们之间又呈现出互为影响、互相融合的局面。

泰山神话是东夷人集体创造的最初形态的原始文化意识，也是有关泰山崇拜与信仰的观念之源。它是有了文字以后才被记录下来的，离最初形态已有一段距离，但仍能反映出其朴素的原始风貌。其中最为主要的内容，一是原始祖先崇拜与自然崇拜相结合而产生的泰山女神，一是围绕着东夷人的鸟图腾崇拜所产生的诸神。夷人中的鸟夷，即以泰山以南的曲阜为发祥地。《左传·昭公十七年》载："我高祖少皞挚之立也，凤鸟适至，故纪于鸟。为鸟师而鸟名。凤鸟氏历正也；玄鸟氏司分者也；伯赵氏司至者也；青鸟氏司启者也；丹鸟氏司闭者也；祝鸠氏，司徒也；鴡鸠氏，司马也；鳲鸠氏，司空也；爽鸠氏，司寇也；鹘鸠氏，司事也。五鸠，鸠民者也，五雉为五工正，利器用，正度量，夷民者也。九扈为九农正，扈民无淫者也。"在少皞之国众鸟族中，有鸷类8个、凤类8个、扈类9个，且分别担任一定管理职能，有的学者由此指出《左传》记载中"可以看到少数民族已具备国家的形式，只是还很原始而且是比较简单的形式"。(《大汶口文化讨论文集》齐鲁书社1981年版)。鸟夷部族的首领和大神是舜。舜在古籍中又写作"夋"，甲骨文中均为鸟首人形，又是后来殷人的祖先。基于这种史实，夷人的神祇伏羲、飞廉、穷奇、后羿以及炎帝族的共工、夸父等等，都以泰山为活动基地，使泰山成为百神爰在的神山。在这些神话中，还曲折地反映了炎、黄两大氏族在泰山的激烈冲突和相互融合的历史。显然，这是泰山成为神山的肇始。

封禅大典是泰山文化中独有的现象。封禅起源于夷人、殷人的泰山崇拜，其目的在于沟通天人，实现天帝与人的直接交流。进入封建社会以后，这种原始的文化观念被涂上浓厚的政治色彩，成为统治者奉天承命、盛世太平的象征和仪式。这就把国家政治与泰山文化紧密结合起来，通过封建皇帝的封禅实践，把原始文化观念转变为现实政治观念，其效果是大大强化了泰山崇拜和信仰，这是不言而喻的事实。

阴阳五行的象征。阴阳五行学说是古人基于自身的体验阐发出的理论系统和哲学观念。从邹衍的五德终始说和《吕氏春秋》以来，用自然现象和变化规律来解释、对应人类社会的发展，从而把有关自然规律的观念演化为政治运行模式。在两者结合的具体过程中，泰山起着举足轻重的作用，又进一步使“泰山主生死”观念得以强化、系统化，从而把泰山变成天堂一地狱之山，每个人的生前死后、吉凶祸福，统统由泰山掌管。人们对泰山的敬畏，真是达到了登峰造极的地步。

泰山宗教内容更是琳琅满目，令人应接不暇。传统文化中起主要作用的儒、道、佛三教，都在起源、传入阶段就与泰山结下了不解之缘，泰山经历了三教的兴起、繁盛、衰落的全过程。儒家从创始人孔子开始，就长期流连于泰山，从事政治活动，学习礼仪知识。孔门弟子中有不少是泰山人，如柳下惠、林放等等。孔子师徒在泰山留下了儒家早期的深刻影响。北宋初年由孙复、石介、胡瑗等人创办的泰山书院，为北宋著名改革“庆历新政”培养了大批人才。泰山书院所坚持、所弘扬的儒家道统和义理精神，成为南宋理学的理论先驱。宋代开始，孔子庙遍布泰山上下，儒家文化成为泰山崇拜信仰中不可分割的部分。

道教从原始巫术与秦汉方仙道发展而来，而巫术与方仙道正是以泰山为其最早的重要基地。无论是《山海经》中记载的昆仑一泰山的巫师活动，还是秦皇汉武迷狂的求仙，从最早的《太平经》到明清民间的秘密教派，都把泰山视为洞天福地，作为修炼、长生的灵应仙界。泰山成为道教的神山。

佛教从传入之初就进入泰山。西域高僧佛图澄的弟子朗公在泰山北建起了朗公寺、灵岩寺，泰山成为齐州佛教区的基地，灵岩寺成为泰山佛教的中心。从朗公开始的大乘空宗，到隋唐之际降魔禅师的禅宗北派、慧能和尚的禅宗南派黄龙系、玄奘师徒传来的法相宗、开元三大士传来的密宗，到宋金元明相继传来的净土宗、华严宗、临济宗，灵岩寺及泰山佛教出现了影响较大的八个宗派。历代高僧学者咸集，佛经传释著述迭出，灵岩寺在唐代就被列为域中四大名寺之首。灵岩佛教曾东传日本、朝鲜，西传至佛教的发源地印度等。灵岩寺僧人的饮茶习俗还由最澄、空海等人带至日本，演化为“茶禅一味”的茶道。这种国际佛教文化的直接交流，大大提高了泰山佛教的地位与影响。

泰山民间俗神信仰亦极有特色。泰山老奶奶、泰山石敢当的信仰习俗，很难找出与之影响相似的事象。原始自然崇拜中的山川、社稷、星辰、木石、器具等，在民间都有孑遗。当年孔子曾经慨叹“礼失求诸野”，现在我们又深深体验到民俗文化传承巨大的惯性力量。民间对于俗神的祀奉虽不乏神秘色彩，却无庙堂之上的庄重呆板，而带有生活情趣与喜剧色彩。

三、泰山神文化的特征

泰山神文化是崇拜与信仰的文化。所谓崇拜与信仰，即带有宗教色彩的情感体验，并外化为一定的行为实践。泰山神文化的产生、发展、衰落有一个纵向历史过程，形成了丰富的积累与叠压，保存了从原始社会到封建社会中形形色色的神祇；泰山神文化由最初的思想观念演化为众多的具体形象——神祇，举凡国家的、宗教的、民间的、观念的、形象的、天上的、人间的、阴间的种种品类，几乎都有涉及，显示了高度的连贯性、集中性、典型性，形成了一个相对独立的文化系统。颇似文化学者们定义的“文化丛”。泰山神文化的作用和影响大大地超出了泰山地域范围的限制，对整个中华民族的崇拜信仰具有典范意义。或许正是由这一角度出发，才使那位现代文学的巨匠、睿智的学者与激情的诗人敏锐地体会出：“泰山是中华民族文化史的局部缩影。”

泰山神文化的特征具体表现在以下几个方面：

（一）原发性与原始性

泰山崇拜信仰的思想意识与文化观念是在本土上孕育萌发的，它不像其他后来被发现的名山那样，其人文景观与文化因素基本是凭借人的各种活动“引进”“移植”而来，而是在文明起源阶段就与人类的各种活动、各种文化思想密不可分地联结为一体，是“土生土长”的文化现象，显示出这种地域文化的本根性。所谓原始性，即与整个中华民族的文明是同源同步的，并且成为后世思想文化的肇始。

（二）宗教性与神秘性

泰山神文化的早期内容带有氏族宗教的特点，具有强烈的神秘色彩。宗教学认为：“早期母系社会的原始人把氏族的祖先与自然物混为一谈，这就产生了最早的图腾崇拜和半人半图腾的女始祖崇拜，这是氏族宗教的初始期。”而原始社会后期，则“出现了兼具自然神与祖先神双重神性的天神崇拜和由此衍化出来的其他宗教崇拜形式”（吕大吉《宗教学通论》）。半人半兽的西王母作为早期泰山女神，正是母系氏族社会中“半人半图腾的女始祖崇拜”的典型代表。泰山神话中其他神祇，如夷人的祖神伏羲、风神飞廉，则是“兼具自然神与祖先神双重神性的天神崇拜”，表现出部落联盟时期氏族宗教的新特点。西王母穴居洞处，有青鸟为使，能“司天之厉及五残”，蚩尤能“请风伯雨师，纵大风雨”，天女魃能使“雨止”，都表现了超自然的神力，增强了神秘色彩。

（三）强烈的生命意识

泰山崇拜与信仰自始至终贯穿着生与死的主题。泰山女神的繁衍人类、太皞伏羲氏的执掌东方、泰山府君主冥府、魏晋以来流行的“魂归泰山”观念，乃至金元以来，奈河、嵩里山阴曹地狱中十殿阎罗、三府六案七十五司的建构，形成了生与死的循环系统。道家的《五岳真形图》及其灵宝符箓，方术的祛病禳灾、益寿延命，也都回荡着长生永在的旋律。孔子把“泰山其颓”作为生命终结的象征，也都浸透着强烈的生命意识。透过所谓“神”的罩纱，我们可以清楚地看到泰山崇拜与信仰的深刻内蕴——其出发点、落脚点都是“人”，是人的生命意识的体验与张扬。

（四）创造与进取的积极精神

先民对于泰山的崇拜信仰，绝不是五体投地，“伏不敢起”，而是以惊人的想象，借助于各种超自然的力量来征服、控制自然，显示了巨大的创造力和豪迈的进取精神。封禅大典的沟通天人、阴阳五行学说的改朝换代，在其产生之初，都是人们充分发挥主观能动性，主动而自信地迎合“天命”的结果。五行学说更公开宣布天命靡常、运行有序，此德衰而彼德兴，易姓受命乃天经地义之事，又反过来鼓舞和激励了人们奋发向上的进取豪情，成为“真命天子”建新朝、农民起义换旧代的理论依据和精神旗帜。佛教中灵岩八宗对佛理精义的研究，孔门弟子及泰山学派对儒学的拓展，也都是这种创造与进取精神的表现。

（五）巨大的包容力与吸附力

泰山崇拜与信仰的内容，有与人类活动同时出现的思想意识，也有后世踵事增华的内容；有“土生土长”的神话、封禅，也有外面传入的佛教和各种思想学说；有自古就有的泰山诸神，也有列入国家祀典的各路神灵、道家天神仙真、国外“引进”的佛陀，乃至似教非教的儒家圣贤、死后封神的英雄好汉、原始拜物教遗俗、鬼魂狐仙等，靡不毕集。本与泰山无关的外地神祇，如金龙四大王、送子张仙、小说中人物余化龙等等，也来寻觅洞府，享一炉香火，凑一番热闹，大大丰富了泰山崇拜与信仰的内涵外延，充分体现了虚怀若谷、兼收并蓄的雄浑气势。李斯在著名的《谏逐客书》中说过“泰山不辞细壤，故能成其大”，不意在两千年后我们审视泰山神文化，乃至整个泰山文化时，仍仿佛能听到它山呼海应般的磅礴回响。

四、泰山神文化的社会功能

泰山神文化作为中华民族传统文化的重要组成部分，对社会发展起着重大作用，产生了深刻影响。

泰山崇拜与信仰中的神话内容，在历史上曾经起着团结氏族成员，激励和振奋民族精神的重要作用。尤其是炎帝系统诸神不畏强暴，敢于反抗，至死不渝的斗争精神，给予后人极深刻的影响，形成深厚的精神传统和独特的性格禀赋。封禅中“易姓而王”的观念，曾经给秦汉时期新兴的地主阶级以巨大鼓舞，增强了进取的豪情与无畏的气势。刘邦在天下未定之时，即自称黑帝，说天上五帝是“乃待我而具五也”，显示出强烈的自信与果敢，就是突出的一例。

作为泰山崇拜信仰重要内容的阴阳五行学说，曾经是统治者的理论依据与政策依据。秦始皇首先实施五德始终说，宣称秦代周为水德，并制定了一整套水德制度；以冬十月为岁首，更名河曰德水，衣服旄旌节旗皆尚黑，数以六为纪，刚毅戾深，事皆决于法。汉以后的改朝换代，也以五德始终为理论依据。历代农民起义，也大都借用五行学说来建立新朝，标榜正统。东汉黄巾起义以五行谶言为口号，把五行学说与农民革命完美地结合在一起。带有浓重伦理色彩的孔子学说，自汉代以来开始为中国文化思想的主体，在封建社会的统治思想和政治事务中起主导作用，以致有“半部《论语》治天下”之说，孔子本人也以“仁义之师”“人伦之表”的人格力量，影响引导着中国历代知识分子以天下为己任，关注并且影响着国家的前途命运。

泰山神文化中的宗教内容，在封建社会历史中的各个方面发挥着重大影响。马克思主义的创始人曾经说过：宗教是“这个世界的总的理论，是它的包罗万象的纲领”，“宗教里的苦难既是现实的苦难的表现，又是对这种现实的苦难的抗议。宗教是被压迫生灵的叹息，是无情世界的感情，正像它是没有精神的制度的精神一样。宗教是人民的鸦片”(《黑格尔法哲学批判导言》，见《马克思恩格斯选集》第1卷)。统治阶级正是利用宗教的这种作用来维护其统治，所谓“修好一座庙，胜养十万兵”。而农民起义也往往借神的名义，用神的旨意来调动宗教热情，掀起声势浩大的群众运动，推翻旧的统治。赤眉军、黄巾军，乃至近代的太平天国，莫不如此。宗教中规定的强制性的道德规范，教义上的劝谕向善，也在民俗心理与行为中存在着深远的影响，客观上有着积极的作用。

毋庸讳言，泰山神文化也有它的消极作用，其突出表现为迷信。崇拜信仰和宗教，在产生之初就与迷信有血缘关系，后世遂更成为迷信的大本营。这是历史。我们无法改变历史，更不能因此否定历史。但是正本清源，揭示迷信的本来面目，探明迷信之所以成为迷信的原因，则是历史提出的严肃课题。从迷信到科学，是人类认识史上的巨大进步。但人们对迷信本身的科学认识，还远未达到终结，用科学来反对迷信的任务还相当艰巨。在相当长的时期内，迷信将作为科学研究的“标本”，也将继续影响一部分人的思想。这两种作用将同时并存。

五、泰山神文化的价值评估

泰山崇拜信仰的鼎盛时代已经过去，但结束其影响却无法成为可能。直到现在，它对我们仍有多方面的重要价值。

——思想文化价值。伟大的马克思在他的天才著作《路易·波拿巴的雾月十八日》中指出：“人们自己创造自己的历史，但他们并不是随心所欲地创造，并不是在他们自己选定的条件下创造，而是在直接碰到的、既定的、从过去承继下来的条件下创造。一切已死的先辈们的传统，像梦魇一样纠缠着活人的头脑。”(《马克思恩格斯选集》第2卷)泰山神文化正是形成了这样一种深厚的思想文化传统。泰山神话是原始社会中氏族先民共同创造的百科全书，是中华民族最早的文化源头，其不屈不挠的开拓进取精神，对于今天团结动员全民族进行社会主义现代化建设不无裨益。孔门师徒的思想学说，对于协调当代人际关系，建立社会主义伦理规范有重要参照作用。泰山佛教注重对佛教义理的研究阐发，其佛教哲学中蕴藏着极深的智慧，尤其是禅宗，对于宇宙人生的洞察，对逻辑理念的分析都有独到见解，成为传统哲学的重要组成部分。阴阳五行学说及其天人感应观念，如果揭去其“神”的外衣，那么它所阐释的天人相统一的原理，正是现代科学中的系统论、全息论最为关心的课题。泰山崇拜信仰中大量的警句格言，如“泰山北斗”“稳如泰山”“有眼不识泰山”“泰山其颓”等等，也早已成为中华民族共同的思想意识与精神尺度。泰山之于民族精神的博大、凝重、宽厚、坚韧，其文化心理传统，盖发源于此。

——科学技术价值。泰山神文化包含了许多科技内容。阴阳五行学说中的占星术、望气、风角等等，就是当时的天文学、气象学。从《汉书》开始的正史中设《五行志》，在荒诞离奇的泰山灾异记载后面包藏有大量的古代信息与资料，广泛涉及天学、地学、生物学、生态学、生命科学等领域。道教在炼丹、医学、保健方面取得的成就，是对古代科技的重大贡献。李约瑟博士在《中国科技史》中谈到道教与科技的关系时指出：“中国古代和中古代的医生和技士们的本领，比大多数汉学家愿意承认的强得多。人类历史上一些很基本的技术，正是从这块土地上生长起来。只要深入挖掘，还可能找到更有价值的东西。”道教中包含的科技内容称为道教科技，它所涉及的科学领域有化学、生物学、医学、物理学、地质学、矿物学、天文学，以至宇宙学。道家的炼丹术在原始化学中占有主要地位，成为中国科技史上的独特篇章。

——艺术审美价值。黑格尔在研究宗教与艺术的关系时说：“艺术到了最高阶段是与宗教直接相联系的。”宗教“往往利用艺术来使我们更好地感到宗教的真理，或是用图像说明宗教真理以便于想象”(《美学》第一卷)。泰山佛寺道观以其建筑布局与空间结构作为神性的象征。祭祀泰山神的岱庙具有皇家宫殿的庄严，是人间皇权的翻版。碧霞祠为三进式四合院，主建筑沿中轴线石基纵向展开，以金、木、水、火与中央土相配，五行俱全，意在聚四方之气，迎四方之神。正殿的铁瓦、铜碑和后移至岱庙的金阙，都是稀见的取材。灵岩寺辟支塔八角九级十二檐，上有铁刹，以金刚力士牵引。塔身外形深厚有力，充满佛教的内在力量，丰满的曲线和层层密檐又包含着无穷的外张力量，弥漫着佛教崇拜的浪漫气息。千佛殿中四十尊宋塑彩色罗汉像，神态性格刻画细致入微，肌肤腠理栩栩如生，梁启超称之为“海内第一名塑”。岱庙天贶殿的巨幅壁画《泰山神启跸回銮图》、经石峪《金刚经》刻石的书法，是历史上泰山画派与泰山书派的经典性代表作品，是泰山文化宝库中的瑰宝。泰山道教音乐继承古代巫祝“巫以歌舞降神”的传统，并富有地方特色。岱庙文献中保存了古代帝王祭山时的庙堂音乐，近年来经整理挖掘，已用于仿古封禅表演中；碧霞祠、东平祥龙观的道教音乐，有用于纪念、赞颂、修持活动的“阳调”和祭祀、追荐用的“阴调”两大类，最盛时可演奏三百余支牌子曲，大部分散见于当地民歌小调，近年整理挖掘，已有恢复。泰山神祇的民间传说，更是山积海量，俯拾皆是。“碧霞元君占泰山”“泰山石敢当”“泰山神全的由来”等等，过去在泰山几乎是家喻户晓，人人能讲，形成了浓厚的民俗心理。

——学术研究价值。泰山神文化作为完整的文化系统，具有巨大的综合研究价值。它给社会科学的众多领域，如神话学、宗教学、文化学、民俗学，美学、历史学等等，带来富有意义的研究课题。它既可以进行某一学科的独立研究，又可以进行多学科综合研究；既可有宏观的把握，又可有微观的精研，从而对它在历史发展中的作用和影响，其崇拜信仰的传承演变，以及它对整个民族精神的影响等等，进一步做出深入全面的揭示。

六、研究泰山神文化的意义

泰山作为中华民族的神山，其丰富的文化蕴含居国内名山之冠。近年来学术界对传统文化的关注，已引发了《孔子文化大全》《齐文化丛书》这样气魄宏大的文化工程。位于齐鲁中心，起源更早而又连带齐鲁文化的泰山文化，亦成为学术界关注的焦点之一。对泰山文化的研究已颇有起色，并不断有令人欣喜的成果。但此前尚未出现较为系统地介绍与研究泰山崇拜与信仰的文化专著，不利于这一研究课题的深入开展，现在应该把它提上议事日程了。

研究泰山神文化是弘扬民族优秀文化的需要。这里的“神”是指崇拜与信仰，是文化形态中的核心部分。从其内容、特征、功能、价值上分析，其积极方面起主导作用。在民族传统文化中，往往是真理与谬误并存，精华与糟粕连体。通过科学的研究实行“剥离”，正确认识与评价传统文化，是弘扬的前提和基础，也是历史赋予当代科学工作者的使命。

研究泰山神文化也是建设社会主义精神文明，移风易俗，破除迷信的需要。民族精神中的优秀部分应当被纳入社会主义精神文明建设之中，移风易俗则要首先考察旧有风俗的内容特点及其形成、传播过程，才有可能清除那些陋俗恶习。而破除迷信的最好办法，是讲清它的来龙去脉，揭示它的本来面目，去掉它的神秘色彩，则迷信往往不攻自破。

研究泰山神文化还是更好地保护人类文化与自然遗产的需要。泰山已被联合国教科文组织列为人类文化与自然双遗产。这份遗产许多方面的内容，我们还缺乏细致的了解与深入的研究。盛名之下，常恐其实难副，也逼迫我们以更大的努力加强研究，科学地保护好、利用好珍贵的遗产，才能上对得起祖先，下无愧于后代。功败垂成，将由历史和后代评判。

第一章
众神爰居的神山

古代神话中关涉泰山的内容极其丰富，这是颇能引起我们注意的有趣现象。神话是先民社会生活与思想意识的反映，是先民集体意识不自觉创造出的百科全书。作为意识形态，它是当时人们信仰的思维和幻想；作为社会生活的折射，它又积淀了一定的历史真实，以致从春秋到秦汉，经过漫长的“改造”，把神话加以历史化，载入编年，成为史实。神话的这种双重文化指向，导致了学术界争论不休的众多歧义，但在我们考察泰山文化起源和泰山信仰崇拜中，神话双重文化指向所起的作用却是完全一致的。

一、三代延续的泰山女神

泰山女神，民间尊称为泰山老奶奶或泰山娘娘。她和东岳大帝是执掌泰山的两位主神。但在道教神谱和民间信仰中，东岳大帝是极少被注意到的苍白形象，而对泰山女神却充满庄严的敬仰和柔情的眷恋。宋代开始，泰山女神具体为碧霞元君，其民间信仰从泰山地区泛及黄淮海地区，辐射范围南至江浙赣皖，北至北京及东北三省，西至陕西，东至沿海。时至今日，其信仰仍不绝如缕，在民间延绵持续。这种存在上下千余年、纵横数万里的民间信仰及其在人们生活中的巨大影响，不能不在我们考察泰山崇拜中首先引起注意。

1.泰山女神通常认为与碧霞元君是同一称谓，两者可以合而为一，这是一种本末倒置的错误观点。考“碧霞元君”称号，源出于宋真宗的那场“封禅”闹剧。清代顾炎武在《日知录》中指出：“泰山顶碧霞元君，宋真宗所封。”但在受封之间，即有一位泰山玉女在。张尔岐《蒿庵闲话》记：“宋真宗东封还次御帐，涤手池内，一石人浮出水面，出而涤之，玉女也。命有司建祠奉之，号为圣帝之女，封天仙玉女碧霞元君。”原来当初受封的，不过是一尊石雕玉女像。宋真宗封赠的目的，也只是为他“降天书”的把戏增加色彩，张扬声势，显示这位神女“坤德直方，博厚无疆”(《宋史·封禅志》)，如何格外垂青他这个丧权辱国的无能皇帝。显然，这位突然出现的女神靠真宗封号起家，除能“浮出水面”以外无其他灵验神通，连其来历也颇不令人放心，且与如火如荼的碧霞元君崇拜风尚极不协调。于是，人们开始追溯这位女神的身世，力图阐释其神异色彩和高贵出身。孰料欲盖弥彰，混乱的解释露出了更多的马脚。试析几种比较流行的说法：

(1)民女石玉叶说。《玉女卷》曰：“汉明帝时，西牛国孙宁府奉符县善士石守道妻金氏，中元七年甲子四月十八日子时生女，名玉叶……十四岁忽感母教，欲入山，得曹仙长指，入天空山黄花洞修焉。天空盖泰山，洞即石屋处也……泰山以此有玉女神。”按奉符为宋真宗封禅泰山后的泰安县名，原称乾元，因得天书符瑞而改称。石守道乃北宋人，名介，是范仲淹弟子，与欧阳修同年进士。景祐四年(1037)在泰山栖真观办起泰山书院，后任国子监直讲，因积极参与范仲淹等人的“庆历新政”被迫害致死。石介自撰家谱中未言及“玉叶”。且石介为儒学名士，无神论者，曾著《怪说》猛烈抨击佛、老之道为“汗漫不经之教，妖诞幻惑之说”。其家风流传数世无奉佛道者。把“神女”附会于石介，不正是“佛头着粪”？至于汉明帝之时，西牛国孙宁府等牛头不对马嘴的记载，更证明此乃一拼凑的传说。

(2)东岳大帝之女说。《山东通志·玉女祠》条记载。按宋真宗封禅时封东岳泰山为“天齐仁圣帝”。后《封神演义》中黄飞虎被封为“东岳泰山天齐仁圣大帝”，已是小说家言。这实际上形成了先有封禅前的泰山玉女，后有封禅后的玉女之父——东岳大帝。这显然又是一个伪托。

(3)华山玉女说。出明王世贞《游泰山记》。华山玉女事见唐薛用弱《集异记》。但其情节、形象诸方面均与泰山玉女无任何联系。

另外还有天仙神女说、黄帝所遣之女说等等。这些说法虽然大多是凭空想象，但在这些说法背后，我们会感觉到总有一个若隐若现的影子——泰山女神的影子存在。那么，这位神秘的泰山女神究竟是谁?

2.泰山脚下的大汶口文化，距今约6500～4500年，正是由母系氏族开始向父系氏族过渡的转变时期。在母系氏族社会，原始文化和宗教的核心是母神崇拜。其他原始自然崇拜也都被打上了母神崇拜的印记。1986年发现的辽西牛梁河女神庙红山文化遗址，展示了7000～5500年前已高度发达的母神崇拜的宗教体系。其遗址以母神庙建筑群为主，形成庙堂、祭坛、墓冢的系列，构成了以体形硕大（其残肢尺寸相当于真人三倍）的主神为中心，以诸女神为辅佐的女神谱系，反映了当时发达的生产力和组织严密的社会结构。苏秉琦先生认为是“植基于公社、又凌驾于公社之上的高一级的社会组织形式”，有的学者认为是母权制国家的雏形。女神庙的发现，也为我们认识同期的泰山文化提供了实物标本和范例。

此时期的泰山地区，是中华民族的祖先——炎、黄两个合婚部族的共同发祥地。炎帝神农氏的“帝都”在泰山以南的曲阜，而黄帝出生地在曲阜寿丘。按照母权制婚姻遗俗，黄帝出婚于陕西天水地方，为早期迁徙在那里的炎族人之婿。后来生子玄嚣，玄嚣又入赘于山东曲阜炎帝女系，成为炎帝神农氏的权力继承人，即帝少皞氏（骆宾基《对祖国上古史当重新认识》，见《新华文摘》1989年第9期）。少皞氏死后葬于曲阜。这两大部族原本是同一祖先。《国语·晋语》记载：

> 昔少典氏娶于有蟜氏，生黄帝、炎帝。黄帝以姬水成，炎带以姜水成。成而异德，故黄帝为姬，炎帝为姜。

西汉刘向《新书》说：

> 炎帝者，黄帝同母异父兄弟也，各有天下之半。黄帝行道而炎帝不听，故战于涿鹿之野，血流漂杵。

有蟜氏在司马贞《补史记·三皇本纪》中引古本写作有娲氏，并指出“炎帝黄帝皆皆少典之子，其母又皆有娲氏之女”。朱起凤《辞通》说：“娲字先论作蜗，形与蟜近，因此致讹。”由此可知，炎黄两族的始祖是那位伟大的母神——女娲。炎黄两族的活动中心在泰山地区，那么女娲氏当然就是与泰山有密切关系的女神。现有资料虽不能直接证明泰山属女娲专管，却能充分证明炎、黄两族的泰山崇拜和始祖母神崇拜是紧密联系在一起的。上古神话中有大量的此类记载。《山海经·北次三经》中那位富有反抗精神的精卫，就是炎帝的小女儿女娃。娃、娲疑为同音假借，炎帝母系为有娲氏，其女称女娲当不为窜乱。据晚出的《列仙传》记载：

> 赤松子者，神农时雨师也，服水玉，以教神农，能入火自烧。往往至昆仑山上，常止西王母石室中，随风雨上下。炎帝少女追之，亦得仙俱去。

昆仑山即泰山，西王母为昆仑主神，后面还要详细论述。这位在昆仑山得道的炎帝少女也就是泰山女神。

黄帝系统的泰山女神，一位是与蚩尤作战时受调遣的“天女魃”，另一位就是泰山玄女。据《太平御览》引大约是六朝人所作的《黄帝玄女战法》：

> 黄帝与蚩尤九战九不胜，黄帝归于泰山，三日三夜，雾冥。有一妇人，人首鸟形，黄帝稽首再拜，伏不敢起。妇人曰：吾玄女也，子欲何问？黄帝曰：小子欲万战万胜。遂得战法焉。

这位“人首鸟形”的玄女，就是后来商人的祖先有娀氏，也即《诗经·玄鸟》中所说“天命玄鸟，降而生商”的玄鸟和《诗经·长发》中商人歌颂的“玄王”。再往下延伸，《广博物志》引《玄女法》说玄女系王母所遣，自称“我九天玄女也”。五代时蜀人杜光庭《墉城集仙录》中专门列有《九天玄女传》，称她为“黄帝之师母元君（西王母）弟子”。还是《水浒传》中在玄女庙授给宋江兵书的“九天玄女”，应当是一位战神的形象。从神话研究角度看，黄帝系统的天女魃、泰山玄女，都是在泰山帮助黄帝打败炎族的女神，是同一母题神话的分化，两位女神实际上是一个人。结合其他神话资料，大致可以看出黄帝是在母族女娲氏的帮助下打败了兄弟族的炎帝。

作为母系氏族社会中母神崇拜观念和创世观念的反映，女娲具有创生创世、繁衍人类等众多功能，是万能之神。据《说文》解释，“娲，古之神圣女，化万物者也”，是创世女神；“女娲人头蛇身，一日七十化”（《楚辞·天问》），“有神十人，名曰女娲之肠”（《山海经·大荒西经》），是众神之神；《淮南子·览冥训》“女娲炼五色石以补苍天，断鳌足以四极，杀黑龙以济冀州，积芦灰以止淫水”，是整饬天地纲纪，佑护人类之神；《风俗通义》“女娲抟黄土为人，剧务，力不暇供，乃引绳絙泥中，举以为人”，是始祖神；《路史》“女娲祷祠神，祈而为女媒，因置婚姻……是以后世有国，是祀为皋禖之神”，是婚姻女神；后代笔记转引《论衡·顺鼓篇》“久雨不霁，则攻社，祭女娲”，社即桑社，是祭高禖之地，则女娲又是主旱之神（旱神又别名女发或女魃。《说文》：“魃，旱鬼也。”段玉裁注：魃，旱神也。神、鬼统言之则一耳。《山海经》：黄帝女发，本天女。黄帝下之，钉蚩尤，不得复上，所属不雨。女发即魃也。）；《世本》“女娲作笙黄”，又是文艺女神，等等。在这里，母性的神化构成母神的特征，母性的生殖功能神化为宇宙万物的创生功能，氏族传说中的始祖母被神化为创造世界的母神。炎帝黄帝之“帝”字的来源，也与母神崇拜有关。在甲骨文中，“帝”作“亲”，其形状是置于祭器上的母神符号。郭璞在《山海经》中说：“女娲，古之神女而帝者。”原来至高无上的“帝”就是氏族的始祖母神。母神崇拜构成了最早的原始宗教体系，而与之相应的母神创世神话则是最早的世界观体系。与大汶口文化隔渤海湾相望的牛梁河女神庙祭祀的那位主神，会不会就是女娲大帝？

如上所述，在上古神话时代，泰山地区是炎黄部族长期居住并冲突融合之地。先民们所崇拜的始祖神女娲及其同一原型产生的其他女神，乃是第一代泰山女神。她不仅创生繁衍人类本身，而且还兼有与人类生息繁衍密切相关的诸多方面的功能，是“王天下”而至尊的始祖大帝。与此相关的女神崇拜和神话观念，应当是上古时期泰山文化之源。

3.女娲大帝的神话向下延伸，到了大汶口文化的晚期以后，大约是在夏商之际，最初的文字中就记载了大量有关母神崇拜的事迹，在殷契卜辞中有“东母”“西母”“[illegible]”等名称。女神的具体形象开始从女娲逐渐变为“西王母”。西王母之说最早见于《山海经·大荒西经》：

西海之南，流沙之滨，赤水之后，黑水之前，有大山名曰昆仑之丘。有神：人面，虎身，文尾，皆白处之。其下有弱水之渊环之；其外有炎火之山，投物辄然。有人戴胜，虎齿、豹尾、穴处，名曰西王母。此山万物尽有。

同书中还有两处记载西王母形状。《西次三经》："西王母其状如人，豹尾，虎齿而善啸，蓬发戴胜，是司天之厉及五残。"《海内西经》："西王母梯（凭）几而戴胜杖。其南有三青鸟，为西王母取食。在昆仑墟北。"这是一位面目狰狞、半人半兽的女神。她的神职是"司天之厉及五残"，郭璞注："主知灾厉五刑残杀之气也。"郝懿行疏："西王母主刑杀。"也就是主生死之神。前面说过，女娲是旱魃，在郝氏《山海经笺疏》中，旱魃又别名死魃，则西王母又与女娲相通。这样，西王母又成为第二任泰山女神。此论有以下三条依据：

（1）西王母之称出于泰山。《尔雅·释亲》说："父之考为王父，王父之妣为王母。"郝氏疏曰："王父母即祖父母之谓也。"道出王父母之称源于始祖崇拜。这种始祖崇拜同时又是泰山地区先民的日月崇拜。三国时谯周《古史考》说："岱俗以东、西，阳、阴所出入，宗其神，谓之王父、母。"所以《史记·封禅书》记载日、月、阴、阳之神皆在泰山一带祭祀。《礼记·礼器篇》："大明生于东，月生于西。此阴阳之分，夫妇之位也。"作为日、月之神的东王公、西王母夫妇，其前身就是伏羲、女娲夫妇，则又证明西王母通于女娲。所以后来有人干脆把西王母当作女娲。如宋真宗御撰的《黄帝本纪》就说"帝战未胜，归泰山之阿，惨然而寐，梦见西王母遣道人披玄狐衣，持符授帝"，并把女娲的战神功能进一步神化为西王母所遣玄女创制奇门遁甲之术。

（2）西王母所居神山是昆仑山，而昆仑作为神话中"万物尽有"的神山，正是泰山经过艺术加工和神话创造的结果。《山海经·海内西经》："海内昆仑之虚，在西北，帝之下都……为神之所在。"《穆天子传》："吉日辛酉，天子升于昆仑之丘，以观黄帝之宫。"说明昆仑与黄帝有密切关系，并且还是不死之山。《淮南子·地形训》："昆仑之丘，或上倍之，是谓凉风之山，登之而不死。"司昆仑之神名陆吾，"其神状虎身而九尾，人面而虎爪，是神也，司天之九部及帝之囿时"（《西次三经》），而陆吾又是镇山神兽"开明"。《海内西经》记载："开明兽身大类虎而九首，皆人面，东向立昆仑上。"这位陆吾、开明兽不正是"其状如人，豹尾虎齿""司天之厉及五残"的西王母吗？！所以郝懿行说那位"穴处"的"神人即陆吾也"。昆仑山的地望，《山海经》和《淮南子》都说是"都广之野"，何新认为"都广"即"广都"，广黄二字古通用，所以"广都"即"黄都"也即"黄帝下都"，即泰山以南的曲阜。都广还是天地之中心。张华《博物志》记："都广……盖天地之中也。"《禹本纪》："夫五岳者，中岳昆仑，在九海中，为天地心。”《龙鱼河图》云：“昆仑，天中柱也，气上通天。”天地中心所在之地，古人又称作“齐”“天齐”或“齐州”。《尔雅·释言》：“齐，中也。”“齐，古文通脐。”王引之《经义述闻》说：“人脐居腹之中央，故谓之齐，脐者，齐也。”《列子·周穆王》：“四海之齐，谓中央之国。跨河南北，越岱东西，万有余里，其阴阳之审度，故一寒一暑……万物滋殖，才艺多方。有君臣相临，礼法相持。”在齐地的泰山，自古就被列为四岳之首。《尚书·尧典》：“四岳：岱宗、南岳、西岳、北岳。”《尔雅·释地》：“中有岱岳。”《淮南子·地形训》：“中央之美者有岱岳，以生五谷桑麻，鱼盐出焉。”何新等一些学者由此断定泰山即神话中之昆仑山（《诸神的起源》）。

（3）在泰山南麓的大汶口文化遗址中，共挖掘墓葬133座，发现普遍存在拔牙习俗，多拔去上下犬齿，年龄多在十四岁以上（这也使我们联想起新泰乌珠台发现的那枚十四岁少女的牙齿是否与拔牙习俗有关），这一现象曾引起考古学界的重视，认为大汶口文化应是拔牙习俗的发源地（见《山东史前文化论文集》，齐鲁书社1986年版）。拔牙又称“凿齿”，它与文身一样，是古已存在的氏族习俗，《淮南子》中就有海外三十六国有“凿齿民”的记载，这种习俗的目的是为了像祖先的样子以求佑福祛祸，是古代图腾制与图腾文化的典型表现。后来沿袭至今仍存在的成丁礼、成婚礼、葬礼、祭祖礼等，均由图腾祖先崇拜衍生，而凿齿习俗也广泛在诸礼中存在。《博物志·异俗》“荆州极西南界至蜀诸民曰獠子……既长，皆拔去上牙各一，以为身饰”，为成丁礼；《蜀中广记》中乌蒙府土人“男子年十四五，则击去左右两齿乃娶”；《太平寰宇记》载贵州乌浒诸夷“女既嫁，便缺去前一齿”，为成婚礼；《炎徼记闻》载，贵州仡佬人“父母死，则子、妇各折其二齿，投之棺中，云以赠永诀也”，为葬礼。而广泛流传凿齿习俗的上举西南地区，正是蚩尤率领九黎部族在泰山“九战”败于黄帝之后，辗转南下之地。居于荆蜀交界称为“獠子”的侗、苗等族，在《说文》中释为“猎也，从犬獠声”，不正是“始为候”（箭靶）、“始为弓矢”的“从大，从弓”的东夷炎族的后裔吗？关于图腾本义，王大有等人解为“图”为图身即文身，“腾”为牝牡相交即婚配，“图腾正是表示两个血亲族的联姻关系，这种关系的图形表示，便正是图腾象”（《图腾的始源地区在哪里》，见《人民日报》海外版1986年8月24日）。作为凿齿习俗发源地的大汶口文化，其拔牙皆为“犬齿”亦称“虎齿”，且头向皆北向泰山，则其图腾观念不正是崇拜那位“虎齿”的泰山神、始祖神——西王母吗？

西王母作为泰山主神，又是众神之神。昆仑山——即泰山是“百神之所在”（《海内西经》），“圣人仙人之所集也”（《博物志》）。她的神职与远古先民息息相关。除前所述“司天之厉及五残”，即瘟疫和刑杀外，还主要是创生和不死，这在《山海经》等神话中往往表现为一体。在昆仑山中有许多“不死”之物。《海内西经》有“不死药”“不死树”，《海外南经》又有“不死泉”：“员丘山……亦有赤泉，饮之不老。”员丘山即轩辕丘，亦即黄帝下都（见何新《诸神的起源》），而食其药，饮其泉即为“不死民”。昆仑山上还有一种神奇的“视肉”，郭璞注曰：“聚肉形如牛肝，有两目也，食之尽，寻复生如故。”是长生永在的灵物。西王母就是不死之物的总管，所以又衍化出《淮南子·览冥训》中的“羿请不死之药于西王母，嫦娥窃以奔月”的记载，又进一步化生出月中有不死桂，月亮有规律的圆缺盈亏为死而复生的观念，后来又与阴阳五行观念结合，成为泰山主人类万物生死的观念。繁衍创造，生生不息，人们的西王母图腾崇拜与生死观念就是这样血肉相连地结为一体。

4.道家思想的掺入，强化了原始宗教中的母神崇拜，并使这种崇拜观念在道教文化中弘扬延续。在道家创始人老子那里，“道”的观念是其哲学的最高范畴和最高理想，同时又保留着原始宗教神话的影子。老子以道为核心的宇宙生成论和本体论，含有母神崇拜的深刻影响。他以母神象征道及其创生力，称道为“万物之母”，并提出一系列“食母”“守雌”的方法论，无疑含有母神生殖崇拜和母神创世神话的历史内容。在《老子》卷首就说出“道”与“母”是同格同体的：

> 道可道，非常道；名可名，非常名。无，名天地之始；有，名万物之母。

老子认为，道是天地万物的始母，是有与无的混同之体。无，即化生天地之始；有，即孕育万物之母。《说文》：“始，女之初也。”义即少女。由“女之初”义延伸为诸事物起点，本身就反映了始母创世的神话观。而有、无、始、母，名称虽异，但都是天地万物的同一本原，所以同称为“玄”，即“元”，亦即原初。它“玄之又玄”，是化生万物的“众妙之门”。“众妙之门”也即“玄牝之门”。老子又说：

谷神不死，是谓玄牝，玄牝之门，是谓天地根。绵绵若存，用之不勤。

谷神是道的神态和妙用，一说通“浴神”，即“月神”，也是亏盈转换、创生不息的女性神，它们都同于“玄牝”。玄牝即元牝，即原初的母性。这就是说，道具有永恒不灭的创生力、生命力，它就是创生万物的原初的神圣母性。玄牝之门就是这个神圣母性的元阴门户，就是天地万物所由产生的根本。但它不呈现为任何具体的母体阴器，而是万物创生的最根本最幽秘最神圣的“玄之又玄”的“玄牝”。老子正是以母神创世神话这种非常朴素直观的创世观念为思想基础，以创世的母神玄牝作为天地万物的本始本根，来阐明道的本始性和本根性。在老子那里，创世母神就是道的理念的直观，母就是道的别名，母性特征作为道的原则贯穿于道论的整个观念体系中。

老子的道论，不仅汲取母神创世神话作为理论营养和思维原型，反过来，还以“食母”和“归根”弘扬了道的母性原则。“食母”就是用道的母性原创力来滋养自身，接受万物之母的道的庇护；“归根”就是要求人生的行为、操守与理想都皈依于天地万物的本原，以道作为人生的永恒归宿。作为万物始母的道与人们的联系，渐次从创生——庇护——归宿三个环节上展开。在这里，老子把对道的信奉与对个体生命的追求视为一体，这也正是后来道教信仰的核心所在。“守母”是坚信道的母性原则，也就是尊奉道的母性之爱——“慈”的原则，“慈”是一种母性的爱。在老子道论中，慈是对道的母性原则的概括，这种慈就是“玄德”，即最高的德。这样的德就是道的直接的具体的呈现。“道生之，德畜之”，道创生万物，德养育万物，只有充满道的慈爱的社会，对人民才会有感召力、吸附力。这里，远古的母神崇拜在他的道论中复活，成为他的人生理想和社会理想。“归根”即寻觅生命和理性的归宿，是因脱离“道”，即母性的佑护和慈爱，而又在现实中无法获得满足而产生的强烈回归意向。将对母亲、母神的回归和对乐土、家乡的追寻黏结在一起，构成后世道教狂热的深层心态。老子的食母用慈、归根返璞，憧憬“甘食美服、安居乐俗”的理想国，都发生于这一深潜的强烈意向。这也正是道教中对女神西王母如此依依眷恋、柔情百结的原因，是父系社会以后，在男性集权制度下女神崇拜依然流传深远的深层原因。

5.自商周以降至魏晋，大约在千年左右的时间里，西王母取代了女娲氏，成为掌管国计民生的女神大帝，其形象从半人半兽转变为光彩照人的女性。官方的设庙供奉，民间的崇拜祭祀，演化为流行全国的民俗风尚。

在晋武帝太康元年（280）发现的汲冢古书中，有一部《穆天子传》，说明至迟在春秋时期，西王母已完全成为人格化的女神。据《国语·周语》和《尚书》记载，穆王母子皆以“好远游”著称，甚至因此疏于朝政，引起臣民怨愤。《穆天子传》第一次记叙了周穆王登昆仑山，观黄帝宫，会西王母，觞于瑶池的情景。特别是瑶池宴上穆王与西王母的诗歌酬答，哀婉悱恻，颇富人情味。到了六朝人所作的《汉武帝内传》中，西王母已经成为雍容华贵的王母娘娘，其会见汉武帝时的情景场面，以汉赋形式做了极其夸张繁复的艺术描绘，不仅把《穆天子传》中“觞于瑶池”的情节进行具体铺张，而且还第一次提及西王母的“仙桃”。经过这两本书的加工描写，西王母的形象基本完成。而西王母原初所主的昆仑神山，也被认为是具体地望，并随着人们眼界的开阔、活动地域的增广渐次西移，在汉代附会为甘肃临羌的祁连山，在唐代则为新疆、西藏交界的昆仑山，其在《山海经》中被渲染的神异色彩也逐步淡化。

随着西王母形象的人格化，其地位也由昆仑女神升级为全国范围的女神，其神职由掌管社会人生进而扩大到政治领域。传说中的历代圣贤之王多与她有密切来往：“黄帝时，西王母使乘白鹿，献白玉环之休符”（《瑞应图》）；“尧……身涉流沙，地封独山，西见王母”（《新书·修政语》）；“帝舜有虞氏……九年，西王母来朝”“（周穆）王西征昆仑丘，见西王母。其年，西王母来朝，宾于昭宫”（《竹书纪年》）；“禹益见西王母”（《论衡·别通》）。供奉西王母还是保国安民的需要。据《吴越春秋·勾践阴谋外传》记载，越王勾践为了复国图霸，遂实行“尊天事鬼”之策，“立西郊以祭阴，名曰西王母”，从而使“国不被灾”。

民间的西王母信仰则重在祛祸免灾，并带有更多的神秘色彩。《资治通鉴·汉纪二十六》载汉哀帝建平四年“春，正月，大旱，关东民无故惊走，持蒿或掫一枚，转相付与，曰‘行西王母筹’，道中相过逢，多至千数；或被发徒跣，或夜折关，或踰墙入，或乘车骑奔驰，以置驿传行，经历郡国二十六至京师，不可禁止”。同年夏“京师郡国民聚会里巷阡陌[①]，设祭，张博具，歌舞祠西王母。又传书曰‘母告百姓，佩此书者不死’”（《汉书·五行志》），这场风波直至秋天才告终止。治汉史的班固认为这预示了后来的王莽之乱。佩王母符的习俗对应着“主刑杀”的神职。《抱朴子·杂应篇》：“临战时……或佩西王母兵信之符。”可免刀兵之灾。在年初互赠西王母所戴之胜，则有除瘟疫之意。《艺文类聚》引《典戒》：“人日（按：正月初七）造华胜相遗，像瑞图金胜之形，又像西王母戴胜也。”这或许就是后来妇女所戴发卡之由来。而人们日常生活中果药器物之珍稀者也冠以西王母之名：有药，名西王母杖（《抱朴子·仙药》）；“有虎织草，江东亦织以为席，号曰西王母席”“苦咸……里有实，正圆如珠……一曰王母珠”（《古今注·草木》）；“龙须一名西王母簪”（《太平御览》引《广志》）；“（华林园内）有仙人枣，长五寸，把之两头俱出，核细如针，霜降乃熟，食之甚美，俗传云出昆仑山，一曰王母枣。又有仙人桃，其色赤，表里照彻，得霜即熟，亦出昆仑山，一曰王母桃也”（《洛阳伽蓝记》）。

西王母作为始祖女神，与道教有着天然的血缘关系。《山海经·大荒西经》云：“凡得道授书者皆往朝王母于昆仑之阙。”在后来的道教典籍中，更把她奉为“极阴之元”，“女子之登仙者，得道者，咸所隶焉”（《墉城集仙录》），从而成为道教中主要神祇之一。晋代张华在《博物志》中假托老子的话说“万民皆付西王母”，实际上是那个时代西王母崇拜习俗的准确概括。

6.随着西王母地位的不断升格，其地方色彩和昆仑主神的职能渐次削弱。昆仑也从人们观念中存在的神山转变为实际地望，位置不断西移。这样，原来结合紧密的西王母——昆仑山神话出现解体，在春秋战国之际，这个神话在她的发祥地泰山开始迷失。战国时期，齐人邹衍把传说由黄帝创立的五行学和早期的阴阳观念结合起来，加以附会扩充，构成了“五德终始”的思想体系，并以此来解释社会历史发展和山川物类的变化，所谓“五德转移，治各有宜，而符应若兹”（《史记·孟子荀卿列传》）。这是古代学术思想史上的一次重大转变。此说因符合当时思想统一的社会需要，遂被《吕氏春秋》采纳，至秦皇汉

① “京师郡国民聚会里巷阡陌”，“阡陌”中华本作“仟佰”，清武英殿刻本作“阡陌”，据句意，此处从“阡陌”。

武时期进一步发展为“天人感应”哲学，并把它具体化为一种政治制度来实施。这样，泰山就被纳入“五岳”系统，泰山早期神话被部分地纳入五行学说而加以改编，以政治学说的面目出现。东汉泰山太守应劭《风俗通义》说：“泰山，山之尊者，一曰岱宗。岱者，始也；宗者，长也。万物之始，阴阳交代，云触石而出，肤寸而合，不崇朝而遍雨天下，其惟泰山乎。故为五岳之长。王者受命恒封禅之。”这种理论无疑透出了其本源的踪迹。“始”意为女之初，以女初象征天地万物之初，正是道家女神崇拜的观念。西王母创生不死的神职，衍化成泰山主人生死的观念，并按五行说理论来解释。《博物志》：“泰山天帝孙也，主召人魂。东方万物之始，故知人生命之长短。”意即泰山为东岳，东方主生，是先民发祥地，亦兼主死，又是魂灵复归之所。《后汉书·乌桓传》：“如中国人死者魂归泰山也。”清人赵翼认为“泰山治鬼之说，汉魏间已盛行”（《陔余丛考·泰山治鬼》），顾炎武说“尝考泰山之故，仙论起于周末，鬼论起于汉末”（《日知录·泰山治鬼》）。前人只看到泰山主生死，却未追溯到这种观念的起源；何新等学者看到泰山主生死观念之源，却忽略了战国至秦汉时期的这一重要转折。可以说，从西王母——昆仑山的神话观念到泰山主生死兴亡的政治理论的转化，是泰山文化史上最重要的转折之一，是关联上古——秦汉泰山两个文化时期的肯綮所在。

7.西王母——昆仑山的神话虽然迷失，但她作为一种文化因子和民俗心理的积淀，却显示了对后世浓厚的影响和强烈的回归意向，并长期在泰山文化中萦回延续。后汉时托名东方朔所撰的《五岳真形图序》中说：“子有东岳真形，令人神安命延，存身长久，入山履川，百芝自聚。”这是从昆仑山上的不死树、不死药、不死泉演化而来。《序》中又说：“东岳泰山君领群神五千九百人主治死生，百鬼之主帅也。血食庙祀所宗者也。世俗所奉鬼祠邪精之神，而死者皆归泰山受罪考焉。”这既有昆仑“百神之所在”的痕迹，又有阴阳五行说的杂糅。而在道教典籍中，五岳真形图还是西王母担着泄露天机的干系私授给汉武帝的。曹魏时曹植游泰山，有“东过王母庐，俯观五岳间”（《仙人篇》）的诗句，说明那时西王母已“东还泰山”，不过在人们心目中，却已是新迁入的“外来户”。此后西王母神祠一直是泰山的重要道观，西王母所率的女仙道也不时在泰山出现。晋代干宝《搜神记》卷四有“泰山神女”条（后为张华《博物志》收录，记为“东海女”。顾炎武所举《博物志》或另有他本），这是泰山女神的又一个回响。唐代曾有一位女仙太真夫人在泰山炼药度人，而在道教中“太真夫人”、圣母元君、金母元君等，正是西王母的尊号，又显出西王母与泰山若隐若现的关联。至于宋真宗封禅时发现的玉女，在封禅经度制置使王钦若奏请下，真宗命皇城使刘承圭以玉石新雕一躯，并建龛奉祀，称昭真祠。明代洪武年间重新修建，正式称为碧霞元君。后来万历皇帝的母亲孝定皇太后亲至泰山修炼，被尊奉为“九莲菩萨”，并极力宣扬碧霞元君如何灵验。此期一些民间秘密道教组织如白莲教等在泰山地区活动频繁，奉行“真空家乡，无生老母”的八字真诀，是道教恋母归根心态最典型最精确的表现。在这里，女娲伏羲是无生老母所生的阴阳兄妹神，“无生老母立先天”“无生母，产阴阳，先天有孕。产先天，怀圣胎，变化无穷，生一阴，生一阳，婴儿姹女，起奶名，叫伏羲，女娲真身”(《龙华经》)。无生老母是芸芸众生的保护神，她“度化众生，到安养极乐园，同归家乡，不入地狱”。他们向无生老母的祈求，正是期望在明代那种苦难的现实中扫除黑暗污垢，回归到无限光明美好的“真空家乡”，这种母性崇拜，含有何等深沉厚重的现实力量！对祥慈圣爱的碧霞元君是何等肃穆、崇敬！泰山道士也锦上添花，趁机杜撰出一部《碧霞元君护国庇民普济保生妙经》，称“元君乃应九气以生，受玉帝之命，证应天仙，统摄岳府神兵，照察人间善恶”。帝王、民间和道教从各自利益、需要出发，在鼓吹拥戴泰山女神一事中形成了高度统一，经过各方面力量的渲染烘托，那位玉女的神格地位急剧提高，终于成为继女娲、西王母之后的第三代泰山女神。

8.碧霞元君的出现，宣告了具有几千年传统的泰山女神崇拜及其意识的正式回归，女娲、西王母所具有的掌生死、主丰歉、婚育、吉凶、灾祸，乃至充满人情味的道教“慈爱”诸种神异职能，也迅速集碧霞元君之一身。特别是对于当时生活在苦难黑暗之中的黎民百姓，更是找到了崇拜的偶像和精神的依托，他们在长期精神压抑中日益强烈的恋母归根心态，如旱田雨露般地滋润泛滥，掀起一股来势汹汹，令人目眩神迷的狂潮。明末著名散文家、游历颇广的张岱不胜诧异地说：“元君像不及三尺，而香火之盛，为四大部洲所无”(《琅嬛文集·岱志》)，“世世香火东岳者咸奔走元君，近数百里，远数千里，每多办香，岳顶数十万众”。泰山上下建起三座元君庙，上庙碧霞祠，在岱顶发现玉女像旧址，象征元君是泰山至高无上的神祇；中庙红门宫，在入山盘道起点；下庙灵应宫，在地狱之山——蒿里山东侧。泰山的人间、天上、阴间，无处不在这位女神掌管之下。

又传说阴历正月十一是碧霞元君生日，每年这时都要搬演传奇杂剧祝寿，因之碧霞祠东西两侧又专增修了横跨天街的歌舞楼，届时碧霞祠内外仙音缭绕，“琼宫银阙，连岭被麓，丹青金碧，掩映层霄，香烟烛焰，若云霞蒸吐”（明代王锡爵《东岳碧霞宫碑》），泰山上下几乎成为碧霞元君的一统神府。岱顶碧霞祠的位置正处于史籍中秦皇汉武以来历代帝王告祭上天的登封之处，则祭碧霞元君又与祭天有密切关联。此时碧霞元君的供奉也居泰山之首，万历皇帝重新为碧霞元君铸铜像，塑金身，并配以眼光、送子两尊陪侍女神。碧霞祠内有北京房山区等处善男信女供奉的两尊铜铸大鼎香炉，其图案精巧，形制规模都列泰山铜器之最。岱庙天贶殿露台上还有一供奉碧霞元君的长方形巨大铁鼎，为山西长治县铸造，是泰山最大的祭器。泰山沿途的重要道观如红门宫、万仙楼、壶天阁等都供奉元君铜像。宋代所立石像则按照民间礼俗“请”至岱阴后石坞，加封元君为“泰山天仙圣母”，并由大内刻制“泰山天仙圣母碧霞元君之印”玉玺一方赠奉，还屡次颁赐《道藏》。民间如痴如狂的碧霞元君崇拜和朝山进香活动，则成为近现代泰山民俗行为与崇拜信仰心理的主旋律。

二、夷人的祖神伏羲

古代先民对太阳升起的东方充满神秘的向往，认为那是生命的源泉。东夷人把自己的祖神和超人的英雄作为主宰东方之神才感到心里踏实，也就不难理解了。

这位主宰东方的大神就是东夷中风夷（风姓）的祖先太皞伏羲氏。《绎史》卷三引《三坟》：“伏羲……因风而生，故风姓。”其形象是“蛇身人首”（《帝王世纪》）。在神话传说中，他与雷神有渊源关系：《山海经·海内东经》：“雷泽中有雷神，龙身而人头，鼓其腹。”《帝王世纪》：“有大迹出雷泽，华胥履之，生庖牺氏于成纪也。”则伏羲为雷神后裔。

伏羲氏在神话中的重要地位，首先在于他与女娲是人类的祖先。一说伏羲女娲是兄妹。《汉书人表考》引《春秋世谱》云：“华胥生男子为伏羲，女子为女娲。”唐李冗《独异志》云：“昔宇宙初开之时，有女娲兄妹二人，在昆仑山，而天下未有人民，议以为夫妻，又自羞耻。兄即与其妹上昆仑山，咒曰：天若遣我元妹二人为夫妻，而烟悉合；若不，使烟散。于烟即合。其妹即来就兄，乃结草为扇，以障其面。今时人取妇执扇，象其事也。”近年出土的汉代伏羲女娲石刻画像，即是人头蛇身，作交尾状，说明这一神话渊源深长。祭祀、占卜等人类当时重要的文化内容亦出自伏羲。“（伏羲）爰兴神鼎，制郊禅”《路史·后记一》；“伏羲至纯厚，作《易》、八卦”（《史记·太史公自序》）；“庖牺氏作卦，始有筮”（《艺文类聚》卷七五引《古史考》）。伏羲始祖的崇拜不仅在当时东夷部族内相当普遍，在夷族南迁之后的西南苗黎地区亦颇流行。“苗人腊祭曰报草。祭用巫，设女娲、伏羲位。”（徐旭生《中国古史的传说时代》引《峒溪县志》）根据现代学者实地考察，苗族自认为其祖先是伏羲女娲。他们本为兄妹，遭遇洪水，人烟断绝，仅存此二人。他们配为夫妇，绵延人类。出于对这位始祖的崇拜，人们把许多有关生产、生活事象的发明创造都记在伏羲名下：“伏羲……钻木取火”（《广韵》引《河图挺期辅》）；“作结绳而为网罟，以佃以渔”（《易·系辞下》）；“始名物虫鸟兽之名”（《太平御览》引《序命历》）；“冶金成器，教民炮食”（《释史》卷三引《三坟》）；“尝味百药，而制九针，以拯夭枉焉”（《太平御览》引《帝王世纪》）；“造书契以代结绳之政，由是文籍兴焉”（《尚书》孔序）；“丝桑为瑟，均土为埙”（《拾遗记》）；“作九九之数，以合天道，而天下化之”（《管子·轻重戊》）；“立周天制度”（《路史·后纪》引《周髀算经》）；“正姓氏，通媒妁，以重万民之丽，丽皮荐之以严其礼”（《路史·后记一》）；“立礼教以导文，造干戈以饰武”（《拾遗记》）；“聚天下之铜，仰观俯视，以为棘币”（《路史·后纪一》）等等；举凡天文、地理、文字、占卜、历法、音乐、丝织、文学、礼仪、渔猎、医药、钱币，以至于原属神农的尝百草“一日而遇七十二毒”，靡不具有首创之功：因此后世把他奉为“人祖”，与黄帝、炎帝并称“三皇”，为百王之始：“炮牺继天而王，为百王先。”（《汉书·律历志下》）

伏羲还有一桩非同凡响的神异功夫，即能缘天梯沟通天人之际。古人想象中可以登天的阶梯不外两种：一是高山，即昆仑山。此前所述，昆仑是泰山经过想象加工的结果。《淮南子·坠形训》云：“昆仑之丘，或上倍之，是谓凉风之山，登之而不死；或上倍之，是谓悬圃，登之乃灵，能使风雨；或上倍之，乃维上天，登之乃神，是谓太帝之居。”高诱注：“太帝，天帝。”是以缘昆仑而登天。一是树木，即建木。《淮南子·坠形训》：“建木在都广，众帝所自上下。日中无景，呼而无响，盖天地之中也。”高诱注：“众帝之从都广山上天还下，故曰上下。”前述都广即广都，也即曲阜穷桑，则天梯实未出太皞伏羲氏的发祥地泰山一带。这种神树“青叶紫茎，玄花黄实，名曰建木，百仞无枝。上有九欘，下有九枸，其实如麻，其叶如芒。太皞爰过，黄帝所为”（《山海经·海内经》）。这种天人之间的直接沟通，正是后世封禅的实质性内容与核心目的，这在后面有关封禅的部分中还要详细论述。所以伏羲“制郊禅”便非属偶然。后世尊奉他主春及万物生长发育。《礼记·月令》：“孟春之月……其帝太皞，其神句芒。”《淮南子·时则训》：“东方之极，自碣石山，过朝鲜，贯大人之国，东至日初之次，扶榑木之地木之地，青土树木之野，太皞、句芒之所司者万二千里。”高诱注：“太皞，庖羲氏，东方木德之帝也；句芒，木神。”在春秋兴起的五行学说中，伏羲为五帝中之东方天帝，得木德，主生，色青，称青帝，并转而为执掌天下生死大权的泰山之神，实在得力于这种职能传承关系。

辅佑青帝伏羲掌管泰山的另一位大神是句芒。《山海经·海外东经》：“东方句芒、鸟身人面，乘两龙。”《史记·司马相如列传》：“使句芒其将行兮。”《正义》云：“句芒，东方青帝之佐也。”既为青帝之佐，则亦兼具青帝职能，为春神，主生长发育，并主人寿修短。据《墨子·明鬼下》：“昔者，郑穆公当昼日中处乎庙，有神入门而左，鸟身素服，三绝面，状正方。郑穆公见之，乃恐惧奔。神曰：无惧，享汝明德，使予赐汝寿，十年有九，使若国家蕃昌，子孙茂。”则句芒又为司命之神。

句芒“鸟身人面”的形象已透出属东夷部族之神。《吕氏春秋·孟春》：“其帝太皞，其神句芒。”高诱注：“句芒，少皞氏之裔，子曰重，佐木德之帝，死为木官之神。”据《左传·昭公二十年》云：“少皞氏有四叔，曰重，曰该，曰修，曰熙。”这个少皞氏是继承其祖先——首代少皞氏之名号，所以重等仍属少皞之子。重即重毕，《尸子》曰：“舜两眸子。”《史记正义》引孔安国注：“目重瞳子，故曰重华。”即帝舜。舜娶颛顼族的尧之二女娥皇、女英，则东夷族的有虞氏与黄帝族的陶唐氏为两合婚族，舜的子孙也把尧、颛顼、黄帝当作祖宗来祭祀，所以《礼记·祭法》上说：“有虞氏禘黄帝而郊喾。”

三、不屈的战神蚩尤

有关泰山的神话之中，最惊心动魄的莫过于黄帝与蚩尤之间那场宏大的战争。《韩非子·十过》记载：“昔者黄帝合鬼神于泰山之上，驾象车而六蛟龙，毕方并辖，蚩尤居前，风伯进扫，雨师洒道，虎狼在前，鬼神在后，腾蛇伏地，凤凰覆上，大合鬼神，作为《清角》。”据我们看来，这支雄壮的队伍和浩大的声势，体现了高度的统一意志，极有可能是在黄帝征服蚩尤后出现的情况（这当然只是一种推测）。真正的决战，最早见于《山海经·大荒北经》的记录，这是一场生死搏斗：

蚩尤作兵伐黄帝。黄帝乃令应龙攻之冀州之野。应龙畜水，蚩尤请风伯雨师，纵大风雨，黄帝乃下天女曰魃，雨止，遂杀蚩尤。

《大荒东经》中的记载却简要得多：

大荒东北隅中，有山名曰凶犁土丘。应龙处南极，杀蚩尤与夸父，不得复上，故下数旱。旱而为应龙之状，乃得大雨。

以上记载的矛盾与混乱之处虽多，却恰好说明它是上古神话中比较原始朴素、未经“历史化”与修饰编排的部分，因而具有更为重要的认识价值。从两军营垒中可以看出，蚩尤与风伯、夸父等炎帝系统的神祇关系密切。《路史·蚩尤传》说：“阪泉氏蚩尤，姜姓，炎帝之裔也。”这位炎帝的后裔还是东方部族的首领。《尚书·吕荆》疏曰：“九黎之君，号曰蚩尤。”九黎疑即九夷，即以泰山为中心，分布于山东半岛的东夷部族，则炎帝与东夷的融合于此已见端倪。黄帝与蚩尤的战争，说明两大原始集群之间曾发生过规模宏大的争夺与较量。这场较量使中国文明发生了决定性的转折——如果失败者是黄帝，炎族的蚩尤获胜，那么中国的历史，包括黄帝蚩尤神话本身，将会成为什么模样？

秦汉以后，黄帝蚩尤神话发生变化，黄帝成为软弱优柔的仁慈的帝王，胜利者似乎是蚩尤。据《太平御览》卷一引晋朝虞喜新撰《志林》（原书已佚）：

黄帝摄政前，有蚩尤兄弟八十一人，并兽身人语，铜头铁额，食沙石子，造立兵杖刀戟大弩，威振天下，诛杀无道，不仁不慈。万民欲令黄帝行天子事，黄帝仁义，不能禁止蚩尤，遂不敌。

又上书同卷引《黄帝玄女战法》：

黄帝与蚩尤九战九不胜。黄帝归于泰山，三日三夜，雾冥。有一妇人，人首鸟形，黄帝稽首再拜，伏不敢起。妇人曰：吾玄女也，子欲何问？黄帝曰：小子欲万战万胜。遂得战法焉。

其他古籍中也有大致类似的记载。这中间透出了封建秩序确立以后格外重视和强调的道德因素（仁义），因而有明显的历史化倾向。太史公在《史记·五帝本纪》中记为；

蚩尤作乱，不用帝命。于是黄帝乃征师诸侯，与蚩尤战于涿鹿之野，遂禽杀蚩尤。

在这里已是天子与叛乱诸侯之间的冲突，双方重要的辅佐人员：天女魃、风伯雨师统统不见了，整个故事成为记录一场正义与非正义战争的史实。中国古代的许多神话，就这样走着一条大致相同的道路。或者，中国的古史，就这样蒙上一层神秘的面纱？

蚩尤在这场生死决战中扮演了悲剧主角，也确立了他的战神形象。他是骁勇善战的猛将，又是首创兵器的专家，还统领风伯雨师造风雨迷雾，搞得黄帝鬼惨神愁，又是谋略家，其形体是“人身、牛蹄、四目、六手”“齿长二寸，坚不可碎”，是爪牙锋利的敢死斗士。后人对这位失势英雄寄予了深切的同情，希望他英魂常在。传说当年囚禁蚩尤的桎梏化为血染的枫林。《山海经·大荒南经》：“有宋山者……有木生山上，名曰枫木，蚩尤所弃其桎梏，是谓枫木。”他被杀的地方山西“解州盐泽，方百二十里，从雨，四山之水悉注其中，未尝溢，大旱未尝涸。滷色正赤，在版泉之下，俚俗谓之‘蚩尤血’”（《梦溪笔谈》），蚩尤死后葬于东平寿张地方，名蚩尤冢。冢中常有英烈浩气如虹贯天。《皇览·冢墓记》：“蚩尤冢……有赤气出，如匹绛帛，民名为蚩尤旗。”当地民众常于十月举行祭祀。《史记》中所说齐祀八神、兵主蚩尤是其中之一。大概由于杀气冲于天，蚩尤旗还是主兵的星辰。《史记·天官书》：“蚩尤之旗，类慧而后曲，象旗，见则王者征伐四方。”成为兵战之事的天象——精神的象征。

蚩尤作为战神，有激励士气、导扬军威的精神力量，汉代刘邦起兵，首先“祠黄帝祭蚩尤于沛庭”(《史记·高祖本纪》)。刘邦之师骁勇善战，被誉为“此蚩尤之兵也”(《郦生陆贾列传》)。并以蚩尤形容骁勇善战的将军。如秦汉时名将白起、韩信等被称为“殆蚩尤之敌，盖开辟所稀有也”(《太平御览》卷二七三引《韩白论》)。君主送将军出征，要授以蚩尤剑，以示威猛：“(梁武帝十三剑)四曰九天。出军行师，君执授将。长五尺，金镂作蚩尤神形。”(《太平御览》卷二四三引《刀剑录》)甚至连古代朝鲜也盛行蚩尤符之俗：“(端午节)现象监本朱砂拓天赤符，进于大内，贴门楣，以除弗祥。卿士家亦贴之。其文曰：五月五日，天中之节。上得天禄，下得地福。蚩尤之神，铜头铁额。赤口赤舌，四百四病，一时消灭，急急如律令！”(《东国岁时记》)对于那些兴兵作乱的不义之师。蚩尤之魂还有震慑作用。纬书《龙鱼河图》云：“后天下复扰乱，黄帝遂画蚩尤形象，以威天下。”民间还根据蚩尤故事，创作出称为“蚩尤戏”的武舞表演。《述异记》：“秦汉间说，蚩尤氏耳鬓如剑戟，头有角，与轩辕斗，以角觝人，人不能向今冀州有乐，名蚩尤戏，其民两两三三，头戴牛角而相觝，汉造角觝戏盖其遗制也。”这种融相扑、武术于一体的歌舞形式，是中国戏曲的重要源头之一，奠定了戏曲表演“唱、念、做、打”四种基本要素中武打的地位，是后世“武把子”戏的肇始。在传统文化中，蚩尤故事有着悠久而深远的影响。

蚩尤生战于泰山，死葬于泰山脚下。这位不屈不挠、死而未已的战神，在泰山诸神谱系中占有无可争议的重要位置，

四、两位风神——飞廉与穷奇

在黄帝与蚩尤的泰山大战中，风伯扮演了重要角色。他“纵大风雨”，扰乱黄帝的作战部署，帮了蚩尤大忙。这位风伯就是颇有威力的风神。在上古神话中，风神有二,一曰飞廉，一曰穷奇，偏巧又都属炎族之裔。

先看飞廉。飞廉一名蜚廉。其名首见于屈原著名的《离骚》：“前望舒使先驱兮，后飞廉使奔属。”王逸注：“飞廉，风伯也。”洪兴祖补注：“应劭曰：飞廉，神禽，能致风气。”飞廉的形状却颇复杂。《三辅黄图》说：“身似鹿，头

如雀，有角而蛇尾，文如豹。”《元史·舆服志》说：“犬首、朱发、鬼形、豹汗胯，朱袴，负风囊，立云气中。”这种怪模样实在令人无从想象。还是《文选·东京赋》注释中来得干脆，说是“龙雀”，即龙与鸟的结合。

这位风神是殷人祖神之臣，当然也就是殷人之神。在殷墟甲骨文中，有“帝其令风，帝不令风”（《殷墟文学乙编》）和“帝史风”（《卜辞通纂》）的记载。《史记·秦本记》说是纣王之臣：“蜚廉生恶来，恶来有力，蜚廉善走，父子俱以材力事殷纣。”后人就把风神作为天帝的使者：“风者，天之号令。”（《后汉书·蔡邕传》）杀狗祭风，是为殷人习俗。《尔雅·释天》郭注：“今俗当大道中磔狗，云以止风。”

风神还是泰山山神之一。《山海经·东次四经》：“泰山，上多金玉、桢木。有兽焉，其状如牛而白首，一目而蛇尾，其名曰蜚。”那么，他在泰山上协助蚩尤作战，无疑具有保护家园、捍卫疆土的性质了。有趣的是，古史研究为此提供了令人惊异的对应材料。

此期泰山及周围地区，居住着东部九夷之中的鸟夷。鸟夷之中风夷最盛。李玄伯认为：“风即凤，卜辞尚假凤为风。凤鸟系风胜图腾，但同时凤字亦代表风的现象，至商代凤风尚无异字。……风图腾一方面保留风姓的生祖资格，另方面他更变为风的主持者，风神。”“《说文解字》谓‘凤出东方君子之国’，而风姓定居似亦未出中国东部，凤乃风姓图腾，似非无因。……风之起即由凤至飞。”（《中国古代社会新研》）伏羲氏风姓，又称太皞氏，乃是风夷的始祖。邓名世《古今姓氏书辩五》卷一：“风姓，太皞伏羲氏之姓也。”《说文解字》：“凤出于东方君子之国，翱翔四海之外，过昆仑，饮砥柱，濯羽弱水，暮宿风穴，见则天下大安宁。”

风夷的具体地望是以泰山为中心，向东、南方向分布。《淮南子·本经训》云：“尧之时，大风、封狶，皆为民害。尧使羿缴大风于青丘之泽。”大风即大凤，青邱即青夷所居地，即古青州，今益都一带（何光岳《东夷源流史》）。风夷在夏商时先后建立了宿、须句、任、颛臾、齐等一些小国。宿，《左传》僖公二十一年：“任、宿、须句、颛臾，风姓也，实司太皞与有济之祀。”说明他们都是太皞族后裔。据《路史·后纪四》注，约出现于炎帝时。宿国首领“宿沙作煮盐”（《太平御览》卷八六五引《世本》），是煮盐法的首创者。宿的地望，《春秋》隐公元年：“盟于宿。”《清一统志》：“无盐故城，在东平州东二十里，春秋宿国。”即今东平县以东的无盐邑。此地因春秋时丑女仲离春自存为齐宣王后而著称。当地民谣曰：“无盐娘娘长得丑，她为齐王定干戈。”须句，《尔雅·释乌》须嬴释曰：“鷉一名须嬴，郭云：鷉，鸊似凫而小，膏中莹刀。《方言》：野凫，其小而好没水中者，南楚之外谓之鷉鸊。”则须是以水鸟须嬴为图腾的。而嬴即嬴，又与嬴族有密切关系。郭沫若对商铜器《句须簋》释句须即春秋僖公二十二年之须句。须句所在地，《读史方舆纪要》载：“须城废县，今州治，古须句国地。”春秋中叶，须句国日益衰弱。公元前639年，邾国灭须句，须句子投奔鲁国。次年春，鲁国为“伐邾，取须句”。后又经过一轮争夺，最后须句入鲁(《左传》)。秦时于此置须句县。其址在今东平县西须城。

《尔雅·释乌》有戴鵀，疏：“郭云：即头上胜，今亦呼为戴胜。……《方言》云：东齐吴扬之间谓之鵀，自关而西谓之服鶝。”说明任在东齐之地，任即戴胜鸟。任国所在地，《读史方舆纪要》载：“任城废县，今州治，春秋时任国。”汉置任城县，即今济宁市。

颛臾，春秋时鲁国附庸国。《后汉书·郡国志》载：“南武阳侯国有颛臾城。”《左传》僖公二十二年，杜预注：“颛臾，在泰山南武阳县东北。”《读史方舆纪要》载颛臾城“县西北八十里，东南十里曰南武阳”，即今山东费县西北八十里的颛臾村。《论语·季氏》云：“季氏将伐颛臾……孔子曰：夫颛臾，昔者先王以为东蒙主，且在邦域之中矣，是社稷之臣也，何以为伐也？”说明古时颛臾曾居蒙山，为东夷部落联盟领袖，入周以后才沦为鲁的附庸。

齐，风姓，亦太皋之后。罗泌《路史·国名纪甲》云：“北齐，内传之先有逢伯陵，盖伯陵前封逢，后改于齐，故《山海经》有北齐之国。”风、逢同音。伯陵，鸟名，即百灵鸟，为鸟图腾，属鸟夷一支。逢在今临朐县西二十五里逢山，为季萴氏故地，卜辞有“祭未，在逢”，后为商之属国，是商王东来狩猎之地。

如此看来，在风伯神话后面，蕴藏着大量翔实的风姓先民生活的情景资料。风神无疑应该是风夷部族的始祖和保护神，又是泰山诸神中的“实力派”。这种有趣的现象，或能启使我们在深化神话研究中，迈出扎实的一步。

另一位风神是穷奇。《淮南子·地形训》：“穷奇，广莫风之所生也。”但是穷奇之名最早见于《山海经·西次四经》：“邽山，其上有兽焉，其状如牛，蝟毛，名曰穷奇。音如嗥狗，是食人。”《海内北经》：“穷奇，状如虎、有翼，食人从首始，所食被发，在蜪犬北，一曰从足。”其形状是猛兽，其行径却是凶神恶煞。《神异经·西北荒经》云：“西北有兽焉，状似虎，有翼能飞，便剿食人。知人言语，闻人斗，辄食直者；闻人忠信，辄食其鼻；闻人恶逆不善，辄杀兽往馈之。名曰穷奇，亦食诸禽兽也。”注引别本云：“穷奇似牛而狸尾，尾长曳地，其声似狗，狗头人形，钩爪锯牙。逢忠义之人，啮而食之，逢奸邪则擒兽而饲之。”《后汉书·礼仪志》所记大傩逐疫“追恶凶”之十二神中，有“穷奇、腾根共食蛊”，则又有驱逐蛊惑的威力。所以郭璞《山海经图赞》中说：“穷奇之兽，厥形甚丑；驰逐妖邪，莫不奔走。是以一名，号曰神狗。”

这位穷奇是泰山以南曲阜穷桑——有穷氏少皞的后裔。《左传》文公八十年：“少皞氏有不才子，毁信弃忠，崇饰恶言，靖谮庸回，服谗搜慝，以诬盛德，天下之民，谓之穷奇。”穷奇是由凤鸟演变为飞龙状的怪兽，是由东夷族有穷氏与龙图腾的黄帝氏族结合而产生的新氏族。黄帝曾都寿丘，与少皞之都穷桑都在曲阜，两族通婚引起了有穷氏图腾的变化。穷奇族大约是凶悍好斗，侵扰了周围部族的利益，因而受到以舜为首的华夏部落联盟的制裁，被视为四凶之一，最后遭到“迁于四裔”的驱逐。何光岳认为穷奇由此西迁，羁留于甘肃山丹县西南的穷石山（《东夷源流史》）。

四凶之首的穷奇引起了各部落的畏惧，被作为凶威的象征。商周时的青铜器花纹多以穷奇纹即穷曲纹为纹饰，和饕餮纹一样具有压胜辟邪的作用。所以西周时穷曲纹成为主要纹样之一。到南北朝时，穷奇被当作镇墓兽。直至近代，西南各少数民族如苗、侗、瑶等的衣饰、器物花纹中仍采用穷曲纹，可见其影响之深远。

五、仁德之王帝舜

舜的神话也比较古远。《山海经·海内北经》：“舜妻登比氏，生宵明，烛光，处河大泽，二女之灵能照此所方百里。”舜之子孙为国于下方者，《大荒东经》记有摇氏：“帝舜生戏，戏生摇氏。”摇氏即嬴氏，是秦民之祖先。舜在《山海经》中还写作“帝俊”。袁珂先生以为“帝俊、帝喾和舜，是同一人的化身……帝俊的神话在神话中是属于另外一个系统，它和以黄帝为中心的许多神话都没有很大的联系。帝俊是古代中国东方殷民族所奉祀的上帝，卜辞中常见的高祖俊，即指此。他的妻子——太阳女神羲和月亮女神常羲，替他生了十个太阳和十个月亮，下方又还有许多的国族……可惜帝俊虽是曾煊赫一时的大神，有关他的神话继片零星，凑不成一个完整的故事。这大约因为殷民族终于被周民族战败，亡了国，乃至于所奉祀的上帝也倒了运，许多神话都散失了”（《古神话选释》）。但舜的部分神话还是作为历史被记录下来了。《史记·五帝本纪》云：“舜，冀州之人也。舜耕历山，渔雷泽，陶河滨，作什器于寿丘，就时于负夏。”冀州并非九州中之冀州，《淮南子·地形训》：“正中冀州曰中土。”高诱注：“冀，大地，四方之主，故曰中土地。”是为中心地区之意。这是从东夷人自己居住区域出发形成的概念。历山在泰山之阴（今济南市）。《淮南子·原道训》高诱注：“历山在济阴城阳也，一曰济南历城山。”雷泽，《史记集解》引郑玄注：“雷夏，兖州泽，今属济阴。”按其地望正是汶水，泗水流域的大野泽，为黄河下游最大的古泽，后因黄河改道，逐渐缩小为八百里水泊梁山，是北宋水浒好汉出没之地。寿丘即汶泗平原上的黄帝发祥地曲阜一带。陶河滨，《史记正义》云：“于曹州滨河作瓦器也。”曹州在今菏泽曹县，是泗水与古黄河交汇处，属大汶口文化区，其间出土的大批鸟型陶规和鸟头足陶鼎，正对应着这位鸟夷祖先的踪迹。则舜的主要活动范围皆在泰山及周围一带。清代焦循《孟子正义》引《温故录》云：“孟子亦据舜生而言东也。由此以推，则知历山、雷泽、河滨，与夫负夏寿丘、顿丘之皆在东土，班班可考。”

在已历史化的神话传说中，舜是身处逆境而恪守伦理纲常、克行孝悌的典范，因而得到帝尧信任，禅让王位于舜。《史记·五帝本纪》：“舜父瞽叟盲，而舜母死，瞽叟更娶妻而生象。象傲，瞽叟爱后妻子，常欲杀舜。”第一次谋杀是仓库纵火：“（瞽叟）使舜上涂廪，瞽叟从下纵火焚廪，舜乃以两笠自扞而下，去，得不死。”而《列女传》记载是舜事先识破，穿了妻子娥皇、女英的鸟衣飞下：“瞽叟与家谋杀舜，使余廪。舜告二女。二女曰：‘时唯其戕汝，鹊汝裳，衣鸟工往。’舜既治廪，旋捐阶，瞽叟焚廪，舜往飞出。”第二次是落井下石：“瞽叟又使舜穿井，舜穿井为匿空旁出。舜既入深，瞽叟与象共下土实井，舜从匿空出，去。瞽叟、象喜，以舜为已死。象曰：本谋者象。象与其父母分，于是曰：舜妻尧二女，与琴，象娶之。牛羊仓廪予父母。象乃止舜宫居，鼓其琴。舜往见之。象鄂不怿，曰：我思舜正郁陶。舜曰：然，尔其庶矣？”（《五帝本纪》）《列女传》记为二女做龙衣潜水解难：“复使浚井。舜告二女，二女曰：时以唯其戕汝，时其掩汝，汝去裳，衣龙工往。舜往浚井，格其出入，从掩，舜潜出。”舜井在今历山以北。唐封演《封氏见闻记》卷八云：“齐州城东有孤石，平地耸出，俗谓之历山。以北有泉，号舜井；东隔小街，又有石井，汲之不绝，云是舜东家之井。”第三次是醉酒谋杀。刘向《烈女传·有虞二妃》云：“瞽叟又速舜饮酒，醉，将杀之。舜告二女，二女乃与舜药，浴汪，遂往。舜终日饮酒不醉。舜之女弟系怜之。与二嫂谐。”则舜的三番智脱险境，感动分化了瞽叟派。舜不但丝毫无怨恨之心与报复之情，反而“复事瞽叟爱弟弥谨”(《五帝本纪》)。这样的仁德之君来教化天下，出现了诸侯望归的盛世，号称“垂衣裳而天下大治”。其时正当大汶口——龙山文化的繁荣阶段。

舜在文治教化方面亦颇有功绩。他擅乐舞，尝作《思亲操》《南风操》(《绎史》卷十引《尸子》)，又曾命夔修《九招》《六列》《六英》(《吕氏春秋·古乐》)并且创制了优美的大型乐舞《韶乐》，曾有“箫韶九成、凤凰来仪”(《书·益稷》)的壮观场面。以至于几千年后吴国诸侯季札专程到舜的发祥地——鲁都曲阜来观看韶乐，并予以极高评价；孔子及长，闻韶乐竟三月不知肉味，则《韶乐》对当时人民的感召作用可大致想见。舜还秉承礼制，数至泰山告祭天地，行柴望之礼。所以管子把他列入历代君王受命封禅之列。泰山极顶至今留有舜顶等遗迹。由于后来神话流传分支，人们把句芒与舜看作两个神话系统了。

六、孔武的射神后羿

后羿是神话中著名的射神。这位大神不仅居于泰山，且长期征战于泰山一带，立下赫赫战功，最后死于这块土地。他应当与战神蚩尤被同样骄傲地列入泰山神谱之中。

后羿兴起于曲阜穷桑，少皞氏的嫡系，并继承“有穷氏”之号，在有穷氏部落中势力最为强大。据《山海经·海内经》载：“帝俊赐羿彤弓素矰，以扶下国，羿是始去恤下地之百艰。”则后羿为帝俊之臣。帝俊为东夷之帝，其属神羿当然是东夷之神。所以《楚辞·天问》曰：“帝降夷羿，革孽夏民。”许多古籍中也直称“夷羿”。东夷人把夷羿与商契、少皞、商均同列为社神(杨宽《中国上古史导论》）。

后羿的功绩离不开弓箭，因而有人认为是“夷羿作弓”。其实早在羿之前，黄帝少子般已做弓，羿只是做了改进，以鸟羽加于矢尾，增加了箭的射程和准确性，羿的名字也就与此有关。据《说文》：“羽之羿风，亦古诸侯也，一日射师，从羽开声。”段注：“羿疑当为开，开，平也，羽之开风，谓搏扶摇而上之状。”《正字通》：“羿同开，俗省作羿。”王筠《说文解字句读》引《增韵》：“谓箭乘风而疾也。”

后羿的神话内容较完整，故事性较强。据《山海经·海外南经》：“羿与凿齿战于寿华之野，羿射杀之，在昆仑墟东，羿持弓矢，凿齿持盾，一曰戈。”又《淮南子·本经训》云：“尧之时，十日并出，焦禾稼，杀草木，而民无所食。猰貐、凿齿、九婴、大风、封豨、修蛇皆为民害。尧乃使羿诛凿齿于畴华之野，杀九婴于凶水，缴大风于青丘之泽，上射十日而下杀猰貐，断修蛇于洞庭，禽封豨于桑林，万民皆喜，置尧以为天子。于是天下广狭险易远近，始有道理。”

这场神话中的战争反映着这样的历史现实：帝舜时派后羿去征伐不归附有虞氏的夷族各部落，赐他彤弓素矢去扶助弱小部落及贫苦者，羿战凿齿的寿华（畴华）在曲阜以南。凿齿部落即凿齿民，其活动中心在今大汶河流域（见前凿齿习俗起源），正与寿华地望相合。大风即风伯（亦见前述）。十日是东夷少皞氏的十个以日为图腾的日部落联盟。东夷族本信仰鸟、日双重图腾。十日部落传为帝俊与羲和所生，显然为东夷族无疑。《山海经·大荒南经》：“东南海之外，甘水之间，有羲和之国。有女子名曰羲和，方浴日于甘渊。羲和者，帝俊之妻，生十日。”这个十日部落与其他东夷部落同样具有强烈的反抗精神，其后代不乏复仇行动。《竹书纪年》载：夏帝八年，天有妖孽，十日并出；又帝癸二十九年，三月并出。《淮南子·兵略训》有“烛十日而使风雨”。《坠形训》载“若木在建木而末有十日，其华照下地”。后羿射日的神话不仅广泛流传于汉族，成为妇孺皆知的故事，而且也广泛流传于西南各族，射日英雄成为他们的祖先和保护神。

后羿的具体地望在鉏。《史记·夏本纪·正义》引《帝王世纪》云：“帝羿有穷氏……至喾赐以彤弓素矢，封之于鉏，为帝司射。”后羿活动皆在泰山周围，据何光岳考证，鉏即今泰安徂徕山，夏代才迁往河南滑县之鉏城。（《东夷源流考》）徂徕为泰山支脉，在汶水流域，春秋时为鲁地，孔子删定的《诗经》中有“徂徕之松”的赞语，则此地与后羿传说渊源极深。后羿自幼学射，《河图括地象》说他五岁时随父母入山，常在树下得蝉鸣而射取之。二十岁时，已擅长于弓矢，曾叹遭“我将射四方，矢至吾门止”。《吴越春秋》说羿得楚狐父善射之道，又从吉甫学射，贯通诸家箭法，从而成为著名射师。《路史·后纪十三上·夷羿传》载羿尝从吴贺北游。贺命他射雀左目，而羿却误中雀右目，大感惭愧，便日益苦练，“由是每进妙中，高出天下”。后羿成名之后教了许多弟子，其中最有成就者是逢蒙。后羿的训练方法是采用了移动靶，即飞驰中的战车车毂。《孟子·告子》云：“羿之教人射必志于彀。学者亦必志于彀。”又《尽心》云：“大匠不为拙工改废绳墨，羿不为拙射变其彀率。”未料后羿毕生练就的箭法，正是他的死因。《孟子·离娄》云：“逢蒙学射于羿，尽羿之道，思天下唯羿为愈已，于是杀羿。”看来逢蒙杀羿是出于妒忌。孟子以为君子取友必端，而羿择徒不慎，传艺匪人，“是羿亦有罪焉”，后羿本人不能说没有责任。逢蒙亦东夷部族，当年后羿所杀十日中有“女丑之尸”。《山海经·海外西经》：“女丑之尸，生而十日炙杀之。”女丑之尸即尸夷，乃是逢蒙的亲族。则逢蒙杀羿，实有为女丑复仇的动机。所以孔门弟子南宫适说：“羿善射，奡荡舟，俱不得其死。”(《论语·宪问》)反映了部族之间复杂的矛盾关系。

七、泰山神话的文化价值

泰山神话是上古时代泰山崇拜与信仰的主要内容，是人类“童年”时期自然崇拜与始祖崇拜的生动反映。泰山神话与泰山崇拜互为表里，相互作用，具有极强的渗透力和多重文化功能。这集中体现在以下几个方面：

1.确立了最初的泰山崇拜，奠定了泰山的“神山”地位。泰山的“神化”是一个长期的历史过程，但其滥觞实始于泰山神话。原始神话不是先民们用来自我娱乐的文艺创作，它有着深刻的精神内涵，寄托着先民们对宇宙奥秘的认识理解和对自己命运的执着追求，其中更为深邃的层次，则是包含着先民信仰的内核，它更直接深刻地表现着先民精神中“底层”或“本质”的部分。这正是我们不断探寻并力图逐渐把握的东西。生活于黄河下游、山东半岛地区的先民们有一个古老而深刻的观念：他们居住于“天下之中”，而泰山又是中央区域中最为美好而神秘的核心地带。泰山为先民意识中存在的“昆仑”提供了“原型”，是众神所居、百神爰在之所，是人类的发祥地与归宿点。炎帝、黄帝都出于此间，西王母、蚩尤、后羿、伏羲、虞舜诸神，作为东部地区先民的始祖与首领，具有创生人类万物，佑护氏族兴旺的巨大神力，从而反映出先民对于始祖和族系的追忆与认同。近年来神话研究成果表明，神话与历史的互渗现象相当普遍。古史传说多引入远古神祇以壮大自己的声势，神话中也常隐现历史事实的种种影子。泰山神话中炎黄两族的冲突、兼并、融合，使各氏族信奉的神祇杂陈并处，带来了神话的丰富和发展。这些神话正反映了泰山一带原始氏族的发源史、迁徙史。与整个中国上古神话一样，泰山神话也显得零星、片段，缺乏系统性和矛盾多出。这是因为泰山神话还未能“发育”到完整、系统的阶段，便由历史的、政治的、文化的等等原因受到“分裂”和改编。最为明显的是在殷周之际，当黄帝后裔的周人以征服者的身份，按照现实政治地位重新编排神祇品秩的时候，东夷神话就发生了巨大变化，一些至上全能的大神被纷纷改头换面，篡入黄帝系统中。例如《山海经》中一再被提及的“帝俊”，是夷人祖先神，竟全然不见了踪影，只落得以“帝舜”的面目出现；射日的大神后羿，变成了尧的臣子。透过历史烟云，我们仍能感受到泰山神话所反映的深沉的历史内涵和巨大的文化张力。泰山神话是泰山“神山”地位赖以形成的文化因子和精神源泉。

2.泰山神话以其超凡的想象力与旺盛的创造力，对整个民族精神产生了强烈影响。文化史表明，古代神话是各文明民族精神创造的起点，神话中包含着丰富的启蒙意识。泰山神话是炎帝氏族，乃至整个华夏民族精神的最初记录，与民族内在的精神气质相贯通，有激励振奋团结全民族的巨大精神潜能。半人半兽的西王母、作乱兴兵的蚩尤，带有较多的古朴风貌和神秘色彩；西王母、伏羲、句芒的沟通天人、主掌生死，具有超自然的神力；虞舜坦荡的胸襟、崇高的抱负、坚韧与真诚，后羿射日的砥砺磨炼、勇力果敢等等，都深深植根于民族集体意识之中。泰山神话中最为可贵的，是反映了一种敢于抗争，不计成败、至死不渝的斗争精神。在炎黄两族剧烈的氏族冲突中，炎帝系统诸神扮演了崇高的悲剧角色。炎帝少女精卫溺死后化鸟填海；蚩尤指挥的部族大决战，兵败被杀后仍气冲霄汉，起着激励士气、震慑敌军的精神作用；共工氏怒而触不周之山，誓与山河社稷共存亡；刑天氏身首异处，尚以乳为目，以脐为口，执干戚以舞，亦是“猛志固常在”；夸父与日逐走，知其不可为而为之，是一种更为激动人心的精神搏斗，他的木杖化为一片碧郁桃林，乃是不屈精神的旗帜。视死如归、死而未已是他们共同的精神特征，并把这种英雄主义精神升华到崇高壮美的审美境界，从而滋润着民族精神的发育成长。泰山自古多豪杰义士，豪爽直率、孔武尚力、疾恶如仇是山东大汉的性格禀赋。西汉赤眉军转战泰山；唐代冲天大将军黄巢在泰山狼虎谷自尽；北宋泰山书院的创始者之一、“庆历新政”的热情讴歌者石介刚烈沉毅；梁山好汉举起“替天行道”的义旗；立地阎罗阮小二高唱“不怕官司不怕天”；南宋名士辛弃疾泰山抗金，轻骑闯入金兵大营取回叛贼首级等等，都体现了敢于反抗、敢于斗争的精神传统。泰山神话的神奇想象还为后世提供了艺术典范：以蚩尤图形震慑敌军，三国时诸葛亮幼居泰山，他毕生最后一计“死诸葛走生仲达”，或是蚩尤神话的翻版；夸父弃杖化为桃林，给汉乐府《孔雀东南飞》中连理枝、后世《梁祝》之化蝶以启迪与灵感，其不屈的反抗与作为悲剧的内在精神贯通一致，以浪漫手法标出精神象征的形式借鉴，是不难察见的事实。

3.从泰山神话到《封神演义》，中国古代意识形态领域形成了神化泰山的完整系统。从《左传》《史记》《风俗通义》等史官文化，到《搜神记》《博物志》《神仙传》《拾遗记》等志怪小说，到《太平广记》《太平御览》等类书中有关篇章的神仙传奇，再到明代长篇魔怪小说《封神演义》；从神话中反映的原始自然崇拜到春秋战国的阴阳五行学说，天人合一的哲学观念衍化出泰山一神山的具体象征物；从孔夫子登泰山观封禅遗迹，临终前发出“泰山其颓乎”的哀叹，到司马迁的“人固有一死，或重于泰山，或轻于鸿毛”的警句格言和他忍辱负重、毕生以赴的“名山”事业，再到历代帝王的封禅大典、巡狩祭祀，都从不同角度，以不同内容补充、增强、完善了封建社会正统文化中的泰山崇拜。

发端于泰山神话的民间泰山崇拜，有更为功利的色彩，带有更多的“实用”目的，因而更能显示出原始崇拜中的文化心理特色。民间对于生老病死、福祸存亡的关心与恐惧，都移情于对泰山的顶礼膜拜，所谓“泰山青府掌天下生死之柄，岱岳宸庭握人间祸福之权”。在官府压榨、狡吏欺凌之下，大概只有充满慈爱的泰山女神才能给他们那种无法寻迹，又无时不在的心灵慰藉。其余如祈福祈寿，求子求嗣，得财利、祛病祸，都是从泰山崇拜中求生存的基点生发而出。

值得注意的是，古代的泰山神话与后世志怪传奇小说、诗歌等种种艺术形式有本质的区别。神话作为先民的原始思维与文化成果，是氏族集体意识的反映；同时又是氏族的共同信仰，起着巩固氏族意识、调节氏族生活的社会作用。对先民们来说，这些神话都是“真实”“客观”的存在。神话往往与原始的巫术一图腾崇拜密切相连，有原始宗教的浓厚色彩，但它本身并不等于原始宗教，更不等于迷信，恰恰相反，它是先民无所畏惧的进取精神和生生不已的创造欲望的真实体现。后世文人加工创作的志怪、神魔小说，尽管从神话中撷取素材、吸收材料，但其内核都是个人想象，不是原始时代的意识形态，更无法构成集体信仰，它是进入文明时代后人们自觉的精神活动的产物，只是从故事中得到某些乐趣，满足某些需要。这些作品尽管有艺术上的真实性，却没有认识上的真实性。人类童年的认识是幼稚的，但充满朴素与纯真，并以深层的信仰内核与渴望超越、征服现实的生命动力，展示它永久的艺术魅力。就这一点来说，神话确实是后世艺术创作不可企及的典范。

第二章
沟通天人之际的封禅大典

天上是众神所居。登上天堂，直接与天神沟通，并像天神那样长生不死，曾经是先民光荣的梦想。于是，他们再次选中了泰山，并通过一定形式来实现。这种形式，就是后来的封禅。

封禅大典是泰山独有的古老礼仪，是构成泰山崇拜与信仰的重要内容。由于这种礼仪的执行者是历代帝王，所以格外引人注目，其影响也更为深远，形成了从传说中的古史帝王到宋代皇帝、贯穿于原始社会和封建社会延绵相续的礼仪传统。

一、序曲：通向天堂之梦

封禅是古已有之的礼仪。按照《史记·封禅书》张守节《正义》解释："此泰山上筑土为坛以祭天，报天之功，故曰封。此泰山下小山上除地，报地之功，故曰禅。"这种看来简易明了的仪式，何以成为历代帝王神乎其事、无比隆重的盛典，其中究竟有何奥妙？自《史记·封禅书》出，封禅始于秦始皇之说几成定论，南宋马端临更直斥"七十二家"封禅之说是"陋儒之见"，"诗书所不载，非事实"。而恰恰是司马迁在《封禅书》开篇就写得明明白白：封禅大典"厥旷远者千有余载，近者数百载，故其仪阙然湮灭，其详不可得而记闻云"。须知《封禅书》之于司马迁有极特殊的意义：其父司马谈因病未能随汉武帝行封禅，是其作为太史官的终生遗憾，临终前"执迁手而泣"，悲叹"今天子接千岁之统，封泰山，而余不得从行，是命也夫！命也夫！"（《太史公自序》）此言能不使司马迁刻骨铭心，剔抉搜罗封禅史料，"殚精竭虑靡辞"以赴？况且司马迁以刑余之身，完全靠"重于泰山"的精神力量从事他的"名山事业"，使他不敢对泰山封禅著述有丝毫懈怠。由于种种原因，他未能对封禅起源做出清晰描述，但司马氏父子对这一问题的探索和肯定却明白无误。无视这一事实，该不该算作“陋儒之见”呢？

如果不抱先入为主的偏见，就不难看到前人对封禅起源的追溯。那位孜孜不倦地追求周礼，毕生以“克己复礼”为己任的孔老夫子，曾往来汲汲于泰山，寻觅封禅大礼的遗迹，“观易姓而王可得而数者七十余人，不得而数者万数也”（《韩诗外传》），以致在向弟子们传授六艺的时候，尴尬地说“其俎豆之礼不章，盖难言之”，遗憾地留下了空白。比司马迁早500多年的管子曾经谈到过封禅，可惜《管子》一书中的《封禅篇》早已亡佚，现存该篇是从《史记·封禅书》中补抄的。它保存了关于封禅起源的一段珍贵史料：“齐桓公既霸，会诸侯于葵丘，而欲封禅。管仲曰：古者封泰山禅梁父者七十二家，而夷吾所记者十有二焉，昔无怀氏封泰山，禅云云；伏羲封泰山，禅云云；神农封泰山，禅云云；炎帝封泰山，禅云云；黄帝封泰山，禅亭亭；颛顼封泰山，禅云云；帝俈封泰山，禅云云；尧封泰山，禅云云；舜封泰山，禅云云，禹封泰山，禅会稽，汤封泰山，禅云云；周成王封泰山，禅社首：皆受命然后得封禅。”《路史》中记载，作为炎帝后裔的蚩尤“兴封禅”，也透出封禅起源的消息。以上诸说，显示了封禅起源的纵向系统。它虽无法构成信史，却有重要的参照价值。

封禅的实际意义是什么？这个问题或许能帮助我们更好地认识封禅起源。汉代班固《白虎通论》说：“王者易姓而起，必升封泰山。何？教告之义也。始受命之时，改制应天，天下太平，物成封禅，以告太平也。”《五经通义》曰：“天命以为王，使理群生，告太平于天，报群神之功。”这似乎纯粹出于政治目的，表示帝王受命于天，向天告太平，对佑护之功表示答谢，当然更要报告帝王的政绩如何显赫。封禅的具体仪式富有象征性。班固说：“故升封者，增高也；下禅梁父之山基，广厚也；刻石纪号者，著己之功绩也，以自效放也。天以高为尊，地以厚为德，故增泰山之高以放天，附梁父之趾以报地，明天地之所命，功成事遂，有益于天地，若高者加高，厚者加厚矣。”（《白虎通论》）《礼记正义》云：“祭天则燔柴也，天谓日也”“祭地，瘗者，祭月也。”[①]原来封禅的种种目的与象征，都包含着一层更为深潜的意识：沟

---

① 《礼记正义》引文中“祭天”句与“祭地”句不是连贯的一句话，故在两句之间补全前后双引号。

通天人之际，协调天、地、神、人之间的关系，使之达到精神意志与外在行为的和谐统一。

古代先民对天人关系给予了充满热情的关注，对天人之际的沟通交流充满向往。在他们看来，所谓天地本来就是神、人的创造物。上古神话中的“绝地天通”就是证明。《山海经·大荒西经》：“大荒之中，有山，名曰日月山，天枢也。吴姬天门，日月所入。有神，人面无臂，两足反属于头上，名曰嘘。颛顼生老童，老童生重及黎。帝令重献上天，令黎邛下地。下地是生噎。处于西极，以行日月星辰之行次。”袁珂先生认为“献”“邛”即“举”“抑”之意，所谓“献上天”“邛下地”具有开天辟地的意义。后来史官文化中把这一神话历史化。《国语·楚语黎下》：“少昊之衰也，九黎乱德，民神杂糅。不可方物。……颛顼受之，乃命南正重司天以属神，命火正黎司地以属民，使复旧常，无相侵渎，是谓绝地天通。”也就是说为了整顿恢复现实世界的秩序，维护神、人的尊、卑才把天地神人分而治之，神在天、人在地。先民在“制造”二者之间的鸿沟的同时，又在极力设法跨越这条鸿沟，来沟通二者之间的联系，这就是《山海经》中反映的“天梯”意识。前面说过，中国神话中的天梯是昆仑山、建木，其位置在“天地之中”，即东夷聚居的泰山一带。众神可以缘天梯上下往来。这种神人沟通的观念，无疑最早出自东夷人的意识，我们从泰山神话的有关内容中就可以体会到。它作为集体意识，一直保存流传于东夷部族与其后裔殷商氏族之中。

商周之际，随着周人取代殷人，思想意识形态也发生了巨大变化，殷人信奉的“帝”逐步为周人信奉的“天”所代替，出现了原始的天命观。按照周人的解释，历代王朝兴替，重大事件的发生，典章制度的确立等等，均由天命所定，循天道而行。周人还以天命的道德来取代殷人“天帝”血统的神权继承。周人提出以德配天，认为天命靡常，唯德是辅。上天是否继续授命于人君，视人君之所作为是否合于天德，合则天命常在，违则天命转移，使有德者居之。这种天命观从理论上证明了周人代殷的合理性，也为封禅中“易姓而王”后报“天”之功的政治目的提供了理论依据。周人这种以德为本的天命转移论，后来又进一步发展为“天人合一”“天人感应”的政治哲学观，从而使原始天命观上升到新的理论高度。

东夷先民沟通天人的古老观念，必然要通过一系列敬天事神的仪式来体现。

这种仪式的最初形态已无从追溯，后世所说“七十二君”封禅之事，是在文字产生之后，人们对远古意识与仪式的象征性追忆，并且这种回忆的努力，恐怕也只能达到这样的水平，以致被更为后世的人们斥为荒诞不经，“陋儒之见”。显然，按照这个思路去披波讨源，只能挽成死结。幸而我们可以从大汶口文化遗址中另辟蹊径。从陵阳河等遗址中出土的器物上，出现了“”的符号。我们认为上为太阳，即“天”“日”，下为高山，即东夷人崇拜的神山——泰山，中为火，即东夷人“燔柴祭天”之礼，合起来正是东夷人在泰山极顶燎柴祭天仪式的完整记录，或者说，这正是封禅大典的原始记录。在这里，昆仑神山具体为至高至大的泰山，建木具体为柴与烟火，可直达“天庭”，是相互沟通、传输信息的物质载体；能来往于天地之间的神，当然是有资格主持祭天仪式的部族首领，即神话中的炎帝、蚩尤、后羿、虞舜……通过这种仪式，强化了他们“天帝之子”“天命”代言人的身份与神格，也给予全体部族成员以莫大的精神鼓舞。

周人天命观指导下的封禅，在形式上基本沿袭殷人，内容却有了很大变化：封禅的神秘与宗教色彩削弱，神话影响在封禅中的成分和作用急剧下降，人本精神与道德要求大大强化。封禅原是殷人世代享用的专利，现在却有了严格的条件限制。第一，行封禅者必须是“受命帝王”，也就是奉天承运之君。周人正是凭借着自己对天命的感受力和自强不息的作为，来主动地应合天命，因而对自己奉天承运充满坚定的自信。第二，在奉天承运的前提下突出“德洽”，即必须是治国有方、政绩突出，能“致太平者”，否则，“虽受命而功不至，至梁父矣而德不洽”，封禅并不能得到上天佑护。说明封禅反过来还对帝王有一定的约束作用。第三，致太平的政绩必须有一定的标志，即“符瑞见”。这一条颇有天人感应的神秘色彩，带有更多的神话成分，或许直接上承于殷人传统。周代末年，齐桓公自以为“九合诸侯，一匡天下，诸侯莫违我。昔三代受命，亦何以异乎？”以此为封禅资格。管仲说古代封禅不仅要风调雨顺、物产丰茂，还要“东海致比目之鱼，西海致比翼之鸟，然后物有不召而自至者十有五焉”，并批评桓公“今凤凰麒麟不来，嘉谷不生，而蓬蒿藜莠茂，鸱鸮数至，而欲封禅，毋乃不可乎？”这虽有管仲“设事”的成分，但符瑞确是封禅的必不可少的条件，否则很难解释后世帝王封禅都要不惜工本地罗织甚至伪造符瑞。

殷周两种不同文化对封禅的不同影响是不难觉察的。作为殷人后裔，又对周礼颇有研究的孔老夫子对这种差别体验尤深。他说：“殷人尊神，率民以事神。先鬼而后礼，先罚而后赏，尊而不亲……周人尊礼尚施，事鬼敬神而远之。近人而忠焉，其赏罚用爵列，亲而不尊。”（《礼记·表记》）。古远的封禅典礼在天命观的指导下被重新梳理阐释，融入周文化的背景之中。我们今天看到的一批最早记述封禅的史籍，如《管子·封禅篇》《史记·封禅书》、班固《白虎通略》、司马相如《封禅书》等，都是属于周文化系列的“封禅史”与“封禅论”。它已经较远地离开了“率民事神”的原型，更多地发挥社会政治方面的现实作用。但是，早期封禅中所反映的天人感应、天人合一思想并未消失，仍然在朝代更迭中向前发展，为后来的思孟学派、董仲舒学说提供了张本。后来又与阴阳五行说、谶纬说汇成一体，成为封建社会意识形态的重要组成部分。

二、两重奏：封禅与求仙

秦汉时代的封禅，是信史中改朝换代统一天下后“奉天承运”的帝王最初的封禅，因而被后世目为开创性的举动。司马迁在《封禅书》《秦始皇本纪》《孝武本纪》及有关篇幅中做了尽量详细的记载，使我们能一睹封禅大典的真实情况。

秦始皇兼并天下，改正朔，易服色，“即帝位三年（前219），东巡郡县，祠邹峄山，颂秦功业。于是征从齐鲁之儒生博士七十人，至乎泰山下”，在议论了一番古代封禅礼仪后，“遂除车道，上自泰山阳至巅，立石颂秦始皇帝德，明其得封也。从阴道下，禅于梁父。其礼颇采太祝之祀雍上帝所用，而封藏皆秘之，世不得而记也”（《史记·封禅书》）。秦始皇刻石由李斯书写，《史记》中载有全文，其前半部分是以其功德昭告天地：“皇帝临位，制作明法，臣下修饬。廿有六年，初并天下，罔不宾服。亲巡远黎，登兹泰山，周览东极。从臣思迹，本原事业，祗颂功德。治道运行，诸产得宜，皆有法式。大义休明，垂于后世，顺承勿革。”向天帝报告他统一天下的功绩，并打出奉天承运的旗号，强化秦统治的合理性，是他封禅的主要目的。至于封禅的具体仪式，是采用“祀雍上帝”之礼。秦在雍（长安西南）设鄜、密、上、下四畤，分别祠白、黄、青、赤四帝。上帝即天，祭天称“郊”，与“封”内容一致，祭献用驹、犊、羔三牲及珪币，礼毕“皆生瘗埋”。

秦始皇东巡郡县，封禅泰山，还有一种回归故土的深层意愿。秦人的祖先为东夷部族。据《史记·秦本纪》，秦人始祖母是女修，女修在织布时“玄鸟陨卵，女修吞之，生子大业”。大业生柏翳，柏翳即伯益，是虞舜辅臣，舜以姚姓玉女嫁给他，并赐姓“嬴”，伯益就成为嬴姓始祖。伯益生二子，长子大廉称“鸟俗氏”，次子为费氏。鸟俗氏玄孙为孟戏、中衍，二人皆“鸟身人言”。在神话中孟戏直出大舜。《山海经·大荒东经》：“帝舜生戏，戏生摇民。”《海内经》：“有嬴民，鸟足。”嬴、摇为一声之转，则摇民即嬴民，是嬴人祖先。中衍的玄孙名蜚廉，蜚廉之后名造父，为周穆王驾八骏周游天下，被封于赵城，为赵氏。蜚廉另一后裔名非，为周孝王之臣，受赐秦邑，称“秦嬴”。秦始皇即非子（秦嬴）的后裔。嬴民的祖先伯益是东夷一支，由东方逐渐西迁。伯益熟悉鸟兽特性，“佐舜调驯鸟兽，鸟兽多驯服”（《史记·秦本纪》）。担任过掌火的官员。《孟子·滕文公上》：“舜使益掌火，益烈山泽而焚之，禽兽逃匿。”使人民得以安居垦种。据何光岳考证，伯益居地即今泰山以东四十里，坐落在泰（安）莱（芜）平原之间的古嬴城，此处近少皞之墟，以嬴族聚居得名（《东夷源流志》）。这里正适合农耕，也是秦汉之际封禅泰山的必由之路。那么秦始皇的封禅除了现实的政治需要外，还与其远祖夷民崇拜泰山的文化传统有关。在他的思想意识之中，深埋着对祖先文化的认同与亲族的基因。

在沟通天人的封禅中，还隐藏着长生成仙的私人愿望。封禅仪式完毕后，要把镌刻有乞望、意愿文字的玉册金简埋于地下，以求上天得知。其内容涉及秦始皇内心秘密，所以“封藏皆秘之”。但这个秘密还是从他的行迹中泄露出来。封禅刚一结束，始皇便匆匆“东游海上，行礼祠名山大川及八神，求仙人羡门之属”，从而把封禅与求仙拧在一起。源于燕齐一带的方仙道十分流行，他们认为东海之中有蓬莱、方丈、瀛洲三座神山，“盖尝有至者，诸仙人及不死之药皆在焉。其物禽兽尽白，而黄金白银为宫阙。未至，望之如云；及到，三神山反居水下。临之，风辄引去，终莫能至云”（《封禅书》）。这无疑是方士们把海市蜃楼的幻景当真，并以之与神话结合而成的联想。始皇巡海上，“冀遇海中三神山之奇药”，于是先后派遣徐福、卢生、侯公、韩终、石生等人入海求仙。卢生入海归来，献上“亡秦者胡也”的谶言。始皇立即派大将蒙恬率兵

30万，北击匈奴。3年后，卢生又说仙药可求，只是有恶鬼作害，要避免，就不能泄露皇帝行止。于是始皇自称“真人”，不称“朕”，“乃令咸阳之旁二百里内宫观二百七十，复道甬道相连，帷帐钟鼓美人充之，各案署不移徙。行所幸，有言其处者，罪死”。始皇如此不计工本、唯命是从，孰料卢生等人却逃跑了，理由是：始皇贪婪残暴，秦法过于严酷，根本无法求得仙药。始皇暴怒，坑儒460余人，作为对卢生等人的报复。徐福的求仙整整经历了9年，始皇一直挂在心中念念不忘，其间两次东巡查看。第一次，徐福称已登上蓬莱拜见大神，只因所带礼物菲薄，只能见到仙药。欲得仙药，须选送男女3000人，携五谷良种去见大神。第二次，徐福称仙药可得，却又因蛟龙大鱼作乱，船不得停靠神山，须配置连发机弩及弓箭射杀之。恰逢始皇梦与海神搏战，海神的模样与人相同。根据占梦博士意见，这海神正是蛟龙大鱼的象征，射杀它便能找到真海神。于是始皇为徐福装备巨型渔网，并亲自伺候在连弩机旁一同下海，行至芝罘岛，一条大鱼浮出水面，始皇亲自射杀，除去了获取仙药的障碍。不料神山仙药仍未找到。此后徐福一去不复返，始皇在求药不得的归途中崩于沙丘。秦始皇的封禅与东巡求仙，真可谓“死而后已”。

汉武帝即位，有白麟、宝鼎之瑞，正应合武帝急于封禅的心理。元鼎六年（前111）下诏征涉西方北方，并亲率大军“行自云阳，北历上郡、西河、五原，出长城，北登单于台，至朔方，临北河。勒兵十八万骑，旌旗经千余里，威震匈奴”（《汉书·武帝纪》），然后先祭华山、嵩山。三月登泰山，因“泰山之草木叶未生，乃令人上石立之泰山巅”（《封禅书》），即玉皇顶之汉无字碑。武帝乃东行至海，求蓬莱仙人之属。四月还泰山，先于梁父禅地，又在泰山脚下东方，按照祭祀太一神的仪式举行封礼，其封土高九汉尺，阔一丈二尺，封土下秘埋玉牒书。封礼之后武帝独带奉车子侯霍嬗上泰山极顶，再行封礼，其仪式与内容皆秘之；第二天，自泰山之阴返回，按照祭祀后土之礼，再禅于泰山东北之肃然山，开创了两封两禅的先例。山巅封礼的唯一见证人霍嬗不久后暴亡，引起了人们的种种猜测。这显然与武帝神秘其事有关。在封禅仪式中，武帝与百官随员皆穿黄衣，以江淮间所产神茅“一茅三脊”为铺荐，以象征五方的五色土加封，以增其庄严隆重。禅礼毕，纵放远方各地进献的“奇兽蜚禽及白雉诸物”，也是证明符瑞之意。典礼完毕，武帝在泰山旧有的明堂接受群臣朝贺祝寿，并颁布诏书，宣扬在泰山见到的种种神异，表示封禅已为上天接受，并改年号为“元封元年”。为了便于巡祀泰山，又专门下诏：“古者天子五载一巡狩，用事泰山，诸侯有朝宿地。其令诸侯各治邸泰山下。”想以泰山脚下的奉高城为东方行辕。元封二年，武帝据济南人公玉带所献《明堂图》，在泰山东侧周明堂遗址不远处重建明堂。“中有一殿，四面无壁，以茅盖，通水，圜宫垣为复道，上有楼，从西南入，命曰昆仑，天子从之入，以拜祠上帝焉。……祠太一、五帝于明堂上坐，令高皇帝祠坐对之。祠后土于下房，以二十太牢。”（《封禅书》）此后汉武帝又多次来泰山举行封禅大礼，并在明堂中接见诸侯。

汉武帝伴随封禅泰山的求仙活动，较之秦始皇更为急切。他本来就“尤敬鬼神之祀”，热望得仙长生。早在即位之初，方士李少君便以献炼丹术、却老方见宠。少君称：“祠灶则致物，致物而丹砂可化为黄金，黄金成以为饮食器则益寿，益寿而海中蓬莱仙者乃可见，见之以封禅则不死，黄帝是也。”（《封禅书》）黄帝边封禅边求仙炼丹，最后升仙而去，正合武帝心愿，也正是武帝封禅泰山的模式。据《岱览》《莱芜县志》等记载，武帝曾命少君求仙于泰山东南之新甫山，建迎仙宫，新甫因此又名宫山。有少君祠、迎仙宫遗址。后来少君病死，武帝却以为尸解而去，怅然若失。由于武帝笃信弥诚，“海上燕齐怪迂之方士多更来言神事矣”。其后齐人少翁又以方术使武帝与死去的王夫人相见，被封为文成将军。后用帛书喂牛，假充牛腹生书之异，上书时被识破笔迹，于是被杀。死后武帝后悔文成将军或有方术灵药未及尽施，为继续鼓励诸方士积极性，只称文成误食马肝中毒而死。后来与少翁同师学艺的栾大得宠。栾大“为人长美，言多方略，而敢为大言，处之不疑”。自称经常来往于海中，能见到安期生、羡门等仙人，但因身份低而得不到仙方。有了仙方则“黄金可成，而河决可塞，不死之药可得，仙人可致也”。武帝乃以二千户封栾大为乐通侯，赐甲第、僮仆千人，又将卫长公主嫁他，以金万斤为嫁资，又任为五将军之职。于是“大见（武帝）数月，佩六印，贵震天下。而海上齐燕之间，莫不扼腕而自言有禁方，能神仙矣”。是年秋，栾大派去下海求仙的人不敢下海，因而上泰山祭奠。武帝使者随行监督，见方术用尽而无效验，栾大因之被杀。又有齐人公孙卿假托仙人传言：“汉主亦当上封，上封则能仙登天矣……五山黄帝之所常游，与神会。黄帝且战且学仙。患百姓非其道者，乃断斩非鬼神者。百余岁然后得与神通。”并且编造了黄帝乘龙登仙的神话，把封禅与成仙合

二为一。这下挠到了武帝的痒处，羡慕之情脱口而出：“嗟乎！吾诚得如黄帝，吾视去妻子如脱躧耳！”(《封禅书》)

封禅之前，武帝即东巡至海，礼祀齐地八神，寻求海上神山，封禅成功之，“方士更言蓬莱诸神若将可得，于是上欣然庶几遇之，乃复东至海上望，冀遇蓬莱焉”。公孙卿等鉴于少翁、栾大的教训，劝说武帝要坚信神仙可求，但不可急于求成，因为“仙者非有求人主，人主者求之。其道非少宽假，神不来。言神事，事如迂诞，积以岁乃可致也”。武帝乃令天下郡国整治鬼道，在名山修筑宫观、祠坛，并遣使居之，以伺候仙人驾临。武帝又据公孙卿所说“仙人好楼居”，于长安甘泉神祠大起通天茎台，其下筑高三十丈的延寿观，供以仙人爱吃的脯枣；又作柏梁、铜柱、承露仙人掌，同样置祠供脯，以期招来仙人。这正是建木通天神话的现实翻版。后来通天台遭火灾，公孙卿又言甘泉宫为黄帝青灵台旧址，灵验得很。为了防火，必须建更大宫室以厌胜之。“于是作建章宫，度为千门万户，前殿度高未央，其东则凤阙，高二十余丈。其西则唐中，数十里虎圈。其北治大池，渐台高二十余丈，命曰太液池，中有蓬莱、方丈、瀛州、壶梁，象海中神山龟鱼之属。其南有玉堂、壁门、大鸟之属。乃立神明台、井干楼、度五十丈，辇道相属焉。”仙山神台毕集甘泉，仍未见仙人，武帝只好命方士艺人仿照神话内容编排大型幻术歌舞《鱼龙曼延》，在太液池演出，聊慰思仙饥渴之情。据《汉书・西域传赞》颜师古注：“鱼龙者，为舍利之兽，先戏于庭极，毕，乃入殿前激水，化成比目鱼，跳跃漱水，作雾障日，毕，化成黄龙八丈，出水敖戏于庭，炫耀日光。”但声色之娱毕竟不如神仙吸引力大，次年又匆匆赶至东海，依方士之说建五城十二楼，命曰迎年宫，并亲往礼祠上帝。返程至泰山，行巡守告祭之礼，并加禅泰山南部的石闾山，因为方士皆称此处为仙人之间，故又命改称仙闾山。武帝求仙凡五十年，封禅祭祀泰山八次，对方士言听计从，却除了看到《鱼龙曼延》演出以外无任何效验，“天子益怠厌方士之怪迂语矣，然羁縻不绝，冀迂其真”(《封禅书》)，是找到了武帝求仙的病根。

三、谶纬之声：“会命岱宗”

秦皇汉武求仙的尘嚣在无验中散去。方仙道失去依托，影响式微，代之而起的是谶纬学说。谶为宗教预言，即“诡为隐语，预决吉凶”，原是方士之术；

纬是以宗教观点解释儒家经典，是“经之支流，衍及旁义”(《四库全书总目题要》)。谶纬之学首创于西汉董仲舒《春秋繁露》，以阴阳五行说附会儒家学说。西汉末年，王莽出于篡汉夺权的政治需要，在制造、倡导谶纬方面起了重大作用，把儒家学说宗教化。东汉中兴之主光武帝刘秀，正是在谶纬旗帜下封禅泰山的。

建武三十年，群臣上言云：即位三十年，宜封禅泰山。光武帝自以为政绩不佳，尚无封禅资格，乃下诏曰：“即位三十年，百姓怨气满腹。吾谁欺，欺天乎？(孔子)曾谓泰山不如林放，(我)何事污七十二代之编录！”(《后汉书·封禅志》)并坚决表示：谁敢再阿谀奉承，“盛称虚美”，就要割去他的头发，罚其屯田戍边。看来此时光武帝头脑十分清醒。但事隔不久即巡行鲁国，路过泰山，派泰山太守承治祭祀泰山、梁父。这种微妙的表示随臣心领神会。后年正月，光武帝斋戒读谶书《河图会昌符》，中有“赤刘之九，会命岱宗。不慎克用，何益于承。诚善用之，奸伪不萌”之语。乃召臣下会商，经查，“赤刘之九”即得到火德的刘汉第九世孙，正是光武帝刘秀，这是在暗示他行封禅。其实光武君臣早已心照不宣，此时群臣蜂起而议，说据《河图赤伏符》《河图古今篇》《河图提刘予》《洛书甄曜度》《孝经钩命诀》等谶书，有36处示喻光武帝封禅。谶语即是天命，不可违背。光武帝就坡下驴，谦谦作无可奈何状：“国家德薄，灾异仍至，图谶盖如此！”然后不得不奉天承运：“今予末小子，巡祭封禅，德薄而任重，一则以喜，一则以惧。喜于得承鸿业，帝尧善及子孙之余赏，盖应图箓，当得是当；惧过于差，执德不弘，信道不笃，为议者所透进，后世知吾罪深矣。”(《后汉书·封禅志》注引《东观书》)

于是紧锣密鼓，乃行封禅。匆匆遣官调泰山郡、鲁国石工发巨石上山筑坛，书玉牒玉简藏石中，以水银和金为泥封之。石上刻长篇铭文，述封禅起因，其中并未忘记自我表彰政绩突出：“在位三十有二年，年六十二。乾乾日昊，不敢荒宁，涉危历险，亲巡黎远，恭肃神祇，惠恤耆老，理庶遵古，聪允明恕。”伐石立坛尚未竣工，光武于正月二十八日从洛阳出发，中经曲阜祭祀，二月十二日已驾至奉高城。于是一面遣官加紧督察，增派兵丁治石整道，一面斋戒沐浴恭候。十日后诸工事毕，光武帝率太尉赵熹、高密侯邓禹、孔子后裔褒成君、十二位藩王及王侯百官，清晨燎祭上天于山下，然后乘轿上山，登岱顶封礼坛，行登封大礼，毕，以玉简金泥封于坛下，群臣百官高呼万岁，音动山谷，庆贺封礼告成。返回天门暮色已深，百官队伍连绵20余里在黑暗中摸索前行，靠石头撞击的声音互相跟从，至第二天天亮方才下山。年老体弱者只好躺在岩石间等待天亮，幸好无人受伤。两日后禅于梁父，以高后及山川群臣配祭。封禅结束，改年号为中元元年，大赦天下，免去奉高及嬴、博当年租税。

光武帝公开举行声势浩大的封禅大典，玉简及刻石碑文公之于众，随行人员中有文官儒士，遂使封禅过程在史料中多有记载，其中马第伯的《封禅仪记》较为优秀，只是原文已散缀于《后汉书》中。其记载泰山沿途及封禅所见礼俗风情，至今读来仍觉清新，其摹景状物亦极具韵致。如写到将至山顶，“仰视天门，窔辽如从穴中视天。直上七里，赖其羊肠逶迤，名曰环道，往往有絙索，可得而登也。两从者扶挟，前人相牵，后人见前人履底，前人见后人顶，如画重累人矣。所谓磨胸捍石，扪天之难也。初上此道，行十余步一休；稍疲，咽唇焦，五六步一休。牒牒据顿，地不避湿暗，前有燥地，目视而两脚不随。早食上，晡后至天门”（《后汉书·封禅志》注）。读之如身临其境，细细体味如亲相追随，显示了高超的记述水平。

四、盛世唐音：亚献与罄诚

封禅作为四海统一、君权神授的标志，对历代帝王都有莫大的吸引力。东汉以后各朝均不是统一王朝，欲行封禅无奈资格不够。魏明帝曹睿、晋武帝司马炎、宋文帝刘义隆、北齐文宣帝高洋等都曾有封禅之议而未果。隋文帝建国之初曾亲祭泰山，但未及正式封禅即告亡国。唐代统一天下后，太宗李世民励精图治，唐帝国一度出现繁荣盛世，即史家所称道的“贞观之治”。此间太宗曾数次议论封禅。贞观五年，各地朝集使（各地派往京城朝拜皇帝的特使）请封禅，太宗以为天下初定，“凋残未复，田畴多旷，仓廪犹虚，家给人足，尚怀多愧，岂可遽追前代，取讥虚美”，弗许。贞观六年，平抚突厥，农业又连年丰收，群臣又议封禅。太宗再次谦辞说：“如朕本心，但使天下太平，家给人足，虽阙封禅之礼，亦可比德尧舜。若百姓不足，夷狄内侵，纵修封禅之仪，亦何异于桀纣？”魏徵也谏说自隋未大乱，“泰山州县，凋残最甚”，仍待休养生息。此时“养之则至仁，劳之则未可。升中之礼，须备千乘万骑，供帐之费，动役数州。户口萧条，何以能给”。太宗只好作罢。贞观十五年，众臣又请封禅，太宗诏准，于春天从长安出发，至洛阳，天文有彗星之变，遂止封禅。贞观二十二年，长孙无忌等人上书坚请封禅，太宗下令筹备有关制度仪式，但因对高丽用兵，国内有薛延陀部归降需要安置，河北又发水灾，又下诏停止。太宗封禅数议数辍，终于未能成行。

唐高宗李治继位，仁厚无能，但上承“贞观之治”的余烈，下靠长孙无忌、褚遂良等名臣辅佐，却也做了三十四年的太平皇帝。据《旧唐书·礼仪志·封禅》：“高宗即位，公卿数请封禅。则天既立为皇后，又密赞之。”于是下诏于麟德二年（665）启程东封。在此以前的显庆五年（660），高宗早已下诏由武则天主持朝政。对武氏密赞当然是唯唯谨奉。在商定具体礼仪时，武氏又上表要求以皇后身份参加，并主持禅地仪式，她认为封禅应合乾坤阴阳之道，地属阴，故祭地多以高皇后配祭，所以主持祭地本是内宫皇后的分内职责。但从古到今的封禅礼仪粗疏有阙，一直由男性宰臣主持，实属舛误乖悖。现在应把被颠倒的历史再重新颠倒过来，由她“总率六宫内外命妇”主持禅礼，并成为后世定规，所谓“冀圣朝垂则，永播于芳规；萤烛未光，增辉于日月”（《旧唐书·礼仪志》），实际上是在“挟天子以行封禅”，乘机扩大她的政治影响力，抬高政治地位，为女皇登基做准备。

是年十月，封禅队伍浩浩荡荡从洛阳出发，“从驾文武兵士及仪仗、法物，相继数百里，列营置幕，弥亘郊原。突厥、于阗、波斯、天竺、罽宾、乌苌、昆仑、倭国及新罗、百济、高丽等诸酋长，各率其属扈从、穹庐、毡帐及车仗驰马，填侯道路”（《册府元龟》）。腊月二十到达齐州（今济南市），驻十天后于除夕赴泰山，途径灵岩寺小憩；正月初二到泰山，先祭昊天上帝于山下之封祀坛，并亲封玉策埋于坛下，翌日率使臣百官于岱顶登封坛行礼，并封玉策，随即下山。次日于社首山（今蒿里山东侧）降禅坛行祀地祇之礼，高宗登坛，行“初献”礼毕，司仪执事诸人退场，宦官宫人执锦绣帷幕为遮，武则天率六宫登坛，由武氏亲行“亚献”之礼，越国太妃燕氏行“终献”礼。臣僚属官被帷幕所隔，成为“幕后人物”，此时偷偷张望，指指点点，窃窃私语，颇觉新鲜。封禅礼毕集宾文武百官，大赦天下，改元为“元封元年”，将岱顶封祀坛改称舞鹤台，介丘坛改为万岁台，社首山之降禅坛为景云台。并于岱顶大观峰镌刻《登封降禅朝觐颂》，今已无存。

皇后行封禅引起了百官惊诧物议，确也显示了武则天的胆识过人。30年后，武则天已即位称皇，再发惊人之举，登封中岳嵩山，禅少室山，并礼见群臣，接受百官朝贺，礼仪一如当年封泰山，成为中国历史上独一无二“奉天承运”的女皇。礼毕封嵩山为“神岳天中皇帝”，为封禅史增加了别开生面的篇章。

玄宗李隆基即位不久，强大的唐帝国达到鼎盛时期，即所谓“开元盛世”。在中书令张说等一批积极分子的恳请之下，乃下诏曰：“朕昔戡多难，禀略先朝，虔奉慈旨，嗣膺丕业……至于巡狩大典、封禅鸿名，顾惟寡薄，未遑时迈，十四载于兹矣，今百谷有年，五材无眚，刑罚不用，礼义兴行，和气氤氲，淳风淡泊，蛮夷戎狄，殊方异类，重译而至者，日月于廷阙；奇兽神禽，甘露嘉醴，穷详极瑞，朝夕于林御。王公卿士，罄乃诚于中；鸿生硕儒，献其书于外：莫不以神祇合契，亿兆同心。……”（《旧唐书·礼仪志》）同意举行封禅。其诏书虽有夸张渲染成分，却是历代关于封禅诏书中最为器量大度者，在踌躇满志中显示了恢宏气势。

开元十三年（725）十一月七日，玄宗到达泰山。据张说《封祀坛颂》记载，声势浩大的封禅队伍“六甲按队，八阵警跸。孟冬仲旬，乘舆乃出。千旗云引，万戟林行。霍获灿烂，飞飞焰扬精。原野为之震动，草木为之风生……万方纵观，千里如堵，城邑连欢，邱陵聚舞……尧云往，舜日还，神华灵郁，烂漫乎穹壤之间”。从行马匹按不同颜色，以千匹为一方队，“远望之如云绵”。除庞大的护卫、仪仗队伍外，还有四境之内“戎、狄、夷、蛮、羌、胡朝献之国”的首领，有外国如日本、昆仑、新罗、靺鞨、朝鲜等数十个国家的国王、使者、陪臣等，在登山之时，竟然“仗卫罗列岳下百余里”。其阵容之巨，确属空前绝后。

十七日，玄宗登山行封礼，原曾想在山上行初献礼，山下行亚献、终献礼。后与礼官学士贺知章商议，贺以为昊天上帝为君，五方时帝为臣，应由皇帝在山上祭天神，由群臣在山下祭五方帝，玄宗应允，乃于山上行初、亚、终三献之礼。关于封坛中所埋玉简，玄宗问贺知章，何以前代皆秘其文？贺答：“玉牒本通神明之意，前代帝王所求各异，或祷年算，或思神仙，其事微密，是故外人莫知之。”玄宗曰：“朕今此行，皆为苍生祈福，更无秘请，宜将玉牒出示百僚，使知朕意。”文中果有“封祀岱岳，谢成于天。子孙百禄，苍生受福”的祈语。封礼毕，以金绳玉匮函玉牒，以玄宗玉玺封泥，埋于坛下。然后点火燎祭，群臣兵卫山呼万岁，声动天地。玄宗即下山至社首。群臣祭五方帝已毕。此时山上紫烟憧憧，五色云袅袅，日现重轮，宣告封禅的成功。为此玄宗撰并书写了《纪泰山铭》文，刻于大观峰摩崖。其中虽有些故作谦态，但有“顾惟不德，懵于至道，任夫难任，安夫难安”的清醒与“道在观政，各非从欲”的务实，总比秦皇汉武毫不犹豫地自吹自擂多一些大家风度。

封禅大典结束，玄宗于行宫大起朝觐台，接受百官及各国王侯、使者的朝拜祝贺。为答谢泰山神的佑助之功，特诏“封泰山神为天齐王，礼秩加三公一等”。这是帝王加封泰山神的开端。

封禅中还有一则小小的轶闻。据唐人段成式《酉阳杂俎》载：封禅结束后，众官按例加升一级。封禅使张说之婿郑镒却由九品升至五品，并得到御赐绯服。在庆贺封禅成功的宴会上，玄宗见郑镒官位骤升四级，奇怪地发问。郑镒满面通红，正无词以答，站在一旁的宫廷滑稽戏艺人黄幡绰接过了话头：“此泰山之力也！”妙语双关，使大家都心领神会，既暗含讥讽，又算替郑镒解了围。张说在封禅中出了大力，但借机越级提拔自己的女婿，总不能算正大光明，对这种笑谑亦无可奈何。据说这就是称岳父为“泰山”的由来。后人又把玉皇顶以北的山峰称为“丈人峰”，附会这一典故，至今仍广为流传。

五、乱弹：末路祥瑞

有宋一代为多事之秋。真宗之世，北方契丹的不时入侵已成为心腹之患。国内连年水灾河患，积弱积贫。统治无力，在这种情况下，真宗君臣却“反弹琵琶”，依靠封禅来转移视线、安定人心，意图扭转岌岌可危的局面。

景德元年（1004），契丹再次入侵，威胁宋都汴梁（今河南开封），朝野震惊。赵恒束手无策，主和派王钦若、陈尧叟等建议迁都讲和，宰相寇准力主抗战，并敦促真宗御驾亲征，会战于澶州（今河南濮阳）。真宗赵恒在此际签订“澶渊之盟”，每年向辽输银20万两，绢20万匹，以求苟安一时。澶州军事胜利提高了寇准的声誉，王钦若却乘机离间，向真宗说寇准以皇上为赌注，会战取胜寇是功臣，如若失败则要输掉皇帝，后果不堪设想。真宗果然免掉了寇准的宰相职务。王钦若进而提出可以制造假祥瑞，借机封禅泰山，来镇服四境少数民族的入侵，夸示宋王朝的功德，但这要先封住宰相王旦之口。于是真宗赏赐给王旦一坛美酒，让他回家与妻儿共享。回家打开一看是一坛珍珠，王旦立即明白了真宗的用意。皇帝向臣下行贿，这是不可多得的一例。这就是《宋史·礼志》中“宰臣王旦等又率百官诸军将校州县官吏蕃夷僧道父老二万四千三百七十人，五上表请”行封禅的由来。于是在宋真宗、王钦若等人的一手策划下，大中祥符元年（1008）正月，京城先后两次出现“天书”。“天书”为二丈黄帛，上书“赵受命，兴于宋，付于恒，居其器，守于正，世七百,九九定”，一些朝臣纷纷祝贺，只有龙图侍制、东平人孙奭大惑不解：“天何言哉，岂有书耶？”但此时已无人理会这位书呆子的发难，上上下下忙于“应祥瑞”准备封禅。真宗于四月下诏封禅。以王旦为大礼使，王钦若为礼仪使，陈尧叟为卤薄使，并由王钦若先期到泰山安排有关事宜。王到泰山后，又于红门西侧垂刀山搞了一次“降天书”的把戏，并发现泰山南麓有醴泉涌现，王钦若立即“贮水驰驿以献”，被真宗命为“灵液”（《文献通考》）。未几“天书再降于泰山醴泉北”（《宋史·真宗纪》）。这样紧锣密鼓地降了四次“天书”以后，终于拉开了封禅的大幕。

是年十月初四，真宗从开封出发，以玉辂车载天书为先导，二十日到达泰山，居奉高宫（今泰安军分区北门）。登封之日，真宗于山上行初、亚、终三献，在献给昊天上帝的玉册文中，实在无甚政绩值得夸耀，只好说是“元符锡祚，众宝效祥，异域咸怀，丰年屡应”（《宋史·礼志》），而唯一据以封禅的禅符“天书”却未上山，只是在社首山禅祭皇地祇时，才把“天书”奉于祭坛，大概真宗君臣心中有鬼，才有如此窘迫乖悖的礼数。封禅礼毕，免不得又是日朗风清之瑞，“天宇澄霁，烛焰凝然，紫气蒙坛，黄光如帛绕天”（《宋史·礼志》）。又有“日重轮，五色云见”等抄袭来的神异，宣告了封禅已为上天接受。于是在寿昌殿接受百官朝贺，大赦天下，改乾封县为奉符县、奉高宫为会真宫，封青帝为广生帝君，于岱顶大观峰西侧、金山南麓各置青帝宫。并在唐玄宗封泰山为天齐王的基础上，加封为“天齐仁圣帝”。

宋真宗伪造天书封禅泰山，心中空虚，只得以广封神号来自我安慰。除对原有神祇加封外，又新封部分神号。山顶玉女池有一玉女石像，被封为“天仙玉女碧霞元君”。民间传说泰山白龙池有一白龙，此时亦被封为“渊济公”，并建起白龙祠供奉。奈河神为“灵派侯”，建灵派侯庙以祀。另外还专门建起答谢天书的天书观、天贶殿等。但做假毕竟不能成真，自欺并不易欺人，当时即有不少人看破这场闹剧。真宗一死，执事大臣就借口“天书专为先帝而降，应随先帝升天”，把天书全部收回殉葬。至此，“奉天承运”的封禅盛典完全露出了所谓“天意”的尴尬本相，再也无法维持下去了。宋真宗作为最后一名封禅帝王，扮演了最不光彩的角色。“天书”闹剧以它真实的虚伪，给封禅史划下了句号。

六、封禅活剧的历史效应

泰山封禅作为沟通天人之际的物质载体——天梯，冥冥中从上古先民的意识彼岸走来，穿过漫长的历史岁月，展露出它在中华文化中的独特风采。虽然宋真宗演出的最后一幕过于艰窘，但它仍不失为一部威武雄壮的历史活剧。它有理由引起学术界更多的关注与研究，阐发它在传统文化中的影响与效应。我们无意为封禅涂上一层崇高的油彩，恰恰相反，我们主张以严肃科学的批判态度给予它客观的文化评价。这项工作前人已有涉足，只是未引起更多的注意。当年孔老夫子不辞辛苦往还于泰山，苦苦寻觅封禅礼仪之究竟而未果。他的第63代孙、清顺治年间曾任泰安学正的孔贞瑄对封禅一事有深辟的评价。他在《泰山纪胜》中以秦为界，论述前、后封禅的“用心”迥然不同，兹引录如下：

> 虞舜时巡，同律考度，协时正日，修礼宪器，懋德兴庸。衮诸侯朝之方岳，明其庆让，而致绩乎民，其心无非为民事也。然后燔柴瘗玉，告虔于天地，望秩山川，遍于群神，因巡狩而祭告举焉。非若后世登符献瑞，粉德饰功，求神仙、搜图谶、谢天书、祈福利、治驰道、快游观、责进献、盛扈从、耀甲兵、烦供亿。小民辍耕罢纺，趋坛坫之役，百执事隳命弃职司警跸之次。空瘠海内，怨责繁兴。方且与一二从谀之臣，函虚诡之文，荐矫诬之词，将以润色太平，炫赫奕冀。嗟夫，曾谓泰山不如林放！盖巡狩勤民以敬天，封禅诬天以病民。虞舜岁周四岳而民不劳，秦汉唐宋旷世一行而天下敝，何哉？其用心有毫厘千里异也。而佞夫奸人，方将草封禅、议礼仪，聚讼盈庭。逢君之意以显启其机。以光武之贤，不能胜群

臣之请，则中主以下无讥矣。盖奠鼎山河，帝王之盛节；刻画丘壑，儒生之余事。岂取相如封禅草、安石万言书，洋洋洒洒，使人谓斐然大章，类能流毒天下哉！

这对于批评封禅中帝王的一己之私与奢靡之心，确属鞭辟入里，痛快淋漓。但用于涵括全部封禅，却未免狭促了些。从整个传统文化背景中来看，应当说，封禅仍有值得肯定的积极作用与影响，这主要表现在：

封禅打出“奉天承运”的旗号，有利于增强民族的自信心与凝聚力，对于稳定社会有积极作用。从远古先民的“天梯”意识，到唐玄宗的“与天合符”（张说《封禅坛颂》）、宋真宗的“统和天人”（晁迥《东岳天齐仁圣帝碑》），封禅史始终贯穿着强烈的“天命”观念，执着于天人沟通。以求取得上天佑助，成为“独尊”的天帝后裔。隆重庄严的封禅大典，给原始氏族乃至后来的中华民族以极大鼓舞，成为巨大的精神支柱，大大增强了进取的豪情与信心。对于历代帝王，则是加强精神统治的手段，含有集中意志、统一政令、激励热情的用意。而天命对帝王之德、政绩的要求，又使封禅对帝王有一定约束作用，使其有所检点，不敢肆意专擅，总比怂恿皇帝残民以逞要强得多，在客观上有利于社会稳定。

封禅活动把昆仑神话与蓬莱仙话紧密地连结为一体，表现了东夷文化中的生命意识与创造底蕴。昆仑作为东夷族的神山，是泰山的幻想折射，其神话内容反映了东夷人的意识与生活。蓬莱仙话是稍为晚出，由齐燕方士改编创造部分东夷神话而成。两者所反映的天、神、人相互沟通、长生不死、创造不休的内在精神一脉相承。封禅本身正是东夷人“天梯”意识的具体化。秦皇汉武的封禅，把昆仑与蓬莱从精神内容上联结起来；他们的封禅与求仙并行，安期生、李少君、栾大等方士在泰山的活动，在地域上把两大神话系统的发源地联结起来。东夷又是崇拜东方的古族。昆仑之神、开明兽陆吾“东向立昆仑上”（《山海经·海内西经》）。蓬莱神宫“常向明以开户牖”（《三国志》）。东夷北迁的一支后裔“契丹好鬼而贵日，每月朔旦，东向而拜日。其大会，聚视国事，皆以东向为尊”（《新五代史》）。秦汉封禅皆从泰山东麓小津口一带祭坛入山，在东方小山梁父祭地，然后来至海上求仙，形成逐步东向的层次结构，又在礼仪实践上把东方崇拜的两个系统联结起来。这样，我们认为昆仑神话与蓬莱仙话是同源于东夷族的连体结构，当不致引起怀疑与惊讶。

封禅大大强化了泰山崇拜与信仰。记叙研究泰山封禅的首批学者如管仲、司马相如、司马迁等，都把自神话传说到三代的“七十二君”纳入封禅序列，这就从文化起源意义上，使泰山崇拜与中华民族文明同步发展，并列进行。帝王封禅使泰山的文化神学涂上政治神学的浓厚色彩，使上古氏族共同拥有的神山成为皇家独有的神山。只有从这个意义上，泰山才真正成为“五岳独尊”。

第三章
协和神人的阴阳五行

阴阳五行学说是中国“土生土长”的具有哲学意味的方法论，它包含着古人对天、人、社会、历史的一种精神体验，又是封建社会中道的载体。道是中国政治文化中王道和道统的总称。所以阴阳五行学说首先是统治阶级手中的理论工具，在封建社会中发挥着巨大的作用与影响。现代“古史辩派”的统帅顾颉刚先生说：“五行是中国人的思想律，是中国人对于宇宙系统的信仰。二千余年来，它有极强固的势力。”并写下了一部影响巨大的专著：《五德终始说下的政治和历史》(后改名为《秦汉的方士与儒生》)。著名的马克思主义史学家范文澜先生指出：“直到现在，任何中国人，把他头脑解剖一下，量的多少固没有定，五行毒这个东西，却无疑地总可以找出来。……因为无论是谁，不管头脑洗涤怎样干净，在某种机缘中，有意或无意地，很容易流露出一抹淡影，虽然刹那间散没了。正如孙悟空尽着努力，依然跳不出如来佛的手掌一般。”这些在五六十年前做出的批判，至今读来仍然使我们感到精神上的震撼。当我们审视泰山文化时，“五岳独尊”“五岳之宗”“东天一柱”“拔地通天”等等浸透着阴阳五行观念的赞誉之词扑面而来。阴阳五行观念作为一种精神的体验和表象，直接地或潜在地与帝王封禅、儒道学说、民间习俗联结为一体，渗透于、弥漫于泰山崇拜与信仰的各个角落。甚至泰山本身就是阴阳五行、天人合一观念的典型象征，由此构成了泰山崇拜中的独特文化景观。

一、阴阳五行溯源

阴阳五行观念的源头，可以追溯到上古时代。先民的生活、生产、经验、模式构成阴阳五行观念得以萌芽的基础。但它的正式出现却较晚。甲骨卜辞和西周金文中，未见有阴阳五行观念。《尚书·甘誓》中记载：当年的治水英雄大禹打破“禅让”制度，把王位交给儿子启。同姓诸侯有扈氏不服，起而反抗。启率兵讨伐，于甘（今陕西户县西）统帅六军将领起誓，曰：“有扈氏威侮五行，怠弃三正。天用剿绝其命。今予惟恭行天之罚。”据说这是记载的公元前2196年的事情。按古典学家解释，此“五行”即金木水火土五种物质，“三正”是与五行相关的正德、利用、厚生三大政事。

《尚书》中另一篇《洪范》，是详细论述“五行”的篇章。周灭商不久，公元前1122年，武王亲访被俘的殷商贵族箕子，问治国之道。箕子陈述了“洪范九畴”，即治国安民九类大法，其中第一类就是五行：“初一曰五行……五行：‘一曰水、二曰火、三曰木、四曰金、五曰土。水曰润下，水曰炎上，木曰曲直，金曰从革，土爰稼穑。润下作咸，炎上作苦，曲直作酸，从革作辛，稼穑作甘。’”这其中不仅有五行，而且有了五行之性（五德）、五行之味（五味），开始向五行系统化发展。

被目为最早的信史《国语》《左传》中，有大量关于五行的记载。《国语·鲁语》记孔门弟子、家居徂徕山的柳下惠说：“及天之三辰，民所以瞻仰也；及地之五行，所以生殖也。”《左传·昭公二十五年》记孔门另一弟子子产语：“天地之经而民实则之，则天之明，因地之性，生其六气，用其五行，气为五味，发为五色，章为五声。”此时五行已与天气发生了密切联系。《左传·昭公元年》：“天有六气，降生五味，发为五色（白、青、黑、赤、黄）。徵为五声（宫、商、角、徵、羽），淫生六疾（寒、热、末、腹、惑、心）。六气曰阴、阳、风、雨、晦、明也。”又《左传·襄公二十七年》谓：“天生五材（行），民并用之，废一不可。”说明人们正在试图以五行为出发点，梳理出天地人的统一整体关系，探明万物之间的内律与纲纪秩序。这证明了五行观念的发生，当早于战国中、末期以前。

阴阳本是对自然状态的描述和区分方法，它成为一种哲学范畴和思维方式则晚得多。据近代学者研究，商代卜辞中已有“阳”字，西周的青铜器铭文中有“阴阳”二字连用，都系地理名词，有向阳或背日的意义。《诗经·公刘》记载周成王时周民迁徙至豳地，“相其阴阳，观其流泉”，所说正是此意。至西周末年，本与天气关系密切相关的阴阳，已变成抽象的“阴气”“阳气”了。幽王三年（779）发生大地震，三州壅塞。史官伯阳父曰：“周将亡矣。夫天地之气，不失其序，若过其序，民乱之也。阳伏而不能出，阴迫而不能蒸，于是有地震。今三川实震，是阳失其所而镇阴也。阳失而在阴，川源必塞。”（《国语·周语》）在伯阳父看来，天地之气即阴阳之气有一定的运行秩序，阴阳错位，便发生地震。而失序的原因是“民之乱”，即人为的结果。地震是“周将亡”的征兆，这就把自然现象引入社会现象的解释，实际上已具备了“天人感应”的观念。《左传》僖公十六年载“六鹢退飞过宋都”，周内史叔兴释为“是阴阳之事也”。这种富有神秘色彩的阴阳观念，从它的起源阶段就与现实政治结下不解之缘。

春秋时期的老子哲学是运用阴阳的典范。他的学说和政治理论体系，完全是从“天道盈虚”即阴阳观念生发而来。老子哲学的核心是道。“牝牡”或“雌雄”即阴阳，是道之体。“有无”“刚柔”“取与”“生死”等是道之用。“万物负阴而抱阳，冲气以为和”是老子哲学的基本命题，也大大拓展了阴阳观念的普遍性。它与五行相比较，最大特点就是从出现之日起，便“急急忙忙”为政治学说服务。反过来说，阴阳观念可以随意引申，运用起来更为方便。

二、森严的宇宙秩序

到春秋战国之际，阴阳五行已开始结为一体，互为表里，互相解释，构成统一的宇宙论哲学。司马迁之父司马谈在总结先秦诸子时，重点列数阴阳、儒、墨、名、法、道六家，阴阳家居六家之首。其余诸家，也兼杂有阴阳五行之论。首先把阴阳五行联结在一起的，是古老的天文学——占星术。《史记·天官书》列数先秦占星术时说：“仰则观象于天，俯则法类于地。天则有日月。地则有阴阳。天有五星，地有五行。天则有列宿，地则有州域。三光者，阴阳之精，气本在地，而圣人统理之。”这是对占星家及其方术把阴阳和五行观念合而为一的极其生动的说明。

最早研究封禅的管子，对阴阳五行学说也有相当深入的研究。他认为阴阳是“天地之大理”，它通过春夏秋冬四时寒暑交替化育万物。人应当“以天为父，以地为母”，通乎阳气以事天，通乎阴气以事地，而这些都是通过五行来实现的。《管子·四时》篇中说：“东方曰星，其时曰春，其气曰风。风生木与骨，其德（作用）是喜孕育。”当此之时，王者应当发出修治堤防、耕耘树艺、宽赦罪人一类号令，则柔风甘雨自然而至。倘若不施行此类与生、育有关的德政，而行冬政、夏政或秋政，不是万物凋零便会下霜。其余夏、秋、冬三时亦各有其德。在这里，管子认为五行是阴阳所生，阴阳五行的交替导致了四时推移、万物的生化，并赋予阴阳五行以人的德性，说明人应当模仿天地阴阳五行而行，即“象天而行”。由此初步建立了天地人万物一体的“天人合一”或“天人感应”的宇宙论模式。

儒家原与阴阳五行无涉，自子思孟子以降，多少也融入了阴阳五行的部分观念，但注重其理论的实用方面。荀子曾批评思孟学派“案往旧造说，谓之五行”，此儒家五行，即是仁、义、礼、智、信。孟子曾说过：“五百年必有王者兴，其间必有命世者。”并说由尧舜至汤，五百有余岁；汤至文王，五百有余岁；文王至孔子，五百有余岁。可见孟子的王者历史观，亦有阴阳五行成分。至于儒家以阴阳之学解释《周易》，提出“一阴一阳谓之道”“乾，阳物也；坤，阴物也。阴阳合德而刚柔有体”等重要命题，更是众所周知的事例。

阴阳五行学说在略具雏形之后，又是由泰山以东的齐人把它大大推进一步。战国末期，齐人邹衍以五行说为基本构架，建立了庞大的“五德终始”学说体系。因其说“迂大而闳辩”“天地广大，尽言天事”，被齐人称为“谈天衍”。据《史记·孟子荀卿列传》记载：“邹衍睹有国者益淫侈，不能尚德，若《大雅》整之于身，施及黎庶矣。乃深观阴阳消息而作怪迂之变。《终始》《大圣》之篇十余万言。其语闳大不经，必先验小物，推而大之，至于无垠，先序今以上至黄帝，学者所共述，大并世盛衰，因载其机祥度制，推而远之，至天地未生，窈冥不可考而原也。先列中国名山大川，通谷禽兽，水土所殖，物类所珍，因而推之及海外，人之所不能睹。称引天地剖判以来，五德转移、治各有宜，而符应若兹。”这不仅具有方法论的意义，也是一部宇宙、历史发生学说，更是将阴阳五行观念贯穿于社会历史领域而为现实政治服务的哲学。

所谓五德终始，就是木火土金水依五行之序相生或相克的过程。邹衍把它纳入社会历史领域，先把土木金火与历史上黄帝、夏禹、商汤、周文王四人拉上，说黄帝之时，天现大蚯蚓，黄帝说，这是土气胜的象征，蚯蚓色黄，故黄帝尚黄，典章制度依土德定；夏禹之时，天现草木，秋冬不死，夏禹说，这是木气胜的象征，草木色青，故夏尚青，典章依木德定；商汤之时，天现金，商汤说，是金气胜的象征，金色白，故商汤尚白，典章以金德定；周文王之时，天现火，赤乌衔丹书集于周人社稷，文王说，这是火气胜的象征，故文王尚赤，典章依火德定。紧接周文王以来，邹衍便代天言事，断言：代火者必水也，天且先见水，水气胜，其色尚黑，典章依水德定。谁能自强不息，实行水德，便能统一天下。

五德终始之说，始于土而终于水，从五行相胜立论，在“当今之世争于气力”的背景中，其崇尚大统一的倾向非常鲜明。此说一出，立即引起轰动效应。他去梁国，梁惠王亲到郊外迎接，执宾主之礼；去赵，平原君陪伴在他身边而行；适燕，昭王为他清道，亲执弟子礼，恭听讲学，还专门为他建碣石宫。邹衍受到如此礼遇，与孔子汲汲惶惶奔走列国形成鲜明对照。

邹衍的五德终始学说，后来被《吕氏春秋》所采纳。并由秦始皇率先实践。公元前221年，秦嬴政完成统一大业，成为“奋六世之余烈，振长策而御宇内”的始皇帝。他踌躇满志地封禅泰山，巡狩天下，并根据五德终始说，建立了秦家水德制度。距秦始皇两百多年前的秦文公出猎时“获黑龙，此其水德之瑞”(《史记·封禅书》)，于是200年后的秦始皇恭奉水德，更名河水(黄河)曰德水。水气王于十月，遂以十月为岁首。以示始皇历运与天地阴阳共运。水气阴，阴主刑杀，始皇因而放纵其刚毅戾深之性，凡事皆决于法。水色黑，于是秦尚黑色，衣服旌旗之类纯用黑色。水数为六，于是秦之符信、法冠长高皆为六寸，车宽六尺，驾车以六马，以六尺为一步。不仅秦朝的典章制度，就连秦始皇的东海求仙，也是在邹衍五德终始说的旗号下进行的。据《史记·封禅书》：“邹衍以《阴阳》《主运》显于诸侯，而燕、齐海上之方士传其术不能通，然则怪迂阿谀苟合之徒自此兴，不可胜数也。”方士仙术一旦附会于五行学说竟然对始皇帝有出乎意料的吸引力。至汉初，阴阳五行学说又进而与黄老思想、神仙方术合流，使它具有宇宙观的性质。它把世界构成一幅天、人、万物交融、互感、互应、互渗，使人“拘而多畏”的图景。无论是《淮南子》，还是汉儒董仲舒，都以此作为思想理论的表述系统和体验方式。这种阴阳五行学说就是“天人合一”“人与天地参”“万物皆备于我”“万物与我为一”等精神体验的理论形态。它一旦发育完备，就在封建社会意识形态领域中无所不在地起着重要作用。

富有意味的是，我们在阴阳五行学说的起源和发展过程中，看到它与泰山地区的密切关系以及齐鲁人士所起的重要作用。这与泰山崇拜信仰中阴阳五行学说的影响在精神上有内在的传承关联，包含着深层的文化意蕴。

三、生死肯綮与三位泰山神

泰山成为“五岳”之一，当然是五行学说出现以后的事，但在现存文献中却较早出现五山之说。《殷墟粹编》中有“丁丑卜，又于五山，才陮，二月卜……”“又于五山，在齐……”等记载。郭沫若考释说：“五山，此例仅见，不知是否即五岳。”我国最早的词典《尔雅》在《释山》中说：“泰山为东岳，华山为西岳，霍山为南岳、恒山为北岳，嵩高为中岳。”《尔雅》虽是汉初所作，但收集了周代以来古籍，故五岳出现的年代仍难断定。《尚书·舜典》中有四岳之说。可知“五岳”观念应晚于《尚书》的时代。

按照阴阳五行学说解释，泰山位处东方，配木德，主春时。《吕氏春秋》首篇《孟春纪》说：“孟春之月，日在营室……其日甲乙，其帝太皞，其神句芒，其虫鳞，其音角，律中太蔟，其数八，其味酸，其臭膻，其祀户。”木色尚青，故器用服饰皆青色：“天子居青阳左个，乘鸾辂，驾苍龙，载青旗，衣青衣，服青玉。”春时主生，故“是月也，天气下降，地气上腾，天地和同，草木繁动。王布农事，命田舍东郊”，并禁用杀伐，以利生息：“牺牲无用牝，禁止伐木；无覆巢，无杀孩虫、胎夭、飞鸟、无麛无卵。”如果逆时而动，则“必有天殃”。这便是五行学说关于东方、春时的基本内容，并全盘照搬来解释泰山。

五行学说中关于泰山的首要命题是主生死。东汉应劭《风俗通义》曰：“东方泰山……尊曰岱宗。岱者长也，万物之始。”按照五行循环、相生相克的理论，死是生的终结，生是死的起点。二者是统一的复合体，所谓“通天下一气耳”。主生，在逻辑上即含有主死的意义。所以《博物志》说：“泰山，一曰天孙，言为天帝孙也。主召人魂魄，东方万物始成，知人生命之长短。”秦皇汉武狂热的封禅、求仙，汲汲于泰山，其中颇受五行学说影响。《风俗通义》曰：“岱宗有金箧玉册，能知人年寿修短。武帝登封泰山，探策得十八，因倒读八十，帝果享年八十。”这当然是出自东汉谶纬家的臆造，颇有恶作剧的意味。但其中泰山主生死的观念，却被认为是真实的。东汉至魏晋期间，泰山主生死主要表现为治鬼说。《后汉书·乌桓传》：“如中国人死者归泰山也。”《方术传》：“许峻自云，尝笃病，三年不愈，乃谒泰山请命。”《三国志·管辂传》：“谓其弟辰曰，但恐至泰山治鬼，不得治生人。”建安七子之一的东平人刘桢有诗："常恐游岱宗，不复见故人。"曹植在屡遭贬谪、身境险恶之际流连于泰山，自知兄弟阋墙，朝不保夕，乃写下"我本泰山人"的诗句，可见此期泰山主生死的观念相当流行。按照崇拜信仰本身的发展逻辑，这种抽象的观念必然衍化为具体的形象——泰山神。在此期间出现的大量传说中，泰山神是一位主冥府之君，不见其有掌管泰山的职能。这种"阴差阳错"，不能不说是信徒们过于急功近利，奉其生死之职而不顾其余，导致了信仰上的偏离。

主冥府的泰山神名曰"泰山府君"，首见于晋人干宝《搜神记·胡母班》。其中写道胡母班被泰山府君召至泰山神府："少顷，便见宫室，威仪甚严。班乃入阁拜谒。主为设食，语班曰：'欲见君，无他，欲附书与女婿耳。'班问女郎何在，曰：'女为河伯妇。'"泰山府君的女婿是显赫威灵的黄河之神，可见这是一个庞大的神族。同书《桓哲》《蒋济亡儿》等篇中有"泰山令"的名号，也是掌冥府的神君。据说泰山府君须由有德望者死后担任，五百年任满换届，也纳入了五行循环系统。《真灵位业图》："五岳君五百年而一替。泰山君秦颢字景倩，此其神欤？"泰山神府还有众多官史，如泰山御史、泰山伍伯、直符使者、录事等等，俨然是规模宏大的冥府官衙。

随着传说内容的不断增添，泰山神由为主的一人繁衍成一个"华丽家族"。唐代开始出现"泰山三郎"(《集异记》)、"泰山四郎"(《冥取录》)的名目。元代《搜神广记》首次为泰山府君理出家谱世系，使其如孔孟一样形成"道统"。据该书托名东方朔所作《神异经》："昔盘古氏五世之苗裔曰赫天氏，赫天氏子曰胥勃氏，胥勃氏子曰玄英氏，玄英氏子曰金轮王，金轮王弟曰少海氏，少海氏妻曰弥轮仙女也。弥轮仙女夜梦吞二日，觉而有娠，生二子，长曰金蝉氏，次曰金虹氏。金虹氏者，即东岳帝君也。……金虹氏有功在长白山中，至伏羲氏封为太岁，为太华真人，掌天仙六籍，遂以岁为姓，讳崇。……至神农朝，赐天符都官，号名府君，至汉明帝封泰山元帅，掌人世居民贵贱高下之分，禄科长短之事，十八地狱六案簿籍、七十五司生死之期。圣帝自尧、舜、禹、汤、周、秦、汉、魏之世，只有天都府君之位。"至此，五行学说中泰山主生死的观念，演进为完备的泰山冥府神灵系统。

如果把泰山仅看作"主死"的冥神，却有失片面。泰山"主生"是通过泰山配青帝的观念体现的，但与"主死"观念相比，它出现得"太晚"，影响也太小，直至宋真宗大封"青帝"时才出现小小的高潮，随后不久复波澜平静。

但它在五行说中所占的地位却不容忽略不计。

在五行系统中，五帝与五岳是相配的。“夫五行之尊者，在天为五帝，在地为五岳。”（宋宣和五年《青帝观真君殿记》）五岳与五帝按方位颜色相配。东岳得配青帝：“《周礼》有兆五帝之文宰。五行配五色，后盖分祀五方，而青帝得祀于岱。”（《泰山述记》卷四《岱庙》）五岳配五帝的观念是由来已久的，奇怪的是这位职司东方，得仁德、主生长发育的青帝，在相当长的历史时期内似乎被冷落和遗忘，未见其有何“作为”。见诸记载的帝王封禅，亦缺乏对青帝应有的热情。直至宋真宗封禅，才想起这位被冷落已久的尊神，于是骤然加温，封其为“青帝广生帝君”，并“御制御书”了一篇赞文，其文曰：“若夫典洽乔岳，表正灵祇，司生发于东方，佐聪明于上帝，宜乎名冠仙籍，德被蒸民，飨祀典于萧芗，镂徽称于金石者也。属以虔修封礼，恭答神庥，荐显号以至诚，述斯文而颂美。”（《泰山金石志》卷二）颇有为青帝恢复名誉，落实待遇的味道。同时在岱顶大观峰西侧修起青帝宫，在泰山南麓金山之阳建青帝广生帝宫（今广生泉址），以奉祀青帝神像，结束了青帝在泰山无庙宇的历史。至此，这位有广生大德的青帝才勉强算作一位泰山神。他虽然远没有泰山府君的神灵与威严排场，却是五行泰山中主生死观念无法缺少的角色。

除了五行系统的青帝与泰山府君外，还有一位自立门户的泰山神——东岳大帝。它出于唐代以来帝王封禅泰山时对山神的封号。它虽不无五行说的影响，但主要还是源于对山岳自然崇拜的意识。汉魏时纬书《鱼龙河图》记载：“泰山神姓圆名常龙，呼之令人不病，泰山君邱目睦，泰山将军唐巨存之，却百邪。”这明显不属于五行系统。唐玄宗封禅泰山后，“封泰山神为‘天齐王’，礼秩加三公一等，仍令所营崇饰祠庙”（《旧唐书·礼仪志》）。宋真宗封禅泰山，又加封其为“仁圣天齐王”，四年后又晋号“天齐仁圣帝”，并给他配上一位“淑明皇后”。这位皇后为泰山神生育了五子一女，是为：长子宜灵侯，次子惠灵侯（配和惠夫人），三郎至圣炳灵王（配求泰夫人），四郎居仁尽鉴尊师，五郎佑灵侯（配淑惠夫人）；一女玉女大仙，即岱顶碧霞元君（据《宋史》《三教源流搜神大全》）。这位泰山神私心很重，曾为子女当官颇费经营，甚至不惜向三界之外的僧人托人情。《旧五代史·唐明宗纪》：后唐长兴四年（933），泰山僧向唐明宗进言：“尝于泰山中亲睹岳神，谓僧曰：‘吾弟子威灵可爱，而未有爵秩，师为我请之。’”遂被封为威雄大将军。宋真宗封禅泰山时，又封之为

“至圣炳灵王”，并在岱庙汉柏院内设像供奉，“令兖州增葺祠宇经度”。那位连续制造“天书”符瑞的封禅制置使王钦若曲意迎合，“自言尝梦睹神，又于庙北壖建亭，名曰灵感”(《文献通考》)。

明太祖朱元璋认为山神与人主同称为“帝”，实在有悖情理，乃于洪武三年(1370)下诏去掉一切封号，只称“东岳泰山神”。其辞曰：“因神有历代之封号，余起寒微，详之再三，畏不敢效。盖神与穹壤同始，灵镇东方，其来不知岁月几何，神之所以灵，人莫能测，其职必授命于上天后土，为人君者，何敢予焉？惧不敢加号，特以东岳泰山名其神，依时祭神。”(《封东岳泰山之神碑》)这位泰山神是模仿人间帝王封起来的，封号去掉了，“天子气”却去不掉，它的地位仍受到帝王的承认。相传为宋代所作的岱庙天贶殿巨型壁画《泰山神启跸回銮图》，就是按照人间帝王的形象与排场来表现的。

三位泰山神并驾齐驱，如何才能定于一尊？于是人们按照现实社会的习惯思维重新排列座次：帝王封号的泰山神为尊，称东岳大帝，主掌泰山，居神府岱庙；青帝恪守本职，居青帝宫，名义上仍保留“主生”职权；泰山府君原先就不曾管过泰山，现移居蒿里山神祠，专管三曹地府七十五司，掌“主死”之职——好在他们都“乐天知命”，未见争权夺利，倒也相安无事。

四、天人感应与国运征兆

五行学说中关于泰山的核心命题是天人感应。天人感应在泰山有着“非凡”表现，它来自阴阳五行理论体系中的核心部分——运气学说。

《黄帝内经·素问·五运行大论》中有黄帝与岐伯的一段对话。岐伯说，上古有一部天文书，名《太始天元册》(已佚)，其中记载上古测天时，发现有仓(青)、丹(赤)、黅(黄)、素(白)、玄(黑)五色云气，横亘太空，称之为苍天、丹天、黅天、素天、玄天，通称为“五气经天”。五天之气按一定次序与二十八宿排列，分为四组，每组七宿，分别与四个方位、四种颜色、四组动物形象对应起来，便是“四象”。它们之间的对应关系是：东方苍龙(青龙)，青色；北方玄武(龟蛇)，黑色；西方白虎，白色；南方朱鸟(朱雀)，红色。五天与五气的关系是：苍天象木气，丹天象火气，黅天象土气，素天象金气，玄天象水气。五天之气与五行之气的变化运行，就是五运。《玄珠密语·五运元通纪》曰："夫运者，司气也，故居中位也。在天之下，地之上，当气交之内，万化之中，人物生化之间也……故五运之气，上合于天：于是木运之气，上合苍天；火运之气，上合丹天：土运之气，上合黅天；金运之气，上合素天；水运之气，上合玄天。"天之五气、地之五行互相交感，谓之五运。《素问·六微旨大论》："言天者求之本，言地者求之位，言人者求之气交。帝曰：何谓气交？岐伯曰：上下之位，气交之中，人之居也。故曰：天枢之上，天气主之；天枢之下，地气主之；气交之分，人气从之，万物由之。此之谓也。"在阴阳五行看来，有形之物与无形之气互相交感变化，在天为气，在地为形，人生活在阴阳五行之气与物的变化交感之中，这是非常典型的"天人合一"和"天人感应"的整体观。泰山"据东土之中，载青阳之气，位五行之首，是以作宗诸岳"（明代王锡舜《东岳碧霞宫碑》），可以交感天地，沟通神人。"泰山为乾之枢、坤之维也……《汉书》：言'天下之安，犹泰山而四维'……取义于乾枢，非耶；名之坤维，安也。故曰以枢维名泰山。"（明洪朝选《乾枢坤维说》，载《泰山述记》卷九）故泰山能"钟灵五运，通于神明"（王钦若《封禅坛颂碑》），于运气之说十分效验。

在阴阳五行学说中，观察运气之术称为"望气"。《史记·天官书》载："凡望云气，仰而望之，三四百里；平望，在桑榆上，千余二百里：登高而望之，下属地者三千里。"云气亦如星象，有"分野"之说，如：鲁地之云，其状如马，海旁蜃气象楼台，广野气成宫阙，海岱之间，气皆正黑，如此等等。总之是"云气各象其山川人民所积聚"（《天官书》），这就为体验天人感应，掌握天人之象，解释天命提供了重要依据。而"泰山气化攸先，其灾祥关系天下国家尤大也"（《岱史·灾祥志》），灵异灾祥之说，在泰山史籍方志中不绝于书，五运在泰山的表现，竟是一部国家兴衰史，真是"大矣乎哉！"

让我们先来看一下祥瑞之气。

景云　汉武帝、唐高宗、唐玄宗、宋真宗封禅时，皆是风和日丽，"日重轮，五色云现"。据《史记·天官书》解释："日旁云气，人主象。"五色云称庆云或景云，其状"若烟非烟，若云非云，郁郁纷纷，萧索轮囷"，此为喜气、太平之应，宣告封禅成功。唐高宗封禅时所筑封禅坛即名景云台。

天子气　东汉建武元年（25）。"泰山云气成宫阙。"（《岱史·灾祥志》）此为天子气，天子若将巡游此地，故先发此气。此气之象或如宫阙，或如华盖，或如龙虎。果然光武帝刘秀于建武三十二年（56）读到《河图会昌符》，并急不可耐地赴泰山行封禅。

这种祥瑞居然还降临到孟老夫子头上。据《三迁志》：周定王三十七年四月初二日孟子生。生时，母梦神人乘云自泰山来。母凝视久之，忽片云堕而寤。里巷皆见有五色云覆孟氏之居。故后人称孟子有岩岩气象。

另外还有种种祥瑞，主天子大吉。

神应　《开元传信记》：唐玄宗登泰山，见神物迎谒。帝问左右，皆不见。有老巫阿马婆者云：岳神道左，朱髯紫衣者是也。令巫传言：神可先归。遂不见。至庙，神复囊鞬迎之庭下。巫言如所见，乃封为金天王。此犹如“皇帝的新衣”。

醴泉　宋真宗大中祥符元年（1008），乾封（今泰安）县民王用田中有儿童掊土，得青钱数十。争取之，钱坠石罅中，因发石，涌泉二十四眼，味极甘美，双鱼跃其中，有果实流出，似掌差小，味甚甘。制置使王钦若贮水以献。比起降天书把戏来，这只不过是些小杂耍罢了。

记载中最为大量的还属灾异之象，说明运气之中五行失德，为国运衰亡之兆。

白祥　《汉书·五行志》：汉昭帝元凤三年（前78）正月，泰山莱芜山南，汹汹有数千人声。民往视之，有大石自立，高丈五尺，大四十八围，入地深八尺，三石为足。石立后，有白鸟数千集其旁。同时，京师上林苑中断枯大柳自立复生，虫啮其叶成文曰：“公孙病已立。”此谓之白祥，乃金失其性之象。董仲舒的再传弟子眭弘认为国运已衰，“有从匹夫为天子者”，建议昭帝“求索贤人，禅以帝位”，以“顺承天命”。眭弘此说被视为妖言惑众，付出了身首异处的代价。五年之后，汉武帝的曾孙，因巫蛊之祸流落民间已三代的宣帝即位。宣帝本名“病已”，昭帝的白祥反倒成了宣帝的符瑞。

羽虫之孽　《汉书·五行志》载：成帝河平元年（前28），泰山桑谷有䳕（猫头鹰）自焚其巢。郡人孙通等闻山中群鸟鹊声，往视，见巢焚尽坠地，中有三鷇（小猫头鹰）烧死。树大四围，巢去地五丈五尺。此乃羽虫之孽。羽虫是南方之虫，属火，凤为之长。鸟焚其巢为火失其性之象。火失其性则“弃法律，逐功臣，杀太子，以妾为妻”，谗佞小人得势，邪气胜正气。《易》曰：“鸟焚其巢，旅人先笑后号咷。”京房《易传》曰：“人主暴虐，鸟焚其巢。”后来赵飞燕姊妹专宠后宫，有子者杀之，并杀其母。帝崩，后坐诛，此乃焚巢杀子后号咷之应。或释为王莽贪虐而委以重任，导致天下易姓之祸的征兆。

山崩　泰山崩裂的记载极多。《后汉书·五行志》：延熹四年（161）六月庚子“泰山、博尤来（即徂徕）山判解”。此为土失其性，是王者“内事”不修，国家将亡的严重警告。《春秋纬·汉含孽》：“女主盛，臣制命，则地动坼，畔震起，山崩沦。”京房《易传》：“山崩，阴乘阳，弱胜强也”“地裂者，臣下分离，不肯相从也”。这是君道崩坏，阳不足，阴有余，阴阳易位之象。其时，东汉王朝内部儒生与宦官、外戚之间正闹得你死我活，后宫皇嗣乏继，皇后或不育，皇子或早夭，一派大厦将倾的气象。二十年后，终于爆发了“三十六方，同日并起”的黄巾大起义，三十万黄巾军杀入泰山郡。东汉王朝在黄巾军的震撼下土崩瓦解。

《晋书·五行志》：武帝司马炎泰始四年（268）七月，“泰山崩坠三里”。此乃王者奢侈荒淫，骄横怠慢，“治宫室，饰台榭，内淫乱，犯亲戚，侮父兄”，以致天下失道。京房《易传》：“自上下者为崩。”此兆易姓而王，圣人应天命以兴，君主身被虏。三十多年后，匈奴人刘渊在汾河流域起兵。311年，刘渊的侄儿刘曜攻入晋都洛阳，怀帝司马炽被俘，带至平阳（山西临汾），刘氏大办庆功宴，让怀帝行酒，然后杀掉。晋朝又立愍帝司马邺，都长安。316年，刘曜卷土重来，攻入长安，司马邺被俘。刘氏行猎时让他充任随从，开宴会时让他洗爵行酒，尽情侮辱后把他杀掉。司马睿逃到江南，在建康（江苏南京）重建小朝廷，史称东晋。

水灾　晋武帝太康二年（281）六月，泰山大水，荡析三百余家，溺死六千余人，此为水失其性之象，为黑祥。说明阴阳失调，王者“简宗庙，不祷祠，废祭祀，逆天时”，即不敬神祇、政令逆时，上不能顺先圣祖宗之德，下不能通群臣下民之情。是时西晋方以武力吞并东吴，内部已乱作一团：龙骧将军王睿为平吴第一功臣，却被诋毁贬谪；贾充等人无谋略之功反而受重赏升为大司空；武帝借平吴之机一饱色欲，“收吴姬五千，纳之后宫”。此时的黑祥是严重警告，但司马氏哪里顾得上这些，整日沉溺声色之娱，大权落到外戚杨骏手中，导致了后来惠帝时的“八王之乱”，司马氏皇族自相残杀近二十年，终于被匈奴人刘曜所灭。

火灾　运气说以为人火曰火，天火曰灾。据《隋书》载：文帝开皇十四年（594），将祭祀泰山，令使者致神像于泰山神祠，未至神祠，野火突起烧坏神像。灾为火失其性之象，主皇室有内灾。春秋时鲁庄公二十年（前674）夏，齐国大灾，董仲舒认为是齐、鲁宫室之灾，鲁庄公夫人齐文姜回国与其兄通奸，齐桓公有七个姐妹不嫁人。国君为民之父母，夫妇为生化之本，本伤则示天，故天灾所予。而泰山大火都是文帝“逐功臣杀太子”之象。此时文帝听信谗言，猜忌功臣，滕王杨瓒失志而死，有功之臣多被夷灭，太子杨勇也被杀戮。所以火自上而降，滥焰妄起，烧毁神像祠庙，虽兴师动众亦不能扑灭。

还可以举出许多，但是已经足够。史不绝书的祥瑞灾异，足以构成一部篇帙宏大的《泰山阴阳五行史》。天道、地道、人道都通过阴阳五行在泰山表象出来。王道昌、符瑞兴；王道失，灾异生。这种异常重要的政治意义，使泰山阴阳五行史成为庄严的国家兴衰史。“助人君顺阴阳”的“儒家者流”，常常企图通过言说阴阳灾异之变，推度五运之气，提请人君司其道，使“圣王所以参政也”。阴阳五行学说的历史，无情地证明了它本身的荒谬。但更为荒谬的是，对五行运气学说深信不疑的历代帝王，从没有因为灾异天象的出现停止过自己的倒行逆施，反而把以五运灾异来进谏直言的儒士下狱或处死。这不免在历史的荒谬之中，夹进几丝苦涩的幽默。

五、五运旗帜与改朝换代

五行学说在泰山的另一个基本命题是禅代。历代帝王总是把封禅大典与改禅换代结合在一起，而五运中的德运说就是为封禅与换代服务的最好理论工具。历代农民起义推翻皇权，建立新朝，也纷纷打出五行德运的旗号，来标榜正统。五行运气说成了为改朝换代服务的政治哲学，德运与国运息息相通成为共同的文化心理。在信奉与依赖五行说方面，帝王与农民真有异曲同工之妙。

前面已经说过，秦始皇正是根据邹衍的五德终始说，以秦家水德代周朝火德，于是改制度，易服色，行封禅，使五德运气与泰山联在一起。

汉代的德运就复杂得多。汉武帝封禅泰山时，正在酝酿汉家土德制度。封禅后的第六年（前104）正式确立土德，颁布实行《太初历》，服色尚黄，以五为纪。在此以前，汉高祖刘邦却将汉家定为水德。刘邦登基以前，有一次与项羽交战退入关中，忽然向随员问起已故秦王朝祭祀天上帝的情况，回答说是祭白、青、黄、赤四帝。刘邦又问：“吾闻天有五帝而有四，何也？”随员们正在张口结舌，刘邦自己宣布了早已准备好的答案：“吾知之矣，乃待我而具五也。”（《史记·封禅书》）乃立黑帝祠，命曰北畤，承认汉家为水德。其时刘邦正忙于征伐，未及详论德运，水德说只是“汉承秦制”的一种反映。汉家土德之议，是从文帝时开始出现的，至武帝才正式确立，但仅维持了百年，到成帝、哀帝时就出现了危机。方士甘忠可、夏贺良之流认为汉家已逢“天地之大终”，应该“更受命于天”。哀帝接受了这个建议，建元改号，以建平二年（前5）为太初元将元年，号曰陈圣刘太平皇帝，确立汉家火德，其依据是汉人记载的一则传说：刘邦起兵以前曾斩过一条白蛇，后来有人在斩蛇处遇一老妇哭啼，问其故，说其子被人所杀，其子为白帝，杀其子者乃赤帝子。由此，汉当为火德。其实尚赤乃是楚人的传统。《孟子》就说：“昔者楚庄王鲜冠组缨，绛衣博袍，以治其国。”陈胜吴广起义时有“鱼腹丹书”，刘邦起义时也是“帜皆赤”。

西汉末年，王莽篡政以土德代汉。樊崇等人从莒县起兵，进踞泰山。义军兵将“乃皆朱其眉以相识别，号曰赤眉”。说明义军目的在恢复刘汉正统，重使火德昌明，并从赤眉军中找出汉城阳景王的后裔刘盆子，立为皇帝。

刘秀起兵同样是为了恢复汉家旧业。他在征战中得到关中故人奉上的《赤伏符》，内共三句话：“刘秀发兵捕不道，四夷云集龙斗野，四七之际火为主。”刘秀就是依照此符登上宝座，并“始正火德，色尚赤”。他在封禅泰山时是根据《河图会昌符》中“赤刘之九，会命岱宗”的谶言行事，更是我们已熟知的事情。

东汉末年，巨鹿人张角以《太平经》为理论武器，以太平道为组织形式，“因遣弟子八人使于四方，以善道教化天下，转相诳惑十余年间，众徒数十万，连结郡国，自青、徐、幽、冀、荆、扬、兖、豫八州之人，莫不毕应”（《后汉书·皇甫传》）。黄巾军起义口号也是借德运之说：“苍天已死，黄天当立，岁在甲子，天下大吉。”张角自称天公将军，率众祭天，以证明他们的起义是顺天承命而行。其所立的黄天为土德，来取代汉家火德。黄巾军一度以泰山地区为主要战场，转战青、徐、兖、豫四州之地。当时的各路军阀，如曹操、吕布、孙权、刘备等皆以镇压黄巾起家。汉献帝初平三年（192），三十万黄巾军被曹操围困于泰山以南的东平寿张，此时黄巾军认为曹操与自己奉行的德运是一致的，反而引为同道，致信劝谕：“昔在济南，毁坏神坛，其道乃与中黄太乙同，似若知道，今更迷惑。汉行已尽，黄家当立。天之大运，非君才力所能存也。”劝谕的结果是曹操加深围困，三十万青州黄巾被迫全部降曹，“青州兵”成为曹操征战群雄的重要力量。黄巾义旗在军阀共同围剿中倒下，靠屠杀黄巾起家的三国朝廷，无论是曹丕、孙权，还是刘备，却都认定自己有“黄龙”之瑞而奉土德。“黄天当立”的谶言没想到以这种状况应验，实在富有戏剧性。

李唐王朝有高宗、玄宗两位皇帝封禅泰山。唐王朝自谓承隋德。隋家火德，按相生说唐家是土德。唐代末年，宦官专权。僖宗乾符元年（874），菏泽曹州人黄巢率众起义，号“冲天大将军”。于广明二年（881）攻占长安。他有一首气吞山河的菊花诗：“待到秋来九月八，我花开后百花杀。冲天香阵透长安，满城尽带黄金甲。”他做皇帝以后陈说符命：“唐帝知朕起义，改元广明。以文字言之，唐已无天分矣。唐去‘丑’‘口’而安‘黄’，天意令黄在唐下，乃黄家日月也。土德生金，予以金王，宜改年号为金统。”并定国号为“大齐”，皇号为“承天应运启圣睿文宣武皇帝”。起义失败后，这位得金运的农民皇帝率残部退入泰山狼虎谷，被唐军杀害，曾经“天街踏尽公卿骨”的豪杰，自己也如帝王公卿一样，离不开五德终始的运气之说。

最后一位封禅泰山的赵宋皇帝，是奉宋火德。为了昌明他的德运，在封禅泰山时，他别出心裁地搞出山上山下灯火齐明的场景；行封礼之前，于山顶封祀坛设火堆，由太平顶至下山沿途直至岱岳观设“爟火”，盘道两侧“立竿揭笼灯下照”；皇帝登山时，由健卒执朱字漆牌飞奔下山，顿时从山上次第亮起一条火龙，数十里外仍能见到灯火通明。这条火龙迎真宗上山行封祀礼，其作用同“天书”一样，意在说明宋家火德盛明。

六、末路与生机

阴阳五行，原是人们对天地人生的一种精神体验。自从成为系统的观念形态，它就越来越远离具体形象，成为事物的分类方法、哲学范畴、思维方式。它曾经作为政治哲学，为帝王的改朝换代服务，因而能红极一时。当它与泰山发生联系时，立即呈现出强大的吸附力、同化力，五岳、封禅、主生死、天人感应等等，泰山信仰与崇拜的全部内容，都可以给予阴阳五行理论的解释；反过来，阴阳五行理论的各个领域，又几乎都可以通过泰山得到印证。可以说，泰山是阴阳五行学说的一个具体象征物，是天人感应观念的典型范例。

在阴阳五行学说最走红的秦汉至隋唐时代也正是封建社会改朝换代、动乱分裂最为剧烈的时代。南宋以后兴起的理学，强调“存天理，灭人欲”，明代以来新的思想萌芽，含有更多的理性成分。时代提出的现实问题，靠古老的阴阳五行学说已经无法答复，它由红火走向冷落，乃是无可避免的历史命运。从此，它走出庄严的政治殿堂，来到民间，它在占星、相术、风水、巫术等迷信成分极浓的领域内存在并发挥作用。

如果把阴阳五行完全视为无用的迷信诡论，是同样错误的。它至今仍保存在祖国的传统医学——中医学中。五运六气、辨证施治等理论都闪烁着科学睿智的光芒，显示出它的独特魅力与实用价值。近年有学者认为阴阳五行、运气学说就是古代的系统论思想。它所包含的一定科学内容运用于某一层面时是正确的，但将它普遍化时，才远离科学，成为荒谬。在自然科学领域内，阴阳五行学说中的一些理论与现象，还不能运用现代科学给予令人满意的解释，表明现代人们对它的认识，还远未达到终结。探幽发微，弘扬睿智，是我们继承传统、发展科学的重要任务，也必将使五行学说中的科学因素，焕发出新的生机。

第四章
道家神仙灵应境

泰山自古就是滋生道教精神的肥沃土壤。原始的泰山崇拜、封禅祭祀都与道教“天人合一”的宇宙观十分契合；泰山地区远古就有的鬼神崇拜、巫觋卜筮，是孕育道教精神的基因；春秋至秦汉的方仙之术，是后世道教的先导源头；以求仙访药、长生不死为期冀的方术活动，使泰山成为道教势力的重要基地；泰山作为道教“天人感应”学说的具象象征物，又反过来印证和强化了道教的理论。泰山与道教在文化精神上的密切融合，可以说是到了乳水交融的地步。

一、洞天福地史迹

泰山文化在起源阶段就极富道教精神。《山海经》中关于古昆仑山的群巫毕集，“从此升降，百药爰在”的描述，正是古代泰山崇拜的折射反映。相传在战国初期，就有方士黄伯阳在岱阴山洞中隐居修炼。秦皇汉武结合封禅，大肆寻药求仙，更使方士频繁往来于泰山，方仙道权势炙手可热。早在秦统一六国之前，燕齐方士曾以仙人、方药之说见宠于齐威王、燕昭王，使其对海上仙山蓬莱、方丈、瀛洲深信不疑。后来齐人邹衍把阴阳五行学说系统化，不仅被秦人采纳为政治理论，也被方士援引为方仙道的理论外衣，“为方仙道，形解销化，依于鬼神之事。邹衍以《阴阳》《主运》显于诸侯，而燕齐海上之方士传其术不能通，然则怪迂阿谀苟合之徒自此兴，不可胜数也”（《史记·封禅书》）。公元前219年，秦始皇封禅泰山，拉开了大规模求仙的序幕。方仙道中著名人物、当时就被“神化”了的安期生也急于兜售其术，连忙赶到泰山以东的南山（今莱芜境内），装模作样地“炼药”，并接受秦始皇“求见”，就方药问题进行了长时间交谈。大概正是因为这次会晤，才促使秦始皇更迅速地到达东海，相继派遣徐福、卢生、侯生、韩众诸人入海求仙山奇药，随后又亲至安期生的老家琅琊，筑琅琊台，流连三月方行。此后秦始皇不惜靡费浩大的人力财力，按照方士卢生要求，在咸阳方圆二百里内建起二百七十条复道（楼阁间架的空中通道，有上下两层）甬道（驰道两侧筑墙，皇帝在中间行走），使之纵横相连，其中遍布帷帐、钟鼓、美人，以待神仙召见；又赐徐福童男童女三千人，及百工、五谷，入海寻仙达九年之久，其间还亲自出海射杀大鱼，希望开通去神山的坦途。最终还是在求仙不得的归途中死去。

汉武帝即位后尤敬鬼神，求仙访药更甚于秦始皇。当时齐地方士李少君"以祠灶、榖道、却老方见上，上尊之"。少君说他在游仙时于蓬莱仙山见到古仙人安期生，安以枣款待，枣大如瓜，并说安"合则见人，不合则隐"，引得汉武帝馋涎欲滴。武帝多次至泰山封禅巡狩，曾在泰山周围广求神仙，并在泰山以南的新甫山建迎仙宫，命少君于此炼丹，等待仙人驾临。后来这位自称不老，并有长生方的少君竟然病死，而武帝却以为是尸解成仙，不胜惋惜。后又转而借重齐少翁、栾大师兄弟二人主持求仙，并益加官封爵，妻以公主，佩玉符金印，陡然之间"贵震天下"，遂使方士骤起竞效，"海上燕齐之间，莫不搤腕而自言有禁方，能神仙矣"（《史记·封禅书》）。后来还是公孙卿善于揣摩武帝心理，把封禅与求仙合二为一，并以黄帝得封禅、登仙道为例，引导武帝要拿出更多的耐心与诚意："中国华山、首山、太室、泰山、东莱，此五山黄帝之所常游，与神会。黄帝且战且学仙。患百姓非其道者，乃断斩非鬼神者，百余岁然后得与神通。"并说成仙之时"有龙垂胡髯下迎黄帝。黄帝上骑，群臣后宫从上者七十余人，龙乃上去。余小臣不得上，乃悉持龙髯，龙髯拔堕，堕黄帝之弓。百姓仰望黄帝既上天，乃抱其弓与龙髯号"。这一通瞎编的鬼话，竟使武帝深信不疑，不胜向往之至，羡叹道："嗟乎！吾诚得如黄帝，吾视去妻子如脱蹝耳。"（《史记·封禅书》）虽终未得见神人，仍希望未泯，使公孙卿持节设具以候神人，并作通天茎台，置祠其下，以招来仙人之属。秦汉之际的方仙道，就是这样以泰山为背景，演出了轰轰烈烈的一幕。

西汉中期以后，泰山的道教活动更加频繁与普遍。西汉末年樊崇率赤眉军驻扎泰山，"军中常有齐巫，鼓舞祠城阳景王，以求福助"，借道教巫术来维系军心，发布号令。东汉末年巨鹿人张角发动的黄巾起义，就是以太平道为组织工具。史载张角"自称大贤良师，奉事黄老道，畜养弟子，跪拜首过，符水咒说以疗病，病者颇愈，百姓信向之。角因遣弟子八人使于四方，以善道教化天下，转相诳惑十余年间，众徒数十万，连接郡国，自青、徐、幽、冀、荆、扬、兖、豫八州之人，莫不毕应”。黄巾军主力在山东，曾在泰山一带与曹操作战，为太平道在泰山的传播起了重要作用。东汉顺帝时，天师道徒崔文子在泰山采药炼成“黄散赤丸”，于瘟疫流行时救人万计，更使道教在泰山建立起深厚的民众基础。

魏晋时期，以长生修仙为本的神仙道教在帝王和士大夫中十分流行。封建君王对知识分子实行严厉的思想控制，“天下多故，名士少有全者”(《晋书·阮籍传》)，迫使部分士大夫脱离仕途，隐逸山林。其时隐士多兼治道术，葛洪就把山林隐逸作为修道成仙的必经之途，并大讲这种修炼方法可以“涤除玄览，守雌抱一，专气致柔，镇以恬素……养灵根于冥钧，除诱慕于接物，削斥浅务，御以愉慔，为乎无为，以全天理尔”(《抱朴子·至理》)。这种在名山隐居求仙的捷径很富有吸引力，曹植曾长期徜徉于泰山，自称“我本泰山人”，写下了大量游仙诗：“仙人揽六箸，对博泰山隅”(《仙人篇》)，“晨游泰山，云雾窈窕……西登玉堂，金楼复道。授我仙药，神皇所造。教我服食，还精补脑”(《飞龙篇》)。也是想借修道游仙聊藉神思，摆脱现实中的险恶环境，以求长住泰山，得道登仙。他在《仙人篇》中写道：“东过王母庐，俯观五岳间。”说明当时泰山已有专门供奉西王母的祠宇。西王母是道教中第一女神，《墉城集仙录》中说她是掌管女仙的领袖，“天上天下，三界十方，女子之登仙得道者，咸所隶焉”。泰山王母庐是最早供奉王母的宫观。可见泰山在当时的地位和道教活动的繁盛。此时道教已将天下名山系统化，分为三十六洞天、七十二福地，为仙真所统理，是修真得道之所。泰山列三十六洞天之第二洞天，由上仙统治管理，是“神仙应而可接”“龙鹤升而有期”(《洞天福地天地宫府图》)的道门灵区。有些道士还一面在泰山修道炼丹，一面参与政事，扮演“山中宰相”的角色。例如隋末泰山道士徐洪客就曾向李渊献策进取天下。后来李氏父子建立了唐王朝，果然以为是道教始祖老子李聃佑助的结果，于是认老子为李唐祖先，封老子为“太上玄元皇帝”，大力推崇发展道教。唐高宗、玄宗连续封禅泰山，高宗、武则天多次遣使来泰山，建起供奉老子的岱岳观、老君堂，斋醮造像，祈求道教神仙保佑。诗仙李白也在天宝年间来泰山隐居求仙。著名道士周朴、张炼师也久居泰山修真传道。此时，泰山已成为道教的神灵之府，道教在泰山牢固地居于统治地位。

宋真宗封禅泰山后，封泰山神为“天齐大生仁圣帝”，并建殿供奉，每年三月二十八日都要举办盛大的庙会，庆贺泰山神生日，使得大规模道教活动成为泰山定制。

金元之际是道教鼎盛时期，也是全真道组织在泰山活动规模影响最大的时期。全真道是金大定七年(1167)王重阳于山东宁海(今牟平)创立，它的出现是道教史上的革故鼎新。道教自东汉正式创立便以长生久视、肉体升仙为追求目标，而王重阳却说“识心见性全真觉，知汞通铅结善芽”(《重阳全真集》卷一)，也就是说“全真”有两方面的含义，一是识心见性(锻炼精神)，一是知汞通铅(锻炼真气)，达到“气神相结”，就是神仙。这是王重阳在理论上自觉地融合儒、佛、道三家思想而形成的新道教。全真的要求已吸纳了佛教禅宗之论，其利人之道也贯穿着儒家的济世精神，其性命之说本来就是儒、佛两家的古老命题，诚所谓“儒门释户道相通，三教从来一祖风；悟彻便令知出入，晓明应许觉宽洪”(《重阳全真集》)。三教一体即为全真：“三教者，如鼎三足，身同归一，无二无三。三教者，不离真道也。”(《重阳真人金关玉锁诀》)这就为全真道争取各阶层的广泛支持，为全真道日后的勃兴奠定了基础。

王重阳的创教活动与其重要道徒，所谓“全真七子”，都出于山东地区。其中以最年轻的丘处机修行最苦，道行最高，影响最大。丘处机曾两次应元太祖成吉思汗征召，远赴雪山，面陈道要。当时元兵大肆杀伐，甚至有“虽得汉人亦无所用，不若尽去之，使草木畅茂以为牧地”(《元文类·耶律楚材神道碑》)的主张，丘处机极力加以规劝，“每言欲一天下者，必在乎不嗜杀人”(《元史·释老传》)。这种努力收到了明显效果，也使全真道在灾难深重的民众中声威大振。

在此期间，全真教活动遍及泰山周围。丘处机曾亲至东平湖畔的腊山祥龙观修持，此地一度成为全真教龙门派的重要基地。莱芜境内棋山的白鹤观、洞真宫，也是丘处机渡引弟子、修身养性的遗址。丘之女弟子訾守慎曾在岱庙西北隅的长春观住持，后由元帝赐号妙真观，存有丘处机牒文和成吉思汗敕旨碑。全真教著名道士、泰安埠上(今肥城埠上村)人张志纯，原名志伟，号天倪子，在泰城修起会真宫，结交道友，引渡道徒，并发愿募捐，修起南天门，重葺碧霞祠、壶天阁等道观，被元帝改名志纯，赐号“崇真保德大师”，授东岳提点监修官。值得注意的是，此时颇近于“军事割据”状态的东平府，也与泰山全真教有相当密切的关系。东平路行军万户严实、严忠济父子来泰山，都曾谒会真宫，东平府学中的首要人物，影响甚大的“东平四士”王磐、姚燧、徐琰、孟祺以及元代文坛盟主元好问，著名文士杜仁杰，“翰林道士”、泰安知州徐世隆等，都与张志纯诗文酬答，往来密切。张志纯九十六岁“仙化”以后，还是元好问亲为作《墓志铭》。从成吉思汗始就多次下发旨意免除全真教差役赋税：“丘神仙应有底修行底院舍等，系逐日念诵经文，告天底人每，与皇帝祝寿万万岁者，所据大小差发赋税都休教著者，据丘神仙底应系出家门人等，随处院舍都教免了差发税赋者。”（《长春真人西游记·附录》）后又于至元十九年（1282）、泰定元年（1324）两次赐旨东岳庙住持、全真道渊清大师张德琳等人，令其保护庙产，一切香火供钱可自主支配，对侵犯庙观权益的要依旨严办，并立碑镌刻，从而使全真道有较宽裕的经济基础，有力量拓建修葺道观。此期间还大规模修整了蒿里山神祠，建成阎罗殿、十王殿、七十五司神房等地狱冥府，把“泰山治鬼”观念转变为现实存在。同时还举办大型道教法事活动，赈济道徒及善男信女，更使全真道在泰山的盛况空前。

明清两代，道教命运江河日下，官方禁令限制迭出。虽有明嘉靖、万历两朝余烬复炽，但毕竟是大势已去，回天乏术了。而民间秘密道教组织，如白莲教、罗教等却如洪水泛滥，渗透于各地。此期间泰山地区秘密流行白莲教、红阳教，奉“无生老母”为创世主和最高神灵，并以之与泰山女神融为一体，通过道经宝卷、民间说唱等形式大事宣扬，从而把民间的泰山老母信仰推向极致。碧霞元君香火远至数千里，泰山周围的百姓竟“终日仰对泰山，而不知有泰山，名之曰奶奶山”（王昭《行脚山东记》）。规模较大的民间结社进香活动也成为风气，泰山行宫、东岳庙也于此期间开始在全国各地兴建，以便人们就近供奉，并出现了集贸易、演戏、游乐、进香于一体的大型庙会。邹平县每年三四月间都要举办泰山庙会，可持续一个月时间；北京妙峰山东岳庙会，成为北京大学民俗调查的重点项目。泰山信仰的这种盛况，在于道教恐怕是始料未及的。

二、仙家灵宝符箓

在东岳神府岱庙中，有一通元代所立的《五岳真形图》石碑。长期以来，人们对这幅图和其中东岳的象征物“”感到颇为费解，也有种种不同说法。

其实这是道教中关于五岳崇拜的符箓表现，是东汉以来方术家言兑入今文学派而产生的谶纬神学，与魏晋道教灵宝派符箓科教相结合而出现的产物。

道家符箓是从汉字中抽象而来的。中国最初的象形文字，本来就具抽象、会意和某种神秘性。后来《河图》《洛书》及《易经》八卦、《洪范》九畴的出现，更加强了古人的文字崇拜。神仙方士中流传的符箓和道印，便是源于这种古老的文字崇拜。俞正夔《癸巳存稿》云“符：汉时有印文书名，道家袭之”，也就是说符在汉代就在社会上流行，被道士袭用为方术。其文或为《河图》《洛书》的符号，或如汉时印章篆字，还有模仿云气缭绕形状的云篆天书，组成一种文字和图画的神秘构形。早期道教将符图吸收进来，成为道教法术的组成部分，同时又造出大批代表道教神仙权威的印章，在道士作法时一并施用。符箓和印章的功用一是消灾祈福，二是厌劾鬼神妖怪山精蛇虫诸物。佩带符箓或饮用符水，便可得到神仙保护，从而消除恐惧心理，产生安全感。符箓之法因灵宝道派的提倡与创造，至魏晋时已比较完备。葛洪在《抱朴子·遐览》中所载颇多，有自来符、金光符、太玄符、黄帝符、延命神符、九天发兵符、大捍厄符、消灾符、雷电符、采女符、治百病符、厌怪符等大符，其他小符不可胜记。他认为“符出于老君，皆天文也。老君能通神明，符皆神明所授”(《遐览》)。《道藏》中的《道法会元》认为道符是天、神、人相参，互相感应所生，具有调动神鬼之力：“符者，合也，信也。以我之神合彼之神，以我之气合彼之气，神气无形而形于符。此作而彼应，此感而彼灵。”“符者，阴阳契合也。唯天下至诚者能用之，诚苟不至，自然不灵矣。故曰，以我之精合天地万物之精，以我之神合天地万物之神。精精相附，神神相依，所以假尺寸之纸，号召鬼神，鬼神不得不兑。”这就是道教符箓的基本思想和基本“原理”。所以道书中有“画符不知窍，反惹鬼神笑，画符若知窍，惊得鬼神叫”之说。葛洪说三国时吴人介象尚能读懂符文，此后就“莫有能知者也”。符箓如有不灵验者，盖是由传写之误和今人信道不笃所致，即“今人用之少验者，由于出来历久，传写之多误故也。又信心不笃，施用之亦不行”(《抱朴子·遐览》)。

道教认为入山隐居修炼固是好事，但山中是一个神秘世界，既有高雅飘逸的神仙，也有率行祸患的鬼魅，这就要有一定的法术。“入山而无术，必有患害。或被疾病及伤刺，及恐怖不安；或见光影，或闻异声，或令大木不风而自摧折，岩石无故而自堕落，打击煞人；或令人迷惑狂走，堕落坑谷；或令人遭虎狼，毒犯人。”（《抱朴子·登涉》）另外还有山精、兽精变形蛊惑。所以入山必须有符箓保佑。葛洪在《抱朴子》中收录了五种老君入山符，还有仙人陈安世所授入山群虎狼符及其他诸符，另有老君所佩的辟百鬼及蛇蝮虎狼神印，云“以枣心木方二寸刻之，再拜而带之，甚有神效”，并说“古之人入山者，皆佩黄神越章之印……则虎不敢近其内也……不但只辟虎狼，若有山川社庙血食恶神能作福祸者，以印封泥，断其道路，则不复能神矣”（《登涉》）。

《五岳真形图》原本也属道教的入山符。不过它不同于普通的道教符箓，是符箓中更高级的形态。与阴阳五行观念相配的五岳，在道教灵山中占有重要位置，其符箓的分量也非同一般。葛洪就把《五岳真形图》《三皇内文》《天文大字》当作“上士”（高级道士）所持之符。后世道教更不断加以神化，遂使《五岳真形图》在道教典籍中成为比较系统，可以单独成章的“仙话”。据托名汉东方朔所作的《五岳真形图序》所说，此图的功效是：“令人神安命延，存身长久，入山履川，百芝自聚。”拥有此图可“横天纵地，弥纶四方，见我权悦，人神攸同”。“东岳泰山君领群神五千九百人……诸得佩五岳真形入经山林及泰山诸山百川，神皆出境迎拜子也。泰山君服青袍戴苍碧（璧）七称之冠，佩通阳太平之印，乘青龙从群官来迎子。”从入山符的辟虎狼鬼魅侵害到真形图的诸神君出境迎接，其功效上的差别已不可同日而语了。道教中又把《五岳真形图》的来源抬高到吓人的地步。至于图中五岳真形的由来，据西王母说是“上皇清虚元年，三天太上道君下观六合，瞻海河之长短，察丘山之高卑……乃因山源之规矩，睹河岳之盘曲，陵回阜转，山高陇长，周旋逶迤，形似书字，是故因象制名，定实之号，画形秘于玄台”。用现代术语来说，也就是道教创始人三清尊神经航空测量绘制而成。而此图又是西王母担着泄露天机的干系私授给汉武帝的。由此联想到西王母派青鸟使者送玉函给汉武帝，汉武帝与西王母在瑶池宴上歌咏酬答情意绵绵，勾画出以古昆仑—泰山为媒的王母武帝关系史，或许有更深邃的文化意蕴。《云笈七签》卷七十九：“西王母既降汉宫，武帝见王母巾器中有一卷书，盛以紫锦之囊。帝问此书：是仙灵方也？不审其目，可得瞻盻否？王母出以示之，曰：此《五岳真形图》也……乃三天太上所出，文秘禁重，岂汝秽质所宜佩乎？……帝叩头请求不已。王母曰：……汝虽不正，然数诣山泽，扣求之志，不忘于道。欣子有心，今以相与。当深奉慎，如事君父，泄失凡人，必致祸考也。”有意思的是，西王母在徇私情“扩散”了天机以后，又来了一通扭扭捏捏的解释，说明此举完全是出于公心，从大局出发，维护道教利益："吾今所以授彻真形文者，非谓其必能得道，欲使其精神有验，求仙之不惑，可以诱进向化之徒，又欲令悠悠者知天地间有此灵真之事，足以却不信之狂夫耳。"当我们欣赏着这篇奇文，想象道教如何怀着无限虔诚传诵此经，并煞有介事地践行此术，能不粲然？

不过汉武帝刘彻毕竟很幸运，成为《五岳真形图》破格的传人。既然受之，就要担负起传道的责任，即"受之者四十年传一人。如无其人，八十年可顿受二人。得道者四百年一传，得仙者四千年一传，得真者四万年一传，得昇太上者四十万年一传。传非其人，谓之泄天道；得人不传，是为蔽天宝；非限妄传，是为轻天老；受而不敬，是为慢天藻。泄、蔽、轻、慢四者，取死之刀斧，延祸之车乘也。泄者身死于道路，受土形而骸裂；蔽者盲聋于来世，命雕枉而卒殁；轻则祸终于父母，诣玄都而受罚；慢则暴终而堕恶，生弃疾于后世"（《云笈七签》卷七十九）。只有如此，才能保证真形图传之后世，灵验不爽。

真形图传授法禁虽然森严，但主旨在增加其神秘性。法术既已传出（造出），就要为世俗服务，否则就失去了它的灵验和存在价值。于是围绕着真形图的传授、施用、祭祀、作法，建立起一整套道教仪规，以尽量扩大其影响和应用范围，同时也标榜它高级道符的地位，以继续维护其神异。《云笈七签·五岳真形图法》规定：家中有此图者，得每年祭图一次；在山林隐居者，可以心祭。施用之前要将图祭于香案，敬请五岳神君驾到，并致祈祷文。文曰"五岳君共遣二十五神，千山百源皆遣待官营卫，图书防捍，××身生长浊世，动多违离，才非通真，识浅木薄，未得远僻风尘，游适林岫，抱持灵图，污染秽气，文禁深重，惧以抵触，谨告虔斋祠，诚照至心，当令××长生久见，所向无前，凶害藏匿，金石为开，精光神炁，常在身中，愿欲如意，昌盛隆丰"，等等。施行完毕，仍要祝词致谢，并将图珍藏密封。

《五岳真形图》作为道教符箓之一，产生于符箓盛行的魏晋时期。随着时间推移，有些符箓尤其是入山符久无效验，只得"无可奈何花落去"，被逐渐弃置淡忘。真形图因附丽于名声显赫的五岳，又加以道教极力神化，遂得以一枝独秀，并发展成一套较完整的道教规仪，多用于从岳神祈福助。其入山符的原始面貌反而模糊不清。后世对此源流演变把握不清，往往孤立地就真形图说真形图，未免望图生义，猜测颇多，自相抵牾。现在是弄清《五岳真形图》本来面目的时候了。

三、神仙品第谱系

道教信仰以神仙为核心，其信仰源头可追溯到古代鬼神崇拜、自然崇拜、神话传说，其信仰形式最初则以存思凝想为本。《庄子・逍遥游》中有“肌肤若冰雪，绰约若处子，不食五谷，吸风饮露。乘云气，御飞龙，而游乎四海之外”的神人，有“呼吸以踵”(《大宗师》)的真人，有“吹呴呼吸，吐故纳新，熊经鸟申”(《刻意》)的长寿养形之人。秦汉之际的方仙道认为东海之中有蓬莱、方丈、瀛洲三神山，山上有御气凌空的仙人，壮丽的金宫玉阙，长生不死之药及各种珍禽异兽。这些虽不乏自然现象的启示，但主要还是凝想的结果。秦皇汉武依照想象中的仙境广置宫观，以俟仙人游幸。此时尚受传统鬼神崇拜影响，信奉“祭神如神在”，并不为神仙造像。泰山“秦既作畤”“汉亦起宫”(宋《天贶殿碑铭》)，正属此类建筑。曹植提到的泰山王母庐，也还未曾设像。但道教的这种抽象玄想不利争取更多的道众，于是“欲人归信，乃学佛家，制立形象，假号天尊，及左右二真人，置之道堂”(《广弘明集》卷十四《辩证论・九箴篇》)，这是南朝刘宋时出现的事。道教造神像迟至唐代才兴盛起来，它的出现，为道教神谱的系统化起了重要推动作用。

道教作为多神教，其神谱系统“杂而多端”，既有天神、仙人、真人，又有从佛教中搬来的神祇，更有志怪小说、民间传说中的圣贤人物、历史英雄、高人逸士，乃至天堂地狱、风雨雷电等等，无不聚集于道教神仙之列，有些民间崇奉的俗神也罗织在内，使其信仰更具普遍性，同时也给它确立神仙品秩带来了困难。葛洪曾努力编造出一套神谱，但更为混乱。南朝梁代陶弘景著《真灵位业图》，把道教神仙分为七个层次，每层有一中位主神，左右各配一批辅神，从三清到地府无所不包，貌似秩序井然，但高层神仙十有八九属子虚乌有，各路主神安置也是乱点鸳鸯，如炎帝竟担任酆都大帝，其属臣有秦始皇、周文王、汉武帝等。隋唐以后，玉皇大帝成为道教最高神。白居易《梦仙》诗：“安期羡门辈，列侍如公卿。仰谒玉皇帝，稽首前致诚。”这种世俗皇权的翻版得到了道俗的共同认可。到了《西游记》中，道教至高的三清尊神，乃至西方大佛、诸天菩萨都居玉皇之下。我们在搜检泰山道教神祇时，只能大致参照道教七品之说加以排列。

元始天尊　原祀扇子崖西侧元始天尊庙。此神是道教最高神祇，道教三清之一。三清之说出于魏晋神仙道教。晋葛洪《枕中书》有大罗天上三宫的说法，以为“玄都玉京七宝山，在大罗之上，有上、中、下三宫。上宫是盘古真人、元始天王、太元圣母所治。中宫太上真人，金阙老君所治。下宫九天真皇，三天真王所治”。其实三清者也，不过是道教宇宙观的一种象征。

元始天尊居三清之首，是道教第一大神。《隋书·经籍志》说他：“生于太元之先，禀自然之气，冲虚凝远，莫知其极……每至天地初开，或在玉京之上，或在穷桑之野，授以秘道，谓之开劫度人……所度皆诸天仙上品，有太上老君，太上丈人，天真皇人，五方天帝及诸仙官，转共承受，世人莫之豫也。”他象征混沌之前、道气未显的第一大世纪。

灵宝天尊是道门第二大神，象征混沌初判、阴阳分明的第二大世纪。他住在三天界的第二层上清仙境。道经上说他是由宇宙未形成之前从混沌状态产生的三元气之一“赤混太无元”所化生，其司职为“广度天人，慈心于万劫，溥济于众生。功德之大，勋名缮于亿劫之中，至今报为诸天所宗焉”（《云笈七签》引《洞玄本行经》）。据说岱庙中供奉的延禧真人，就是他的化身或全权代表。除此之外，很少有人真诚地供奉他。

太清道德天尊是神化道家创始人老子而来。汉代信奉黄老道，东汉时已有人祭祀老子。《后汉书·襄楷传》：“闻宫中立黄老、浮屠之祠……或言老子入夷狄为浮屠。”老子一直是道教中的重要神祇。

三清的构建，在形式上借鉴了佛教中的“三世佛”之例。《云笈七签》中有过去、现在、将来三代天尊之说，所以南宋理学家朱熹一语道破：三清“盖效释氏三身而为之尔”（《朱子语类·论道教》）。所以道教中三清的影响，远不如佛教中三身佛的影响大。后来在《西游记》中，三清成了玉皇大帝的辅臣。

一般道观中同时供奉三清。三清像也与佛像一样富有寓意：元始天尊左手虚拈，右手虚捧，象征天地未形、万物未生混沌状态时的“无极”。泰山扇子崖下的元始天尊庙即取此形。灵宝天尊手捧半白半黑的圆形阴阳镜，象征刚从无极状态衍生出来的“太极”。道德天尊手持一把画有阴阳镜的扇子，象征由太极分化出来的天地“两仪”。合起来正是一幅道教的宇宙图式。

太上老君　原祀王母池西畔的老君堂、岱顶凤凰山老君堂，皆为唐建。老君即道德天尊。老子实有其人，是春秋末年著名思想家，道家创始人，姓李名耳，又叫老聃，河南人，做过周朝守藏室史，学问很大，孔子曾经向他请教。东汉末年，张陵创立道教，以老子为祖师，尊称为太上老君，奉《道德经》为主要经典。后来道教不断加以神化，说他脱胎于玄妙玉女体内，怀孕81年之久，从左胁而生。因怀孕太久，生下来就是满头白发，所以号称“老子”。正巧生在一棵李树下，他就指着树说：李就是我的姓。周康王时，函谷关令尹尹喜在终南山结草为楼，观星望气，称“草楼观”。有一天见到紫气东来，知道要有圣人至，果然见老子入关，尹喜便恭敬地请老子入楼。老子在此写下《道德经》，并收尹喜为弟子，度为真人。楼观也成为道教最早的发祥地。

唐代以前，天师道、上清派奉老子为教祖，而葛洪的金丹道、灵宝派则奉元始天尊为教祖。唐太宗开始认老子为宗祖，封“玄元皇帝”。令天下诸州皆建观供奉。道教杜撰出《玄元皇帝本行记》，从而确立了老子道教教祖的地位，道教也因此称“老教”，位列佛、儒之先，受到格外优宠。泰山老君堂正是唐代尊崇老子的产物。除老子塑像外，还供奉他的两大弟子：南华真人庄子、无上真人尹喜。

泰山凌汉峰下的三阳观，是弘阳教（混元教）的重要道观，为明嘉靖年间东平道士王阳辉创建。观中主殿混元阁亦供奉太上老君，弘阳教称之为混元老祖，是该教最高神祇。

玉皇大帝　奉祀于岱顶玉皇庙、回马岭下玉皇庙、岱宗坊上玉皇阁。玉皇在道教中地位仅次于三清。其神出于东汉末道教，总管三界、十方、四生、六道。后来道教编出《玉皇经》，说他本是极遥远年代的光严妙乐国的王子，后来舍弃王位，在山中学道修真，辅国救民，度化群生；经过三千二百劫，始证金仙，当上了“清净自然觉王如来”；又经过亿劫，才当上玉皇大帝。这实际是改头换面的释迦牟尼成佛的故事。玉皇形象一般是身穿九章法服，头戴十二行珠冠冕旒，手执玉笏，旁侍金童玉女，完全是秦汉帝王的打扮。

西王母　供奉于王母池、万仙楼、十八盘中段之金母殿、泰城中之白云观。岱阴玉函山有她与汉武帝幽会的遗址。道教说她是元始天尊之女，玉皇大帝夫人。其主要事迹载《穆天子传》《汉武帝内传》。在民间传说中，牛郎织女中的织女是西王母的外孙女，天仙配中董永之妻是西王母的小女儿。王母池中的瑶池，是西王母之女瑶姬的居所。

肩吾　原祀岱顶凤凰山北侧肩吾轩，是道教最早的泰山神之一。《庄子·大宗师》："肩吾得之，以处大(一作太)山。"释文引司马彪云："山神不死，至孔子时。"又《山海经·西次三经》："昆仑之丘，是实惟帝之下都，神陆吾司之。其神状虎身而九尾，人面而虎爪。是神也，司天之九部，及帝之囿时。"这是昆仑的司山神兽，郭璞注"即肩吾也"。由此又可知昆仑与泰山实为一山。

后土　原祀老君堂西侧后土殿。对土地的崇拜起源于原始自然崇拜。《左传》记载"共工氏有子曰句龙，为后土"，并担任"五行之官"中的"土正"。《山海经·海内经》："共工生后土。"他是与上帝对应，总司土地的大神，最初为男性。但后来在阴阳学说中，认为天阳地阴，地属母性，故能产五谷百物，使人类生存，所以逐渐演化为女性神。在道教中，后土是"四御"之一，全称"承天效法后土皇地祇"。四御是辅佐三清的四位天帝，另外三位是玉皇大帝、北极大帝、南极大帝。道教和民间经常把天地并称为皇天(玉帝)后土。

地主　原祀城东南梁父山地主祠，是与后土密切相关的神祇，《史记》中齐祀八神之一。古人认为土地之主就是社。《礼记·郊特牲》："社，祭土而主阴气也。"东汉应劭《风俗通义·祀典》引《孝经说》："社者，土地之主。土地广博，不可遍敬，故封土以为社而祀之，报功也。"这就是秦汉封禅礼中禅梁父报地功之说的依据。《孝经援神契》："社者，土地之神，能生五谷。"统一王朝出现之后，抽象化的大地之神称为地祇、后土，由皇帝专祀，各诸侯国、大夫采邑、乡里村社则奉祀专管本区的社神。西汉以后，社会组织结构变化，社神崇拜转变为土地神崇拜，与此相关的地方观念也愈加狭隘，但泰山的土地神仍保留了较原始的意义。

斗姆　原祀泰山斗姆宫。据道教《玉清无上灵宝自然北斗本生真经》载，斗姆原为龙汉年间周御王之妃紫光夫人，因在莲池洗澡生下九子。老大勾陈星成为天皇大帝，老二北极星为紫微大帝，兄弟二人都位列四大天帝。其余七兄弟为贪狼、巨门、禄存、文曲、廉贞、武曲和破军七星，也就是北斗七星。斗姆又号称"中天梵炁斗母元君"。《太上玄灵斗姆大圣元君本命延生经》说，不管是多么贫穷背时的信徒，只要诚心礼拜斗姆，称念她的名号，就能消灾去祸，延生得寿。斗姆的形象一般为三目四首，八臂。

泰山斗姆宫原是道教宫观，后为佛教临济宗的禅院。其正殿供斗姆，东配殿祀观音、文殊、普贤，后殿祀观音。斗姆宫现由佛教比丘尼住持。

北斗　原祀岱宗坊北侧之北斗殿，岱顶碧霞祠西侧之北斗坛。作为星宿，北斗不仅可以判明方位，参订历法，还有感应天人的重要政治作用。《史记·天官书》说："北斗七星，所谓'旋、玑、玉衡以齐七政'。杓携龙角，衡殷南斗，魁枕参着，用昏建者杓杓自华以西南，夜半建者衡，中州河济之间，平旦建者魁魁海岱以东北也，斗为帝车运于中央，临制四乡分阴阳，建四时，均五行。移节度，定诸纪，皆系于斗。"纬书《河图始开图》说黄帝是北斗神，并主生死、丰歉。后来道教采纳此说，把北斗说成是斗姆之子，并明确其职责是"北斗注死""鬼官北斗君"。后因与酆都治鬼说相矛盾，故又任本命神，说北斗七星分掌诸生辰，只要本命辰之星，即可获神佑。泰山设北斗坛，又有泰山北斗之意。

东华帝君　原祀岱宗坊西升元观，俗称东岳福神。其神原是古代神话中的东王公。《神异经》："东荒山中有大石室，东王公居焉，长一丈，头发皓白，人形鸟面而虎尾。"后为道教中神仙领袖之一，分管男仙名籍。据《三教源流搜神大全》，汉初有童谣曰："著青裙，入天门，揖金母，拜木公。"当时人们皆不知其含意，只有名将张良听懂了，说"此东王公之玉童也"，遂入拜得仙。道教又称东王公为青灵始老君，与丹灵、黄老、皓灵、玄老共称"五方五老"。元代起又被尊为"东华紫府少阳帝君"，说他是盘古氏后裔，弥轮仙女之子，与泰山神东岳帝君是亲兄弟。

三官　原祀南天门内、岱阴后石坞蔚然阁三官殿，泰城东、西郊原各有一座三官庙。三官即天官、地官、水官。三官起源于原始宗教中对天、地、水的自然崇拜。东汉末道教泰三官为主宰人间祸福的大神。三官的功能是：天官赐福、地官赦罪、水官解厄。因与人的祸福荣辱密切相关，故受到广泛崇拜。1982年在嵩山峻极峰顶石缝中发现唐武则天金简，即是乞求"三官九府"为武则天免罪降福的。宋代又将三官与三元联系起来，《古今图书集成·神异典》引《蠡海集》："人曰老氏之徒有天、地、水府三元三官之说，何也？盖天气主生，地气主成，水气主化，用司于三界。而三时首月之望侯之，故曰三元。"即分别以正月十五、七月十五、十月十五配三官，所以后世又称三官为三元。

在道教典籍中，三官的来历颇为混杂。《历代神仙通鉴》说是元始天尊分别于三元日各吐出一个婴儿，长大后就是尧、舜、禹。此三人有创世之功，成为"万世君师"，被封为三官大帝。《道藏》说："三官俱周幽王谏臣，一曰唐宏，一曰葛雍，一曰周武。"死后成神为三官。泰山的三官正是取此说。《三教源流搜神大全》记载："宋祥符元年，真宗东封岱岳，至天门，忽见三仙自天而下。帝敬问之，三仙曰：'臣奉天命护卫玉驾。'帝封三仙。"所以又称天门三将军。其护驾遗址在南天门内，称三灵侯祠。岱庙配天门东侧原有三灵侯殿。当年宋真宗在澶渊之盟后，一身晦气来封禅泰山，遇到降福解厄的三官冲冲这晦气，也算是自圆其说了。

风伯　原祀城南风云雷雨山川坛，即宋代朝觐坛遗址。风雨雷电之神都发端于原始宗教的自然崇拜，自古官方和民间都有供奉。清代颁布的《清会典》要求各省、府、州、县都将风、云、雷、雨、山川、城隍等神共祭一坛。祭制是设三人木制神位，风、云、雷、雨居中，山川居左，城隍居右。但各地仍有一些专门神祠分祭。

风伯亦称风师，其神有两个系统：一是以星宿为之。《尚书·洪范》："星有好风，星有好雨。"《周礼·大宗伯》："以槱燎祀司中、司命、风师、雨师。"此处的风师就是箕星。一是以会飞的怪兽飞廉，即夷人的祖先为风神。至于秦代，两大系统归于一说，纳入国家祀典。《史记·封禅书》："雍有日、月参、辰、南北斗、荧惑、太白、岁星、填星、辰星、二十八宿、风伯、雨师、四海、九臣、十四臣、诸布、诸严、诸逑之属，百有余亩。"但南方民间仍保留有人格化的风神的传说和祭祀。

雨师的崇拜与风伯相似。所不同者是民间只是因旱祈雨，而后来转为向龙王求雨，雨师影响与作用已极小。

雷神　除风云雷雨山川坛外，城西还有雷神庙。其神最初为兽形。《山海经·海内东经》说："雷泽中有雷神，龙身而人头，鼓其腹，在吴西。"在《稽神录》中，雷神已为人形，不但娶妻，而且"亲族甚众，婚姻之礼，一同人间"。后来道教进一步扩展雷神家族，《历代神仙通鉴》说雷神封号为"九天应元雷声普化天尊"，又称雷部真王。其所居"雷城高八十一丈，左有玉枢五雷使院，右有玉府五雷使院。真王之前有雷鼓三十六面，三十六神司之。凡行雷之时，真王亲击本部雷鼓一下，即时雷公雷师兴发雷声也"。明代小说《封神演义》中有"雷部二十四员催云助雨护法天君"的名讳。雷神这一体系直至近代仍有相当影响。

电母　此神出现较晚，是由雷神分化而来。在原始信仰中，雷神兼司雷、电二职，后分为雷公电父，又逐渐演化为女神。宋代苏轼诗"麾驾雷车呵电母"，说明那时已有电母神。《元史·舆服志》进一步具体了电母形象："为女子形，缥衣朱裳，白袴，两手运光。"《集说诠真》："今俗又塑电神像，其容如女，貌端雅，两手各执镜，号曰电母秀天君。”在道教和民间信仰中，这位电母与雷神一起，是执行天谴惩罚的神祇。民间习俗中起誓的“天诛地灭”，往往由此二神实施。至今泰安民间还广泛流传着“天打五雷轰”“老天爷打雷劈死你”等常用的诅咒语。

句芒、风后、祝融、力牧：

原祀于岱宗坊北三皇庙，位于三皇西侧，合称四配。在古代神话中，都是三皇的属臣或与三皇有密切关系的神祇。

句芒　司东方之神。《山海经·海外东经》：“东方句芒，鸟身人面，乘两龙。”《吕氏春秋·孟春》：“其帝太皞，其神句芒。”高诱注：“太皞，伏羲氏，以木德王天下之号，死祀于东方，为木德之帝。……句芒，少皞氏之裔子曰重，佐木德之帝，死为木官之神。”是伏羲的属臣。

风后　黄帝属臣。《帝王世系》：“黄帝……得风后于海隅，登以为相。”《太平御览》卷十五引《志林》：“黄帝与蚩尤战于涿鹿之野。蚩尤作大雾弥三日，军人皆惑。黄帝乃令风后法斗机，作指南车以别四方，遂擒蚩尤。”

祝融　《山海经·海内经》说他是炎帝之裔，《大荒西经》又说他是黄帝之裔。《海外南经》：“南方祝融，兽身人面，乘两龙。”其职为南方之神。《淮南子·时则训》：“南方之野，赤帝（炎帝）祝融之所司者万二千里。”祝融的神话还见于《海内经》：“鲧窃帝之息壤以湮洪水，不待帝命，帝令祝融杀鲧于羽郊。”《史记·补三皇本纪》有共工与祝融战，不胜而怒，触不周山之事。

力牧　黄帝之臣。《帝王世纪辑存》卷一：“黄帝……梦人执千钧之弩，驱羊数万群，帝寤而叹曰：‘……夫千钧之弩，异力者也；驱羊数万群，能牧民为善者也。天下岂有姓力名牧者哉。’于是依二占而求之……得力牧于大泽，进以为将。”

青龙、白虎、朱雀、玄武：

原祀岱庙配天门。其源出于古代的星宿崇拜。至迟在战国时期，我国就有了“二十八宿”“四象”之说。青龙、白虎、朱雀、玄武是统领二十八宿的四象。所谓二十八宿，是我国古代天文学将黄道（即太阳和月亮所经天区）的恒星分为二十八个星座，称“二十八宿”。它以北斗斗柄所指角宿为起点，由西向东排列，其统领关系如下：

东方苍龙七宿：角、亢、氐、房、心、尾、箕。

北方玄武七宿：斗、牛、女、虚、危、室、壁。

西方白虎七宿：奎、娄、胃、昂、毕、觜、参。

南方朱雀七宿：井、鬼、柳、星、张、翼、轸。

古人根据星辰来确定方位，测定季节时令，并以星宿运行变化来解释社会人事变化，预测凶吉祸福，是天人感应学说的一个重要组成部分。

四象又称四方四神，古代还广泛用于军队列阵，以为保护神。《礼记·曲礼上》记载军阵是“前朱雀而后玄武，左青龙而右白虎”。

道教兴起以后把四象作为护卫神，以壮威仪。《抱朴子·杂应》述老子出行“左有十二青龙，右有二十六白虎，前有二十四朱雀，后有七十二玄武”，实在是八面威风。后来四象逐渐人格化，成为四员护法神将。《云笈七签》卷二十五《北极七元陵庭秘诀》：“左有青龙名孟章，右有白虎名监兵，前有朱雀名陵光，后有玄武名执明，建节持幢，负背钟鼓，在吾前后左右，周匝数千万重。”现在岱顶碧霞祠山门内的神将，右侧就是青龙神孟章神君，左侧是白虎神监兵神君。

四象之中，玄武形象最为奇特，是龟蛇合体。龟在很早就被奉为“四灵”（龙、凤、麟、龟）之一，蛇也被认为是有灵性的神物。北方玄武七宿遂被想象为龟蛇相缠之形。最初四象在道教中都是护法神，而后来玄武提拔飞快，成为奉玉帝之命镇守北方的统帅。历代帝王封其为真君、帝君、上帝，步步高升。宋代皇帝因避其祖赵玄郎名讳，改玄武为“真武”，大中祥符年间尊为“镇天真武灵应佑圣帝君”，简称“真武帝君”。并说他于黄帝时脱胎于净乐国善胜皇后，从母亲左胁生下，长而勇猛，出家学道，得紫元君所授秘法，又遇天神授以宝剑，入武当山修炼42年乃成，奉玉帝之命镇守北方，为玄天上帝。

社稷神　祀县城西之社稷坛，社神用石主，稷神用木主。社神与后土关系极密切，《孝经纬》说：“社者，土地之神。土地阔不可尽祭，故封土为社，以报功耳。”《礼记·檀弓》郑玄注：“后土，社也。”丁山《中国古代宗教神话考》认为“社自为社，后土自为后土”，是两位完全不同的神祇。后土是女神，而社却是男性地神。

稷神即周人的祖先后稷，《诗经·大雅·生民》就是专门歌颂后稷的诗章。这是一位首创农业的神祇。《山海经·大荒西经》：“帝俊生后稷，稷降以百谷。”就是说稷自天取百谷之种培植于人间。《海内经》：“稷之孙曰叔均，是始作牛耕。”并说稷之葬所“爰有膏菽、膏稻、膏禾、膏稷，百谷自生”，说明后稷与农业有密切关系。后来又把稷作为谷神。《孝经纬》：“稷，五谷之长也，谷众不可通祭，故立稷神以祭之。”后世往往把山川与社稷并称，作为国家、天下的代名词，但社稷神祇的祭祀，却仍注重于土神与谷神的原意。

三皇　原祀岱宗坊北三皇庙。三皇也是众说纷纭的神祇。神话中的三皇，《春秋纬》说是天皇、地皇、人皇。晋王嘉《拾遗记》说“天皇十三头，地皇十一头，人皇九头”。汉代班固《白虎通》以伏羲、神农、燧人为三皇，晋皇甫谧《帝王世纪》以伏羲、神农、黄帝为三皇，唐司马贞《史记·补三皇本纪》以伏羲、女娲、神农为三皇。三皇庙所祀为伏羲、神农、黄帝，并以其为中国医学的创始人。

人祖　原祀岱宗坊北人祖殿，斗母宫北人祖殿。清顾炎武《山东考古录》：“泰山上有人祖殿，不知何取。《三秦记》曰：骊山巅有人祖庙，不斋戒而往即风雨迷道，《长安志》曰即秦始皇祠，盖本之《史记》所云：祖龙者，人之先也。”说明秦始皇为人祖神起于秦地，在泰山供奉秦始皇，则因为他是信史中第一个封禅泰山的帝王。但人祖庙祀秦始皇是稀有的特例，在鲁地的人祖庙一般是祭祀鲁人的祖先太皞。《古今图书集成·山川典》引《山水图经》：“峄山之西南为凫山，太皞之祠在焉。太皞即太昊，今土人皆呼人祖庙。又以女皇合为夫妇，言天下后世之人皆所自出。”太昊即伏羲，由此可知是供奉先祖伏羲女娲之处。此说较秦人奉秦始皇为人祖更为可信。

安期生　道教中神仙。《列仙传》卷上载：“安期先生者，琅琊阜乡人也，卖药于东海边，时人皆言千岁翁。秦始皇东游，请见，与语三日三夜，赐金璧度数千万，出于阜乡亭，皆置去。留书以赤玉舄一双为报，曰：后数年，候我于蓬莱山。”“始皇即遣使者徐福、卢生等数百人入海，未至蓬莱山，辄逢风波还。”这显然是根据《史记·封禅书》记载，又添枝加叶而编造出来的。据《莱芜县志》记载，安期生曾在莱城以南二十余里的仙人山隐居修炼，并有仙人堂、仙人洞遗址。有唐贞元八年（792）中侍御史韩翊所立《安期先生祠记》碑，赞颂其“精诚于圣内，神仙乎方外”。仙人堂内旧有安期生画像，清人黄元忠《仙人堂谒安期生像》诗有：“聊向珠龛开画壁，此中真亦有安生”之语。

李少君　在方仙道中与安期生可称难兄难弟，却远不如安期生走运。据《史记·封禅书》记载，少君原为深泽侯赵将夕之舍人，有方术，隐瞒实际年龄，自称七十岁，是没有家室的“无业游民”，“资好方，善为巧发奇中”。一次武帝出示一件古代铜祭器，少君一见就说是齐桓公曾经在柏寝台上陈设的祭器，察考器底的铭文，果然不错，在场的人都十分惊奇。少君擅长炼金术、辟谷、长生方。他是最早见诸史籍的道教丹砂炼金术方士。曾对武帝说：“祠灶则致物，致物而丹砂可化为黄金，黄金成以为饮食器则益寿，益寿而海中蓬莱仙者可见，见之以封禅则不死，黄帝是也。臣尝游海上，见安期生。安期生食巨枣，大如瓜。安期生仙者，通蓬莱中，合则见人，不合则隐。”武帝对此深信不疑，按少君吩咐入海求仙，合药炼金。《莱芜县志》记载，汉武帝曾派李少君至新甫山求仙，建迎仙宫，以候仙人驾到。现山中乃有迎仙宫，李少君祠遗址。因为此故，新甫山一度改名宫山，“宫山夕照”为莱芜八景之一，据载“每雨霁夕阳时，霞彩横射，光怪陆离，为海市然”，也算是聊以慰藉少君求仙不遇的遗憾吧。

泰山老父　汉武帝时泰山仙人。据《列仙传》记载：“泰山老父，不知姓氏，汉武帝东封，见老父于山下道旁，头上白光高数尺，怪而问之，老父曰：臣年八十五，衰老垂死，遇有道者教臣绝谷，但服术，饮井水，枕神枕。枕中有三十二物，以二十四当二十四气，以八当八风，臣行之，转老为少，日行三百里。臣今年百八十矣。帝受其方，赐以玉帛。”这位不具姓氏、面目不清的仙人，显然是后世道教据汉武帝泰山封禅求仙的行径加以附会而成。他的修炼方法，除了道教中习见的辟谷、行气以外，独特之处在于“神枕”，也说借外在物质来调节身体机能，这大概是今日流行的各种药枕的滥觞，具有一定的科学依据，而且其修炼目的不为飞升成仙，只求延年益寿，比秦皇汉武迷狂的求仙要现实得多。

木甲　是武帝封禅时所见之神。《汉官马第伯封禅仪记》：天街“东上一里余得木甲。木甲者，武帝时神也”。此神究为何物，已不得而知，但显然与封禅有密切关系。历代帝王封禅，都要将封禅文告镌刻于金石玉简，秘埋于泰山之巅，以求与天沟通信息，表达帝王对上天的要求和期望。汉武帝即以金泥封玉简，简文说：“事天以礼，立身以义，事亲以孝，育民以仁，四宇之内，莫不归郡县。四夷八蛮，咸来贡职，与天无极，人民蕃息，天禄永得。”为了证明封禅的合理性和灵验，帝王也总要得到一些异物，遇到一些异事，以显示祥瑞，算是上天的恩赐和“回报”。椐东汉应劭《风俗通义》：岱顶有一种金箧玉册，“能知人年寿修短，汉武帝登封泰山，探策得十八，倒读曰八十，帝果享年八十”。未料武帝欺天犯上，却能因祸得福。当然，武帝还幸运地在岱顶得到了铜物和木甲，铜物形状如钟，有方柄，柄上有孔，大概是前代封禅所留祭器。木甲的来历，也不外乎此类。木甲神之形状、用途于史无征，但《史记·封禅书》中“木禺龙”的记载却颇有参考价值。秦制：在天子之都附近的雍州设四畤，每年四季祭四方上帝，行祭之时五帝（上帝、青帝、白帝、黄帝、赤帝）各享以“木禺龙栾车一驷，木禺车马一驷，各如其帝色”。栾车即带响铃的车。“木禺龙”，据《汉书音义》释为：“禺、寄也，寄生龙形于木也。”《史记索隐》也以为：“禺……亦谓偶其形于木也。”也就是说于木刻以龙形，载之于响铃车。每辆车有四匹马，颜色要与五帝之色相同。这种祭祀制度，我们已从近年齐故都临淄出土的殉马坑和陕西秦代车马坑中见到了实例。据此，我们有理由认为木甲神乃是以木制的与封禅祭献有关的神祇。

吕洞宾　祀王母池东吕祖洞，岱道庵吕仙祠，岱阴蔚然阁。吕洞宾在历史上实有其人，是唐末五代时期著名道士，姓吕名嵒，号纯阳子，自称回道人，河中府永乐（今山西永济）人。年少即熟读经史，屡考进士不中，遂浪迹江湖。《列仙全传》说他在长安酒肆中遇钟离权，经过“十试”考验，授之以延命之术，金流大丹之功，因得道法，不知所往。又传说他遇到火龙真人，得到天遁剑法，他的剑术一断烦恼，二断色欲，三断贪嗔，对北宋教理的发展有一定影响。全真教奉其为北五祖之一（北五祖即王玄甫、钟离权、吕嵒、刘操、王重阳），世称吕祖、纯阳祖师。

在民间传说中，吕洞宾集剑仙、酒仙、诗仙、色仙于一身，是一个放浪形骸的神仙，他弃儒学道，仗剑云游，扶弱济贫，除暴安良。他好酒贪杯，三醉岳阳楼而醉名远扬。他还有几百首诗词传世，同时又是有名的“花神仙”，传说他曾三戏白牡丹。他是八仙中人情味最浓的一个，善为百姓治病解难，除害灭妖，性格幽默又带有小市民习气。这个形象很受群众喜爱，南宋时已有吕洞宾的专祠，并塑像供奉。元明两代提倡道教，吕洞宾也备受推崇，成为道教诸仙中最活跃的人物，其传说故事也流传甚广，不可胜数。

据说吕嵒夫妇曾在岱阴后石坞修炼，在岱阳王母池炼丹。王母池东侧峡谷名虬在湾，有一虬龙潜在湾内，吕祖挥笔点其额龙乃飞去，现仍留有飞虬岭、虬仙洞遗址。

七真　原祀王母池七真殿，岱阴会仙观七真堂。七真之名出于全真教七子，即全真教创始人王重阳弟子丹阳真人马钰、长真真人谭处端、长生真人刘处玄、长春真人丘处机、玉阳真人王处一、广宁真人郝大通、清静散人孙不二。这是元代全真教在泰山长期活动留下的遗踪。王母池内七真殿有明代所塑七真像，所塑为吕洞宾，铁拐李、何仙姑以及吕氏四弟子柳树精、苗庆、焦成大、济宵堂。这既非八仙阵容，又非全真教中南、北七真，来历颇为奇特，或是八仙流传未广前所致。

传说铁拐李为八仙中年代最久远，资历最深的一位。实际他的出现最晚，元代岳百川杂剧《吕洞宾度铁拐李》始见。《历代神仙通鉴》等道书中记载：铁拐李是隋代陕西人，名李洪水，小名拐儿，常拄一铁拐杖行乞于市，“后以铁杖掷空，化为龙，乘龙而去”。又说他名李凝阳，原是十分魁梧的伟丈夫，因慕老子道行，前去学道，行前对徒弟说：我欲出游，若游魂七日不返，就把我的肉身焚化。于是其元神出壳从老子学道，徒弟日夜看守师父躯壳。不料第六天徒弟家人来信，说老娘病危，徒弟乃一孝子，闻讯后坐卧不宁，十分焦急，好不容易熬到第七天中午，师父元神仍未归来，只好烧掉师父躯壳，回家尽孝去了。不一会儿，李凝阳元神回府，却没有了躯壳，正在惶惑，见林中有一饿殍，马上从其囟门钻入，来了个借尸还魂，站起来后才觉得不对劲，忙到水池边一照，却是“黑脸，卷须巨眼，跛右一足，形极丑行恶”。正沮丧中，有人在背后拊掌大笑，正是师父老子，说道不在外貌，你这模样蛮好，我有金箍给你束发，铁拐拄你跛足。李凝阳只好保留这副瘸腿叫花子的尊容。在《上洞八仙传》中，铁拐李与仙童相戏，放走了老君的坐骑青牛，青牛下凡冒充国王，淫乱后宫，惹下大祸，铁拐李因此被贬下人间，化为一老翁背着葫芦施药，病者求之，无不立验。后功德圆满，被玉帝封为上仙。以他的葫芦里有灵丹妙药，后世医药行把他作为狗皮膏药的发明者和祖师爷。卖狗皮膏药这一行业敬他为保护神，据说彰德府（今河南安阳）的狗皮膏药就是用他的药方，但有人作假惹恼了他，便说：彰德府的膏药——尽是假货。所以至今人们仍把靠说大话、假话骗人的家伙，叫作“卖狗皮膏药的”。又因为他拄的铁拐曾经百炼，异常灵验，所以打铁匠也把他奉为祖师和行业神。

何仙姑　八仙之一。其身世来历众说纷纭，大致是女巫灵验故事在民间流传附会而成。据《铸鼎余闻》《历代神仙通鉴》等道书记载，何仙姑为广州增城人氏，生于唐武则天年间，十四岁时在野外游玩，遇到铁拐李、吕洞宾、张果老诸仙，食以仙桃、仙枣、云母粉，自此得道成仙，能知人福祸，异常效验。后来安徽、福建、浙江等地均出现过当地的何仙姑，灵迹也十分广泛。宋代文人笔记中即多有记此事者。欧阳修《集古录跋尾》曰："近见衡州奏云：'仙姑死矣，都无神异。'客有自衡来者，云仙姑晚年羸瘦，面皮皴黑，第一衰媪也"。衡州即今之湖南衡阳，可知当时附会杜撰"盛况"。

广州增城至今仍有何仙姑庙，传说即何仙老家。大门有一副对联："千年履迹遗丹井，百代衣冠拜古祠。"据说当年何仙姑是从家门口水井中问仙去的，有一只绣鞋留在井台上，过去每逢何仙姑生日，乡里人都要唱大戏，以井水煮红枣加冰糖为"仙汤"，分发给香客，以求仙保佑。

三茅真人 祀岱庙配天门西侧三茅殿。东御座内亦有三茅殿。三茅即西汉初年茅盈、茅固、茅衷三兄弟。东汉末年就有三兄弟得道成仙的传说。据道书《列仙传》《神异典》《历代神仙通鉴》《三教源流搜神大全》等书记载，茅盈本咸阳人，据说他出生时有红霞蔽天，三日不散，因此得名。茅盈饱学不仕，酷爱采药炼丹，修真养性。18岁入恒山修炼，苦读《老子》《周易》，后来与其师父西城王君得西王母所授"玉佩金铛之道，太极玄真之经"。30年后道业修成返乡，不料父亲一见大怒，说他"为子不孝，不亲供养，寻逐妖亡，流走四方"，举杖就打，但拐杖马上裂为数段飞出，如飞石强矢穿透墙壁。父亲大惊失色，问道：你既已得道，可能令死人复活？茅盈说有罪当死不可复活，暴病夭亡可另当别论。并果然救活了已死数日的病人，还为乡里救死扶伤，由是名声大振，人称"茅神仙"。

茅盈的两个弟弟也很出息，茅固做了武威太守，茅衷做了西河太守，他们出巡时随从仪仗前呼后拥，十分威风，茅盈觉得很好笑，说明年四月初三我要上天做神仙，希望你们二位官老爷送送我。那天果然有一群仙官和金童玉女自天而降，把茅盈送上彩舆，簇拥升空而去。两个弟弟见了十分羡慕，也辞官寻仙。兄弟三人一起来到江苏句曲山修炼成仙，西王母与西城王君格外提携，以茅盈为司命东岳上真卿太元真人，茅固为句曲山真人，茅衷为定录真君，并"设天厨酣宴，歌元灵之曲"以示庆贺。句曲山百姓为了纪念他们的德行，改句曲山为茅山，并建祠供奉，称"三茅真君"。道教茅山教派也以三茅为祖师爷。

茅盈任东岳上卿后，经其师王君撮合，娶东岳大帝之女——玉女大仙为妻，并于八月十五日之夜在泰山太平顶完婚。所以茅盈算是泰山的上门女婿，供奉于岱庙可以说是住在其“泰山”——岳父家里。

延禧真人　原祀岱庙配天门西侧延禧殿。此神出于唐代，曾一度是道教在泰山的主神。《旧唐书·司马承桢传》载开元十五年（727）司马承桢应召入京，面陈“‘今五岳神祠皆是山林之神，非正真之神也。五岳皆有洞府，各有上清真人降任其职。山川风雨，阴阳气序是所理焉。冠冕章服，佐从神仙，皆有名数，请别立斋祠之所’。玄宗从其言，因敕五岳各置真君祠一所，其形象制度，皆令承桢推按道经创意为之。”这位司马承桢与曾隐居泰山的李白是道门中忘年之交，他“创意为之”的结果是延禧真人主持泰山神祠，成为道教最高神上清灵宝天尊在泰山的代理人。但在此以前开元十三年，玄宗在封禅泰山时已封泰山神为“天齐王”。这一称号使晚出的“延禧真人”无法与之比肩，且玄宗急于向司马氏请教道义，问长生方，设五岳祠未必不是权宜之计，此后未见再加封赐。宋真宗加封“天齐仁圣帝”，也是沿袭了赠封泰山神的传统。延禧真人这个来历不明的泰山主神，又不明不白地“退位”下去，以至后世人们只知祀延禧真人，却鲜有人知其为何神。

鲁班　祀岱顶鲁班洞，岱庙鲁班殿。鲁班是春秋末期鲁国的一位著名工匠，又叫公输般，因是鲁人，故又称鲁班。他是当时最有名的工匠，相传现在木工用的墨斗、锯、曲尺、铲、刨、钻等都是鲁班发明的。鲁班还善作机关，相传他用竹、木制成鸟鹊、飞鹰，可以连续在天上翱翔三天。他为母亲精心制作了一辆木制马车，还用木料做了一个机器人，鲁母上车后开动机关，机器人就能赶车上路。这些传奇故事，使鲁班的智巧天下闻名。后世的木、瓦、石等土木建筑行业都尊他为祖师爷，投师学艺、工程开工、年节都要先祭拜祖师，成为中国名声最大、影响最久的行业神。

泰山一带广泛流传着鲁班显灵的故事，说岱庙的大殿、巨碑、城楼，岱宗坊的石帽，岱顶碧霞祠的铁瓦、铜碑、铜亭，都是鲁班点化启发才得以顺利竣工的。鲁班成为历代能工巧匠的杰出代表，是劳动人民聪明才智和创造力的化身。

白龙　原祀黑龙潭下白龙池畔的渊济公祠。这是泰山的土著神祇。民间传说，东海小白龙因违犯天条，被贬泰山，住在白龙池，到城南打短工，白天干活，晚上现出白龙身形，抽水浇地，后被人看破，只好返回白龙池。此说比较久远，唐代以来，当地官民就经常在此焚香祈雨。宋神宗元丰五年（1082）封白龙为“渊济公”，并建祠祭祀。顾炎武曾在此觅得宋代以来题刻15处，今大部尚存。历代泰安县令都有祈雨刻石，其中明万历七年（1579）泰安知州袁稔的祈颂文保存最为完整。文曰："白龙之潭，渊渊莫测。有祷则应，沛降其泽。粒食生民，四境既宅。灵承神庥，永祀功德。"清乾隆年间在岱庙东建龙王庙，移祀白龙。

白龙池还是泰山著名风景区，"龙洞甘霖"是泰安八景之一，有玄圭石、三元石。上为黑龙潭，东、西百丈崖，下有锣鼓湾、香油湾（今黑龙潭水库）、弄水岩，是美景荟萃之地，元代山东廉访使徐琰曾在此建萃美亭，并刻碑为记。

灵泒侯　原祀泰城灵芝街南灵泒侯庙。此亦泰山土著神祇，原称奈河将军，又称通泉侯，是专管奈河的水神。其出现年代较早，据《三教源流搜神大全》卷三记载："李琚，本卫州（今河南汲县）三用人也。周世宗朝为将，善骑射，于国有功，后因病至重，有问疾者甚众。公无别语，告众曰：'我授山东奈河将军也。'言讫，公卒焉。后人立祠于此。至唐玄宗开元年，封为灵泒将军。"宋真宗东封泰山之时，此地有醴泉涌出，封禅经度制置使王钦若"贮水驰驿以献"，真宗以为与奈河将军有关，遂赐"通泉侯"，后于大中祥符八年（1015）封"灵泒侯"，并重修祠庙。

金龙四大王　原祀岱宗坊北金龙四大王庙。据《古今图书集成·神异典》，此神为南宋时浙江钱塘人谢绪，排行第四，隐居金龙山，宋亡后投水而死，其时钱塘江"水势汹涌高丈许，若龙斗状，尸为不流，颜色如生"。死后仍不忘抗元复国，后来托梦给乡人说汉主将要复出，望你们全力协助。果然第二年明太祖朱元璋收复杭州，北上吕梁，在战场上有一金甲神人跃马拼杀，大败元军，就是谢绪前来助战。明代发展漕运，谢绪之神又疏通运河，保护舟楫，又成为运河神，受到舟民船户的顶礼膜拜。康熙元年（1662）在泰山建庙祭祀。

许真君　原祀泰城下河桥东侧许真君庙。许真君名逊，字敬之，居江西南昌，东晋时人，20岁从吴猛学道。吴猛于夜晚化为美女挑逗生徒，百余人中仅许不为所动，乃"悉受其秘"，后来又与郭璞修炼，得三清法。又博通经史，明天文、地理、音律、五行、谶纬之书，晋武帝太康年间举孝廉，为旌阳县令，宽刑济民，且以神方医病救人、政绩卓著，吏民悦服；后见晋室纷乱，弃官周游；尤善降伏水妖，曾在江西、湖北、湖南一带斩蛟除怪。后来带领全家四十二口白日拔宅升天成仙，鸡犬亦随之升去。许真君祀奉唐代已盛，列道教十二真仙之一。康熙六年（1667）于泰城建庙供奉，目的是镇蛟，防止奈河水泛滥为害。这也算是康熙帝的“防汛”措施吧。

城隍　原祀岱庙东侧城隍庙。城隍是民间信仰中极重要的神祇，发端于《礼记》所说天子八腊中的水庸神。水庸即沟渠，古代城邑多有护城河渠，以它为城市保护神是很自然的。但正式称城隍神，始见于《北齐书·慕容俨传》：“郢城……城中先有神祠一所，俗号城隍神，公私每有祈祷。”唐宋两代礼奉城隍已很流行，并产生了正人直臣死后为城隍神的观念。其职责不仅是守御城池、保障治安，而且管水旱凶吉、科举功名，甚至管冥间事务的一部分，成为直接对上帝负责的地方最高神，府、州、县皆设庙祀奉。明代下令各级官员赴任，都要在城隍神前宣誓就职，以期借助城隍神力强化官员的地位和权力，则城隍与官府又有密切联系。在《聊斋志异》等小说中常把城隍作为贪官污吏的象征来抨击嘲笑。

八蜡　原祀岱宗坊北八蜡庙。此庙原出于古代蜡祭。《礼记·郊特牲》：“天子大蜡八。伊耆氏始为蜡。蜡也者，索也；岁十二月，合聚万物而索飨之也。”就是于农历十二月蜡日合祭诸神，以求来年风调雨顺，节气合时。

蜡祭原先是由天子举行的国家重大祭祀，即在十二月祭祀自然万物，其中以八神为主。据郑玄注所祭八神为：1.先啬，“啬”即“穑”，即农业创始人神农。2.司啬，即传授给百姓耕种技术的后稷。3.农神，亦即复指神农、后稷。4.邮表，即古代督促耕种、指导农时的农业官员。5.猫虎，因为猫能吃掉田鼠，虎能吃掉毁坏庄稼的野猪。6.防，即水坝，《周礼·地官·稻人》中有“以防止水”的记载，古人用以蓄水防洪。7.水庸，即水渠，用来引水灌溉，防洪排涝，与防有同样作用。这说明了古人对水利的高度重视。8.昆虫，即各种影响农作物生长的昆虫、蝗虫。当时的祭词中还有“土返其宅，水归其壑，昆虫毋作，草木归其泽”的咒语。所祭八神全部与农业有关，说明早期农业在国家事务中占有相当重要的地位，是国家赖以生存的经济基础。所谓“国之大事，在祀与戎”，都要排在占首要地位的农事后面。

蜡祭是古人自然崇拜的典型体现。孔子之徒柳下惠在谈到国家祭典时说，“加之以社稷山川之神，皆有功烈于民者也；及前哲令德之人，所以为明质也；及天之三辰，民之所以瞻仰也；及地之五行，所以生殖也；及九洲名山川泽，所以出财用也”（《国语·鲁语上》）。也就是说，国家之所以祭祀崇拜这些人、物，主要是他们有功德于人民，举行祭礼主要是为了报恩尝德。同时，祭祀还是因为这些东西具有神性，是神灵。《左传·昭公元年》说：“山川之神，则水旱疠疫之灾，于是乎禜之；日月星辰之神，则雪霜风雨之不时，于是乎禜之。”“禜”是古代专用于禳除灾害的祭祀。祭祀的目的是祈求神灵福，免除降灾为害之苦。这种比较原始的自然崇拜，反映了古代社会生产力的低下以及古人对自然事物、自然力量的无知、恐惧与依赖。在社会生产力和人类认识水平无法达到的情况下，古人的想象力便张开飞翔之翼，把支配人们日常生活的自然力和自然物，变成了超自然、超人世的神物，成为神灵信仰和祭祀崇拜的对象。

蜡祭的规格逐渐由天子而诸侯，后来成为各地都必须举行的祭祀，不过仍是最重要、最隆重的祭典之一。蜡祭的时间也逐渐固定化。汉代以冬至后第三个戊日为“蜡日”，南北朝改为十二月的初八，谓之“腊八节”，并且祭祀内容也有所增益。民间增加了祭祖的内容。唐代张守节《史记正义》：“十二月腊日也，秦惠文王始效中国为之，故云初腊猎禽兽以岁终祭先祖。”佛教称腊八为“成道节”，认为释迦牟尼于此日得道成佛，佛门弟子于此日诵经，并用干果、杂粮煮“腊八粥”。腊八还是节令的标志，民间有“腊七腊八，冻死叫花”之说，认为这是一年中最冷的一天。泰安当地有吃腊八粥、泡腊八蒜的习惯。

四、阴曹地府鬼蜮

泰山主生死，即“主召人魂”的观念由来已久。在道家看来，神是高级的鬼，鬼是低级的神，“神鬼一也”。汉魏时期流传的泰山主死，主要是一种观念形态，并把它附会于蒿里山。《汉书・武帝纪》：“太元初年，檀高里。”颜师古注曰：“此高字自作高下之高，而死人之里谓之蒿里，或呼为下里者也，字则为蓬蒿之蒿。或者见泰山神灵之府，高里山又在其旁，即误以高里为蒿里。”不管怎么说，蒿里山被公认为“聚敛魂魄无贤愚”的鬼都了。而最早掌管冥间事务的官员，就是《搜神记》等志怪传奇中提到的泰山府君。这位尊神，据《神仙传》说是西王母小女太真夫人的第三子，因“年少好游逸，委官废事，有司奏劾，以不亲局察，降主事东岳，退真王之编，司鬼神之师。五百年一代其职”（《太平广记》卷五十七）。如此说来，这是因犯错误而降职的仙官，大概是为了靠近曾任泰山主神的外祖母，以便随时接受教育。陶弘景《真灵位业图》则说：“泰山君秦凯，字景倩，为四镇领鬼兵万人。”《洞渊集》说：“泰山名蓬元。”《龙鱼图》说：“泰山神姓圆名常龙。”《广博物志》说：“东岳泰山君，领群神五千九百人，主治死生，百鬼之主帅也。”但究竟也未搞清楚是何人，总之亦属观念中的神祇。

佛教传入中土后，其地狱观念与地狱之主阎罗王亦逐渐流行。至唐末，佛教中已有十殿阎罗之说，且皆由中国官员担任，这与本来十分盛行的泰山治鬼观念十分契合，遂合二为一，在泰山衍化为阴曹地府——蒿里山神祠和地狱界河——奈河，再加上泰山入口处的酆都庙，构成泰山的冥府地狱系统。

“奈河”作为具体地望，大概又是泰山的一项专利。泰山西麓的黄西河沿山势而下，从大众桥附近的大石峡起，经泰城西部向南，出城后汇入泮河，这一段被称为奈河。清代顾炎武《山东考古录·辨渿河》曰：“其水在高里山之左，有桥跨之，曰渿河桥，世传人死魂不得过，而曰渿河。”奈河一名的出现，显然与古代的泰山主人生死观念有关。《后汉书·乌桓传》：“如中国人死者，魂神归岱山也。”又《许曼传》：“自去少尝笃病，三年不愈。乃诣泰山请命。”在东汉末年佛教传入后，其地狱观念就直接借用和附会于泰山主生死观念，有的僧人在译经时就干脆把“地狱”译为“泰山”。例如三国吴康僧会译《六度集经》卷七：“闻泰山汤火之毒、酷裂之痛，饿鬼饥馑积本之劳，畜生屠剥割截之苦。”此处的“泰山”就是“地狱”。《分别善恶所起经》：“四者死后，魂魂入泰山地狱中。泰山地狱中考治数千万毒，随所做受罪。”更直接把泰山与地狱合二而一。《山东考古录·辨蒿里山》说：“自晋陆机《泰山吟》始以梁父、蒿里并列，而后之言鬼者因之，遂令古昔帝王降禅之坛，一变而为阎王鬼伯之祠矣。”顾氏指出泰山治鬼的这一流变是很正确的。正是这种治鬼观念，为奈河定于泰山提供了基础和前提。

“奈河”二字可能是印度梵文“地狱”的译音。也就是说，“奈河”作为地狱观念是受了印度佛教影响，但作为具体的冥间之河，却属汉化佛教的创造。这一名称的最早出现，大约集中于唐代。敦煌文献中所存《大目乾连冥间救母变文》中，有描写目连阴间寻母，亲眼看见地狱罪人在奈河上生离死别的骇人心魄场面：

行经数步，即至奈河之上，见无数罪人，脱衣挂在树上，大哭数声，欲过不过，回回惶惶，五五三三，抱头啼哭。目连问其事由之处。奈河之水西流急，碎石嶮岩行路涩。衣裳脱挂树枝旁，被趁不交时向立。河畔问他点名字，胸前不觉沾衣湿。今日方知身死来，双双傍树长悲泣。……

在大量的敦煌曲词、王梵志诗中，也多次写到过奈河，唐张读《宣室志》卷四记载董观的魂魄被亡僧灵习领入冥途，见到奈河的具体情景：

行十余里，至一水，广不数尺，流而西南。观问习，习曰："此俗所谓奈河，其源出于地府。"观即视其水。皆血，而腥秽不可近。又见岸上有冠带襦凡数百，习曰："此逝者之衣，由此趋冥道耳。"

可见在古代民众意识中，奈河是通往地狱冥府的必经之路，充满着阴森、恐怖、悲伤等复杂情感。而奈河观念的形成，至迟不会晚于初唐。

另外，"奈河"观念的形成还与古代丧葬文牍中"奈何"一词的使用有重要关系。唐代吊丧送葬，要口唱"奈何"，与"奈河"是同音。敦煌王梵志诗中有"富者办棺木，贫穷席裹角。相共唱奈何，送着空冢阁"的句子。唐人报丧帖子也常用"哀痛奈何、哀痛奈何"的格式。敦煌写本《搜神记》中就有"若气已绝，无可救济，知复奈何！知复奈何？"以表示痛惜哀悼之意。这一"奈何"正紧密联系着阴间地狱之"奈河"的深潜意识。

在奈河观念逐步形成的时候，泰山治鬼说也逐渐具体化为蒿里山的阴曹地府系统。这两条走向一致的轨迹在泰山相交，正是古人意识与习俗复杂转移的结果，也是两种鬼神观历史发展的题中应有之义。

泰山冥府是一套依照世俗官署构想出来的相当完备的"鬼权"系统。它既有一批鬼官，又有办事机构。是为：

酆都大帝　原祀岱宗坊东侧酆都庙。此庙是明弘治十四年（1501）太监李瑾所建。明人李钦《重修酆都庙记》："其神为北阴酆都大帝，配以冥府十王，其东为曜灵五阎王，而左十司曹官列焉。……岱岳于方为东，于时为春，兴致云雨，发育万物，而北阴酆都之府，所司者秋杀之权也。"在泰山入山起点设立酆都庙，也充分体现了泰山主人生死的观念。

酆都大帝是道教中主宰幽冥地府之神。梁陶弘景《真灵位业图》称酆都北阴大帝，居神次之第七中位",并说他是炎帝大庭氏，讳庆甲，为天下鬼神之宗，治罗酆山。后来有人依此说把罗酆山附会为四川酆都县平都山，列于道家七十二福地中之第四十五福地，并经营了一整套阴曹地府建筑，使其成为一座“鬼城”。主要建筑有鬼门关、阴阳界、天子殿、地狱、无常殿等。平都山与泰山两座酆都庙，建筑时间相差不远，在神灵设置、机构名目和各种名称上大致相同，应是互相影响、互相借鉴的结果。从泰山治鬼观念的悠久历史看，酆都大帝首现于泰山，应是更加顺理成章的事。

阎罗王　原祀蒿里山阎王殿。岱宗坊东酆都庙中也有他的神位。

阎王本名阎罗，最初是印度神话中掌握阴间之王。佛教沿用其说，把阎王作为管理地狱的主宰，阎罗王观念至迟在南北朝就传入中国。北魏杨衒之《洛阳伽蓝记》中就有“比丘惠凝死，一七日还活，经阎罗王检阅，以错名放免”的记载。阎罗王掌地狱之说，与中国固有的泰山神掌阴间观念十分契合，二者互相融合的结果，导致阎罗王的汉化，纳入民间众神体系。《宣室志》中有上帝令司命册立阎罗王，以五岳兵将卫拱天帝使者。从唐代开始，又出现地府十王之说，称冥府分为十殿，每殿各有一王主之，一说阎王是十王总管，一说阎王因同情屈死鬼，屡屡放还现世报怨，遂被贬为第五殿之王。后来实难分辨清楚，干脆统称“十殿阎罗”。阎罗王一职，民间一向以为是由刚正不阿之士轮流担任。隋唐至明清，相传就有多人担任此职，《隋书·韩擒虎传》记载：河南东垣人韩擒虎任凉州总管，爵为上柱国。因为人正直，作战勇猛，被冥府迎为阎罗王。韩叹道：“生为上柱国，死作阎罗王，斯亦足矣。”另外还有寇准、范仲淹、包拯、岳飞等人。其中最著名的就要数“日断阳、夜断阴”的包公了。他的刚正不阿、敢碰权贵、屡平冤狱的故事，千百年来广为流传，民间有“关节不到，有阎罗老包”之说，曲折地反映了人民寄希望于清官的要求。后来阎罗王成为通行于民间信仰、佛教、道教的阴间主神。一般庙只设阎王殿，设十王殿的较少。泰山酆都庙、蒿里山神祠间都设有十王殿。

冥府十王　原祀蒿里山神间森罗殿、酆都庙。冥府十王系从阎罗王观念衍化而来。据清代黄斐默《集说诠真》引《阎王经》《玉历钞传》，冥府十王分别为：

第一殿秦广王蒋，二月初一日诞辰，专司人间夭寿生死，统管幽冥吉凶。

第二殿楚江王历，三月初一日诞辰，司掌活大地狱，又名剥衣亭寒冰地狱，另设十六小狱。

第三殿宋帝王余，二月初八日诞辰，司掌黑绳大地狱，另设十六小狱。

第四殿五官王吕，二月十八日诞辰，司掌合大地狱，又名剥戮血池地狱，另设十六小狱。

第五殿阎罗天子包，正月初八日诞辰，前本居第一殿，因怜屈死，屡放还阳伸度，降调此殿，司掌叫唤大地狱并十六诛心小地狱。

第六殿卞城王毕，三月初八日诞辰，司掌大叫唤大地狱及枉死城，另设十六小狱。

第七殿泰山王董，三月二十七日诞辰，司掌热恼地狱，又名碓磨肉酱地狱，另设十六小狱。

第八殿都市王黄，四月初一日诞辰，司掌大热恼大地狱，又名热恼闷锅地狱，另设十六小狱。

第九殿平等王陆，四月初八日诞辰，司掌酆都城铁网阿鼻地狱，另设十六小狱。

第十殿转轮王薛，四月十七日诞辰，专司各殿解到鬼魂，分别善恶，核定等级，发四大部洲投生。

十王各殿接收的鬼魂，按其生前不同表现，或加重处罚，或施以酷刑，或尽快投生，增享寿命，这些充满恐怖的地狱变相，比现世更加痛苦难熬，毋宁说是肯定现世的心态的一种曲折观照。明代以来，出现了一批反映泰山神仙的宝卷，其中就有《泰山十王宝卷》一部。卷中的泰山冥府十王要比《集说诠真》所描述的和善，且颇有人情味，很能体察忠奸善恶，显然是反映了历代来泰山求神拜佛善男信女们的愿望。

蒿里相公　原祀蒿里山东侧、社首山西麓之相公庙。蒿里相公之事出于唐代长安蒿里村，据《三教搜神大全》载，有一位赵相公中了进士，因耿直进谏不被采纳，乃触阶而死。乡人壮其行，遂立相公祠，唐睿宗延和年间封“直列侯”。宋神宗元丰年间，好事者因地名相同，在蒿里山建起相公庙，并因其属忠臣烈士，命其为“东岳辅相”，辅佐东岳泰山神掌管冥府。元明两代，又在相公庙附近增建了三圣堂、药王庙，期冀圣贤拯救世道人心。药王能治病救人，妙手回春，夺命于膏肓之际，也可谓用心良苦。

三司、六案、七十五司　据《泰山志》所录元至元二十一年《蒿里七十五司碑》及至元二十二年《蒿里七十五司神房》两残碑校勘，得：

三司：判所隶司、判磨勘司、判都察司。

六案：判闵众案、判苦楚案、判保刑案、判功德案、判注生案、（缺一案）。

七十五司：	天曹司	地狱司	官员司	隶事司	投生司
	风雨司	僧道司	勾愿司	医药司	举意司
	水府司	四生司	看经司	土地司	速报司
	举善司	长寿司	法汗司	走兽司	平等司
	山神司	注福司	水造像司	子孙司	注生司
	烧香司	照证司	注禄司	五道司	还魂司
	忠孝司	城隍司	孝顺司	斋戒司	修庙司
	山林司	杀生司	推问司	六道司	陈状司
	孤魂司	疾病司	昧心司	财帛司	注死司
	恶报司	法杖司	曹吏司	鬼魅司	枉死司
	索命司	校量司	功德司	五谷司	贵贱司
	掠剩司	水怪司	促寿司	毒药司	奸邪司
	奸淫司	注祸司	失魂司	驿客司	飞禽司
	精怪司	堕胎司	盗贼司	冤枉司	减福司
	送病司	忠直司	放生司	（缺二司）	

七十五司各有司主，是由全国各地有德行的善人死后所掌。其中最有名的是速报司，《续夷坚志》记由包拯担任。《泰安县志》记载包拯于北宋仁宗年间任奉符令，政声卓著，泰城西门外建包祠奉祀，死后仍在泰山任冥府官，也是当地群众意愿的反映。一说南宋名将岳飞也曾任速报司之主。

除七十五司之外，碑文尚有“年直使者、月直使者、日直使者、时直使者”等神，乃是冥府值日神。这四值神又称四值功曹，是道教中的小官。其职责一是值班。古典小说写道士作法时，首先就是传令“值日功曹何在？”必须随叫随到，很是辛苦。二是传令报信。《西游记》中的孙悟空大闹蟠桃会、反出天庭，玉帝震怒，即派李天王率四大天王、哪吒太子、二十八宿、九曜星官、十二元辰、五方揭谛、四值功曹等布下一十八架天罗地网，来捉拿妖猴，四值功曹就是专管通讯联络的传令官。三是文书传递。凡是人间“上达天庭”的表文，焚烧后皆由四值功曹“呈送”。《金瓶梅》中西门庆玉皇庙打醮道士们铺设了许多文书符命，其中有一道就是请功曹使者“捧奏三门运递关文”，则又是阴曹地府的文书官。

泰山主生死的浓厚影响，形成了泰山联系沟通天界、人间和阴界的观念，并且按照人间官衙的模式构造出一整套鬼府官僚系统，这一系统又反过来使泰山主生死观念进一步强化。明代李昌祺《剪灯余话·泰山御史传》中说："惟是泰山一府，所统七十二司、三十六狱，台、省、部、院、监、局、署、曹，与夫庙、社、坛、狎、鬼、神，大而冢宰，则用忠臣、烈士、孝子、顺孙，其次则善人、循吏，其至小者，虽社公、土地，必择忠厚有阴德之民为之。"民间百姓生前难得遇到公正官吏，寄希望于阴间官吏能够铁面无私，主持正义，也是聊以得到些精神安慰。

第五章
佛门清净自在天

“天下名山僧占多”，泰山也不例外。从佛教传入之初，到它完全“化”为中国的宗教，直至封建社会末期，泰山佛教一直占有重要地位。它以寺院众多、高僧辈出、宗派纷呈而长期成为齐州佛教区的中心，发挥着重要的影响，延续着佛教的灯传。泰山佛教的兴衰，对应着中国佛教的际遇。这方佛门净土，是一部凝练微缩的佛教史，也给泰山崇拜信仰增添了异域色彩。

一、泰山佛史与灵岩八宗

佛教是发祥于古印度的一种宗教，在印度孔雀王朝阿育王（约前273—前232）时期流行于印度各地。西汉末至东汉初年开始传入我国。曹魏鱼豢所撰的《魏略·西戎传》记载：“昔汉哀帝元寿元年（前2），博士弟子景卢受大月氏王使伊存口授浮屠经。”（见《三国志·魏志》卷三十裴松之注）这是史书中关于佛教传入中国的最早记录。在此以前，宋玉《高唐赋》和《史记·秦始皇本纪》中的“羡门”，有学者即以为是“沙门”，只是论据不足，尚不能认定是佛教传入的先导。又据史书记载，汉明帝永平七年（64），明帝夜梦金人飞行殿庭，明晨问于群臣，太史傅毅答曰：西方有神，其名曰佛，陛下所梦恐怕就是他。明帝遂派遣中郎将蔡愔、秦景，博士王遵等十八人去西域，访求佛道。永平十年（67）蔡愔等与大月氏国迦叶摩腾、竺法兰两人，并所得佛像经卷，用白马驮回洛阳。自此，西域佛经就沿着天山南北的通道东进中原腹地。据近年来有关专家的最新研究，东汉三国时期，有一条从印度直到中国南方长江中下游地区的佛教“南传系统”，时间上早于北方，且有独特风格。这被认为是佛教研究中有划时代意义的发现。

佛教刚刚传入，社会各方对此尚缺乏了解，认为：“佛”不过是一种大神，佛教是当时流传的神仙道术的一种；佛教教理被认为是“清虚无为”，可以与黄老之学并论；而佛教的斋忏仪式，也等同于中土的祭祀礼神。这种误解却在无意识中为佛教的流传发展提供了良好契机。汉明帝的同父异母兄弟、封在徐州的楚王刘英“好游侠，交通宾客，晚节喜黄老，修浮屠祠”（《后汉纪》），说明此时黄老与佛陀是处于“合二而一”的“模糊阶段”。这一举动在上层影响很大。汉桓帝时，更在宫禁中铸黄金浮屠、老子像，亲在濯龙宫中设华盖，以郊祀奉天之乐敬之。《后汉书・西域传》也说：“汉自楚英始盛斋戒之祀，桓帝又修华盖之饰。”从洛阳白马寺译出的《四十二章经》开始，汉译佛经渐渐增多，对佛教经义的研究逐渐兴盛。东晋高僧法显于隆安三年（399）西涉流沙，赴天竺求法取经，经海路返国，于义熙八年（412）至青州长广郡牢山（今青岛崂山），逗留一年之久，给山东佛教很大影响。

魏晋时期玄学盛行，以老庄思想阐释儒家经典，以般若学说为基本内容的大乘空宗在思想上与玄学相似，并以老庄玄学思想讲解佛经教义，受到世族门阀和上层社会欢迎。统治者为了巩固政权，也多提倡利用佛教，使其得以迅速发展。其时在北方以洛阳—长安—泰山（齐州）为中心，南方以建康—庐山—襄阳为中心形成佛教热点区域，并向周围辐射。一批高僧和教团的积极活动，使佛教真正进入了弘扬佛法义理的阶段。西晋时高僧佛图澄，是北方地区佛教的领衔人物。佛图澄本姓帛，西域龟兹国人，于永嘉四年（310）经敦煌到洛阳，他能诵经数十万言，善解文意，与中原学者辩难质疑，无能屈者。晋永嘉六年（312）石勒屯兵葛陂，准备南攻建业。佛图澄劝其少行杀戮，当时即将被杀的，十有八九经他劝解获免。一时人民多奉佛，营寺庙，争先出家。石虎即位后敬奉佛图澄为大和尚，每有朝会议政要，必躬请大和尚垂问咨询，然后施行，时人谓之“黑衣宰相”。他在洛阳、邺城等地传授佛经，受业追随者常在数百，前后门徒几近万人。澄门弟子中影响最大的当推道安、僧朗。道安是常山扶柳（今河北冀州市）人，24岁师事佛图澄，相貌漆黑丑陋，但博学通经，澄授经卷。由道安释义，众人纷纷提出疑难，道安挫锐解纷，行有余力，有“漆道人，惊四邻”之誉，后来南渡，与其徒慧远成为庐山净土宗的开山大师。而僧朗首先进入山东，开辟了以泰山为中心的齐州佛教区。据《魏书・释老志》记载：“帝（魏太祖）好黄老，颇览佛经。但天下初定，戎车屡动，庶事草创，未建图宇，招延僧众也。然时时旁求。先是，有沙门僧朗，与其徒隐于泰山之琨瑞谷。帝遣使致书，以缯、素、旃罽、银钵为礼，今犹号朗公谷焉。”朗公谷又称金驴山、昆仑山，在今济南市柳埠以南。僧朗在此首创公寺，是泰山地区最早的寺院，其遗址在今四门塔附近。僧朗“硕学渊通，专长讲说”，常骑一头棕褐色毛驴四处宣扬佛法，各地僧众“从者如流”，有“金驴一鸣，天下太平”的民谣。他到玉符山讲经，据说连顽石也感化点头，座中僧徒皆惊，僧朗却笑道：“此山灵也。”于是率众开山，“别立精舍，内外屋宇数十余区，闻风而造者百有余人”，形成了初具规模的灵岩寺。朗公、灵岩二寺在泰山前后遥相呼应，以朗公为首的教团也在泰山周围扎根，佛事活动愈加频仍，佛图澄、道安等高僧也曾率弟子前来讲学论道，设场起会，佛教影响更为弘远。此后在距泰山主峰更近的地方建起了普照寺、竹林寺，佛教势力进一步昌盛。北方的统治者如前秦苻坚、后燕慕容垂、后秦姚兴、南燕慕容德等均多次致书礼赠，在经国军略方面请教垂问。慕容德还把山茌、奉高两县（今泰安、长清、历城各一部）的田亩赋税、民工、徭役拨给朗公使用，短短时间使朗公、灵岩等寺“上下诸院十有余所，廓延千间”，其规模宏盛，俨然已是僧侣庄园。西域诸国也纷纷送来佛经佛像，表示礼敬。至此，泰山佛教的影响已弘扬域内，成为山东地区的佛教中心。朗公在政界、佛教界也享有极高声望。苻坚时沙汰众僧，还特别下诏说：“朗法师戒德冰霜，学徒清秀，昆仑一山不在搜例。”给予格外的宽厚待遇。

佛教传入之初，最为流行的是《道行般若波罗密经》，这是大乘教法的主要经典。佛图澄、道安、僧朗也以讲授《般若经》为主。大乘教旨在普度众生，与儒家“兼济天下”的思想吻合；“般若学”即以智慧引导无量众生到达涅槃彼岸，这又与魏晋玄学的重思辨、尚清谈的风气比较合拍，所以深得中原知识界欢迎，得到迅速发展，并在较短时间内兴盛起来。

隋唐至两宋，是佛教中国化的成熟时期，以灵岩寺为中心的泰山佛教达到鼎盛。隋文帝杨坚上数代祖居济南，其生母是济南女子吕苦桃，其出生地是冯翊（今陕西大荔县）般若尼寺，由智仙尼抚养长大。他即位之初，就在京城设大兴善寺，令全国各地按人口出钱，集资建佛寺佛像。开皇三年（583）自称“通征屡感”，下令将泰山之阴的朗公寺改名“神通寺”（道宣《续高僧传》），并大兴土木拓建佛堂庙宇，后又于大业年间造起四门塔、龙虎塔、九顶塔及千佛山造像。开皇十五年（595）封祀泰山，然后亲至灵岩寺参拜。《隋书·帝纪》载：“十五年春正月壬戌，车驾次齐州，亲问疾苦。景寅，旅玉符山（今灵岩寺山）。庚午，上以岁旱，祠太山，以谢衍咎，大赦天下。”这次封祀与礼佛合一的活动，大大提高了灵岩寺的声望与地位。嗣后，又专门延致隐居于“泰岳之阜”的法赞禅师，携其一同返京，任长安胜光寺住持。后于仁寿元年（601）敕令法赞持舍利至神通寺，在泰山南北继续弘扬佛法。

至于唐代，灵岩寺影响更为显赫。除了恢复旧有建筑规模外，又建起御书阁、千佛殿、辟支塔、证明龛等。一批高僧先后到此担任住持、研习佛法，大大提高了灵岩寺在佛教界的声望地位。著名高僧玄奘法师在取经回国后曾至灵岩主持译经。他在西域求学期间，曾担任印度佛教最高学府——那烂陀寺首席讲师，又得到佛教大师护法菩萨的秘传，成为印度佛学发展最高峰时的首屈一指的集大成者；东归之前，羯朱嗢祇罗国戒日王为他举行十八日无遮大会，与会者有十八国王，那烂陀寺僧千余人、各国大小乘僧三千余人，婆罗门及尼乾外道两千余人。玄奘高踞狮座，陈义立宗，十八日终了无一人能提出异议，从而受到大小乘教徒一致推崇，给予“大乘天”“解脱天”的尊称。稍晚于玄奘、祖籍山东淄川的学者段成式遇到日本僧人金刚三昧，三昧说他游学印度，见“寺中多画玄奘麻履及匙、筯，以彩云乘之，盖西域所无者，每至斋日，辄膜拜焉”（《酉阳杂俎》卷三）。这说明印度佛教界已把玄奘遗物与佛迹同样敬重供奉了。而灵岩寺住持高僧慧斌，亦颇具名望。汤用彤《隋唐佛教史》说：“唐初有慧斌者曾住此寺（灵岩），晚年为弘福寺主，卒于贞观十九年（645）十月，恰在玄奘入住弘福寺之后数月也。”弘福寺是玄奘取经回国后译经之处，是京城大寺。慧斌能成为玄奘大师的继任，说明灵岩寺在当时有相当高的地位。贞观年间还有一位精研义法的高僧惠崇，也与惠斌是同时人，是灵岩寺重新开山兴旺的重要奠基人。此时中国佛教的典型代表——禅宗正在逐渐兴起。据佛籍《五灯会元》卷二记载，禅宗北派领袖神秀命弟子降魔禅师至泰山灵岩寺，弘扬佛法，数年之后“学者云集”。神秀与南派大师惠能同出于禅宗五祖弘忍门下，提倡“渐悟”禅法。在僧众的坐禅修行中，降魔禅师提倡饮茶提神，从而把北方人视为南人“陋习”的饮茶习惯引入北方。灵岩寺首倡饮茶醒神，流风所披，连民俗商贾店铺，亦备茶水，“不问僧俗，投钱取饮”（唐代封演《封氏见闻录》）。饮茶风气自此传遍北方。

佛教中的密宗，也于此期在灵岩寺传播并站稳脚跟。密宗起源于印度密教。它是佛教与印度密教结合的产物。此宗自称受法身佛大日如来深奥秘密教旨的传授，如果不经过灌顶，不经过传授，就不得任意传习和演示给别人看。它以高度组织化了的咒术、仪礼、民俗信仰为其特征。唐玄宗开元年间，印僧善无畏、金刚智、不空等先后来华，将密教传入。善无畏带来密教的主要经典《大日经》，与其弟子一行译出。一行还撰写了《大日经疏》二十卷，是中国密教正式传授的开始。善无畏师徒所传，以胎藏界密法为主。几年后，金刚智、不空师徒来华，译出密教另一主要经典《金刚顶经》，所传密法以金刚界密法为主。密宗教义认为，胎藏为发心之始，如东方为生长万物之首；金刚为证得之位，如西方为成熟万物之终。所以胎藏部和金刚部又可称为东西两部。善无畏等人至长安，受到唐玄宗隆重接待，王公贵族信奉密教成为风尚。在本属万物发育之始的泰山密教更是大行其事，灵岩寺遂成密宗重镇。日本学僧也来华传习，归国开宗。日本天台宗开山大师最澄于贞观年间来灵岩寺，从顺晓法师学习密教并受灌顶。真言宗开山大师空海也曾从不空的弟子惠果受胎藏界和金刚界曼荼罗法，自号“遍照金刚”。归国后日本天皇于823年诏赐京都大寺为密教根本道场。空海的“东密”与最澄的“台密”为日本密宗的两大流派。

唐代皇室对灵岩寺亦是十分重视与关注。麟德二年（665）高宗李治偕皇后武则天封禅泰山，从齐州至灵岩寺，然后“发灵岩顿至泰山”（《旧唐书·本纪》）。“古时帝王巡狩东岳，大抵自兖州而东，唯唐高宗自齐州而南”（顾炎武《山东考古录》），这说明灵岩寺在唐天子眼中的分量，也反映了灵岩寺能容纳这支浩荡队伍的接待能力和规模。德宗时宰相李吉甫把灵岩与天台国清寺、江陵玉泉寺、南京栖霞寺并称“域中四绝”，并以灵岩为四绝之首，看来并非过誉。此期的佛窟造像相当繁盛，神通寺附近的千佛崖，造像区南北长60余米，主要石窟五个，大小佛像220余尊，造像题记40余条。其中有唐太宗第十三子赵王李福在显庆三年（658）为太宗造弥陀佛像一躯，“愿四夷顺命，家国安宁，法界众生，普登佛道”。太宗第三女南平长公主为父造像一躯，其佛安详、端庄，脉脉欲语，是此处最优美的造像之一。神通寺附近的龙虎塔、九顶塔等“构缔诡巧，他寺所未经有”（明代许帮才《九塔寺记》）。灵岩寺后山开凿的功德证明龛，内有五米高的石佛坐像，螺髻丰颐，法像庄严。至于大书法家北海李邕所书《灵岩寺颂并序》碑，字迹刚健豪放，更是不可多得的艺术珍品。

灵岩寺在宋代仍有较大发展。赵宋政权建立后，保护佛教以加强统治。佛教本身的发展也由唐代的儒、道、佛三教鼎立，转化并完成了三教合一。所谓“以佛修心，以道养身，以儒治世”的说法，正是三教合一的典型反映。宋真宗在封禅泰山以前，于景德年间敕赐寺名为“景德灵岩禅寺”。宋徽宗于大观初年赐本寺长老仁钦以静照大师的称号，其时寺内各宗各派皆来往切磋研习。禅宗中南派的临济宗，又由江西黄龙山慧南和尚创建新系——黄龙系。慧南的弟子净如就曾在灵岩寺内阐扬黄龙系教义。净如的弟子道询在宋末金初继续在灵岩住持讲法，先后著有《示众广语》《游方勘辩》《颂古唱赞》等书，使灵岩成为禅宗南派的重镇。宋代理学的先驱、北宋泰山书院的创始人孙复、石介、胡瑗等人都是激烈反佛的斗士。孙复《儒辱》、石介《怪说》直斥佛教“灭君臣之道，绝父子之亲，弃道德、悖礼乐、裂五常，迁四民之常居，毁中国之衣冠”，主张“假于鬼神时日卜筮以疑众”，“杀”。而南宋理学大师朱熹却把佛家心性之学与儒家纲常名教相结合，周敦颐把佛家修养方式、修养对象、修养目的移入儒教，从而使理学成为一种新的宗教哲学。孙、石二位先驱若地下有知，岂不扼腕叹息？此期灵岩寺重修千佛殿御书阁、辟支塔等主要建筑，新建五花阁。千佛殿内供奉宋僧惠从所造毗卢遮那佛像，左右及后侧壁坛上有四十尊宋塑罗汉像，较真人稍大，神态各异、禀性鲜明、情致逼真，充分体现了工匠们高超的技艺和宋代雕塑的最高水平。梁启超曾赞誉为“海内第一名塑”，也是泰山佛教艺术中的瑰宝。

金元之际，统治者在文化上落后于中原地区，对宋代以来崇佛风气加以附和利用，实用主义地采用佛教学说，但对佛教团却有节制地限制性保护，其用意虽然如此，但在实施中颇不容易，使佛教在比较宽泛的限制中仍有较多发展。泰山一带的佛教，仍有明显的发展。金代灵岩寺有禅宗黄龙系净如禅师的弟子道询主持，另外净土宗、密宗、华严宗诸宗派也有高僧在此精研佛法义理，在佛教研究方面仍不失为北方重要基地。金大定初年（1161年左右）西域北印度密教高僧呼哈罗悉利和他的从弟三摩耶悉利等七人专程至灵岩巡礼朝拜。1162年辛弃疾率部泰山抗金，曾在灵岩寺驻扎活动，并刻石留记，部众中即有灵岩僧兵。华严宗禅师善宁在泰山东麓建起玉泉禅寺，辛弃疾同窗好友，以文章辞赋并称“辛党”的文士党怀英曾久居此地，并撰有《谷山寺碑》。泰城内的东岳冥福禅院（今泰安六中院内）、泰山普照寺等重要寺院都于此时拓建重修，多处留有这位党学士的手迹碑文。

元代皇帝奉行诸宗教并重的政策。世祖忽必烈奉藏传佛教首领帕思巴为帝师，统领全国宗教。佛教界著名人物耶律楚材、刘秉忠等后来都成为政界要人，为扶植佛教起了重要作用，尤其是优惠的经济政策，使寺院经济有较大发展，不仅有力量拓建寺院，还使一些佛门变为综合性经济实体，成为颇值得玩味的独特经济现象。例如泰山竹林寺法海禅师筹资修寺，“乃创为绘塑大雄萨埵、护法神将百有余尊，光灿具足，迄今显然……自是法缘洪振，众悉归依，人人咸以菩萨称之。居无几何，东振齐鲁，北抵幽燕，西逾赵魏，南距大河，莫不闻风趋附，其送施者朝暮不绝，以资贿衣物，积如邱阜。于是乃重修雷音堂、文殊殿、方丈寮舍、钟楼、廊庑百有余间，四方下院三百余处，剃度小师（沙弥）千有余人”（元李谦《重修竹林宝峰禅寺记》）。足见寺院财力充裕。大德九年（1305）元成宗铁穆耳赐旨灵岩寺住持定岩长老：“但属寺家的田地、水土、园林、碾磨、店铺、解典库（当铺）、浴堂、人口、头匹（牲畜）等物，不拣是谁，休倚气力夺要者，休谩昧数付者，休推是故取问要东西者。”次年，灵岩下院神宝寺不法僧人贪图利贿，与世俗村人盗伐寺院山林烧炭，私设炭窑、磨坊与寺院争利，屡禁不绝，成宗再次赐旨灵岩寺监思川禅师，严命“寺院房舍里，使臣休安下者。铺马祗应休拿者，税粮商税休纳者。但属寺家的水土、园林、碾磨、店舍铺席、浴房、解典库，不拣什么休夺要者”。据此可知，当时佛教正是利用了朝廷的优惠政策，拥有甚至是部分垄断了一些产业、商业、加工业、服务业，其经营范围涉及各行各业。此期间灵岩作为禅宗南派的重要基地，仍与禅宗发祥地嵩山少林寺保持密切联系，曾担任少林寺十五代住持的息庵禅师赴灵岩任三十九代住持。后息庵涅槃于少林，分灵骨重塔于灵岩，日本高僧邵元《息庵禅师道行碑》详述此事。邵元为日本山阴道但州正法寺住持，“自慕中华释教之盛，附舶访道而来”，于宁波登陆后，先后至天台国清寺、洛阳白马寺、镇江金山寺和天目、五台、伏龙诸佛山，担任过少林寺首席僧职，并在元大都参加过元帝组织的转诵《大藏经》活动。他在中国留学21年，翻译了大量佛经，为中日两国文化交流做出了重要贡献。

明清以降，统治者对于佛教的政策与金元大体相同。佛教本身呈衰落趋势，但佛教的中国化已比较成熟，有些观念渗透于群众之中，一般人只求祈福禳灾，佛、道两教浑然一体，融入民间的信仰之中。明太祖朱元璋出身僧侣，即位后着力整顿佛教，设各级僧官、僧司加强管理控制。受时代思潮影响，佛教中禅宗最为流行，禅宗南派中的临济宗一直以泰山为重要活动基地，传灯相继。据《普照禅寺重开山第一代满空禅师塔碑铭》记载，明永乐年间，高丽名僧满空禅师渡海来华，曾承旨任南京天界寺住持。宣德三年（1428）开始遍游域内名山佛寺，后至泰山，修复竹林寺，“殿宇圣像俱已完成，复睹普照禅刹颓零，即又乏人兴作，禅师遂驻锡禁足，以无为之化，造四方宰官长者，捐资舍贿，鼎建佛殿、山门、僧堂、伽蓝，焕然以新，高屋庄严，绀像金碧交辉，僧徒弟子及湖海禅衲依法者何止数千也。名公巨卿信向，以师礼待之”。满空禅师是高丽国派遣的僧使，在京师受到国师待遇，不但亲奉圣旨，还“敕赐金襕袈裟”，动辄光禄寺筵宴，出则遣官护送，所以他在泰山修建竹林寺、普照寺才有较大的号召力。明初洪武三年（1370）太祖朱元璋命慧昙出使西域各国，开以僧为使先例，遂成风气，朝鲜、日本、尼泊尔等国也多遣僧使来华，使各国间佛教交流进入空前活跃的阶段。

清王朝在入主中原以前即信奉藏传佛教——喇嘛教，并在实际中认识到它在统治中的特殊作用，所以沿袭明代的佛教政策。世宗福临青年时有替身僧（雇人代他出家），即位后自称“释王”，自号“圆明居士”，著有阐述佛家思想的《集云百问》，编选僧衲语录——《御选语录》，并控制打击一批与他见解相左的比丘，其目的都是为了利用与控制佛教，加强政权与神权的结合，进一步巩固思想统治。此期间佛教的显著特点是与道教、儒教进一步融合，互为体用；大量文人学者精研佛理，居士事佛，成为佛教的重要支柱；前朝遗民避世出尘遁入佛门，寄情山水，出现了一大批诗僧、画僧、学问僧，长期在泰山流传的禅宗、净土宗、法相宗，本来就有重思辨、修悟佛性的传统，此期间更有著名诗僧元玉来普照寺“澄思密探，透悟真宗”，并著有《石堂文集》10卷，由寺中僧人刻板刊行，是泰山佛教文化中的重要典籍。

二、佛法交流与传播风尚

泰山佛教出现于佛教传入之初，泰山是山东境内佛教活动中心，历代有各宗派的高僧住持，并基本上保持了佛教发展的连续性，在佛教界享有很高的地位。因此，泰山佛教在中外文化交流中做出了重要贡献。泰山佛教的开山祖师僧朗本身就是西域龟兹国高僧佛图澄的入室弟子。僧朗的弟子慧睿后来赴西域取经，从四川入印度，直抵南天竺。对于当时天竺各地的音译训诂、殊方异义全部通晓。回国后在长安帮助译经大师鸠摩罗什译经，罗什也时常向他请教梵汉语文体裁同异等问题。他还应著名文学家谢灵运咨问，著有《十四音训叙》，条列经中梵汉音义，是对汉语音韵学的重要贡献。金代大定初年西域密教僧人来华，北印度的呼哈罗利和他的从弟三摩耶悉利等七人至泰山灵岩寺礼佛，研习密宗教义。

泰山佛教对日本佛教的影响是巨大的。南朝梁武帝时期，中国佛教始传入日本。隋唐之际，日本向中国派出大批学问僧来中国，学习中国文化与佛教，其中最著名的是"入唐八家"，即日本天台宗开山大师最澄和他的法裔圆仁、圆珍，真言宗开山大师空海和他的法裔常晓、圆行、慧运、宗睿。唐贞元二十一年（805）三月，最澄大师率弟子至泰山灵岩寺，从顺晓法师学习密教，并接受秘密灌顶，返国后兼传密教和大乘戒法。空海大师也于翌年遍巡域中名寺，至灵岩礼佛，归国后盛弘密教。意义更为重要的是，灵岩寺僧人的饮茶习俗，也由二位大师带回日本，把饮茶与禅思融为一体，开辟了"茶禅一味"的新境界。以后日本僧人形成晨诵以后围坐喝茶的清规，称"一味同心"。此俗后来流传社会，成为富有禅宗精神，以"和敬清寂"为旨的日本茶道，是深深渗入日本僧俗身心的文化习俗。元泰定四年（1327），日本山阴道但州正法寺高僧邵元"慕中华释教之盛，附舶访道而来"，先后至天台国清寺、洛阳白马寺、镇江金山寺及五台、北京等地，曾任嵩山少林寺首座僧职，与曾任少林、灵岩两寺住持的息庵禅师友情甚笃。息庵涅槃后，邵元亲撰《息庵禅师道行碑》，盛赞"幼而至于壮，壮而至于老，皆道丰时盛，而遂得其志，以至嫡嗣古岩大和尚，天下禅林谁能称其右乎？"这是两国佛教界友谊的见证。

中国佛教于前秦苻坚建元年间传入朝鲜，嗣后多有高丽僧人来华求学取经。至唐代，高丽、新罗大批僧人进入山东，以致各地专设新罗坊、新罗院接待。在唐代僧人西行求法的热潮中，新罗僧人也多相偕前往。曾在灵岩寺学习过的济南僧人义净，于高宗咸亨四年（673）至东印度耽摩梨底国求学，著《大唐西域求法高僧传》，其中列有高丽、新罗僧八人。明代永乐年间，高丽满空禅师来到泰山，修建复兴竹林寺、普照寺，更是当地熟知的史实。其道行高超，惠泽所披，百余年后传灯弟子仍镌石铭志。

佛教作为泰山信仰的重要组成部分，在对西域和东亚各国的文化交流中起了积极的先导作用。它不仅丰富了泰山文化的内容，同时也把泰山文化部分地传播到这些国家和地区，给当地的文化和民俗以深厚的影响。以灵岩寺、普照寺等为中心的泰山佛教国际交流活动，是整个泰山文化中值得重视的篇章。

三、榜书正宗的千年之谜

经石峪刻经是泰山最大的摩崖石刻，距斗姆宫东北约三里。此处有一片缓缓倾斜的巨大天然石坪，方广约有数亩，上刻大乘佛教重要经典《金刚般若经》（又称《般若波罗蜜多金刚经》，简称《金刚经》）。该经共5000余字，当时仅刻过半，今存1067字。所刻经文每字一尺五寸见方，书体以隶法为主，兼具楷势而有变通，波磔古朴，韵致生动，富有豪气。其深厚的书法造诣，非大手笔不能为。因全文未完，未署款识，所以刻经的年代、起因、书者，成为引起种种猜测与争议的泰山文化之谜。这是我们研究泰山佛教不能不涉及的一个重要问题。

经石峪《金刚经》是泰山佛教的历史见证，也是泰山文化的瑰宝。它昭示着当年佛教在泰山的重大变迁和泰山佛教艺术所达到的水平。就书法而论，它与秦代李斯刻石同为泰山碑刻的翘楚之作。其雄浑劲峭的笔力与气势磅礴的构体，使后世再也无人能过之。

经石峪刻经出现的原因是很多方面的。首先是受到时代风气的影响。刻经大致出现在南北朝时期。佛教自汉末传入后，即在佛法义理、思维方式、修持方法诸方面出现与中国文化的融合。至魏晋南北朝，中原佛教一直以般若学为正宗，佛图澄、道安、僧朗皆以讲授《般若经》为主。“般若”意为“智慧”，与当时玄学重思辨尚清谈的风气十分合拍。该经被译成富有文学意味的汉文后，“风靡一时。六朝名士几乎人人共读”（梁启超《印度与中国文化之亲属关系》）。随着学术交流的扩大，佛教艺术以其独特魅力进入中原，在建筑、绘画、雕塑、文学、音韵等方面与中原文化广泛交流，取得令人瞩目的成就。这种文化交流产生的繁荣景象，也有力地影响着泰山文化艺术的发展。由于僧朗教团的活动影响，此时已形成以泰山为中心的齐州佛教区。泰山之阴千佛山黄石崖，有北魏正光四年（523）至东魏兴和二年（540）开凿的石窟一处，共有大小佛龛19个，浮雕造像85尊。龙洞山和东佛峪也有佛窟造像。泰山之阳属花岗岩，不宜雕凿，故无开凿佛窟之举，但在这种文化交流的广阔背景和崇佛风气中，在其他佛教艺术种类的促动下，泰山腹地却产生了令人瞩目的佛教文化杰作，即匠心独具的书法艺术珍品——经石峪《金刚经》刻石。《金刚经》全称《金刚般若波罗蜜经》，金刚即金中最刚之意，引申为牢固锐利，无坚不摧。佛家认为般若如金刚。此经有后秦鸠摩罗什、北魏菩提流支、南朝陈真谛三种译本，均通过僧朗在泰山广为流传。与泰山刻经大致前后，有河北响堂山刻经洞、徂徕山映佛岩摩崖刻经、邹县铁山摩崖刻经和北京房山云居寺石经，一时盛况蔚为大观。但响堂山在一石窟内刻经四部，篇制相当局促；房山石经刻于石板，共有15000余块，又过于笨重；只有泰山、徂徕、铁山三处是天然形制，而经石峪在刻石规模、结体气势方面，又居其中翘楚。

其次，经石峪刻经的出现，与中国佛教史上的灭佛事件有直接的重要的联系。南北朝佛教的空前发展，首先影响到了中国本土宗教——道教的利益。道安认为"不依国主，则法事难举"，佛教正是借助政权的力量大张声势，俨然有国教意味。北齐文宣帝甚至三次舍身出家，江山之重竟不若佛门之好。这对处于发展的道教无疑是极大的威胁，于是发生了一场评判道、佛优劣的辩论。南朝宋道士顾欢等人首先发难，作《三破论》诋毁佛教，说它入国破国，入家破家，入身破身，佛教"不施中国，本止西域"，但遭到刘勰等人反对。在北朝也有北周武帝时的道佛同异之争，双方争执不下。这两次争论的实质，是佛道在争夺正统宗教的地位。儒家自东汉从独尊宝座跌落，但未失正统学术地位，其影响仍相当深厚。儒家本不主张"怪力乱神"，此时又由范缜、何承天举出"神灭论"大旗，在哲学思想上向佛教的神不灭、因果报应发起猛烈攻击，使佛教处于腹背受敌的不利境地。佛教对于统治者，毕竟不过是一种工具。佛教的过分发展，已显露出消极后果。北齐时境内寺院3万余所，僧尼200万人，北周达4万余所，近300万人，政治势力几可敌国，佛事耗费致国库空虚，数百万僧徒以青壮劳力为主，赋税徭役无从征遣……国基动摇，是统治者不得不审慎对待的严峻现实，由是导致了历史上著名的"三武一宗"灭佛运动。北魏太平真君七年(446)，太武帝下诏灭佛，"分遣军兵烧掠寺舍，统内僧尼悉令罢道，其有窜逸者皆遣人追捕，得必枭斩，一境之内无复沙门"(《高僧传·昙始传》)。经过这次惨痛毁灭，佛教界有了切身感受，有识之士如南岳慧思，已深刻觉悟到由于教团内部堕落和外部打击，“法难”已经来临。北齐有昙景译出《摩诃摩耶经》，那连提耶舍译出《大集月藏经》，专门宣传“末法”思想。于是具有法难意识的僧徒，产生了把佛经镌刻于石，使教义千年永存的想法。北齐骠骑大将军唐邕以为“缣缃有坏，简策非久，金牒难求，皮纸易灭”，发愿在响堂山刻经，是记载中刻经的第一人。经石峪等处的刻经，也是这种护法思想的直接产物。

经石峪刻经既然起源于法难意识，则其时间上限不会超过第一次灭佛（446～452）。唐邕响堂山刻经始于北齐后主天统四年（568），至武平三年（572）完工。徂徕山摩崖刻于武平元年（570），邹县铁山摩崖刻于北周大象元年（579）。而第二次灭佛始于北周武帝建德三年（574），止于宣政元年（578）。至于房山石经，则是入隋以后的事，其刻经方式与书写风格都与此期不同。徂徕、铁山二处的石经，是在第二次灭佛前后，镌刻时间比较集中，其书体笔法与泰山刻石接近，所刻又同是《金刚般若波罗蜜经》，那么经石峪刻石，大致年代也不会相去太远。这使我们有理由认为：泰山刻经、徂徕刻经、铁山刻经是三处互为影响、互有联系的刻经活动。时间顺序以属泰山支脉的徂徕山在先，随后是泰山经石峪，但因工程浩繁，中途适逢北周灭佛而辍，待四年过后已人事皆非，无从补缀，铁山一处则是复佛后二年即行镌刻的。

第三，是此期泰山地区书法艺术高度发达的影响。经石峪经文的书写者，目前尚无法确定，但必须具备有一定的社会地位、声望，并精于书法两个条件。徂徕山经文为梁父县令王子椿所书（《泰山道里记》），铁山为相咸韬书（崔秀国《泰岱史迹》引《金石学》）。而泰山是历代帝王举行封禅的神圣庄严之地，非徂徕、铁山可比，佛教力量也只活动于其外围。经石峪距岱顶较近，刻经是佛教打入泰山腹地的首次举动，具有向皇权禁地争夺的意义，其重要性质不可忽视，所以非一般人可以承当。当时泰山地区书法艺术的高度发展，为书写经文提供了理想人选。其中首推世居泰山南城，从两汉直至唐代世代簪缨的名门——羊氏家族。到东汉以“羊续悬鱼”之典而廉名大振的南阳太守羊续，已是“世吏二千石”第六代传人。羊家一直以峻烈峭拔、笔力刚健的汉隶传世。羊续之子羊衜先后娶著名文士兼书法家孔融、蔡邕的女儿为妻。蔡邕当时号称河东隶书第一，其《熹平石经》是隶书最高成就，史载：经成之后“使工镌刻立于太学门外，于是后儒晚学，咸取正焉。及碑始立，其观视及摹写者，车乘日千余辆，填塞街陌”。这种开一代风气的书法必然会有力地提高羊家的书法水平。东晋南渡以后，羊家书法涌现出一代新秀——羊欣。此时羊家早与祖籍相近的山东琅琊王氏结为数代姻亲，羊欣的叔祖羊鉴，是王羲之从父王敦的舅子，羊欣又是王献之外甥，欣子羊戎与献之族孙僧达是莫逆之交，后因“谤时政”罪名同被宋文帝赐死，这种亲友关系极大地促进了书法的切磋交流。羊欣从献之学书，为老师代书几可乱真。献之所写大令书中，凡风神略见怯瘦者，多出羊欣手笔，时谚称“买王得羊，不失所望”。这也是王氏楷体、羊氏隶体交流融合的结果。流风所被，一时书家莫不以立于“王羊”麾下自誉。羊欣几乎成为南朝书法的总角人物。王献之族孙，著名书法家王僧虔向齐高帝献《古来能书人名》，便是以羊欣为标准品评书法家的高下优劣。羊氏后人也把羊欣以隶为主，楷隶兼备的书体奉为羊家书的领衔正宗而弘扬于乡里。羊欣从子羊祉、羊莹兄弟及后人羊深、羊侃、羊烈、羊肃等，在北魏、北齐先后担任泰山、徐州、兖州、任城诸州郡的太守、刺史，并注重文治，教化桑梓，其中鼓吹推行羊家书风亦颇有成效，使羊家书风风靡泰山南北，形成造诣高深的“泰山书派”。此期的山东书家韦子琛、郑道昭、安道一、王子椿等人，均受到羊家书风影响熏陶。泰山经石峪以及徂徕山刻经、邹县铁山刻经，亦以隶书为主，兼备真、草气韵，波磔而流畅、雄朴却媚婉，透出与羊家书的渊源关系。况且王、羊两家皆兼奉佛、道，其中有些是在籍僧人，对佛法义理颇有研究，对当时盛行的《金刚经》相当熟悉。由羊氏族人书写经文自在情理之中，至少应是羊家书影响结果。

经石峪刻经是泰山书法艺术与佛教结合的盛举。它至今仍有极高的审美价值。元明以降，有多种拓本流传国内，被奉为珍品。清代康有为称之为“大字鼻祖”“榜书正宗”，是极其准确恰当的评价。

四、佛堂法界众生相

佛教起初是不许设像的，但后来释迦牟尼被不断神化，遂有造像之举，且造像范围越来越滥。佛教传入中国后，利用佛像进行宣传，北方佛教尤其重视造像与修塔。佛门有一批专讲造像功德的经籍，如《佛说作佛形象经》《佛说造立形象福报经》等，说为佛造像可以“恒生大富家，尊贵无极珍”“临终识宿命，见佛在其前，不觉死苦时”等等。因而佛教寺院、石窟内佛像林立，除了供奉诸佛、菩萨、天王的主殿以外，还有罗汉堂、伽蓝殿等，塑有形形色色数量庞大的神像，林林总总，蔚为大观。单是灵岩寺中千佛殿，佛像就难以计数，有些神祇的来历也难以说清。现按佛教神祇谱系略予检索。

释迦牟尼　供奉于灵岩寺千佛殿及普照寺、玉泉寺等各寺之大雄宝殿。释迦牟尼是佛教创始人，姓乔答摩，名悉达多，古印度释迦族人，释迦牟尼意思是释迦族的圣人。成道以后称为佛陀，略称为佛，意为觉者。按佛法说，佛是“正觉、等觉、无上觉”三觉圆满的人。即是说，佛不但自己已经大彻大悟，而且帮助众生也能觉悟，并自觉努力地做好这项工作。谁能达到这种境界，谁就是佛。佛教主张一切众生都有佛性，认为“佛是已经觉悟的众生，众生是尚未觉悟的佛”。

释迦牟尼未成佛前是古印度迦罗卫国（今尼泊尔境内）的王子，与我国春秋时期的孔子是同时代人。父名饭净王，母名摩耶，生下他后七天就去世了。悉达多王子天资聪慧，自幼受到良好的教育，父亲希望他继承王位，成为一个“转轮王”（统一天下之王）。当时印度社会已分为四个等级：最高的是婆罗门，是握有祭祀、文教大权的僧侣阶级；其次是刹帝利，为掌军事、政治的国王和武士阶级；第三为吠舍，是商人、自由职业者；第四首陀罗，为没有任何权利的外役、奴隶等最低层阶级。此外还有更低级的，被排斥于四级种姓之外的“贱民”。他们之间社会地位悬殊，界限很严。悉达多幼年即善于沉思，感到社会残酷无情，人有生、老、病、死种种苦难，使他思索如何解脱世界的苦痛。但是王位、权力，以及他读过的吠陀旧典、五印新书，都不能解决这个问题。于是在29岁时不顾父王劝阻，毅然离别妻子，抛弃王位，四处拜访名师，追求痛苦的解脱和人生的真理。经过六年长途跋涉，日食一麻一麦，苦其心志，但徒劳无获，于是在尼连禅河洗去六年积垢，随后接受了牧女献鹿奶的供养，恢复气力，到附近的毕钵罗树下东向跏趺，发大誓愿：“我今若不证无上大菩提，宁可碎此身，终不起此座。”经过七日七夜（一说49天）苦思冥想，终于澄清一切疑惑，豁然觉悟一切真理。从此人们称他为佛陀，皈依他的信徒称他为释尊。

释迦牟尼成佛后即开始说法济众生的工作，四十五年中席不暇暖，足迹遍于恒河两岸。八十岁时化度众生已毕，在拘尸那拉城外的婆罗树林中涅槃。入灭之前对弟子阿难说：“已成者皆灭。不可放逸，要勤修我法。吾灭后以法为师。”涅槃后遗体由大弟子迦叶主持火化，遗骨称生身舍利，分为八份，由与释尊因缘较深的八个国家各取一份，另有两个国家捡拾碎骨，各起一塔供养，总计十塔，以志纪念。佛教把释尊从降生直至佛身涅槃的一生事迹称为佛传，并加以神化，撰写出《本生经》一类经典，其核心是“八相成道”的故事。中国佛教以农历二月十五日为佛涅槃日，以四月初八为佛诞生日，十二月初八为佛成道日。

释尊在世时，所讲佛法为口耳相传。涅槃后，弟子们担心佛法日久散失，乃集会对各自之“声闻”进行补充。方法是由一人背诵，经大众补充、甄别、审定，然后有系统地确定记录下来，称为“结集”。第一次结集在释尊涅槃后三个月，以弟子摩诃迦叶为首的五百罗汉集于王舍城外七叶窟中。由“声闻部”中“多闻第一”的阿难颂出经藏，由“持戒第一”的优波离颂出僧团戒律，连同后来补充的关于解释佛说经义的理论部分，是为佛教的经藏、律藏、论藏，合称“三藏”。精通“三藏”者方为高僧。为了使佛教教义保持纯洁性，在佛灭后四百年中共进行了四次结集。这四次结集产生的佛经先后传播到世界许多国家。中国佛教译经从东汉开始直至宋代，共经历了1000多年时间，形成了世界上规模最大、最完整、集结最早的《中华大藏经》。由于佛经的传播，佛教逐渐成为世界性宗教，成为世界三大宗教之一，在许多国家形成各具民族特色的教派。释迦牟尼也从最初的“觉悟者”，逐渐被信徒们神化为法力无边、无上至尊的佛门第一神。

释尊在世时，是一位坚定宣传人生哲理的哲人智者，禁止为自己造像。涅槃后弟子谨遵规矩。随着释尊被神化，弟子们开始崇拜他的象征物，像佛舍利、菩提树、佛在树下所坐的吉祥草编成的垫子等佛的遗物、遗迹。后来希腊造像工艺传入南亚次大陆，佛教才开始造像。最初佛像被称为“菩萨”，仅代表成佛以前的悉达多，以示不破坏释尊不许造像的规矩。后来则一发而不可收，大兴造像运动，品种也越来越多，除了佛像、菩萨像、罗汉像、神像外，还有魔、鬼、高僧形象等，数量之多居世界各大宗教之首，因此又被人戏谑地称为“像教”。灵岩寺的千佛殿中就有大大小小数不清的木像、泥塑、铜像，有菩萨、罗汉、飞天等等。当然，各寺主殿都要供奉释迦牟尼像，灵岩寺后的功德顶证明龛中释迦像为石雕像，高约五米半，是泰山佛像之首。

毗卢遮那佛　即法身佛。灵岩寺千佛殿中供奉三身佛之一。按照大乘佛教天台宗的说法，三身佛是表示释迦牟尼的三种不同的身。佛殿中三身佛设置是：中尊法身佛毗卢遮那佛，左尊报身佛卢舍那佛，右尊应身佛释迦牟尼佛。“毗卢遮那”的意思是“遍一切处”。所谓“法身”也就是体现了佛法的佛本身。《大乘义章》说：“显法成身，名为法身。”密宗则把毗卢遮那佛称为“大日如来”，尊奉为主要偶像。千佛殿此像系宋僧惠从于治平年间，造于钱塘。

卢舍那佛　即报身佛。“卢舍那”的意思是“光明遍照”，又译作“净满”。所谓“报身”是指以法身为“因”，经过修习而获得佛果之身，也就是证得了绝对真理，获得佛果而显示了佛的智慧的佛身。千佛殿中卢舍那佛铜像是明成化十三年（1477）造成。

药师七佛　祀谷山玉泉禅寺中的药师七佛阁。元代李谦《药师七佛阁记》：“殿中央以据大雄法像，谓七佛之坛。”其他寺庙中的药王阁也祀七佛，或专祀东方净琉璃世界的药师佛。“七佛”即佛教中所说“过去七佛”。据《长阿含经》，释迦牟尼前有六佛：毗婆尸佛、尸弃佛、毗舍婆佛、拘楼孙佛、拘那含佛、迦叶佛，加释迦牟尼共七佛。大乘佛教认为，在无限的空间、时间里，每一世界每一阶段都有佛教化众生，所以十方三世有无数的佛。小乘佛教则在空间上只谈此世界现阶段的释迦牟尼佛，在时间上只谈释迦佛及其之前的六位祖师，即“过去七佛”。

毗婆尸佛是过去七佛中的第一佛，“毗婆尸”意思是“胜观”“种种观”。佛教认为他是在九十一大劫之前成佛的（一大劫是128亿年）。尸弃佛位列第二，意为“最上”，他是在过去第三十一劫时出世的。第三佛毗舍婆佛，意为“一切有”，是在过去第三十一劫尸弃之后出世的。第四佛拘楼孙佛，意为“成就美妙”。第五佛拘那含佛，意为“金寂”。第六佛迦叶佛，意为“饮光”，传说是释迦牟尼的前世之师，曾预言释迦将来必定成佛。佛教把七佛说成是历代祖师，但除释迦之外，都是传说中的人物。七佛之说是唐代济南义净和尚入印度求学时，带回并翻译《七佛药师经》后才普遍传开的。泰山玉泉寺的药师七佛是泰山一带最早出现的，大致在金代塑立。另外竹林寺、光华寺等寺庙曾设药王殿，专祀药师佛即“药师琉璃光如来”，《药师经》说他是“东方琉璃世界”的教主，曾发过十二大愿，要满足众生一切欲望，拔除众生一切痛苦。

弥勒佛　供奉于红门宫东侧的弥勒院。弥勒姓慈氏，名阿夷多，佛教说他是将继释迦之后在人间成佛的菩萨，是大乘佛教的“未来佛”之一。据说在释迦涅槃后五十六亿七千万年，弥勒菩萨将从兜率天宫下降娑婆世界（意为现实世界）成佛，教化解脱众生。又说此时人间将充满光明，到处是奇景异色，五谷丰登，人民长寿多福。弥勒在龙华树下华林园中举行三次说法盛会，有无量众生达到解脱，此称“龙华三会”。弥勒信仰及其经典，首见于西晋竺法护所译《弥勒下生经》，唐代义净亦有《弥勒下生成佛经》。

在弥勒信仰的传播过程中，弥勒本身被逐渐汉化，五代后兴起布袋和尚的传说和造像，且影响极为深远。据《宋高僧传·契此传》《佛祖历代通载》等记载，布袋和尚名契此，号长汀子，明州奉化人。后世大肚弥勒塑像即取他的形象，其造型满面堆笑、憨态可掬，给人以亲切感。其座前往往有那幅脍炙人口的楹联：“大肚能容，容天下难容之事；开口便笑，笑世间可笑之人。”倒是充满了中国式的智慧与超脱宁静。红门宫弥勒院内即供奉大肚弥勒的塑像。

释迦十弟子：

供奉于灵岩寺千佛殿四周壁上。释迦在世时听法弟子前后有数千人，但常随侍者不过数百。其中以十人最有名气，是“声闻”（亲闻佛之言教而觉悟得果位者）部中的嫡传。他们是：

摩诃迦叶　或称大迦叶，古印度摩揭陀国人，婆罗门种姓。谓其苦行有德，少欲知足，常修“头陀行”（佛教12种苦修的总称），称为“头陀行第一”。是释迦的大弟子，佛教第一次结集的召集人。

阿难陀　又称阿难，意为“庆喜”，是释迦叔父斛饭王的小儿子。释迦成道回乡时跟从出家，25岁起侍从释迦25年。曾劝请释迦接纳妇女为僧团成员，从此佛教中始有僧尼二众。他长于记忆，号称“多闻第一”。第一次结集时由他诵出经文。现存佛教经典以“如是我闻”四字为卷首语，以表明经文内容确系阿难亲耳听佛所说。

舍利弗　摩揭陀国王舍城人，婆罗门种姓。其持戒多闻，敏捷智慧，善讲佛法，称“智慧第一”，先于释迦入灭。

目犍连　略称目连，王舍城郊人，出身婆罗门。初与舍利弗同师，“六师外道”，精通教法。皈依释迦后，侍佛左边。传说其神通广大，称“神能第一”。后来汉化，造出种种故事，中国古代戏曲中有《目连救母》，说的就是这位。

须菩提　舍卫城婆罗门，能深入理解佛法性空，称为“解空第一”。

富楼那　意为“满慈子”，迦毗罗卫国国师之子，传说一出家即证阿罗汉果。因善于讲解佛教义理，以辩才出众，称为“说法第一”。

迦旃延　古印度阿槃提国婆罗门之子，原出家学“外道”，后从释迦出家，谓能分别诸经，善说法相，称为“论议第一”。

阿那律　又称阿尼律陀，意为“如意”，迦毗罗卫国人，甘露饭王之子，释迦牟尼之堂弟。传说出家之初，因懈怠贪睡受责，后乃立誓不眠，勤勉精进，得天眼通，能见天上地下六道众生，称为“天眼第一”。

优婆离　意为“近执”。迦毗罗卫国人，首陀罗种姓，是释尊为太子时宫中的理发师。出家后奉持戒律，无所触犯，称“持律第一”。佛教第一次结集，由他诵出戒律。

罗怙罗　意为“障月”。释迦唯一的亲生儿子，传说为悉达多出走的月食之夜受胎，6年后出生；15岁出家，为佛教有沙弥（小和尚）之始。其“不毁禁戒，诵读不懈”，密行超人，称“密行第一”。

在寺庙中，大弟子迦叶、二弟子阿难一般胁侍于释迦左右，灵岩寺后方山功德顶石龛中也是如此。其余诸弟子则如普通画像或小塑像，很难确指谁为何人。灵岩寺千佛殿内的情形正是这样。

观音菩萨　供奉于泰山红门宫、斗母宫、莲花庵、青云庵、永福阁之观音堂及中天门上步天桥侧三大士殿。“菩萨”梵文意为“觉有性”“道众生”，也有译为大士的，所以“菩萨”“大士”可以通称。菩萨在佛教中等级仅次于佛。据说释迦牟尼未成佛时，就曾自称菩萨。佛教认为，修菩萨达到一定的“位”，便是菩萨。菩萨等级很多，大致可分两种类型。一种是在佛经中有名号的菩萨，他们都是等觉位的，汉化佛中常见的有“十二圆觉菩萨”“八大菩萨”“四大菩萨”。等觉位菩萨常作佛的胁侍；四大菩萨则自立道场，形成了中国四大佛山。汉化佛教中四大菩萨原为弥勒、文殊、普贤、观世音。后来弥勒被“提拔”成佛，则又补入较晚出的地藏菩萨。另一种是佛经中无名号的小菩萨，都属十圣位，在图像中以供养菩萨身份出现。泰山佛教只有三大菩萨，即观音、文殊、普贤，大约是更晚出的一种组合。

观音是“观世音”的略称，又译“光世音”。唐人避太宗李世民之讳，去“世”字，故称观音。据《妙法莲花经》说，观音是大慈大悲的菩萨，能现三十二化身，救十二种大难。遇难众生只要念诵他的名号，“菩萨即时观其音声”，前往拯救解脱。观音主张“随类化度”，对一切人救苦救难，不分贵贱贤愚，所以他的美名尊号是“大慈大悲救苦救难观世音菩萨”。隋唐时期观音已得到社会上普遍信仰。浙江普陀山就是他显灵说法的道场，所以又称“南海观音”。普陀山普济寺中塑有近三丈高的观首本尊像，周围是32尊应身像，每年举办规模宏大的“观音香会”。有些地方为显示观音神通，塑起千手千眼观音像。泰山对松山的大悲殿，原来就曾供有千手千眼观音。

灵岩寺大雄宝殿后面有宋代五花殿遗址，也是专门供奉观音菩萨的。据《灵岩志》载，此殿“架阁两层，上祀三大士。中为观音，左为文殊，右为普贤。下祀圆通菩萨。四面各五间，四门龟首四出，回廊壮丽。”“圆通菩萨”即观音的美称。佛教认为观音可以示现种种身份说法。《法华经·观世音菩萨普门品》中说有“三十三身”，《楞严经》说有“三十二应”（即普现色身应化的三十二种形象）。殿之下层就是专门供奉三十三身与三十二应的。按照佛经仪轨，其具体名称各如下：

三十三身：佛身，辟支佛身，声闻身，梵王身，帝释天身，自在天身，大自在天身，天大将军身，毗沙门天身，小王身，长者身，居士身，宰官身，婆罗门身，比丘身，比丘尼身，优婆塞身，优婆夷身，长者妇女身，居士妇女身，宰官妇女身，婆罗门妇女身，童男身，童女身，天身，龙身，夜叉身，乾闼婆身，阿修罗身，迦楼罗身，紧那罗身，摩睺罗伽身，执金刚神身。

三十二应加本形仍为三十三观音：杨枝观音，龙头观音，读经观音，圆光观音，游戏观音，白衣观音，莲卧观音，泷见观音，施药观音，鱼篮观音，德王观音，水月观音，一叶观音，青颈观音，威德观音，延命观音，众宝观音，岩户观音，能净观音，阿振观音，阿摩提观音，叶衣观音，琉璃观音，多罗尊观音，蛤蜊观音，六时观音，普慈观音，马郎妇观音，合掌观音，一如观音，不二观音，持莲观音，洒水观音。

由于所供花色间杂，祀制不一，所以称之为“五花殿”，也算是佛门信徒的一种创造吧。

文殊菩萨　原祀于斗姆宫、竹林寺、三大士殿等寺庙。文殊全称为文殊师利，意为“妙德”“妙吉祥”等。据说他在诸大菩萨中智慧辩才第一。他的法相是顶结五髻，手持宝剑，坐莲花宝座，骑狮子，是智慧、辩才锐利、威猛的象征。其美名尊号为“大智文殊”。《华严经·菩萨住处品》说：“东北方有菩萨住处，名清凉山，文殊师利住此。”中国佛教徒以五台山应之，拟为清凉山。于是五台山就成为文殊道场，至唐宋极盛，成为全国最早最大的一处国际性道场。近年来岱顶舍身崖下发现一躯文殊菩萨骑狮石雕像，但未完工，年代及塑造者不详。

普贤菩萨　原祀于斗姆宫配殿、三大士殿。他主一切佛的理德、行德，职责是将佛门之善普及一切地方。他的美名尊号是“大行普贤”。“普贤之学得于行，行之谨审静重若者象，故好象。”普贤的坐骑是一头六牙白象，据说也是菩萨所化，以示威灵，象征“愿行广大，功德圆满”。其道场在四川峨眉山，普贤常在此为三千弟子说法。峨眉的“佛光”“圣灯”相传就是普贤显相“密引世人”。峨眉山万年寺中骑象普贤像用铜铸成，高2丈2尺，重62吨，是峨眉第一铜像。

四大天王　供奉于竹林寺、资福寺天王殿。四大天王亦称四大金刚，是名声最大的护法神将。据佛经说，须弥山腹有“四天王天”，是四天王及其随属的住处。四大天王的任务是“各护一天下”，即居于须弥山四方的东胜神洲、西牛贺洲、南瞻部洲、北俱芦洲，所以又称“护世四天王”。四天王在中原普遍时已至隋唐时代。四天王中，北方多闻天王为突出，其梵名音译为“毗沙门”。据说他就是古代印度教中的天神俱毗罗，别名施财天（意为“财富的赠予者”），也就是北方的守护神，又是财富之神。他本是帝释天的部下，不过在中国早期佛教中，他已游离于帝释天而独树一帜。唐代出现了一则传说：天宝元年（742），安西城被番兵围困，毗沙门天王在城楼出现，大放光明，并有“金鼠”咬断敌军弓弦，五百名金甲神兵鼓声雷动，番兵大败。由此，玄宗令诸道城楼置天王像，毗沙门天王香火极盛。毗沙门还有五位太子，其中二太子独健、三太子哪吒最有名。明清以降，四大天王进一步汉化，从毗沙门身上分化出一位“托塔李天王”，即李靖，是镇守边关的中国武将。他手擎宝塔，执方天戟，有三子一女，其中哪吒最有名。《封神演义》中说李天王手执“混元珍珠伞”，职雨。

另外三位天王也不断被汉化改造。东方持国天王，身白色，穿甲戴胄，左手把刀，右手执弓。南方增长天王，身青色，穿甲胄，持宝剑。西方广目天王，身红色，穿甲胄，左手执矛，右手把赤索，也有仅一手持宝剑的。元代塑像，东方天王改为手执琵琶。明代塑像，北方天王手执雨伞。唐代塑像，西方天王手里拿的东西换为龙头蛇身，另一手持宝珠，意为龙戏珠。

近代佛寺所塑四大天王，基本上根据《封神演义》中的描述，其汉化更为彻底。说四大天王本是中国武将，“佳梦关魔家四将”，死后才由姜子牙开封神榜作四大天王，至此，四大天王成了地道的中国神。至于毗沙门天王分化出的托塔李天王，以及他的三个儿子，特别是哪吒，经过《封神演义》《西游记》和戏曲宝卷的传唱，早已成为自成体系、家喻户晓的神话故事，其影响远远超出四大天王。四大天王手执的兵器，也经过汉化改造，并各有寓意：

增长天王魔礼青	掌青光宝剑一口	职风
广目天王魔礼红	掌碧玉琵琶一面	职调
多闻天王魔礼海	掌混元珍珠伞一把	职雨
持国天王魔礼寿	掌紫金龙花狐貂	职顺

这样，四大天王就成为完全汉化了的护国安民，掌风调雨顺的佛教天王。

韦驮天尊　原祀于岱庙西侧法华寺。他是佛寺的守护神，也称韦驮菩萨。在较大的寺院山门内，他与大肚弥勒佛背靠背，中隔板壁。此神一出现即为“国产”。据说唐代高僧道宣梦见一位韦将军，自称是“诸天”之子，主领鬼神，在释尊涅槃以前，敕令韦将军在南瞻部洲护持佛法。由此故事，又演义出另一故事，四天王手下各有八将军，合为三十二将军。韦将军是南方增长天王八将军之一，居三十二将之首。其形象为中国青年武将状，白脸或金脸，顶盔擐甲，手持金刚杵，名“降魔杵”。在《封神演义》中，更得到进一步汉化。

十八罗汉　亦称十八伽蓝。原祀于城内资福寺伽蓝殿。罗汉是阿罗汉的简称，原是指原始的小乘佛教所达到的最高成就。据说一位佛教徒修行可以达到高低不同的四种成就，每种成就称一个“果位”。这四种果位是：初果，名为预流果。获初果后，在轮回转生时就不会堕入“恶趣”（指变成畜生、恶鬼等）。二果，名为一来果。得此果者，轮回时就只转生一次。三果，名为不还果。得到此果，就不再回到欲界受生而能超生天界。四果，是阿罗汉果。受此果者，说明诸漏已尽，万行圆成，所作已作，应办已办，永远不会再投胎转世而遭受“生死轮回”之苦。得此果位的人，称阿罗汉。据小乘佛教讲，证得阿罗汉果位，便是最终归宿（涅槃）。但都如此，谁去弘传佛法呢？于是就要选出不入涅槃以弘佛法的阿罗汉。据竺法护《弥勒下生经》，佛去世时指派大迦叶、君屠钵叹、宾头卢、罗怙罗四大比丘“住世不涅槃，流通我法”。这就是最早出现的四大住世罗汉。

现存汉译佛经中有关十六罗汉最早的典据见于唐代玄奘大师所译《大阿罗汉难提密多罗所说法住记》。难提密多罗意译为“庆友”，是佛灭后八百年时狮子国（今斯里兰卡）的名僧，他在涅槃时将十六大阿罗汉的法名和住址告知大众，是为：

第一位：宾度罗跋惰阇，其形象是头发皓白，有白色长眉，俗称“长眉罗汉”。

第二位：迦诺迦伐磋，是“知一切善恶法之声闻”。

第三位：迦诺迦跋厘惰。

第四位：苏频陀。

第五位：试矩罗。

第六位：跋陀罗，意译为“贤者”，是佛的侍者。据《楞严经》，他主管洗浴之事，所以近世禅林浴室中常供他的像。

第七位：迦理迦，佛的一位侍者。

第八位：伐阇罗弗多罗，意为“金刚子”。

第九位：戌博迦，有“贱民”“男根断者”之义，大约是一位出身卑微的宦者。

第十位：半托迦，与第十六位注荼半托迦是兄弟二人。据说他们的母亲是大富长者之女，与家奴私通，逃奔他国，久而有孕，临产归来途中生有二子，大的叫半托迦，意为“大路边生”，小的叫注荼半托迦，意为“小路边生”。兄聪明，弟愚鲁，但均出家成罗汉。

第十一位：罗怙罗，释迦的儿子。

第十二位：那伽犀那，意为“龙军”，习称“那先比丘”。生于佛灭后，七岁出家，曾在舍竭国答国王弥兰陀之问，大阐佛法。

第十三位：因揭陀。

第十四位：伐那婆斯。

第十五位：阿氏多。

第十六位：注荼半托迦，半托迦的弟弟。

罗汉大致是玄奘法师《法住记》流行后才开始普及的，关于他们的生平事迹材料也不多，尤其缺乏形象方面的依据，这就给历代的佛教艺术家们提供了丰富的创造余地，各地佛寺的罗汉堂内有种种形貌、年龄的罗汉像，但绝少雷同。

至于十八罗汉的最早记录见于苏轼所作《十八大阿罗汉颂》。苏轼谪居海南岛时，于民间得到前蜀简州金水“世擅其艺”的张氏所画“十八罗汉图”，说明当时已较普及。但另两位罗汉，苏氏却称是“庆友尊者”和“宾头卢尊者”。这大概是顺从了当时流行的错误说法。宋僧志磐在其《佛祖统记》中提出，第十七、十八位罗汉应是迦叶尊者和君徒钵叹尊者，也就是《弥勒下生经》所说的不在十六罗汉之内的两位尊者，这就把四大罗汉和十八罗汉以住世为环节联系起来，较有道理。清代由乾隆皇帝“御定”为降龙罗汉、伏虎罗汉。在中国小说《西游记》和一些戏曲剧目中，十八罗汉经常作为整体概念出现，如“十八罗汉斗悟空”“十八罗汉斗大鹏”等，但迭遭败绩。也许正因如此，一些寺庙中把中国的武将之神关羽拉入十八罗汉的行列，形成十九之数，共同担当护法任务。十九罗汉并无典籍依据，只是佛教汉化并在民间流传的结果。

护法神将二十天　原供奉于竹林寺大雄宝殿内。元代李谦《重修竹林宝峰禅寺记》：“护法神将百有余尊，光灿具足，迄今显然。”诸天是佛教中诸位尊天之简称。佛教把高级神祇统称为“天”，尊称为“尊天”，是统领一方的天神，相当于人世间的帝王。他们还没有成佛，也不属正规的佛门人物如菩萨、罗汉等。他们不是出家人，而是在家的“神”，但都是佛法的护持者。他们大都产生于较早的神话传说中，比释迦牟尼出现早得多，但“佛法广大，无所不包”，就都把他们纳入门下。汉化诸天一般是二十位，称为“二十天”。他们常塑于大雄宝殿两侧，微微前倾，表示对佛的尊敬。作为佛教的护法军团，诸天立佛前排列有一定顺序，如“佛会”时礼佛的队列，分立于大殿两侧，一般单数在左，双数在右。顺序如下：

1.大梵天王。本是婆罗门教、印度教的创造之神，与湿婆、毗湿奴并称婆罗门教和印度教的三大神。据《摩奴法典》载，梵天出自“金胎”（梵卵），把卵壳分为两半，创造了天和地，以及十个“生主”，再由他们协助完成创造，也创造了魔鬼与灾难。相传释迦牟尼从兜率天下生时，大梵天作为最亲近的侍者，手执白拂子在前引导。释尊成道后，大梵天奉献自己的宫殿，请佛在殿上说法。大梵天入佛门后位居诸天之首，其形象经汉化多作中年帝王形象，手持莲花，在释迦旁边侍奉时手持白拂子。

2.帝释天。本是古神话中最高天神。他统治一切，被尊为“世界大王”，四大天王全是他的部下。佛教说释迦下生时，他化现七宝金阶，让佛从天上一级一级地下来，他手持宝盖，与大梵天共同接引。又据《净名疏》，迦叶佛入灭后，有一女人发心为之修塔，另有三十二人帮忙，以此因缘，后同生三十三天（忉利天），那女人居中，即化为帝释天。在汉化寺庙中，帝释天常作少年帝王像，面“如散华供养天女”，是男人女相。

3.北方多闻天王。

4.东方持国天王。

5.南方增长天王。

6.西方广目天王。

7.密迹金刚。是手持金刚杵的护法神，也是佛寺山门殿中护法金刚的原型。他是夜叉神的总头领，又叫“夜叉王”。因能听到一切诸佛秘密之事，故称“密迹”。他手下有五百金刚力士可调遣。

8.大自在天。即摩酯首罗。本是南亚次大陆古神话中男性生殖器崇拜者的神。据说一切万物都由他生出，“于大千世界中得自在”。汉化后常作密宗所传八臂三眼的化身状态，面为菩萨像，着菩萨装，骑白牛。

9.散脂大将。又名夜叉大将，北方天王八将之一，管领二十八部众。有佛经说他是鬼子母的丈夫，或是鬼子母的二儿子。汉化寺庙中常塑成金刚武将状。

10.辩才天。主智慧福德之女神。据说她聪明而有辩才，所以称辩才天，又能发美音而歌咏，又称妙音天。佛经说她居处“或在山岩深险处，或居坎窟及河边，或在大树诸丛林”，其形象“面如满月”“目如修广青莲叶”“常以八臂自庄严”，一切动物如狮、虎、狼、牛、羊等都爱慕她。寺庙中多供奉其菩萨脸菩萨装，八臂像，手执火轮、箭、弓、剑、斧、绊索等，脚下有狮、虎、狐、豹等兽。

11.功德天。即吉祥天女。原为婆罗门教、印度教的命运、财富、美丽女神，据说她是神魔大战时双方共同搅动乳海时产生的，故又名“乳海之女”。她的坐骑是迦楼罗（金翅鸟），有两只白象相随，常一手持莲花，一手洒金钱如流水。佛教把她列为护法天神，以其施财散播吉祥，有大功德于众，故称“功德天”。因毗沙门天王原是财神，就说她是毗沙门的妹妹或妻子。在寺庙塑像中，其形象端庄美丽，常戴花冠，着多层各种天衣，有时则汉装，作中国后妃宫样装束。明中叶以后，她的典型姿态是举左手捻如意宝珠，右手作施无畏印，背后有七宝山。头顶现五色云，云上有一六牙白象，象鼻绞动玛瑙瓶，瓶中不断倾出种种宝物，以示施财。她后边紧跟着一位“咒师”，是替她咒使瓶中出宝的。此咒师作老年胡人相貌装束，着白衣手把长柄香炉。

12.韦驮天。

13.地天。又名坚牢地神，据说是夫妇二人。地天在唐代传入中原，当时为男天，典型形象是手把宝瓶或钵，中置各色水陆鲜花，有作四臂形的，手持镰、斧、锄、锹，是农夫形象。明代以后，寺庙中常作女神形象，左手持盛鲜花的钵，或持谷穗，象征主管大地和一切植物生长，别名“大地神女”。

据说当年释迦在菩提树下苦思冥想，这时魔王恐怕他成佛以后对自己不利，便率魔女、魔军将释迦团团围住，软硬兼施，全都失败，魔王恼羞成怒，对悉达多狂喊：“汝之福业谁当证明？”悉达多右手触地，表示大地能够证明。这时大地发出六种震动，地神自地中涌出，高唱：“我能证明！”于是魔众惊散，悉达多得道成佛。所以地天是佛教中有代表性的护法神。

14.菩提树神。释迦牟尼在菩提树下成道，守护菩提树的天女就是此神。据说佛在菩提树下打坐时，如遇下雨，她就用树叶做伞为佛挡雨。据此，则她是最早的护法神。在寺院塑像中，她的形象特点是手持带叶树枝，作中国青年后妃装束。这位树神不由使我们想起秦始皇封禅泰山时护驾有功的“五大夫松”。

15.鬼子母。又名欢喜母。她的传说很多，据《毗奈耶杂事》等记述：王舍城有位独觉佛出世，开大会庆祝。有五百人沐浴更衣一起去芳园开会。路遇一位怀孕的牧羊女，五百人约她同去开会，她一时高兴，手舞足蹈，胎儿早产。五百人见开会时间已到便去了，牧羊女一人困顿，新生儿夭折，遂发下恶愿，要来世生于王舍城，吃尽当地小儿。后来她果然生为王舍城娑多药叉的长女，和犍陀国半发迦药叉结婚，生下五百鬼子。她天天吃城里人的小儿，释迦就施展法力，藏起她一个儿子，她到释迦前苦苦哀求。佛说：“你有五百个儿子，只一个不见了，尚且如此心疼，别人只有一两个孩子，你吃了，人家会怎样？”于是她幡然悔悟，皈依佛法，并成为护法神。在有些寺庙中，她是一位汉族中年贵妇形象，怀抱她那位“失”而复得的小儿子，此儿名为毕哩孕迦。身边还常围绕着几个小孩。

16.摩利支天。即阳光女神，会隐身法，出现在太阳之前，太阳光看不见她，她却能看见太阳。她能用隐身法救人苦难。其形象面如日初出之色，着红色天衣，佩无忧花，头顶宝塔，三头各有三只眼，正面菩萨相，右面童女相，左面猪容。八臂各执一物，脚边有一野猪。

17.日天。又称日宫天子、宝日天子，是太阳神。据说太阳里有他的宫殿。他乘金色马车巡行天上，驱除黑暗，注视着人类在下面的活动。他的恋人是佛晓女神红霞，永远美丽年轻，有朝气，有魅力，保佑人们多福多寿多子孙。他们夫妇二人很受崇敬。佛教把他列为护法神后仍为日天，红脸，手持莲花，乘驷马。《法华经》认为他就是观世音的变化身。寺院塑像中他为中国中年帝王像，冠上有一日轮，日轮中有乌鸦，则是与中国日神相结合的产物。

18.月天。又称月宫天子，即月神战达罗。据佛本生故事，释迦前生曾为兔，与猿、狐为友。帝释天要考验释迦（居菩萨位时）的德行，就化为老夫，向三兽求食，狐衔鱼，猿献果，兔无所获，乃投火自焚，以身贡献。帝释天大受感动，将兔身送入月轮，传之后世。《法华经》说月天是大势至菩萨的变化身，名宝吉祥。在密宗中，月天是白脸，持青莲花。在汉化寺院中，月天以女天为多，作青年后妃像，冠嵌满月，月中常有兔形。

19.水天。原是吠陀神话中掌管天上地下的大神，后来神权削弱，成为专管西方大海中海王国之神，又说就是娑谒龙王。佛经说他宫中供奉着法宝，如佛舍利、佛经等等，所以是护法神。近世这一神汉化为中国式的龙王。佛道两教中所供形象大致相同，为中国龙头造型，身穿帝王服。

20.阎摩罗王。意为“双王”。据说原为兄妹俩，都是管理地狱之王，兄治男犯，妹治女犯，故称双王。佛教把他们纳入诸天，成为管理地狱的魔王。属下有十八判官，分管十八地狱。

中国人把佛教的阎王、地狱完全汉化，把它与泰山治鬼说结合为一体，再融入佛教“六道轮回”说，加以迷信附会，在蒿里山形成十殿阎罗、十八层地狱，阎罗王为浓眉巨眼虬髯王者像，跟随有判官及牛头马面诸相。

一般寺院中供奉的正规诸天，即指以上二十位，总称二十天。在佛道互相争斗与融合中，有些寺又将二十天扩充为“二十四天”，即：

21.紧那罗。意为音乐天、歌神，是佛教“八部众”中的一族。“八部众”即八族小神，又称“天龙八部”。据说紧那罗族为人身，但头上有一只角，当紧那罗男人弹琴唱歌赞诵佛法时，须弥山震动，诸天声闻不能安座。紧那罗女人唱歌时，五百仙人在飞行中醉心落地。据说有一位紧那罗成佛后化为少林寺香积厨的火头和尚，教众僧以三尺拨火棍退敌，传下少林疯魔棍法。

22.紫微大帝。即道教中玉皇大帝。

23.东岳大帝。即泰山神。

24.雷神。即道教中原始天尊之子——九天应元雷声普化天尊。

最后三位纯属道教神祇，被佛教借来装点门面，但毕竟名不正、言不顺。大多数寺院还是只承认二十天，其余几位只是在背景群塑中混混而已，面目早就“泯然众人矣”。

在佛教神谱之外，还有两尊泰山独有的伪菩萨——九莲菩萨与智上菩萨。万历皇帝朱翊钧封其母孝定皇太后为“九莲菩萨”。九莲即九品莲台之意，密宗认为是极乐净土，而其供奉之所在道观即天书观内的碧霞元君殿之后。崇祯皇帝朱由检即位后，把早已死去的生母刘氏晋封为孝纯皇太后，又封为西天净土极乐世界菩萨，称“智上菩萨”。两位佛门中的女菩萨得名如此容易，岂不让众罗汉、诸天神气歪嘴巴？也许是怕诸神追问，也许是女神聚居方便，二位菩萨才不入佛门，到碧霞元君府上客居。这种安排真是费尽心机，却也给佛道二教增添了奇观。

除了佛教诸神，还有一些宗派开山大师也被塑像供奉。灵岩寺大雄宝殿西侧的达摩殿，就是供奉禅宗祖师的地方。其像中为禅宗初祖达摩禅师，左侧是六祖慧能禅师，右侧是百丈禅师。灵岩为禅宗重镇，前来研习交流禅宗教义的学问僧络绎不绝。所以自唐代以来，禅宗与密宗两大宗派是灵岩佛理的基本特色。

菩提达摩　通称达摩，南印度香至国国王的第三子，本名菩萨多罗，婆罗门族。幼年拜释迦牟尼大弟子迦叶的后裔般若多罗为师，学习大乘佛教。功成后问道：“应去何处教化？”师曰：“应去震旦（中国）。”遂于南朝梁普通（520～526）年间从印度航海至广州。被好佛的梁武帝迎到金陵（南京），但话不投机，达摩遂离金陵渡江北上，到嵩山少林寺，在寺后山洞中“九年面壁而坐，终日默然”，据说连小鸟在他肩上筑巢都没有被发现，终于得到禅定静虑、消除杂念、顿悟成佛的方法，称禅学。于是少林僧众拜其为师，成为少林寺第二代方丈大和尚。当时魏地名僧辈出，有光统律师、流支三藏等经常与达摩讨论佛理，但每次争论都败给达摩。有人妒火中烧，便下毒谋害，前五次均被达摩识破，至第六次，达摩由于找到了自己的传人，就安然服食，端居而逝，葬于熊耳山。达摩是一位传奇故事颇多的人物，如“一苇渡江”“心心相印”“只履西归”等等，又说他是少林武功创始人，许多武术套路、器械、功法都以他的名字命名，如达摩棍、达摩铲等。这些通俗传奇故事极大地引起了僧俗众人的兴趣，也使禅宗影响更为广泛。

慧能　为禅宗六祖。俗姓卢，生于广州新州；幼年丧父，以卖柴为生；一天在市中闻有诵《金刚经》，颇有领会，即出家求法。后于黄梅东山拜见禅宗五祖弘忍。弘忍劈面便问：居士何来，所求何物？慧能说：弟子是岭南人，唯求作佛。弘忍说：岭南人何堪做佛？慧能答：人有南北，佛性岂有南北？您大和尚能做佛，弟子当能做佛。弘忍异之，命他碓房舂米。后来弘忍准备传授法衣，命徒众各作偈呈验，以了解禅性深浅。弘忍大弟子神秀偈云“身是菩提树，心如明镜台。时时勤拂拭，莫使惹尘埃”，一时传诵全寺。慧能正在舂米，听人传诵遂改一偈，请人书于壁上：“菩提本无树，明镜亦非台。本来无一物，何处惹尘埃。”人见皆惊，弘忍遂于夜间密传衣钵，送他南下隐居。10余年后，在广州法兴寺受印宗大师推崇，弘传五祖妙旨。第二年返归曹溪宝林寺传法，有《法宝坛经》传世。慧能之后，其弟子传有临济、沩仰、曹洞、云门、法眼等派，即禅宗五派法流。

百丈禅师　法名怀海，在广州百丈山创立禅院，故称百丈禅师，是禅宗清规的制定者。他主张众生心性本来圆满成就，只要不被妄想所系缚，就和诸佛无异。他每每于说法结束后，大众已去，却呼唤大众，等众人回头，他又问：“是什么？”这种提醒学人反省的方法，被人称为“百丈下堂句”。他制定的禅院清规以及有关禅院事务的种种规定，结集为《百丈法规》，在禅宗中影响很大。

第六章
“神道设教”的儒家圣贤

“泰山岩岩，鲁邦所詹。”泰山处于春秋时齐鲁交界之地，是鲁人祖神所居之山，鲁国是儒家学说发祥地，儒家与泰山的崇拜信仰有着千丝万缕的联系。孔子把泰山作为自己精神与生命的象征，他在泰山的活动，弘扬和强化了泰山崇拜，拓展丰富了泰山文化的内容，对后世儒家产生了深刻影响。同时，孔门弟子中一批著名人物即泰山人氏，在当地颇有声望，这又进一步扩大了儒家的影响。后人常把孔子与泰山联系在一起，至今泰山祈福殿仍有楹联：“泰山岳中之孔子，孔子人中之泰山。”（明代严云霄《咏孔子庙》）宋代以来，朝廷在泰山上下及全国各地设立孔子庙，把儒家道统中人物等同于宗教神系纳入祀典，使之慢慢演化为泰山崇拜与信仰的一个组成部分。近年来学术界正在讨论儒家是否属于有宗教因素的“儒教”或“准宗教”，事实上孔门人物早已登上神祇的殿堂，享受着世人的香火供奉与祭祀。在思想理论和行为实践上，儒、道、佛三教互为影响，相互融合，这一特点，在泰山文化中尤显突出。“神道设教”本是儒家“教化天下”的手段，未料儒家自己也走上了被神化的历史道路。

一、素王独步

春秋时期，泰山是齐鲁两国交界之地，两国之间文交武备，朝盟赴告，往返频仍。儒家创始人孔子就多次赴泰山，儒家思想学说也在泰山有着巨大而深远的影响。孔子整理的《诗经》中收有《鲁颂·閟宫》一诗（节选）：“泰山岩岩，鲁邦所詹。奄有龟蒙，遂荒大东。至于海邦，淮夷来同。莫不率从，鲁侯之功。”它记载了鲁侯征服包括泰山以南、以西地区的附近各诸侯国的事情。鲁国是周公封地，设周人祖庙，可以用天子礼乐，所以周朝的政治、文化、典章制度在鲁国保存得较为完备。孔子学说就是在这块富有礼乐传统和文化空气的地域上产生的。

孔子在泰山的活动，首先是为了了解掌握礼乐制度。孔子一生以周公为榜样，以恢复周朝政治和礼乐制度为己任，准备随时辅弼国君实现这一主张。所以孔子对周期礼乐的学习孜孜不倦。他幼年嬉戏时就“常陈俎豆，设礼容”(《史记·孔子世家》)。及长更是发奋勤学，《论语·八佾》记载：“子入太庙，每事问。”鲁昭公十七年，郯国国君朝鲁，宴席间叔孙昭子曾请教少昊氏“以鸟名官”的问题，少昊氏是郯国始祖，所以郯子谈得很详明，“仲尼闻之，见于郯子而学之”(《左传·昭公十七年》)。至35岁时，孔子已以谙熟礼乐而著称，他自己说“夏礼，吾能言之……殷礼，吾能言之”，“周监于二代，郁郁乎文哉！吾从周”。作为历代帝王操办的隆重盛典——泰山封禅，当然会引起孔子的格外重视。据《韩诗外传》记载：“孔子升泰山，观易隆而王可得而数者七十余人。”经过多次实地考察，反复对照，孔子发现历代封禅的具体仪式差异很大，“其俎豆之礼不章，盖难言之”。这为他掌握封禅礼仪提供了丰富的材料。泰山封禅与祭祀必须由天子举行，诸侯以下不许僭越。鲁国掌权的大夫季孙氏要祭泰山，孔子急忙去问替季氏当管家的学生冉有：“你不能阻止吗？”冉有回答不能。孔子讥笑说：“难道泰山也不懂礼仪，接受这不合规矩的祭祀吗？”

泰山东侧的莱芜口镇有一所季札子墓。季札是吴王寿梦的第四个儿子，曾三次放弃继承王位，周游列国学习礼乐，是吴文化之集大成者。孔子8岁时，季札曾专程赴鲁观看周代乐舞，并进行了全面系统的评价。后来季札出使齐国，返途中长子夭折于泰山脚下，只好就地安葬。《礼记·檀弓》记载，孔子认为季札是吴国最熟悉礼仪制度的，曾专程前往观看季札长子的殡葬仪式。现在季札子墓旁，仍立有“孔子观礼处”石碑一通。

孔子赴泰山，还出于政治活动的需要。发生在泰山脚下的夹谷之会，就是孔子政治生活中最为辉煌的篇章。鲁定公十年，孔子任鲁国司寇，开始实践自己的政治主张，不久即使“粥羔豚者弗饰贾，男女行者别于涂，涂不拾遗，四方之客至乎邑者不求有司，皆予之以归”(《史记·孔子世家》)。鲁国的安定强大使齐国十分不安，齐景公便采纳大夫黎钼等人的建议，邀请鲁定公在泰山东侧的夹谷(今莱芜境内)举行聚会，想以武力威慑鲁国屈服。孔子主张“文事武备”，以司寇代行相事，率鲁军统帅一起随行，在军事上做了严密的准备。

会见开始后，齐国请奏地方歌舞，于是“於旄羽袯矛戟剑拨鼓噪而至”，意在威胁定公。情况紧急，孔子不顾常礼，一步迈上台阶，扬起衣袖厉声喝道：“我们两国国君正在庄严地会见，为什么会有这种夷狄歌舞！请问齐国方面该怎么办？”景公觉得很不好意思，示意乐队退下。过了一会儿，齐国要求演奏宫廷雅乐，于是有“优倡侏儒为戏而前”，以此侮辱定公。孔子又一步迈上台阶大声说：“戏弄诸侯者要依法斩首，执法官应该立即执行！”执法官只得砍掉这些人的手脚。由于孔子义正词严，掌握礼节严谨合度，鲁国军队又有充分准备，使齐国无隙可乘。齐景公感到鲁定公不是可以轻易挟持的，便匆匆结束了会见。归国以后，齐景公余悸未消，埋怨臣下说：“孔子是按照君子礼仪辅佐国君，而你们却以夷狄之道教我，现在失礼得罪了鲁国，该怎么办？”最后，齐国只好归还了以前侵占鲁国的膏腴之地郓、汶阳、龟阴之田，表示歉意。现在泰城以东十余里傅家村附近的谢过城遗址，就是为纪念此事修建的。夹谷会盟充分地展示了孔子的政治与外交才能。

夹谷会盟后的第四年，齐国担心“孔子为政必霸”，会首先吞并齐国。于是又采纳黎钼的建议，送给鲁君80名妖艳美女，皆善唱靡靡之音，30驷即120匹高头骏马，鞍辔俱耀金光，想以此消磨鲁君意志，同时离间鲁君与孔子的关系。权臣季桓子竟然在齐国女乐未正式进城以前，绕小路去偷偷观看，以至蒙骗鲁君流连忘返，无心问政。孔子见鲁君如此荒唐，只得辞职，带领弟子离开精心治理初见成效的鲁国，心情是相当沉重的，所谓“迟迟吾行也，去父母国之道也”。孔子行到泰山南面的龟山，面对肥沃的龟阴田，想着当年夹谷会盟上挫败强齐的胜利，想着如今自己却被迫出走，国运亦未可卜，不禁感触万端，乃赋《龟山操》一曲，“我欲望鲁兮龟山蔽之，手无斧柯兮奈龟山何！”慨叹自己报效鲁国的一片热忱无法实现。龟山现仍有一座五层石塔，称圣塔，是金代当地村民为纪念孔子修建的。

鲁哀公十一年，哀公遣使以重金迎孔子自卫返鲁，此时孔子已在各地奔走漂泊14年，阅历更深广，政治经验更加成熟。他看到鲁国当前外有吴国入侵之忧，内有季氏三雄争权之患，哀公召他回国又是实出无奈，不会真正予以重用，况且自己壮年的精力却在奔波中白白消耗了，现已是68岁高龄，在进退维艰的处境中，很难有大的政治作为。于是心情十分复杂，路经泰山，登高远望，不由感慨系之，作了一首《邱陵歌》抒怀：

登彼丘陵，峛崺其阪。
仁道在迩，求之若远。
遂迷不复，自婴屯蹇。
喟然回虑，题彼泰山。
郁确其高，梁甫回连。
枳棘充路，陟之无缘。
将伐无柯，患滋蔓延。
惟以永叹，涕霣潺湲。

这是第一首专门吟咏泰山的诗歌，也是继《诗经·鲁颂·閟宫》后第二首有关泰山的诗。它开创了以咏山水抒情言志的先例。诗中以“山道”喻“仁道”之难行的比兴手法生动形象，十分恰切。《离骚》中的“路漫漫其修远兮，吾将上下而求索”，就明显受到孔诗的影响。

孔子游泰山，还为了观览山川名胜，开阔眼界，增强文化道德素养。泰山上下还保存着不少孔子游览遗址。岱顶日观峰西南的瞻鲁台，就是孔子登山眺望鲁国的地方。《孟子·尽心上》记载：“孔子登东山而小鲁，登泰山而小天下，故观于海者难为水，游于圣人之门者难为言。”这是讲知识与道德修养要不断递进，才能达到更高的境界。此处曾有“孔子小天下处”刻石，以志纪念。

“望吴圣迹坊”在碧霞祠西侧。《孔子家语》载：颜子与孔子上鲁泰山，孔子东南望阊门外有系白马，引颜渊以示之曰：“若见吴阊门乎？”颜渊曰：“见之。”孔子曰：“门外何有？”曰：“有如白练之状。”孔子扶其目而止之。此处因称孔子岩，亦称望吴峰。明清两代均在此建有孔子庙。

虎山，在泰山南麓王母池东侧。相传是《礼记·檀弓》篇中“孔子过泰山侧，有妇人哭于墓者而哀”，慨叹“苛政猛于虎”的地方。不过此处地势开阔，山峦疏旷，非虎狼出没之地，乃后人附会，借机张扬儒家的仁政思想。

孔子还在泰山见到了一些隐居的贤哲名士，在与他们的交往中获得不少教益。《列子》载，孔子游泰山时遇到90岁的隐士荣启期身披鹿皮，腰束草绳，正在弹琴唱歌。孔子问道：“什么事情使先生这样高兴呢？”荣启期回答：“使我高兴的事太多了。世间万物只有人最尊贵，我能生而为人，是第一件乐事；人又分男女，男尊女卑，我能作为男人，是第二件乐事；有的人寿命短暂，甚至夭折于母腹、襁褓之中，我有幸活到90岁，是第三件乐事。生活贫寒是贤德之士的通常处境，死亡是人生的最终结局。我能在通常处境中走向人生终结就很满足了，还有什么值得忧虑吗？”孔子听了深有感触，说：“太好了！真是能自我宽慰的人！”孔子一生，无时不在想施展自己的政治抱负，但在“当今争于气力”之世，恢复礼乐名分的主张很难受到诸侯各国的赏识，所以孔子受到的挫折是不可避免的。即便如此，孔子的热忱始终不减，精神十分可贵。但在洛邑时老子对他的谆谆嘱咐，奔走列国时遇到的楚狂接舆、荷蓧丈人、长沮桀溺、渔人歌者直至荣启期，都从另一侧面给孔子以极深的启发、影响，使他晚年思想上有明显变化，所谓“饭疏食饮水，曲肱而枕之，乐亦在其中矣。不义而富且贵，于我如浮云”。此后孔子转而以主要精力教育弟子，编写史书，整理音乐诗歌，致力于文化教育事业。

泰山对孔子的影响是巨大的：学习礼乐，由此得窥封禅大典全豹；登泰山而小天下，以开阔的眼界胸襟审度自己的德才学识修养；临终，孔鲤、颜回、子路相继去世，孔子自知朝夕难保，末日即至，便唱出“泰山其颓乎！梁柱其摧乎！哲人其萎乎”的最后歌声。以上足见在孔子心目中，泰山起着精神支柱的作用。孔子对于泰山文化的影响又是深远的：夹谷之会，提出“文事武备”的著名外交原则，在当今世界交往中仍然适用。这证明儒家绝非“盛容修饰以蛊世”，“博学不可使议世”之徒；（《晏子春秋》）一曲《丘陵歌》，引出屈原、李杜行路之难的千古传唱；长期奔走齐鲁之间，对比中悟出“智者乐水，仁者乐山”，认识到不同的文化地理环境对于人的品格行为的影响；在细致入微的观览揣摩中体味到“智者动，仁者静，智者乐，仁者寿”乃是山水欣赏对于人的心理、性格与健康的作用，可以调整人的生命状态和生存意识，这无疑是人类最早的旅游功能学说。孔子在泰山留下的富有哲理和实用价值的儒家文化，影响是巨大而深远的。

以孔子为代表的儒家学说，到了西汉初年才真正以政治学说的身份登上历史舞台，这就是汉武帝的“罢黜百家，独尊儒术”。此后儒家学说便居于中国传统思想文化主体的宝座，历代封建统治者把它奉为不可或缺的思想理论支柱。但儒学自被定于一尊开始，就因董仲舒把“天人感应”与“三纲五常”杂糅在一起，借封建皇权的力量加以张扬，而走向神学化。另一方面，孔子既为殷人之后，自称“夏礼，吾能言之”，“殷礼，吾能言之”（《论语·八佾》），当然对殷人的神鬼观念相当熟悉，更兼儒家有“圣人以神道设教”(《易经·观卦·象传)的传统，主张“祭如在，祭神如神在”(《论语·八佾》)，故其学说中的天命观、鬼神观是无法剔除的因素，所谓“子不语怪、力、乱、神”顶多属于存而不论，不能因此就奖赏给他“无神论者”的桂冠。历史地看待孔子，不难发现其学说中的神学色彩。历史的际遇与本身的内在因素，导致儒学发展为带有宗教性质(有人称之为“准宗教”)的政治学说，这是儒学无法摆脱的历史命运。

随着历代帝王的逐步加封，“孔圣人”作为“千秋仁义之师，万世人伦之表”，堂而皇之地登上“神”的宝座，在遍及全国各地的孔子庙、文庙中接受人们的祭祀供奉，这对于孔子及其学说是幸还是不幸，在迷乱的造神运动中怕已无人顾及了。早在北宋开宝初年(968)，泰城就建起了文庙，由此至清代，重整修葺有史可按者不下30次。祖师享祀，弟子门人也纷纷“登堂入室”。孔子之徒号称“受业三千”，其中“受业身通者七十有七人”，皆属异能之士。孔子既没，儒分为八，子张、子思、颜氏、孟氏、漆雕氏、仲良氏、孙氏、乐正氏等各成派系。其中颜回、子思、曾参、孟轲被奉为“四圣”，在孔庙中分侍孔子左右，列为“四配”。此下还有闵子骞、冉雍、端木赐、仲由、卜商、有若、冉耕、宰予、冉求、言偃、颛孙师等人被列入“十二贤哲”。另外一些孔子门人及历代儒学道统中的人物如董仲舒、王通、韩愈、范仲淹、欧阳修、司马光等，也都列“七十弟子”之数，在孔庙中被设像供奉，以壮大儒学声威。这似乎还嫌不够，明嘉靖一朝又在泰山碧霞祠之上建起孔子庙，在泰山绝顶上为孔夫子占了一席之地，使之列于泰山诸神之林，其用心良苦可知。泰山儒教系统诸神，基本上反映了儒家学说的发展序列，代表儒学各方面达到的水平，体现了儒学在泰山的影响和传承。

二、圣者之宗

孔子被尊为“至圣”后，其弟子中成就修养荦荦大者，有颜回、曾参、子思、孟子，亦分别封圣，被称为孔门“四圣”，成为后世儒家圣贤之宗。他们在不同方面体现了孔子学说达到的水平。

颜回　字子渊，是孔庙中配享的四配之首。他深刻理解并努力实践着孔子的思想学说，名列孔门弟子“受业身通者七十有七人”之首，被后世尊为儒家“复圣”。

颜回出身贫寒，但在逆境中发愤苦学上进，深得孔子称赞，称其“贤哉！回也。一箪食，一瓢饮，在陋巷。人不堪其忧，回也不改其乐”(《论语·雍也》)。又说“有颜回者好学，不迁怒，不贰过”(《论语·雍也》)，“吾见其进也，未见其止也”(《论语·子罕》)。颜回有很高的仁德修养，他请教什么是仁，孔子说：“克己复礼为仁。一日克己复礼，天下归仁焉。”(《论语·颜渊》)孔子曾评价说：颜回长久地以仁为行为规范，其余的学生只是偶然想起来罢了。在孔子奔走列国，迭遭困厄之际，颜回仍显示了坚定的信念：“夫子之道至大，故天下莫能容。虽然，不容何病？不容然后见君子！……夫道之不修也，是吾丑也。夫道既已大修而不用，是有国者之丑也。(《史记·孔子世家》)他始终敬佩孔子学说的博大精深：“仰之弥高，钻之弥坚；瞻之在前，忽焉在后。”(《论语·子罕》)正是颜回这种坚定不移的信念，增强了孔子学说的感召力、凝聚力，使孔门弟子在困境中保持团结，孔子说“自吾有回，门人益亲”(《史记·仲尼弟子列传》)。但恶劣条件过早地夺去了颜回的生命，孔子哀恸呼号：“天丧予！天丧予！”不久，孔子也在悲痛与疾病的双重打击下去世。

颜回在泰山留下了“望吴圣迹”。泰山西南、汶水以北的汶阳田中，有一处“颜子坡”，是颜回与孔子在岱顶“望吴”后到过的地方。这位学深而短命的颜回，引起泰山人的无限怀念。

曾参　字子舆，鲁国南武城(今费县西南)人，在孔门弟子中，以孝行与修养著称。孔子说：“孝，德之始也；弟，德之序也；信，德之厚也；忠，德之正也；参也，中夫四德也哉！”(《大戴礼记·卫将军文子》)曾参对孔子的学说有深刻而独到的理解，说“夫子之道，忠恕而已矣”(《论语·里仁》)，也就是说孔子学说的核心内容集中体现为忠、孝，说“慎终，追远(敬诚地办理丧事与虔恭地祭祀祖先)，民德归厚矣”(《论语·学而》)。曾子对孝道有深入研究，在孔子指导下写成《孝经》一书。他在修身方面也自律甚严，“吾日三省吾身：为人谋而不忠乎？与朋友交而不信乎？传不习乎”(《论语·学而》)。又说“以能问于不能，以多问于寡；有若无，实若虚，犯而不校”(《论语·泰伯》)。尤其是他从历史发展的高度强调修身养性的重要意义：“士不可以不弘毅，任重而道远。仁以为己任，不亦重乎？死而后已，不亦远乎？”(《论语·泰伯》）这些话成为千百年来仁人志士节身自砺的座右铭，激励着一代代知识分子保持着节操与品行。这一富有献身精神的格言，也丰富了我们民族精神的宝库。

曾参晚年议教于武城（今平邑县境内），有弟子70余人，著名者有子思、乐正子春、公明仪、单居离等，成为以突出孝治修身为主要特点的曾子学派。曾子一生著述颇多，除《孝经》外，《汉书·艺文志》录《曾子》18篇，今存10篇，即《大戴礼记》中《曾子立事》至《曾子天圆》10篇，又有《大学》1篇。朱熹认为在孔子弟子中“曾氏之传独得其宗”，因而曾子被后世奉为“宗圣”，他的孝治思想在汉魏以后曾经产生了相当重要的影响。

曾子还是早期泰山民歌的作者。清代金棨《泰山志》卷十九引《琴操》：曾子微时“尝耕泰山之下，遭天霖泽，雨雪寒冻，旬月不得归，思其父母，乃作《忧思之歌》”。《忧思之歌》即《梁山操》，后又称《梁山吟》，其曲调沉郁苍凉，富于哀婉之情，后遂流传广泛。后世的诸葛亮、李白都善于吟唱此调。这应当说是曾子对泰山文化的贡献。

子思　姓孔名伋，孔子之孙。他是曾子的弟子，曾为鲁缪公的老师。曾子的学说传至子思，再传至孟轲。在儒家各派中他既是曾子学派的代表人物，又是思孟学派的创始者。子思继承了孔子的中庸思想，认为这是天下至道。中庸是儒家伦理、政治学说的基本原则，也是哲学方法论的核心思想。孔子视中庸为道德修养的最高境界和为人处世的最高准则，说：“君子中庸，小人反中庸，君子之中庸也，君子而时中；小人之反中庸也，小人而无忌惮也。”子思进一步阐述了：“中也者，天下之大本也；和也者，天下之达道也；致中和，天地位焉，万物育焉。”而欲得中和之道，则在于“诚”。“诚”是儒家最高的道德范畴。子思认为“诚者，天之道也……诚也者，择善而固执之者也”（《礼记·中庸》）。在他看来，“诚”既是客观的“天之道”，又可以人的主观努力所求取，而圣人则具有先天之诚。“唯天下至诚，为能尽其性；能尽其性，则能尽人之性；能尽人之性，则能尽物之性；能尽物之性，则可以赞天地之化育；可以赞天地之化育，则可以与天地参矣。”（《中庸》）所以思孟学派以“至诚”为参合天地的大德。这种“诚”的思想对宋朝理学产生了重大影响。

子思还结合实际情况，对儒家“义利之辩”给予新的解释。在道德行为与物质利益的关系上，孔子重“义”而非“利”，所谓“君子喻于义，小人喻于利”(《论语·里仁》)。而子思认为“仁义者，固所以利之也。上不仁，则不得其所；上不义，则乐为诈。此为不利大矣。故《易》曰：‘义者，利之和也。’又曰：‘利用安身，以崇德也。’此皆利之大者也”(《文献通考·经籍考》)。关于“义”与“利”的辩证统一关系，较之孔子，墨子、荀子等人的观点更多合理因素，因而对后世有较大影响。《汉书·艺文志》载《子思子》23篇。现存《礼记》中的《中庸》《表记》《坊记》《缁衣》4篇，相传为子思所作。后世尊奉子思为“述圣”。

孟子　即孟轲，字子舆，邹国(今邹县东南)人，儒家思孟学派的代表人物。他师从孔子之孙子思的门人，是孔子学说的继承与发展者，自称“吾未能有行焉，乃所愿，则学孔子也”(《孟子·公孙通上》)。他对儒家学说有精深的研究，感于时道之衰，乃游事诸侯，历游齐、滕、魏诸国，虽曾被齐宣王尊之为客卿，但终不见用。晚年“退而与万章之徒序《诗》《书》，述仲尼之意，作《孟子》七篇”(《史记·孟荀列传》)。孟子发展了孔子的仁学思想，其政治学说的基本点在于“民本”“仁政”与“王道”。认为“民为贵，社稷次之，君为轻”(《孟子·尽心下》)。施行仁政首先要“制民之产”，“必使仰足以事父母，俯足以畜妻子，乐岁终身饱，凶年免于死亡”，要求“省刑罚，薄税敛”，“取于民有制”(《孟子·梁惠王下》)。孟子首创性善说，认为人皆有不忍人之心，即有恻隐、羞恶、辞让、是非之心，此四心又是仁、义、礼、智四端，也就是四种道德的萌芽、可能性。应当通过实践，建立“父子有亲，群臣有义，夫妇有别，长幼有序，朋友有信”(《孟子·滕文公上》)的伦理规范。他十分重视道德伦理的自我修养，所谓“吾善养吾浩然之气”，认为“万物皆备于我”，“求则得之，舍则失之”，如果“放其心而不求知”则是人生最大的悲哀。孟子学说虽有很多利于人民的成分，但在“天下方务于合纵连横，以攻伐为贤”的时代却十分不合时宜，“见以为迂远而阔于事情”，是无法实施的，这是孟子学说在那个时代无可避免的历史命运。

但孟子思想毕竟切合于一统政治的需要。其学说也在理论上全面而深刻地继承、发展了孔子思想，所以被后世封建统治者和儒家尊奉为仅次于孔子的“亚圣”。孔、孟思想被糅合为一体，成为儒家学说甚至是整个中国传统文化思想的骨干与核心。

三、群贤毕至

孔子庙中除四配之外，比较突出的就是“七十二贤人”，又称为“十二贤哲”，他们体现了孔门弟子在言语、德行、思想理论各方面的成就。

闵损 字子骞，是孔庙中配享的十二贤哲之首。他在孔门弟子中以德行与颜回并称。他的至孝在当时即传闻甚广。相传闵子骞曾受继母虐待，冬天穿着新棉衣赶车，却冻得拿不住鞭子，父亲以为儿子偷懒，夺过鞭子就抽，不料棉衣破碎，才发现棉衣里全是芦花。父亲大怒，要回家休妻。子骞以“宁肯一子单，不让二子寒”的道理劝住父亲，后母也良心发现，视子骞若己出，全家和好。所以孔子盛赞道：“孝哉！闵子骞！人不间于其父母昆弟之言。”（《论语·先进》）历代把他作为伦理道德与孝行的典型，东汉列其为“二十四孝”之一，事迹流传更为广泛。元杂剧中有《闵子骞单衣记》演出。

闵子骞注重德行修养，却不要做官，鲁国权臣季氏请他任费地的长官，子骞对来人说：“请您替我婉言辞掉吧！如果再来找我，那我一定要逃到汶水以北去了。”（《论语·雍也》）以此表明自己志向高洁，不愿与行为丑恶的诸侯、大夫同流合污。

冉雍 字仲弓，鲁国人。也是孔门弟子中的贤德之士。有人说他只是德行好，但缺乏口才。孔子说：“何必口才好？伶牙俐齿地同别人辩难。常常被人讨厌，反而容易掩盖了德行。”（《论语·公冶长》）孔子对仲弓的德才十分赏识，说他具有治理国家的才能，可以担当重任。仲弓的父亲出身贫贱且有恶行，孔子说：“毛色驳杂的老牛，它的后代却角阔蹄圆，毛色纯整，虽欲因其出身不光彩而不见用，怎么能办得到呢？父恶，同样不能掩盖住儿子的善德。”仲弓向孔子请教什么是“仁”。孔子答道：“己所不欲，勿施于人。在邦无怨，在家无怨。”（《论语·颜渊》）仲弓在担任了季氏辅相后，又问政于孔子。孔子说：“先有司，赦小过，举贤才。”（《论语·子路》）仲弓果然认真实践了孔子的教诲。“居敬而行简，以临其民”（《论语·雍也》），并尽力荐举贤才，知人善任。后来荀子在《非十二子》中也称赞仲弓为“大儒”“圣人”。

端木赐 字子贡，卫国（今河南北部）人。性敏达，利口辞，博闻强记，与宰我以“言语”并列。他自认为“回也闻一以知十，赐也闻一以知二”（《论语·公冶长》)。他对于孔子的思想学说极力追求，说“夫子之文章可得而闻也；夫子之言性与天道，不可得而闻也”(《论语·公冶长》)。他求知欲很强，举凡问仁、问政、足食、强兵、民信，都要打破砂锅问到底，“必不得已而去之”，使老师孔子“常黜其辩”。但孔子很欣赏子贡的才能，认为他是“瑚琏器”，能胜廊庙重任。与其他孔门弟子相比，子贡不仅是理论家，更是一个出色的实践家，他在外交、经济活动方面都取得了卓越的成绩。齐国田常欲统兵伐鲁，子贡自告奋勇使齐，说吴，去越，之晋，充分显示了其外交才能。例如他游说田常，说伐国易胜，但功劳却要记到别人账上，反而容易危及田常本人；如果伐吴，导致军事上的失利，削弱了齐国实力，则齐君更要倚重田常支撑残局。此计一出，结果是“存鲁，乱齐，破吴，强晋而霸越”(《史记·仲尼弟子列传》)，即使后来著名的纵横家张仪、苏秦等人也不过如此。他不安守天命，经商货殖，“亿则屡中”，成为“家累千金”的富商。后来有人奉承他，说他贤德超过孔子，子贡十分严肃地说：“他人之贤者，丘陵也，犹可逾也；仲尼，日月也，无得而逾焉”，“夫子之不可及也，犹天之不可阶而升也”(《论语·子张》)。他认为贤德之士更要注重自身修养，因为他们的错误好像日食月食，人人都能看到；当更改的时候，每个人都在仰望着。所以他的“喜扬人之美，不能匿人之过”，是十分可贵的有识之举。

仲由　字子路，鲁国卞(今泗水东)人，孔门十二贤哲之一。性格率直粗野，尚勇力，善政事。初曾以勇武陵暴孔子，孔子设礼稍诱之，后却为孔门弟子。孔子特别赞赏子路明决果断的治政才能，说：“千乘之国，可使治其赋也，不知其仁也。”(《论语·公冶长》)又说：“片言可以折狱者，其由也与？”(《论语·颜渊》)子路自言其志：“千乘之国，摄乎大国之间，加之以师旅，因之以饥馑，由也为之，比及三年，可使有勇，且知方也。”(《论语·先进》)他勇于实践，正视现实，曾对孔子为政必先“正名”的主张提出批评：“有是哉，子之迂也？奚其正？”子路认为：“不仁无义。长幼之节，不可废也；君臣之义，如之何其废之？”“欲洁其身，而乱大伦。”(《论语·微子》)他曾担任过季氏辅相，参与堕三都，出藏甲；又曾为蒲大夫，政绩可观。子路的政治信仰十分坚定明确，孔子说：“道不行，乘桴浮于海，从我者其由与？”(《论语·公冶长》)后来子路参与卫国废立之乱，搏杀中冠带被击断，自言“君子死而冠不免”，遂结缨而死(《史记·仲尼弟子列传》)。子路是孔子“有教无类”成功的典型。

卜商 字子夏。春秋末年晋国温（今河南温县西南）人。子夏出身贫寒，衣衫褴褛如鹌鹑般挂在身上，是为“鹑衣百结”之典的出处。但他依然持身严谨，安贫乐道。《荀子·大略》：“人曰：‘子何不仕？’曰：‘诸侯之骄我者，吾不为臣；大夫之骄我者，吾不复见。’”子夏以文学著称，长于《诗》《书》，他与孔子讨论诗歌理论问题，至今影响甚大。《论语·八佾》：“子夏问曰：‘巧笑倩兮，美目盼兮，素以为绚兮’，何谓也？子曰：‘绘事后素。’曰：‘礼后乎？’子曰：‘起予者，商也，始可与言诗已矣！’”“绘事后素”是孔子以绘画先以粉地为质，而后饰以五彩为喻，说明作家品德与作品的关系。孔子主张“文质彬彬”，即思想内容与绚丽辞采的高度统一。看来孔子很受子夏的启发，才形成这一儒家重要的文艺观点。子夏还十分重视品行修养，说：对妻子应重品德不重容貌，侍奉父母要尽心尽力，服侍君主能豁出性命，与朋友交往要守信用。这种人虽说没有学过礼仪，但我认为他一定是学习过了。他认为“博学而笃志，切问而近思，仁在其中矣”（《论语·子张》）。子夏曾为莒父（今山东莒县境）宰，他结合切身体会说的“仕而优则学，学而优则仕”“君子学以致其道”（同上），是最早的学以致用的观点。他十分注意志向的培养，引起孔子的喜爱，孔子告诫他：“无欲速，无见小利；欲速则不达，见小利则大事不成。”（《论语·子路》）“女为君子儒，无为小人儒。”（《论语·雍也》）正是因为有这种远大抱负和自强不息的精神，才使子夏成为孔子弟子中最为博学者。

孔子既没，子夏居西河（今山西汾河、黄河之间）讲学，田子方、段干木、吴起、禽滑鳌等均受业于子夏，魏文侯亦师事之。子夏对于儒家经学的传授也颇有贡献，曾序《诗》，传《易》，传《礼》《春秋》，可惜皆已亡佚。

有若 亦称有子，鲁国人，十二哲之一。对孔子学说有精深的理解。他认为应恰当地运用礼仪才能收到好的效果：“礼之用，和为贵。先五之道斯为美，小大由之。”“因不失其亲，亦可宗也。”（《论语·学而》）他对孔子的认识与评价达到相当的高度，说圣人孔子与百姓是同类，却“出乎其类，拔乎其萃”，是空前的伟人，“自生民以来，未有盛于孔子也”（《孟子·公孙丑上》）。

有若本身也是孔门弟子中出类拔萃的人物。《论语》中记言记事涉及孔子弟子的，孔子只对曾参、有若称“子”，足以说明他在当时的地位。据《孟子·滕文公上》记载，孔子死后，众弟子日夜思念。因有若貌似孔子，子夏、子张、子游等人遂相议立有若为师，一如孔子生前那样恭敬地侍奉请教。后世对有若也多封赠，唐代封为“卞伯”，宋代封为“平阴侯”。有子故里在泰山脚下肥城的有家庄，那是有若后裔聚居之地，有子墓在有家庄附近，清代乾隆五十年（1785）曾出土宋代碑碣，证明其为有子墓地无疑。

冉耕　字伯牛，鲁国人，十二哲之一。在孔门弟子中以德行与颜回、闵子骞、仲弓并称。孟子门人公孙丑认为冉耕大致接近孔子，只是没有孔子那样博大精深。后来冉耕得了重病，孔子去探望他，师徒二人隔窗执手相看泪眼，孔子伤心地叹道：“亡之，命矣夫！斯人而有斯疾也！斯人而有斯疾也！”

冉耕故里在今肥城西南的冉家庄，冉氏后裔于此聚族而居，历代对冉耕均有封赠，奉冉耕为“东平公”。村内有冉子祠，是族人奉祀祖先冉子之处。雍正十三年（1735）清政府专为冉氏族人设世袭五经博士一员，奉祀生十二名，以示对这位贤哲的优抚。

宰予　字子我，亦称宰我，鲁国人，十二哲之一。以“利口辩辞”与子贡并称。子我富于聪明才智，从不阿谀奉承，却对孔子的学说及品行给予极高的评价：“以予观于夫子，贤于尧舜远矣。”（《孟子·公孙丑上》）在重要问题上宰予敢于发表不同意见。有一次他与孔子讨论丧礼，说：“父母死后守丧三年，是不是为时太久了？三年中间君子不设礼仪，礼仪就行不通；三年不用音乐，音乐就无法恢复。守丧一年大概就可以了吧！”孔子说：“你能忍心这样去做吗？”子我答：“可以。”孔子气愤地说：“既然你能忍心，就可以这样做，真是一个不仁的家伙！”子我的行为也颇有个性，竟敢白天睡大觉，被孔子斥之为“朽木不可雕也，粪土之墙不可杇也！”（《论语·公冶长》）不过纵观子我言行，倒不失为有识之士。

冉求　字子有，鲁国人，十二哲之一。在孔门弟子中以政事著称。他曾自言其志：“方六七十，如五六十，求也为之，比及三年，可使足民。如其礼乐，以俟君子。”（《论语·先进》）后来子有当上了鲁国大夫季氏的管家，帮助季氏聚敛钱财，孔子十分生气，说子有：“非吾徒也，小子鸣鼓而攻之，可也！”（《论语·先进》）在此之前，孟武伯曾问过子有之“仁”，孔子说：“求也，千室之邑，百乘之家，可使为之宰也，不知其仁也。”（《论语·公冶长》），此话果真应验了。可见“知徒莫如师”，孔老夫子还是很有些眼力的。

言偃　字子游，吴国人，十二哲之一。以文学与子夏并列。后仕鲁，为武城（今费县西南）宰，认真实践孔子学说，重视礼乐教育。孔子路经武城，听到有弦歌吟诵之声，便莞尔一笑，说：“杀鸡不用牛刀，治理这小地方还用大兴礼乐吗？”子游认真答道：“先生以前讲过，做官的学习礼义之道就会有仁爱之心，老百姓学习礼乐就容易管理。”孔子不禁肃然，忙对弟子们说：“子游说的话是对的，我刚才那些话不过是开开玩笑罢了。”孔门弟子中习礼者以子游造诣最为精深。曾参深得孔子忠恕之道，然习礼屡称不如子游。同以“文学”并称的子夏，习礼亦常请教子游。当时孔门诸子、公卿大夫以及士庶人等，凡议礼不决者，多以子游之言为是。子游为政亦善知人，时武城“有澹台灭明者，行不由径，非公事，未尝至于偃之室也”（《论语·雍也》），子游于细微之处察知其人品行端正。孟子称子游“有圣人之一体”，是说他在习礼造诣上接近孔子。

颛孙师　字子张，陈国阳城（今河南登封境内）人，十二哲之一。子张是孔门弟子中最年少者，然好学上进，博闻强记，甚至随时在衣带上记下老师的话。子张问干禄，孔子告之以“多闻阙疑”，“多见阙殆”；子张问“十世可知也”，孔子曰：“殷因于夏礼，所损益可知也；周因于殷礼，所损益可知也；其或继周者，虽百世可知也。”（《论语·为政》）子张又问“仁”，问“善人之道”，问“明”“达”“行”“从政”，所问颇多，力求博古通今，闻达于世。孔子也谆谆不倦，教以“言忠信，行笃敬，虽蛮貊之邦，行矣；言不忠信，行不笃敬，虽州里，行乎哉？”（《论语·卫灵公》）又说：“能行五者（恭、宽、信、敏、惠）于天下，为仁矣。”（《论语·阳货》）子张也颇心有灵犀，主张“君子尊贤而容众，嘉善而矜不能”（《论语·子张》），很合仁道的施政准则。

朱熹　字元晦，号晦庵，徽州婺源（今江西婺源）人，南宋著名理学家。因他是继先秦儒学、两汉经学之后，儒学发展为理学的重要代表人物，所以也把他列入孔门弟子，拉进十二贤哲之中。

朱熹是宋代理学的集大成者。他在继承以“三纲五常”为核心的儒学思想的基础上，吸取佛教、道教思想而构成了一个新儒学思想体系。他以“理”即“天理”为宇宙的本体，把三纲五常的封建伦理说成是“天理”的具体体现，提出“存天理，灭人欲”，要求人们自觉遵守封建纲常，用禁欲主义约束自己，做封建礼教的卫道士。这些主张加强了封建宗法统治的精神压迫，成为后世封建统治阶级的理论工具。

朱熹“好为人师”，从事教育50多年，曾长期在庐山白鹿洞书院、长沙岳麓书院设席讲学，弟子先后达数千人。他强调“居敬穷理”的内省修养，以“仁”为最高的修养境界，并身体力行。他一生著述颇多，有《朱文公文集》行世。

四、泰山英才

孔子杏坛讲学，来往于泰山，曾经吸引教诲了一批优秀的泰山子弟。可惜年代久远，有些名字未见诸《论语》，有些虽有姓名，籍贯却无从考察，故而湮灭无闻。有幸在《论语》中保留下来的林放、柳下惠，就是他们之中堪称英才的杰出代表。

林放　是一位学识渊博、精通礼仪的学者。林放曾经请教什么是礼的本质。孔子高兴地说：你的问题意义重大，抓住了关键。就通常礼仪来说，与其铺张奢靡，宁可选择俭朴；就丧礼说，与其礼数周全，宁可过度悲哀。孔子从实用礼仪学的角度，阐述了礼的内在精神。反对为礼行礼的形式主义和舍本逐末的表面文章，主张在施行礼仪的时候，要注重对礼的诚挚和内心省悟，使行为规范和人际关系通过礼仪的协调归于“仁”，认为这才是礼的根本目的和内在精神。礼的形式与内容之关系，正是所谓“质胜文则野，文胜质则史”。这是多么富有人文精神和伦理色彩的阐释。林放对孔子的这番高论大约是心领神会，所以很得孔子赏识，认为他确实掌握了礼仪的根本。后来鲁国掌有实权的大夫季孙氏想祭祀泰山，这是悖于礼仪的僭越行为，孔子气愤地责问替季氏当官家的学生冉求：“你不能阻止吗？”冉求说不能。孔子讥笑道：“看来泰山神还不如林放懂得礼仪，居然要接受不合规矩的祭祀。”孔子对林放的评价可见一斑。

按籍贯，林放是泰山子弟，其故里在今新泰放城乡，地望即以林放得名。清乾隆六十年（1795），当地出土一块残碑，载有林放的有关文字，由此林放故里可确信无疑。因受到孔子褒奖，林放也受到历代帝王的封赠，唐开元二十七年（739）唐玄宗封其为清河伯；宋大中祥符元年（1008）宋真宗封其为长山侯，并从祀于孔子庙中。因有孔子“泰山不如林放”之语，又因籍贯，所以当地人称其为“泰山林放”，并一直自豪而崇敬地供奉其于泰山上下的孔子庙中，加以神化、偶像化，作为泰山人“知礼”的杰出代表。后来在其故里又专门建起一座先贤林放祠，供人们祭祀瞻仰，以弘扬儒家文化。

柳下惠　本名展禽，其封地在柳下（今新泰柳里村），死后谥号“惠”，故称柳下惠。他曾为鲁国大夫，掌刑法典狱，因秉公执法，得罪权贵，数次被撤职罢官。有人劝他说：“你不可以离开鲁国吗？”他答道：“正直地工作，到哪里还不是一样被撤职？不正直地工作，为什么一定要离开祖国呢？”这种以天下之道自任的精神，正是孔子“士不可以不弘毅，任重而道远，仁以为己任，不亦重乎”(《论语·泰伯》)之说的行为阐释，孔子对此是十分肯定的，称赞他“言中伦，行中虑”。但在孟子看来，柳下惠不仅坚持原则，同时也不乏灵活性，甚至有时还相当油滑。他说：“柳下惠不以侍奉坏君为羞耻，不以自己官小为卑下，入朝做官不隐藏自己的才能，但一定按他的原则办事，自己遭贬也不怨恨，自己穷困也不忧愁。所以他说‘你是你，我是我，即使你赤身露体地站在我身旁，又怎么能玷污我呢？’所以无论什么人都高兴同他一道，并且不失常态，感到和谐宽松。”孟子认为这样洁身自好未免太不严肃，失之不恭，君子是不会这样做的。但孟子又认为能够坚持原则秉公办事，仍不失为奉行礼仪的圣人，只是在协调人际关系上有些“和稀泥”，所以称柳下惠为“圣之和者”，算是对这对瑕瑜并存的圣人的肯定，这种辩证法也实在难为了亚圣孟子。

事实上，柳下惠的品行操守在孔门弟子中是无可指责的。人们所津津乐道的“坐怀不乱”的故事曾经是宋元戏曲中的所常用的，柳下惠与那些喜新厌旧的无行文人角色形成鲜明对照。此事的真实性虽值得怀疑，却是十分符合他“援而止之而止”的行为逻辑。人们之所以尊奉他为“和圣”，恐怕与此事不无关系。

故乡的人民对和圣是十分崇敬的，柳下惠去世后，在天宝寨柳里村修起了和圣墓，并立碑作训，在墓地周围严禁樵采。明代万历四十五年(1617)在泰城东南会真宫附近建起和圣祠，设像供奉。民国初年，当地人还自愿捐资扩建祠堂，修复历代石刻。在孔子庙中，这位和圣也与孔门弟子一起享受人们虔诚的祭祀。在历代人们看来，和圣的品行操守作为人伦师表无愧于垂范后世，起着长久的教化作用。

五、书院遗风

真正继承儒学传统，弘扬儒家文化，并且形成深远影响的，是北宋初年孙复、石介等人及其创办的泰山书院，这是泰山儒家文化中值得大书特书的重要一笔。

泰山书院的出现与宋代儒学的复兴有密切的关系。经过唐末五代的长期战乱，至北宋初年，文化凋敝，教育荒废，亟待重新整顿。统治者鉴于唐朝藩镇割据，国家分裂，最后导致灭亡的教训，实行了对外妥协投降，对内加强中央集权统治的政策，限制武将，擢用文臣，通过科举选拔大批下层文人充实官僚机构。儒家的“尊王攘夷”学说十分符合统治者需要，有利于社会的统一稳定，因此经过朝野的齐力倡导，宋初几十年内儒学逐渐昌盛。此时的泰山也是复兴儒学的重要基地。东平的孙奭、梁灏、梁固、穆修等人，都是名重一时的儒学名士，并担任过重要的文教官职，为在泰山一带复兴儒学不遗余力。青年时代的范仲淹，此时也正在泰山以东的长白山（今邹平境内）醴泉寺读书，因家境贫寒，只得“日煮粟二升作一器，划为四块，早暮取二块，断虀数茎，少入盐以啖之，如此者三年”，出仕后不久，因母丧辞官守制，应晏殊之邀到应天府讲学。他“通六经，长于《易》，学者多从质问，为执经讲解，亡所倦，尝推其俸以食四方游士，诸子至易衣而出，仲淹晏如也，每感激论天下事，奋不顾身，一时士夫矫厉尚风节，自仲淹倡之”（《宋史·范仲淹传》）。孙复、石介都是在应天府书院成为范仲淹学生的，二人在学术乃至性格、修养方面深得其师风范，并在交流切磋之中，结下了浓厚的同窗友谊。为共同兴办泰山书院打下了基础。

宋仁宗景佑二年（1035），孙复“举进士不第”，来到泰山，开始了招生授经创办书院的活动。在此之前，石介已于天圣八年（1030）进士及第，出任郓州观察推官，但因性情耿直，多忤上意，以致“八年之内三从军”，此时正赋闲在家。由于志趣相投，更出于学术上的佩服，石介诚恳地尊孙复为师。在石介等人多方筹措下，由孙复主持，开始在岱庙东南兴建学馆，孙复名之为“信道堂”。不久，该堂被并入岱庙，于是迁往普照寺西北的栖真观，经修葺整顿，已有相当规模，使书院进入鼎盛时期。孙、石等人广泛交游社会名流与地方名士，争取支持，扩大书院的影响：他们与“庆历新政”中的革新派人物范仲淹、欧阳修、富弼、韩琦、杜衍、蔡襄、明子京等保持着密切联系。丞相李迪把侄女嫁给孙复，孔子的四十六代孙孔道辅也多次来书院进行学术交流。奉符知县马永伯是石介同年进士，也给书院提供了不少方便。

书院声誉既起，四方士子闻风而趋，弟子中较为著名的有姜潜、刘牧、张洞、李蕴、祖择之、杜默、张续、李常、李堂、徐遁等人。在教学内容上，书院以儒家经典为主，兼及子、史群书，其中尤以《周易》《春秋》为重。石介说“(孙复)先生尝以谓尽孔子之心者大《易》，尽孔子之用者《春秋》，是二大经，圣人之极笔也，治世之大法也”(《泰山书院记》)。石介本人也讲授《尚书》《周易》等经典。二人在此基础上进行深入研究，撰写学术著作。孙复的《春秋尊王发微》20卷、《易说》64篇，石介的《易解口义》等著作均完成于此时。他们还积极推荐学生到各地做官，主张积极入世，报国之心极切，所谓“一寸丹心如见用，便为灰烬亦无辞”(孙复《蜡烛》诗)。弟子们到官后大多砥砺名节，颇有政声，在庆历新政中成为重要力量。

庆历二年(1042)夏，石介居丧期满，由杜衍推荐任国子监直讲。同年十一月，在范仲淹、富弼、石介推荐下，孙复也出任秘书省校书郎、国子监直讲，泰山书院便告消歇。孙、石二人在太学齐心协力，振兴教育，使太学由零零落落的二三十人，在极短时间内骤增至数千人，由此开始了他们改革教风文风，培养人才的新时期。

孙复是北宋初年坚持儒学道统的一员主将。他是晋州平阳(今山西临汾)人，从青年时代开始，一直在相当困难的条件下发愤读书。35岁时游学应天府，并得到范仲淹资助。来山东后先在菏泽、郓州等地滞留数年，连父母遗骨也无力安葬。在泰山书院讲学时“束修”艰难，仍然是“病卧山阿，衣弗克，衣弗给”，在“上无斗升禄以养妻子，下无一夫之田、五亩之桑以供伏腊”的家境中，“日抱《春秋》《周易》读诵，探伏羲、文王、周公、孔子之心”(石介《与董秀才书》)。这种窘境一直到他出仕后才告结束，那年他已经50岁了。

孙复以儒学为中国学术的正统，继承了韩愈的道统说，自称“吾学尧、舜、禹、汤、文、武、周公、孔子、孟轲、荀卿、扬雄、王通、韩愈之道三十年，处非今之世，故不知进之所为进也，退之所为退也……圣贤之道，无进退毁誉也”(《信道堂记》)。儒学的改革需要打出复古的旗号，进行托古改制，阐发出富有时代精神能为当世所用的儒学理论，而孙复正是针对专事经典训诂，皓首穷经无所作为的迂腐之学而主张义理之学的，且治经多有独到见解。欧阳修说他“于诸侯功罪以考时之盛衰，而推见王道之治乱，得于经之本义为多”(《泰山孙先生墓志铭》)，这个评价是客观公允的。他反对佛老虚伪的“去君臣之礼”，批判“福祸报应”的宿命论，以捍卫儒学的正统地位。他的《春秋尊王发微》一书借发挥《春秋》“尊王”的主旨，针对北宋尚未恢复北方领土的事实，主张全国统一于宋王朝之下，是具有现实意义的。

石介是率先垂范复兴儒教而不遗余力的刚烈之士。他家居泰安徂徕，“世为农家”，父石丙“专三家《春秋》之学，官至太常博士”。石介自幼笃志好学，自强不息的精神和严谨刚厉的操守成就了他的学业，年轻时就在山东享有盛名。宋仁宗天圣八年（1030），他与欧阳修、蔡襄等人同中甲科进士。后请孙复来泰山讲学，他以进士出身率乡里诸生尊孙为师，在当时引起强烈反响，使学子“始识师、弟子之礼”（欧阳修《泰山孙先生墓志铭》）。他以复兴儒学，重整天下为己任，“虽在畎亩不忘天下之忧”，“遇事发愤，作为文章，极陈古今治乱成败，以指切当世贤愚善恶，是是非非，无所讳忌，世俗颇骇其言”（欧阳修《徂徕石先生墓志铭》）。庆历新政时，组成了范仲淹、欧阳修、富弼、韩琦、杜衍等人在内的新内阁，石介喜不自禁，写了长篇《庆历圣德颂》诗，盛赞革新派，抨击奸党，激切之情溢于言表，在文人士子中广为流传。从此，他被保守派视为眼中钉，必欲除其而后快。在各种诽谤攻击下，石介于庆历五年在家中病故，年仅41岁。

石介也是儒家仁政的积极鼓吹者。他继承孔孟的民本思想，提出：“民者，国之根本也。”“人皆曰天下、国家。孰为天下？孰为国家？民而已！有民则有天下，有国家；无民，则天下空虚矣，国家名号矣。”（《根本策》）因此他积极主张澄清吏治，简约宽民。在《明禁策》中批评朝廷“今山泽江海皆有禁，盐铁酒茗皆有禁，布棉丝枲皆有禁，关市河梁皆有禁”，几乎一切与人民生活有关者皆有禁，唯独“宫室过度则不禁，豪强兼并则不禁，吏贪于下则不禁”。针对这种情况，他提出“唯禁其不禁，而弛其禁。则先王之法也，三代之制也”。这种强烈的民本意识，在北宋初年是不多见的。

一般认为泰山书院的创始人还应包括著名教育家，泰州海陵（今江苏泰州市）人胡瑗。他与孙复、石介同为范仲淹门生，后来又长期在国子监共事。朱熹《三朝名臣言行录》转引胡瑗曾孙胡涤的一段话：“侍讲（胡瑗）布衣时，与孙明复、石守道同读泰山，攻苦食淡，终夜不寝，十年不归。得家信，见上有‘平安’二字即投之涧中，不复展。”现书院遗址尚有“胡安定公投书处”。但书院活动时期是1035～1042年，共8年时间，而胡瑗于1034年由苏州出任，只能说胡瑗也曾因石介的关系在泰山读书，并与后来的泰山书院有密切联系。

胡氏一生主要从事教育。在苏州、湖州教授近20年，出仕后一直在太学任教，前后有十几年时间。经他教育的学生前后达1700余人。其儒家教育思想中最根本的一点是“明体用之学”。他提出“致天下之治者在人才，成天下之才者在教化，教化之所本者在学校”(《松滋县学宫记》)，强调必须改变把学校作为科举准备场所的偏向，恢复学校培养人才的职能，把学生培养为既有封建道德又有实际才干的人才。为了贯彻“明体用”的宗旨，胡瑗创立了苏湖教法即分斋教法，在主持国子监以后，又进一步把分斋法发展为分组教学，使因材施教之法更加完善，并采取灵活多样的具体做法，调动师生的两个积极性，使“人人皆乐从，而有成效”。

胡瑗还主张学生要走出书斋，接触社会实际，体验所学知识。他极重视为人师表，凡要求学生做到的皆“以身先之”，并能“视诸生如其弟子，诸生亦信瑗如其父兄”(《宋史·胡瑗传》)。他主持太学期间，四方士子云集京都，争相入学，竟使庞大的太学无法容纳，只得临时增加学舍。礼部每年考取的官员，十之四五出自他门下。人们说，胡瑗的学生参加考试，往往名列榜首，从政为官，则多老成练达。欧阳修称赞他“弟子皆贤才”，是不过誉的。

泰山书院前后持续了8年，为在泰山以至山东地区复兴儒学，普及教育，培养人才，立下了筚路蓝缕的开拓之功。他们不仅以自身行为树立了一代学风，而且在儒学理论上也颇多建树，成为宋明理学酝酿时期的先驱。清代泰安知县徐宗干说“夫孔孟之道，阐于程、朱，程、朱之源，开于孙、石”(《拟请宋孙石两先生从祀议》)，是完全正确的。

孙复、石介等人的成就，都直接发轫于泰山书院的实践，是书院教学与研究活动的伸展和延续，石介创办的徂徕书院，实际是泰山书院的分支，为泰山书院壮大了声势。就其对后世的影响来说，明代地方名士李汝桂的育英书院、宋焘的青岩书院，清代赵国麟的泰山书院、徐肇显的徐公书院、徐大榕的岱麓书院、唐仲冕的泰山书院、许莲君的怀德书院等，无一不打出泰山书院的精神旗帜，成为“能使鲁人皆好学”风气的体现。泰山书院是弘扬儒家精神的教育基地。

在泰山书院砥砺名节、谨行操守的遗风影响下，涌现出一批忧国忧民，指斥时弊奸，率行仁政，造福桑梓的官吏。泰山书院遗址五贤祠中供奉的宋焘、赵国麟，便是其中代表。

宋焘 字绎田，泰山五贤之一。故里在泰城西上旺庄。明万历二十九年

（1601）进士。他为官刚正果敢，在任应天府巡按时目睹重臣贪赂于上，狡吏搜刮于下，将疲兵冗，内忧外患，遂慨然上书："自采榷之议兴，民不堪命，一夫振呼而从者响应。宜及时发内帑之金，停无益之税，克诘戎兵，简炼将帅，则内治顺而外防固矣。"他十分关心百姓的疾苦，万历三十年（1602）六月泰山大水，一时"泰山波浪翻空下，漂去人家四五千"，"一望城西无片瓦，万人滚滚随流下"，更惨的是幸存者仍要交税还债，"死者长别生遭桎"，"望见参随犹战栗"。正在京师的宋焘接到家信后"肝胆欲裂心惊悸"，仰天长叹"吁嗟乎！洪水何无情，真如矿税使！"并于泪水滂沱之中草就《泰山大水歌》，真实地记载了这次水灾的具体情景，成为研究泰山灾害的珍贵史料。

当时，宰相朱赓结党营私，阻塞贤路，朝廷上下无敢言者，独宋焘率先上书，直言时弊是"大僚多缺，百官不熙……阉竖鸱张于内，夷狄凭陵于外，四方盗贼，水旱蝗螨，道殣相望，而九阍转隔，天听益高……贤才鳞集者不用，斥逐者不起，使其壮者老、老者死"，并指出导致这一局面的原因正在于朱赓一流奸臣。此议一出，宋焘自知官位难保，乃称病乞归，在故里筑青岩居，与东林党人来往密切。闲暇时读书吟诗，并在泰城灵芝街设青岩社，召授生徒，政治失望，唯愿扶持乡里弟子，所谓"我亦厌世网，结契在巢由"（《怀旧》）。他在《青岩居草自序》中写道："夫一身萍梗，尝五季羁燕，二载游吴矣。乃彼时来青岩，精神梦寐时时飞溯，不能自制也。此时一返青岩，四大安稳，魂梦亦清，不能自知也。"这是他远离宦迹后心情的真实写照。宋焘对泰山的历史文化亦颇多贡献，所著《泰山纪事》是现存最早的泰山志书，开泰山史乘之作的先河。《四库全书总目提要》记载："此书三卷，一卷曰天集，记天神事；二卷曰地集，记古迹；三卷曰人集，记名宦人物所言。"此书是珍贵的泰山史料。另有《理学渊源》《时习要录》《州志补遗》《青岩居草》《岩居漫录》《落花全韵》等著述。因为他敢斗奸佞的政绩和造福乡里，兴人教育的义举，家乡人民把他列入三贤祠设像祭祀，以表示对这位乡贤的怀念之情。

赵国麟　字仁圃，号拙庵。泰山五贤之一。赵氏祖籍浙江，从祖父赵瑗起迁居泰安。赵瑗曾与泰山普照寺著名诗僧元玉诗文酬和，往来密切，是"石堂八散人"之一。赵瑗曾手抄《春秋》三传、《史记》《汉书》等教授国麟，而国麟也"少颖秀，日读书千言"，学识不断长进。康熙四十五年（1706）中进士，后任长垣（今河南长垣）知县，并代理内黄县之职，此时内黄大饥，国麟开仓发粮数万石赈济百姓。同年黄河决堤，河水直通长垣城，他率官吏百姓不分昼夜筑坝抢险，打捞灾民，并修起长达百里的太行堤，开挖数条溢洪道，使长垣永绝水患。他“当官清峻，以礼导民，民戴如父母”(《清史稿·赵国麟传》)。后以贤名升任河南福建两省布政使。在闽期间，发现当地“殉夫”陋俗，即女子未嫁而夫死，为表示“从一而终”的贞烈，要搭设彩台当众自缢，而乡里竟然“预敛钱称贺”，国麟当即上书，以朝廷名义禁止。这在自幼研习理学，“以程朱为宗”的赵国磷，是相当难能可贵的。他还十分关心百姓的生活。当时全国许多煤田因官府禁令不能开采，他上《请开煤窑疏》主张开禁，以解决百姓烧柴困难。乾隆三年(1738)擢任刑部尚书。后迁礼部。乾隆四年拜文渊阁大学士。乾隆六年因事被贬，乞归还乡，在泰城南白峪村筑“岱阳精舍”而居。

赵国麟一生勤奋好学，“博征古今，旁及日用琐屑，靡不贯通，尤喜启迪后进”。归里后，在宋焘青岩社旧址又起青岩书院，教授乡里子弟，“来学者尝数十百人”，有“侍赵公坐一日，抵十年养气”之说。他一生著述甚多。有《文统类编》《制义纲目》《大学困知录》《云月轩藏稿》《拙庵近稿》《小园杂记》《居岱渊源》等传世。道光九年(1829)与宋焘一起被奉入五贤祠，成为泰山上最后一名被祭祀的儒学代表人物。也正在此时，儒家学说及其命运在泰山，也在全国日渐式微。

第七章
回天有术的医神

古人对于生老病死有切肤之感。他们始终对疾病和医疗给予强烈的关注。他们在不断总结探索医疗经验，与疾病做顽强斗争的同时，也把那些医术高明的医生加以神化，奉为神明，并纳入崇拜与信仰的范畴，像对其他神祇一样建庙祭祀，顶礼膜拜，各地的医王庙所祀不一，少至一人（神），多至十数人（神），而泰山先医庙所供奉者28人，涵括了从传说中的巫医到宋金元明的历代医王医圣，几乎相当于一部完整的中国医学医药史。泰山神话中西王母掌不死之药，泰山神主生死，恐与这种医药崇拜息息相通，它反映了人们生生不已的创造活力和生存意识。

一、从“神农尝百草”谈起

三皇五帝作为“人之初”的始祖，不仅生育了人类，而且对人类的疾病治疗也有开创之功。当“神农尝百草，始有医药”的传说载入文献，医学科学就在华夏大地露出了曙光。人们以恭诚的心情，把医术奉为起死回生的“神术”，把回天有术的医生称为“神医”，当作为崇拜的对象。各地建有难以计数的医王庙、药王庙。这反映了人们摆脱病痛的强烈愿望和崇拜医药的心理状态，泰山先医庙，就附在岱宗坊以北的三皇庙内。

中国医学史的最初阶段是巫医阶段。古时“毉”字从“巫”，说明当时巫医不分（后来演变为“醫”，从“酉”，可能是以酒治病的痕迹）。孔子曾说“人而无恒，不可作巫医”（《论语 · 子路》），也是巫医并称。至西周初年，宫廷内部就设置了完备的医务系统。据《周礼》记载，当时设有五医：医师、食医、疾医、疡医、兽医。医师是宫廷最高医务官员，掌有统领诸医、管理药物之权，并负责对诸医的考核监督、职事升降。食医负责王室的营养保健，根据不同季节、不同食物和不同情况进行调节变化食物供给。疾医负责内科诸病的预防与治疗，病人死后还要把详细情况、医疗分析书面上报给医师备案。疡医负责外科，包括外伤感染、皮肤、骨折等症。兽医负责役使牲畜和食用牲畜的治疗，并根据病死牲畜的多少决定奖惩。这样的分工和管理措施，现在看来仍不失其严密性与合理性，足见当时医学发展的水平。《汉书·艺文志》收录了汉以前的医学文献，已有“医经”即医学理论著作七家，现存的《黄帝内经》只是七家中的一家；还有“经方”即收载经验方药的医书十一家。说明早在西汉以前，中医学就积累了相当丰富的治疗经验，形成了比较完整的理论体系。司马迁在《史记》中为之列传的战国扁鹊、西汉淳于意，是首见正史的著名医学家。汉代张仲景的《伤寒杂病论》，华佗的麻醉术、针灸术，把传统医学从理论到实践都推上了一个相当的高度，后世以“扁鹊复生，华佗再世”颂扬医术高明的医生。汉魏以降，名医迭出，著述纷呈。晋代王叔和《脉经》，隋朝巢元方和《诸病源候》，宋代钱乙和《小儿药证直诀》、宋慈和《洗冤录》，以及金元时期出现的中医四大学派，明清时期的温病派、活血化瘀派等，使中医发展臻于化境。在“经验方”的搜集整理上，唐代孙思邈的《千金方》集方论5300首，北宋官修的《圣济总录》录方近20000首，明代《普济方》集方六万余首，是我国最大的一部方书。在医学研究方面，汉末《神农本草经》载药365余种，明代李时珍《本草纲目》收药1892种、附图1109幅，在明代即已传入日本等国。在针灸学以及与之相关的经络学说方面，中国医学更是对整个人类做出了巨大贡献。

作为传统文化的一个组成部分，中医学从它产生开始，就与原始的意识形态有着密切的血缘关系。如前所述，超自然的力量、神灵崇拜在医学中颇占成分。特别在上古时期，医学与巫术、阴阳五行观念的关系尤其紧密，甚至是连体的。疾病与瘟疫发生，人们认为是鬼魂作祟，需要拿鬼驱邪；医学的导引术（气功）与巫术中的调动意念，几乎是异曲同工；而在古代是巫、医不分的，巫师的主要职能之一就是治病，在治疗过程中，医疗与巫术密切结合，求药就要求巫，信巫必然信药。所以在《山海经》等古籍中，巫师大都手中握有不死之药，同时还可使疫疠之气伤人。巫术可以通过占卜诊病，也可以通过祈祷仪式治病，此类记载，史不绝书。后世道教承袭此法，其流布之广，较前人益甚。相形下，传统医学在襁褓时期就依在阴阳五行说怀中，以致即使在中医成熟之后，仍以阴阳五行为思维方式和理论体系，古代哲学中天地人相参的观念，始终循环渗透于传统医学的血液。《黄帝内经》反映出的最早的医学理论中，就认为人禀天地正常变化之气而生，受地天异常变化之气而病。阴阳标示着辩证，五行推断出生克，五运六气是中医思想的精髓。这种到金元四大家出现后才告成熟的系统论学说，对传统中医有着意义非凡的科学价值。

由此我们可以有充分的理由理解，一部中医史也是一部信仰与崇拜的历史，历代名医被加以神化，享受民间祭祀，例不胜举。如：泰山神话传说多与医药有关；泰山物产丰富而独以四大名药著称；泰山南城人羊祜以符水治病，就要在史传中突出提及，等等。更进一步，再联系到泰山主人生死的深层内涵，对从古至今连续不断的人产生强烈的生命意识的理解，不就清晰可见了吗！

二、巫医与食医

巫医与食医是最早的职业医生。古代的巫是人与鬼神之间的沟通者。疾病是鬼神对人的谴告和惩罚，巫则可以通过祭神祀鬼来治疗疾病。医离不开药，古人采野菜和草木药果腹治病，因而有“神农尝百草，一日而遇七十毒”之说。此处之毒是指有效力的草药。《周礼·天官书》也说“聚毒药以供医事”。药食同源是最早的医学理论之一，为后世医学奠定了养生与治病相结合及重视食疗的传统。

季天师　名季咸，是古代一位年轻貌美的女巫。据《庄子·应帝王》记载，季咸是郑人，能预测人的生死存亡、福祸寿夭，并能预言在某年某月某旬某日，相当神验。以致郑人见她便纷纷逃走，怕她宣布自己的死期。列子相当欣赏她的道术，便对自己的老师壶子说：“我原以为您的道术修养已属极致，现在才知道季咸的道术比您更高级。”壶子说：“那么你请她来见我吧！”第一次见面，季咸说先生寿期在十天之内，第二次见说有好转希望，第三次说已无法预测，第四次见面季咸转身就跑。列子追时，已不见踪影。壶子说：“原先我控制气息神态，没有展示精神与天地相融的境界，只是表现出很自然随便的样子，她不知道我是什么人，无法摸清我的底细，所以她的预测自相矛盾。一般人做不到藏而不露，所以能被她掌握预测。”列子听了佩服之至，随他修学到了忘我的境界。

《山海经·大荒西经》中亦有巫咸的记载：“大荒之中……有灵山，巫咸……十巫，从此升降，百药爰在。”灵山是沟通天、神、人的灵区，巫咸即是天命神意的代言人，又握有不死之药，当然也就能知人生死。另外《归藏》中还记载巫咸为黄帝属臣，曾在炎黄大战中预测军机胜败。

正因季咸有这样神异的背景和道术，才被后来的道教奉为天师，负有传授道术、预测吉凶的重任。在她的相术中，往往采用望、问、闻等诊法，所以后来被列在名医之首。《世本》中就把她作为名医：“巫咸，尧帝时臣，以鸿术为尧之医。能祝延人之福，愈人之病。”这也算是“知人善任”了。

鬼臾区　相传为黄帝时医，他是黄帝在泰山边封禅边求仙的谋臣，也是通于方术的巫医，能决疑难病症。事见于《黄帝内经・灵枢》。《史记・封禅书》中也曾谈到鬼臾区：“黄帝得宝鼎宛朐，问于鬼臾区，鬼臾区对曰：‘(黄)帝得宝鼎神策，是岁己酉朔旦冬至，得天之纪，终而复始。’于是黄帝迎日推策，后率二十岁复朔旦冬至，凡二十推，三百八十年，黄帝仙登于天……鬼臾区，号大鸿，死葬雍，故鸿冢是也”。

岐伯　黄帝属臣。《太平御览》卷七十一引《帝王世纪》：“岐伯，黄帝臣也。帝使岐伯尝味草木，典主医病，经方《本草》《素问》之书咸出焉。”道教《黄帝岐伯经》说他曾乘着由十二只白鹿拉的彩云车游蓬莱仙山，并奉黄帝之命向仙人求不死之药。这当然十分浪漫。《史记・封禅书》中还说岐伯劝黄帝封禅泰山以求长生不死。

相传为岐伯、黄帝所作的《黄帝内经》是最早的医学专著。该书分《素问》《灵枢》两部分，各有9卷，81篇，以岐伯、黄帝相问答的形式，详尽论述了中医学关于人体解剖、脉学、病因、病理、疾病症状、诊断、治疗、预防、养生等方面的内容。书中所体现的整体观、运动变化观、预防医学思想等，具有朴素的唯物主义和辩证观点，不仅在医学上，而且在古代思想史上也占有相当重要的地位。书中论述的脏腑学说、经络学说、气血学说、阴阳五行学说、病因学说以及诊治法则等，对中医学理论体系的形成，起了奠基作用。《黄帝内经》一书从体例内容上看，非成于一时一人之手，一般认为是战国晚期之作，之所以奉为岐伯、黄帝之作，是为了体现古人“慎终追远”的精神。它对后世中医学的发展具有深远影响，直至今日仍是中医的必读之书。事实上，历代中医都是把二人一并视为中医祖先和行业神，过去中医药店，都把二位神仙设像供奉，顶礼膜拜。拜师学医、药铺开张、逢年过节都要设祭。过去泰城的中医诊所和药铺门前，也都挂着“岐黄之术”的布幌，以此作为中医的代名词。

俞跗　相传为黄帝之臣。事见《史记·扁鹊仓公列传》：在治疗太子“尸厥”时，虢人对扁鹊医术提出怀疑，就举出俞跗为榜样，说：“上古之时，医有俞跗，治病不以汤液醴洒，镵石挢引，案杌毒熨，一拨见病之应，因五藏之输，乃割皮解肌，决脉结筋，搦髓脑，揲荒爪幕，湔浣肠胃，漱涤五藏，练精易形……”由此可知俞跗和扁鹊一样，也是位医术精湛的医家。《敦煌变文集》卷八引句道兴《搜神记》云：“昔黄帝时有俞跗者，善好良医，能回丧车，起死人。”也就是说俞跗有起死回生的本领，但这毕竟是传说，俞跗其人也只是靠扁鹊之名而著名。

少俞　即俞儿，亦黄帝属臣，善辨味，属食臣。《庄子·骈拇》篇：“属其性于五味，虽通如俞儿，非吾所谓臧也。”意思是说：自然中存在的酸、苦、甘、辛、咸五味，虽然像俞儿那样精于品鉴，也是不能肯定的，因为对五味的选择违背了自然本性。《尸子》曰：“膳，俞儿和之以姜桂，为人主上食。”说明少俞善于调味。《淮南子》云：“俞儿、狄牙、尝淄、渑之水而别之。”则是说少俞善于鉴味。而少俞正是泰山东部的齐人。

食医是古代“五医”之一，据《周礼·天官冢宰》记载，食医的职责是“掌和王之六食、六饮、六膳、百羞、百酱、八珍之齐……凡君子之食恒放焉”。“六食”就是六种谷物，即：稌（稻）、黍、稷、粱、麦、菰米（雕胡米）。“六饮”是六种饮料，即：水、浆、醴、凉、医、酏（薄粥）。“六膳”就是六种食用禽兽，即：马、牛、羊、犬、豕、鱼。“羞”“酱”既是调味品，又是烹饪方法，言百者，概谓天子所享食礼，在味道上应是最丰富的。“八珍”就是八种珍稀菜肴，即：淳熬、淳母、炮豚、炮牂、捣珍、渍、熬、肝膋。这八种菜肴取料广泛而又精致，烹制工序繁杂，历时漫长，不能轻易得到，只在举大礼时才能齐备，一般诸侯是不许僭用。食医的“掌和”就是根据不同季节的变化和食物种类进行合理调配，如食宜温，就应与春天相配；羹宜热，在夏；酱宜凉，在秋；饮宜寒，在冬。从调味上讲，春宜多酸，夏苦，秋辛、冬咸，并以甘甜之味调和。在食、饮、膳羞的相互搭配上，也有一套规矩，如牛肉配稻米，羊肉配黏米，猪肉配粟，狗肉配高粱，雁肉配小麦，鱼肉配雕胡米，等等。这是古人对饮食营养与食疗保健的最早认识，其中不乏科学成分，有些成为流传至今的食俗。

君主的饮食全部依靠食医来掌握，所以食医不仅要从饮食搭配上进行理论指导，还要在味道品评方面有高出膳夫（厨师）的鉴别能力，那么俞儿、狄牙能分出淄水、渑水的不同味道，也就有着比较实际的客观基础了。

伊尹　亦名伊挚，是夏商之间起着重要作用的历史人物。伊尹虽然出身卑贱，却有一段奇异的经历。《吕氏春秋·本味》篇记载：夏之末年，有侁氏之女采桑时于空桑树中得一婴儿，遂收养并寻访其来历，才知道婴儿的母亲居于伊水之滨，怀孕以后梦见神人来告：米臼中出水时就要发洪水了，你要赶快往东面跑，千万不要回头。第二天，果然米臼出水，孕妇立即通知众邻居往东走，走出不远回头一看，村庄已成汪洋，不料自己顿时化作一株空桑树，儿子得以安然无恙，因为这个缘故，有侁氏替他取名叫伊尹。

伊尹长成之后大有贤名，深得有侁氏信赖，《墨子·尚贤下》说他担任了宫廷“师仆”，即宫廷厨师长的职务。此时成汤正因革新而求贤若渴，一夜忽梦有人负鼎扛俎对自己微笑，醒后占了一卦，认为鼎是调味之器，俎是割截天下的砧板，说明要有辅弼我取天下的人出现了。成汤素闻伊尹贤名，恰巧伊尹又是调和鼎鼐的厨师，看来此人非伊尹莫属了。于是成汤以重礼聘伊，有侁氏不放，汤又生一计向有侁氏求婚，有侁氏高兴地答应了，并以伊尹为陪嫁。据《帝王世纪》记载，伊尹是“负鼎抱俎”以见成汤。君臣相见，心有灵犀，成汤立即于太庙中点燃获苇，衅血牺牲，举行隆重的典礼，来实行对这位卑贱之士的提拔，而伊尹也未贸然进平治之策，只是以烹调为喻，“说汤以至味”，说明欲求至味，必先为天子，欲成天子，必先知仁义之“道”，从而大得成汤赏识。至于后来伊尹忠心辅佐成汤，出谋划策，“五就桀、五就汤”，里应外合，为推翻夏桀立下奇功，那是后话了。

值得注意的是，伊尹从事的膳夫庖人之业，所司正与最早的“食医”相同；他以调味必须掌握时机火候为喻，谈治国必须抓住根本、掌握规律，这就从观念上把“调和鼎鼐（烹调）”“燮理阴阳”（医术）与治理国家三者拧在了一起，既形象、生动、恰切，又深刻揭示了它们之间逻辑上的内在联系，充分体现了古人的高度智慧。老子曾说“治大国若烹小鲜”，后世干脆把“调和鼎鼐、燮理阴阳”作为治理国家的代名词；“不为良相（治国经邦），便为良医（治病救人）”成为长期流传的俗语，反映了深厚的传统文化心理积淀。后世医书《针灸甲乙经》因伊尹善烹汤，说他首创中医汤液剂型而把他列入名医之籍，当然在情理之中了。

太乙　传说中禹之师，识药性。据《河图括地象》："八年水厄解，岁乃大旱，民无食，禹大哀之。行旷山中，见物如豕，人立，呼禹曰：'尔禹，末岁大旱，西山土中食，可以止民之饥也。'禹归，以问于太乙曰：'是何应欤？'太乙曰：'猩猩也，人面豕身，知人名也。'禹乃大发民众以食于西山。太乙者，禹师也。"此西山之土，亦号称"太乙余粮"，据说可以充饥，亦可入药。《黄帝内经》中收入太乙，有"太乙天符为贵人""太乙天河之会也"等记载。

伯高　亦作柏子高，黄帝之臣，医者。见《黄帝内经·素问》。另据《山海经·海内经》，"华山青水之东，有山名曰肇山。有人名曰柏子高，柏子高上下于此，至于天"。肇山是天梯所在，柏子高可以上下沟通天、人，当然是仙人，有长生术，此与黄帝之医相通，疑即一人。

少师　相传为黄帝医，曾与岐伯讨论诊治方法。事见《黄帝内经·灵枢》。

桐君　上古神话传说中的药学创始人，善知药性，能为方剂，历代论药均以桐君为祖。事见《黄帝内经·素问》。

三、方医神功

春秋以降，巫的社会地位逐渐下降，被方士取代。战国时期，医药学从巫术中独立出来，演化成方士医药学。扁鹊以"信巫不信医"，列为"六不治"之一，足见当时巫、医的分裂对立。《史记·扁鹊仓公传》中提到的焫石、挢引、案杌、毒熨诸法，后世的金丹黄白，是最早的制药学，它们以阴阳五行学说和天人感应原理为主，奠定了传统医学的理论基础。《黄帝内经》《神农本草经》《伤寒杂病论》等医学专著的问世，扁鹊、淳于意、华佗等一批"神医"的出现，南北朝时期门阀与山林医家的分掌医权，标志着传统医学走向了成熟。

扁鹊　战国时期著名医学家，姓秦，名缓，字越人，扁鹊是他在赵国行医时的称呼，关于他的里籍，《史记》称是渤海郡郑人（今河北任丘一带），但近年学术界倾向于他是山东长清人。济南泺口以北的鹊山，相传就是当年扁鹊炼药之地。他年轻时做过旅店的舍长，后从长桑君学医，学成之后遍游各地行医。他善于运用"切脉、望色、听声、看形（即问诊）"来诊治病情，尤擅切脉，是中医脉学创始人。他曾治愈虢太子的"尸厥"（相当于现在的休克），并且是外科麻醉手术的首施者。据《列子·汤问篇》记载，鲁国公扈子、赵国齐婴二人有病，请扁鹊医治，“扁鹊遂饮二人毒酒，迷死三日，割胸探心，易而置之，投以神药，恢复如初”。他在行医中还根据各地不同需要“随俗为变”，在赵为“带下医”（妇科），至周为“耳目痹医”（五官科），入秦则为“小儿医”（儿科），医术全面精湛，声名卓著。中医形成初期受阴阳五行学说影响很深，有时是巫医不分的，但他反对巫术误人，首倡“信巫不医”等六不治原则，在当时确属难能可贵。秦国太医令李醯妒其医名，派人将其杀害。扁鹊曾编纂医书多种，有《扁鹊内经》9卷、《扁鹊外经》12卷，今均不传，今存的《难经》系后人伪托。

马师皇 相传为黄帝时著名马医。《列仙传》记载他能相见知生死，并能使马起死回生。后来有一条龙张大嘴巴拦住去路，师皇说此龙有病，知道我能诊治。即以针灸，并饮之以甘草汤，果真霍然病愈。此后经常有龙请他治病，后来群龙为了答谢，载他飞去登仙。马师皇本不应与“人医”并列，但因先医庙主神是黄帝，师皇是黄帝之臣，从君臣名分上还算说得过去。同时马作为重要交通工具，在封建社会中占有重要的经济地位，历代都十分重视马政，马医的作用也不可忽视，泰城县衙旁边就专设官府马厂，并附有马神庙专事祭祀。因此，马医列入先医庙就是顺理成章的事了。

淳于意 西汉时著名医学家，临淄（今山东临淄）人。早年曾任齐国的太仓长，故又称太仓公。后拜民间医生公孙光、公乘阳为师，专志习医。从师数载，尽得其传。沿病时能辩证诊脉，尤精望诊，且针药并用，故疗效显著，《史记·扁鹊仓公列传》记载了他的二十五例完整诊脉医案，他也是中医病历的创始人。

不过淳于意在历史上的知名度，主要还是因为“缇萦救父”的故事。意生性散漫，喜冶游，经常因此延误医治，引起病家怨恨，文帝前元四年（前176），意被人告官，判肉刑。他的五个女儿牵衣痛哭。意长叹说：“生女儿不如生儿子，急难之时，一点也不顶用！”小女儿缇萦听了十分伤心，乃随父西入长安，给文帝写了一封言辞恳切的信，说：“父亲为官，当地百姓称他公正廉洁，现在触犯刑律要受肉刑，小女子痛感肉刑之残酷，犯法者纵想悔过改正，也无法弥补肉刑给人造成的残缺。我情愿被官府收为奴婢以赎父亲罪行，使父亲有改过自新的机会。”文帝见信后，感于缇萦的真情，也认为她对肉刑的议论很有道理，就下令废除肉刑，以其他刑罚代替。东汉经学家把“缇萦救父”列为“二十四孝”之一大事宣扬，作为孝女的典型。

现泰山以南30里处有淳于村，相传淳于意曾在此行医，死后葬于此地，墓约100平方米，封土高大。将此地的村庄亦改名为淳于村以示纪念。当地百姓中至今仍流传不少关于淳于意的传说。

华佗　东汉末著名医学家。沛国谯县（今安徽亳县）人。年轻时即“游学徐土，兼通数经，晓养性之术”。他多次谢绝朝廷征召，长期在民间行医，精通内科、外科、妇科、小儿科、针灸诸术。尤其擅长外科止血和麻醉术。如果说《列子》中扁鹊的开胸术尚多夸张，那么华佗的开腹术却是信史有证的。《后汉书·华佗传》记载：“若疾发结于内，针药所不能及者，乃令先以酒服麻沸散，既醉无所觉，因刳破腹背，抽割积聚。若在肠胃，则断截湔洗，除去疾秽，既而缝合，敷以神膏，四五日创愈，一月之间皆平复。”使用麻沸散进行麻醉，是世界医学史上的创举。近年医学界经深入研究，已使久已失传的麻沸散重放异彩。他首倡体育保健，认为“人体欲得劳动……动摇则谷气得消，血脉流通，病不得生，譬犹户枢，终不朽也”。其新创“五禽戏”，像虎、鹿、熊、猿、鸟之形神势态，是世界上最早的保健操。后因不从曹操召用被杀，其医著《青囊经》也随之被焚，现存《中藏经》系后人伪作。华佗在各地行医治病，备受群众敬重，泰山一带仍流传不少关于华佗治病的故事。

张仲景　名机，东汉末年著名医学家，南阳郡涅阳县（今河南南阳）人。早年学医于张伯祖，相传曾任长沙太守。在汉末战乱之世，瘟疫流行，死者枕藉，张仲景“感经都之沦丧，伤横夭之莫救”，乃“勤求古训，博采众方”积累了治疗急性热病的丰富经验，著成《伤寒杂病论》一书，成为中医伤寒学派创始人。其著作在流传过程中被分为《伤寒论》《金匮要略》两书。在前书中，他创造性地论述外感热病错综复杂的症候及其演变，提出较完整的六经辩证论治说。六经指太阳、少阳、阳明、太阴、少阴、厥阴六种症候的类型，也即疾病的六个阶段。六经之间通过经络脏腑互为关联，而疾病又处在不断变化之中，所以六经病症能互相转变，因此，在治疗时要注意它们之间的相互关系，把握治疗的主动性。伤寒学说对后世医学有深远影响，历代研究注释《伤寒论》者多达千家。明清时期的温病学派也是在伤寒派基础上产生的。其《金匮要略》对于内科、妇科的许多急、慢性疾病，也都按“辩证论治”原则进行诊疗，颇具实用价值。历代注释此书的亦达数十家。张氏的两本书一直是历代中医的必读著作。

在临床应用方面，他总结和创制的200余首处方配伍精当，疗效卓著，至今仍是中医临床常用之方。他对药学也有精湛研究，在前人基础上创造了再煎浓缩、入密矫味的汤药工艺及研磨、搅拌、筛法等散剂制作工艺。在药物剂型方面，他集两汉之大成，定剂型为汤、散、丸、酒、醋、膏、洗、浴、熏、滴耳、注鼻、吹鼻、灌肠、肛门栓、阴道栓等。由于张仲景在理（医学理论）、治（治疗原则）、方（处方）、药（用药）诸方面都做出了非凡贡献，从而被历代医家推崇为“医圣”。

皇甫谧　魏晋时期著名针灸学家，字士安，自号玄晏先生。安定朝那县（今甘肃灵台）人。早年习文，以著述为务，在经史百家方面颇有造诣。中年时因患风痹之疾，肢体不遂，一度有自杀之念。后来潜心钻研医学，手不释卷，曾屡辞朝廷征召，致力于中医针灸学研究，取得卓越成就。

针灸术是中国古代对于人类医学的重大贡献。它包括针法和灸法。前者用针具刺激穴位，后者用艾绒等熏灼穴位，以防治疾病。《黄帝内经·素问》中就有不少关于砭石、针灸的内容，最早的针具有石针（石片）、骨针、竹针，冶金术出现后又有了铜针、铁针、银针，《黄帝内经》中已有“九针”的记载。1986年河北满城西汉中山靖王墓中，出土了四根金针、五根银针，它们是我国最早的针具实物，在针灸时，人们发现针感可以从穴位沿一定途径传导扩散，又逐渐产生了经络学说，这是古人对人类医学的又一重大贡献，其理论和实践已为当代科学验证无误。皇甫谧汇集《素问》等书中有关针灸的论述，总结历朝名医经验，结合自己的临床体会，写成《针灸甲乙经》，这是最早的针灸学专著。书中记载了340多个穴名，共640多个穴位，对中医经络理论、针灸学理论的发展及其系统化产生了重要影响。除此之外，他还著有《寒食散论》，已佚。文史著作尚有《帝王世纪》《高士传》《逸士传》《烈女传》《玄晏春秋》等多种传世。

王叔和　西晋时著名医学家，名熙，高平（今山东东平，一说山西高平）人。通经史，穷研方脉，精意诊切，洞识修养之道。早年做过游方医，后因医术精湛，被朝廷聘为太医令。他推重脉学，专意收辑前代诊脉文献，细加研究考订，采撷各家学说之精华，结合自己的临诊体会，写成《脉经》10卷，为现存最早的脉学专著。

关于脉诊，《内经》中就有记载，此法主要是从脉位、次数、形态、节律，以及脉的气势和通畅程度方面来体认，以察知病情。王叔和脉诊以手腕后的桡动脉处为关，关前为寸，关后为尺，这样两手各有寸关尺三部，共六部脉，每部脉分别候一脏，如右寸候肺，左寸候心，右关候脾，左关候肝，右尺候命门，左尺候肾，这个脉位和脏腑分配原则，解决了寸口切脉的关键问题。他还详述了脉象的辨别方法，把脉象分为浮、沉、迟、数、虚、实、滑、弦等24种，并将脉、证、治三者统一起来，对后世脉学产生了重大影响，今天的中医诊脉即以《脉经》为主要理论依据，以致泰安民间请中医看病时也称“号脉”。

葛洪　东晋著名医学家、道教理论家、炼丹术家，字稚川，自号抱朴子，晋丹阳群（今江苏句容）人，少好神仙导养之法。其叔祖父葛玄精于炼丹术，葛洪乃从玄之弟子郑隐研习炼丹术。其著作有《抱朴子》70卷，内篇言“神仙方药、鬼怪变化、养生延年、禳邪却祸之事”，外篇言“人间得失，世事臧否”。其思想基本上是以神仙养生为内，儒术应世为外，一面把道家术语附会到金丹、神仙的教理；一面坚持儒家的名教纲常思想，并对魏晋以来玄学清谈风气表示不满。

魏晋南北朝时期是道教医药学发展的兴盛时期，葛洪就是神仙道教中著名的医学家，他把医药学当作自己方术修炼不可缺少的内容，逐步形成了一套适合道教特点的医药学体系。当时的一些著名医学家，如皇甫谧、陶弘景等人，本身都是道士，而道教的某些方术，如辟谷、服饵、调息、导引、房中等，本身具有较强的医学性质，道教的《太平经》《黄庭经》又多谈医道，道教本身也往往通过治病向下层群众传道，这使得葛洪的道教医学具有相当的实用性和易行性。所著《金匮药方》100卷、《肘后备急方》4卷，后者突出了“便、廉、验”的特点，所举药物350余种，“率多易得之药”，如大蒜、姜、大豆、艾、盐、鸡、鸭、禽畜等，皆“贫家野居所能立办”的廉价方药，并介绍了一些简便的医疗技术，如灸、烫、烧灼、捏脊、导尿、灌肠、休克急救等。当然，葛洪的最终目标还是为了长生求仙，医药只作为修炼手段。

他的仙药大致可分三类：一类最重要，为丹砂、黄金、白银、珍珠、雄黄之类矿物；二类是五芝，即石芝、木芝、草芝、肉芝、菌芝；三类是草木类补药，如枸杞、五味子、黄精等。

葛洪还在医学史上做出过杰出贡献。他的《肘后备急方》对天花病做了世界上最早的记录，并对黄疸型肝炎、肺结核病、恙虫病、狂犬病等进行了最早的记录描述，并介绍了大量针对中风、猝死、中毒、缢死、急腹症的急救经验。他还记录了20多种矿物质在炼丹过程中发生的化学变化，被国外学者誉为“现代化学的先驱”。

雷公　中医有两位雷公。一是传说中的黄帝之臣。《太平御览》卷七二一引《帝王世纪》：“黄帝有熊氏命雷公、岐伯论经脉。”《古小说钩沉》辑《古异传》云：“斫木（啄木鸟），本是雷公采药使，化为鸟。”在这里雷公负有管理之责，属“医师”一类官员。

另一位即雷斅，南北朝刘宋时著名药物学家。籍贯及出生年代不详。据《通志·艺文略》记载，在宋武帝、文帝时曾担任过“内究守国安正公”，大约是医药方面的爵号。他精熟药物性能，对中药的鉴别、制炼、药用部分以及修治方法等项，均有较深的研究。

传统中医对药材相当重视，举凡药物的产地、季节、药理、药性、药效都十分讲究，形成了中药学的单独分支——炮炙学。炮炙又称炮制，是指中药材在制成各种剂型之前，各种不同加工处理的方法和过程。炮制的目的有三种：消除或减低药物的毒性；适当改变药物性能，以加强疗效；清除杂质，使之便于制剂、服用与贮藏。雷斅总结了前代药物炮制技术，记述了制药基本知识，整理收录了300多种药物的炮炙加工经验。他把炮炙方法分为三类：火制法，包括煅、炮、煨、炒、炙、焙等；水制法，包括洗、漂、泡、渍、水飞等；水火合制法，包括蒸、煮、淬等。《炮炙论》一书已佚，其内容散见于《证类本草》《雷公炮炙药性赋解》《本草纲目》等医籍中。书中有些药物的加工制作方法，现在仍被采用，对后世中药炮炙学的发展影响很大，历代凡制药者言必称雷公。

四、唐代“药王”与金元四大家

唐宋时期，是传统医学集前代之大成，酝酿不同流派与新的突破的时期。此期的名医名著不绝于世，为金元时期流派纷呈、百家争鸣的空前繁荣奠定了基础。

巢元方　隋朝著名医学家。据《隋炀帝开河记》载，巢氏医术高明，尤精病因病理，对于病源的探查和疾病征候的研究具有很深的造诣。曾应隋炀帝之召，治愈了大总管麻叔谋所患“风逆疾”（眩晕病）。大业（605～618）年间任太医博士，奉诏主持编写成《诸病源候论》50卷，这是历史上第一部论述病因和证候的专著，首创古代医学的病因病理学。

《诸病源候论》又称《巢氏病源》，全书分各种疾病为76门，载列证候1720证，专门论述各种疾病的病源、病机、症状，并附有导引法。该书内容丰富，医学各科均有涵括。在外科方面，最早记载了医治肠外伤的肠吻合术及止血术、正骨术、拔牙术、人工流产术，还记述了人体神经血管受损伤后出现的局部麻木、活动意识障碍等后遗症，以及破伤风、尿道结石等症。书中所记“水毒候”，是我国文献中最早关于血吸虫病的记载，其所载流行地区、病因、临床表现，都与现在血吸虫病状况基本一致。有些症状如“不服水土”“丹毒”“鬼剃头”“鹅口疮”“疥疮”“雀目”“夜盲”“麻风”等都是首见记载，其病名至今家喻户晓。

孙思邈　唐代著名医学家，中医史上的重要人物。京兆华原（今陕西铜川市耀州区）人，幼年体弱多病，“汤药之资，罄尽家产”，从而发愤学医，攻研医道药理，达到精深造诣。他博涉经史诸子之说，入道士籍，兼通佛典。学成之后，屡辞朝廷征召，长期隐居，在民间行医救人。他博览唐代以前医药文献，搜集民间治疗经验，结合个人临症实践体会，编出《千金要方》《千金翼方》两部百科全书式的医学巨著。《千金要方》30卷，成书于永徽三年（652）。他以人命重于千金之意题为书名。书中序例以“大医习业”“大医精诚”为题，首论医德，告诫医生对病人要“无欲无求”，“不询问其贵贱贫富，长幼妍媸，华夷愚智，普司一等，皆如至亲之想”。他说：病人的痛苦就是自己的痛苦，因此不能怕脏怕臭，不避昼夜寒暑、路途艰难，“一心赴救”，并身体力行，开医学史上医家重德之风。从此医德与医术并重，成为传统医学中不可缺少的重要部分。《千金要方》共分223门，包括妇产、小儿、五官、口腔、内科传染、外科、急救、食治、养生、针灸、方剂等，多有独到精辟之论。书中以大量篇幅论述了妇产科诸病的治疗及优生思想，强调了妇产科独立设置的意义。书中创用以自身血清接种防治多发性疖病，首开医学史上血清免疫之先河。另载有医方5300余则。《千金翼方》成书于永隆元年（680），为前书续编，书中详细论述了药物学，其中有大量唐以前未见的新药和来自阿拉伯、印度的“殊方异域”之药，还有妇产科手术、妇女化妆品、伤寒论、老年病、炼丹、针灸等内容，还在书中彩绘了经络穴位图，并创不按经络穴位只在痛点进行的“阿是”针法。

他的精湛医术与高尚医德，引起人民的无限怀念，人们尊奉他为“药王”，不少地方设庙供奉祭祀，后代道教把他列入《列仙全传》加以神化。民间传说他能医龙医虎。他为老虎医喉时所用的铁圈，叫作虎撑，后来又加上铜铃，成为走方中郎行医的标志，意为孙氏医术传人。现在泰山一带还流行着孙思邈治病救人的故事。

韦慈藏　韦善俊　韦古道　是三位道教中传说的药王。其中只有韦慈藏一人正史有传。据《旧唐书·方伎传》：“张文仲，洛州洛阳人也，少与乡人李虔纵、京兆人韦慈藏并以医术知名。慈藏，景龙中光禄卿。自则天、中宗以后，诸医咸推文仲三人为首。”

韦善俊的事迹见于《列仙全传》。据说他是京兆人，自幼守斋奉道，后来跟随道士韩元叔研习医术道法，悉得其秘，常有两名青衣仙童侍奉左右。后在云游行医时得一黑犬，取名乌龙。有一天忽然对弟子说：我修道百年，道业已成。现在太上老君有召，我要前去了。黑犬顿化作数丈长的乌龙，载着善俊腾空仙去。

韦古道号称药王菩萨，唐代《本草序》说他是疏勒国得道的高士，身披长袍，头戴纱巾，手持藜杖，腰悬许多药葫芦，牵一条黑犬往来于城乡行医。开元年间疾病流行，他医好了大批黎民百姓，受到朝野崇敬。《神仙传》说他从尧禹时至唐代，曾五次以化身出现治病救人，是一位资深的医学专家，黑犬则是他乘骑的黑龙。在药王庙供奉的诸医中，只有他身悬葫芦最多。

钱乙　北宋著名儿科医学家，字仲阳，郓州（今山东泰安市东平县）人。出身世医之家。少年从姑父吕氏学医，以善用《颅囟方》闻名于山东。元丰（1078～1085）年间被任命为翰林医官，后升为太医丞，不久因病辞归乡里。擅长儿科凡四十余年，临症经验丰富，曾提出儿科疾病五脏辩证法，对儿科疾患有许多独到见解。治病不拘古法，善于化裁创新。其理论学说及经验医案，由弟子阎孝忠加以整理，于政和四年（1114）编成《小儿药证直诀》3卷，为现存最早、影响最大的儿科学专著，被后人尊为“儿科之圣”。另著有《伤寒论指微》5卷、《婴孺论》百篇，俱已亡佚。

《小儿药证直诀》又称《钱氏小儿证直诀》，卷上为脉证治法，载小儿诊候及方论81篇；卷中收钱氏小儿医案23例；卷下载方120余则。书中对儿科疾病的诊断和治疗做了简明扼要的论述，具有较高的临床使用价值。

刘完素　金代著名医学家，字守真，号通玄处士，河间（今河北河间）人。早年家贫，母病多次延医不至而逝，遂立志专攻医学，研读历代医学文献。学成之后，屡拒朝廷征召，长期行医民间。治学态度严谨，医学造诣极深，临床颇多创见。著作有《素问玄机原病式》2卷、《素问宣明论方》15卷、《素问病机气宜保命集》3卷，以上三书合称《河间三书》。

刘氏在医学理论上提出“火热论”，认为人体伤寒疾病的产生多与火热有关。《黄帝内经·素问》病机十九条中，与火热有关的居多；六气病因中，火热居其二，而风、湿、燥、寒在其病理变化过程中，都能化火生热，且火热又是产生风、燥的原因，所以强调“六气皆从火化”。在伤寒病症的治疗中，主张以清热通利的治疗原则为主，擅长使用寒凉药物。因此刘氏之说被称为“寒凉派”或“河间派”。其学术思想促进了中医病机学说的发展，奠定了明清温病学派的理论基础。刘氏的寒凉派与张子和的攻邪派、李东垣的补土法（中医认为五脏中脾脏配土）、朱丹溪滋阴派合称“金元四大家”，是中医学繁荣发展的重要标志，这四派的学术主张在当时及后世都有很大的影响。

李杲　金代著名医学家，金元四大家之一。字明之，晚号东垣老人，故世称李东垣。真定（今河北正定）人。出身富豪之家，早年慈母有病，遍延名医，杂药乱投致死，终竟不知所患何病。因此以重金为资，拜张元素为师，潜心研习，不数年尽得其传，著有《脾胃论》《内外伤辩惑论》《兰室秘藏》等医书。他认为元气是促进人体生长发育和一切生理活动必不可少的基本物质，而元气的生成又必须依赖脾胃功能的正常。所以脾胃是元气之本，脾胃伤则元气衰，元气衰则疾病生。其次，元气在体内的活动形式主要是升降运动，而脾胃就是升降运动的枢纽。如果脾胃功能失常，也会引起元气生成不足而致病。所以“脾胃内伤，百病丛生”是脾胃学说的基本论点。李杲分析了造成脾胃内伤的主要原因是饮食不节、劳役所伤和情绪失常，并采取了“甘温补脾”“调理脾胃”“升举清阳”为主的治疗方法，形成了著名的脾胃学派，后世又称“补土派”，其影响流传至今。

朱丹溪　元代著名医学家，金元四大家之一。名震亨，字彦修。婺州义乌（今浙江义乌）人。因世居义乌丹溪，故世称“丹溪翁”。早年有志从医，认为

“操古方以治今病，其势不能尽合”，乃拜武林（今杭州）名医罗知悌为师，笃诚求教，得寒凉、攻邪、脾胃三家之学，集三家之长而另辟蹊径，创立“滋阴学派”。著述有《格致余论》《丹溪心法》等。他认为人体之所以有生命活动，就在于相火的作用。而相火的作用有“凶”“吉”两个方面，它既是人体生命活动的根本，又可以成为疾病发生、病机逆转的关键。人身的精血难成而易亏损，人的情欲又常常难以克制，这就会引起相火妄动，阴精损伤，由此得出“阳常有余，阴常不足”的结论。在临症治疗上，他提倡滋阴降火之法，善用滋阴降火之剂，故被后人称为“滋阴派”。朱氏的滋阴学说在国内外都很有影响，国内很多医家继承、发展了他的理论，15世纪日本就成立过“丹溪学社”，研究实践朱氏理论。朱氏自创的大补阴丸、琼玉膏等名方至今仍为不少医家沿用。

第八章

杂然并陈的民间俗神

民间俗神较之于宗教诸神，更能显示出崇拜与信仰的地方特色。泰安的民间俗神，虽然相当部分出现较晚，但却带有明显的原始宗教的特点，带有“万物有灵”观念的浓厚意味，包含着人们对想象中存在的“超自然力”的恐惧与崇拜的心理及征服与支配的欲望。民间俗神的传承信仰，随着社会的进步、科学的发达，逐渐失去其原有的神秘色彩和超自然的力量，逐步成为社会习俗和传统习惯。这是一种值得肯定的历史进化。

俗话说“泰安的神全”。这个“全”最能概括泰安民间俗神的广泛性、多样性和自发性。它有远古原始信仰传袭而来的始祖崇拜——泰山老奶奶；又有自然崇拜中的天、地、星辰、山、川、石、树诸神；有从历史人物、英雄豪杰衍化而来的神，如姜太公、关羽、包拯等；有保护家族、城乡公众安全的守护神，如门神、灶神、土地神；有带有原始拜物教特点的神，如井神、碌碡神、路神；有具备特定职能的行业神，如茶神、蚕神、梨园神；等等。甚至还有一些动物，如蛇、刺猬、黄鼠狼、狐狸也被列为“四仙”，享受民间顶礼膜拜的殊荣，在此不一而足。民间俗神在流传过程中，有些列入国家祀典，享受官方供奉；有些被拉入道教，从而位列仙班；有的还身兼数职，在佛教、道教、官方、民间都享受一份烟火。但仍有相当大的一部分仅仅与民间的生计、生产有关，这是民间俗神能够单独“立户”的重要原因。

民间对于俗神的信仰与崇拜，不仅没有固定的组织，而且大多无固定场所和固定仪式，有些神无庙宇、无形象，只在口头流传，迹近“孤魂野鬼”。民间祭祀大多采取“信则有，不信则无”和“无事不求神”的态度，有鲜明的实用主义和功利目的。

一、村舍与家族的护卫

在民间俗神中，有一部分专管地方秩序，维护一方利益，其职权范围也以人间行政区划为准，职责内容主要是保护地方及百姓家庭的安全，与民间的关系也最密切，带有较多的民间感情色彩和生活气息。这是与民间百姓朝夕相处的“基层”神祇。

土地　在民间诸神中最为微末。其源起于古人对土地的崇拜，魏晋以前与后土、社稷一体，为道教“四御”之一，享国家祭祀。六朝以后土地即为只管某一具体区域的“当坊土地”，地位急剧下降。其神也由当地人死后主之。《西游记》中第五回写齐天大圣入蟠桃园查看，“本园有个土地，拦住问道：‘大圣何往？’大圣道：‘吾奉玉帝点差，代管蟠桃园，今来查勘也。’那土地连忙施礼”。此土地神的地位之低可见一斑。宋代开始，遍及城乡各地，举凡住宅、园林、寺庙、山岳，社区皆有土地，其辖区以行政区划为准，上以城隍为行政长官。李风翧《觉轩杂录》载：“土地，乡神也，村巷处处奉之，或石室，或木房。有不塑像者，以木板长尺许，宽二寸，题其主曰某土地；塑像者其须发皓然，曰土地公，妆髻者曰土地婆，祀之纸烛肴酒或雄鸡一。俗言土地灵则虎豹不入境，又言乡村之老而公直者死为之。”泰城之土地神附祀于城隍庙中，其神为长袍乌帽，神态慈祥可亲，是一位银须飘洒的老翁，他旁边的老妇人就是土地奶奶。另外有些街巷和农村的土地供奉于小龛之中，称土地公公、土地婆婆。其神通虽然不大，却颇富人性味，平民百姓以为此神最易接近。

龙王　龙是古人幻想出来的动物，在古代传说中占有相当地位，后来成为祥瑞的象征，与龟、鳞、凤共为“四大灵物”。在传说中，龙往往具有降雨的神性，汉代祈雨常用土龙。龙又能化身为天子和伟人，所以又是古代帝王的象征。佛教传入中国后，佛经中有八大龙王、十大龙王之称，诸龙王“莫不勤力兴云布雨”。唐宋以来，帝王封龙神为王，龙王信仰开始普遍。道教也称其有诸天龙王、四海龙王、五方龙王，主司治水与丰歉，无论江河湖海、渊潭塘井，有水处便有龙。泰山因系花岗岩，地表渗水蓄水能力差，容易形成水灾和旱灾。民国县志记载历代“泰山大水”30余次，甚至山上的游客也“漂流无算”，另有大旱饥馑七次，甚至有“人相食”的惨状。所以泰城人民对龙格外崇拜，除山上有黑龙潭、白龙池外，城里东施家胡同南侧还专门建成龙王庙，以求龙王遏制水灾，调和风雨，促五谷丰登。

与龙王信仰相似，泰安民间曾流传着河神大王柳展雄的故事，说他掌管大小河流。一次玉帝命他淹掉泰山周围一千个村庄，他便找一个名叫“十百”的小村子淹掉复命，说十百即一千，哄过了玉帝老儿。又说汶河边上的泉林村是他姥姥家，他每年八月十五都从河里往姥姥家送鱼。还说他爱听戏，家乡百姓为了答谢他的救助之恩，凑钱在旧县摆戏，果然有一条水蛇从汶河中游出，到戏台上面听了三天大戏，然后告辞不见了。这反映了泰安人对水神、河神的崇拜，和乞求龙佑护的心情。

火神　原祀泰城南关火神庙。火神源起于上古人们对火的崇拜，古籍中记载有三人，其一为祝融。《山海经·海外南经》载：“南方祝融，兽身人面，乘两龙。”郭璞注：“火神也。”《左传·昭公二十九年》：“火正曰祝融。”火正即司火之官。其二为炎帝。《淮南子·汜论训》载：“炎帝作火死而为灶。”这是神话中最早的火神，《吕氏春秋》中也记载炎帝为南方炎德之帝，祝融为其属神。其三为吴回。《山海经·大荒西经》载：“有人名曰吴回，奇左，是无右臂。”另外还有一位小火神阏伯，是传说中五帝之一——帝喾的长子，帝喾代颛顼为帝王后，封阏伯于商丘，担任火正，亦被后世奉为火神。

俗话说“水火无情”。火能造福于人，也能带来灾难，人们不得不乞求火神的保佑。当地传说民国年间，曾有一名善于刮地皮的贪官住在火神庙，其箱笼细软经常无端起火，烧得他没有办法，只得迁居外乡，易地为官。看来这位灵验的火神爷倒是善于笑谑戏耍的幽默人物。

门神　是从古至今流传最广的民间神祇之一，它起源于古代的自然崇拜。自从人们会建造房屋以后，就认为应有神灵守卫。《礼记·月令》中已有“祀门”“祀户”的记载。《礼记·祭法》：“大夫立三祀：曰族厉，曰门，曰行。”《丧大记注》：“君释菜，以礼礼门神。”最早的门神是神荼、郁垒。汉王充《论衡·订鬼》引《山海经》曰：“沧海之中，有度朔之山，上有大桃木，其屈蟠三千里，其枝间东北曰鬼门，万鬼所出入也。上有二神人，一曰神荼，一曰郁垒，主阅领万鬼。恶害之鬼，执以苇索而以食虎。于是黄帝乃作礼，以时驱之，立大桃人，门户画神荼、郁垒与虎，悬苇索以御凶魅。”南朝梁宗懔《荆楚岁时记》也记载：“岁旦绘二神，贴户左右，左神荼，右郁垒，俗谓之门神。”这些就是门神最早的来历。后世所绘门神中，神荼为白脸，喜相，郁垒红脸，怒相。

唐代门神改由著名武将秦琼、尉迟敬德担任。《三教搜神大全·门神二将军》条："按传，唐太宗不豫，寝门外抛砖弄瓦，鬼魅呼号，三十六宫七十二院夜无宁静。太宗惧之，以告群臣。秦叔宝出班奏曰：'……愿同胡敬德戎装立门以伺。'太宗可其奏，夜果无警。太宗嘉之。谓二人守夜无眠，命画工图二人之象……悬于宫掖之左右门，邪祟以息。后世沿袭，遂永为门神。"这对于勇冠三军、功勋卓著的重臣，确属大材小用。所以《西游记》赞词中就有"本是英雄豪杰旧勋臣，只落得，千年称户尉，万古作门神"的句子。

宋代以后，门神渐多，且有文、武之分。武门神又有赵云、马超、薛仁贵、盖苏文、孙滨、庞涓、黄三太、杨香武、燃灯道人、赵公明、马武、姚期、萧何、韩信、孟良、焦赞，以及完全是"向壁虚构"出来的哼哈二将。文官门神大都是赐福天官，含有迎福得官、招财进宝之意。另外还有一类祈福门神，多与福禄寿喜财及多子多福有关。有趣的是此类门神多成双成对，如赐福天官配送子娘娘、喜神配和合仙、刘海配招财童子等，并在画像上添一些吉祥物，为爵、鹿、蝠、喜、马、宝、瓶、鞍等，借谐音寓意"爵、禄、福、喜、马、报、平、安"，已具有更加浓烈的装饰性。

门神从伏鬼驱邪到求富禄吉祥的转变，体现了神由人造、神为人使的"实用"观念。但在旧时泰城人家贴门神是有严格规矩的：武门神必须贴在临街的院门上，以求驱邪；文门神及祈富门神贴在房门上，以示恭迎福临。如果位置颠倒，就意味着把福禄喜财送给了行人，是很不吉利的。

灶神　民间又称灶君，灶王爷、灶君菩萨等。原始的灶，就是先民们用来取暖照明、烤制食物、防御野兽，在住地燃起的火堆。在母系社会里，灶由民族中威望最高的妇女掌管，最早的灶神当然就是女性。《庄子·达生篇》就说灶神有髻，"著赤衣、状如美女"。后来的道书把灶神说成昆仑老母，名"种火老母元君"专管人间住所，记下每家人之善恶，于夜半上奏天庭。

灶神也是起源于自然崇释，《礼记·月令》就有"祀灶"的记载。但灶神是谁，众说不一。《淮南子》称炎帝作火，死而为灶；许慎《五经异义》称颛顼氏之子黎，为祝融火正，祀为灶神。东汉以降，又有张禅、苏吉利等。祭灶的时间亦屡有变化。先秦为孟夏祭祀，汉为腊日，晋为腊月二十四，唐宋以后遂以此为定例。说到灶神之司职，未免不甚光彩，郑玄就认为灶神是"居人间，司察小过，作谴告者尔”(《礼记注》)，也就是说，灶神是一个暗中伤人，专门打小报告的家伙。《抱朴子·微旨篇》说得更为明白：“月晦之夜，灶神亦上天白人罪状。大者夺纪。纪者，三百日也。小者夺算。算者，三日也。”这真是令人防不胜防。而其司饮食的本职似乎为人淡忘了。人们既怕他、恨他，又离不开他，只好采取“赎买政策”，在祭灶升天之时，以糖瓜封住他的嘴，用好话加以奉承，除夕之夜，还要迎其下降，期望他“上天言好事，回宫降吉祥”。

人们对灶神的态度，不像对其他神祇那样虔诚庄重，而是亦庄亦谐，形成独特的祭灶习俗。祭灶时除摆糖瓜、食品外，还要有祭词。宋范成大《祭灶祠》曰：“古传腊月二十四，灶君朝天欲言事。云车风马小留连，家有杯盘丰典祀。猪头烂熟双鱼鲜，豆沙甘松粉饵团。男儿酌献女儿避，酹酒烧钱灶君喜。婢子斗争君莫闻，猫犬角秽君莫嗔。送君醉饱登天门，杓长杓短匆复云，乞取利市归来分。”此文本身已颇有趣味，而泰城百姓唱给灶神的祭灶歌更令人捧腹。〔师傅调〕《灶王告状》：“九月九日是重阳，灶王爷爷上了天堂。双膝大跪在灵霄宝殿，尊了声玉皇你称一个王。天宽地大你不让我去坐，为什么叫我当个灶王？庄户人家把我请了去，浆子糊了我一脊梁。刷锅澎了我一身水，烫了我一脸的黄皮子疮，单等腊月二十三日，糊了我一嘴麦芽糖。他让我上天一定言好事，朝王回宫降吉祥。”看来在穷苦百姓家里，灶王爷也只好受委屈了。

厕神　亦称紫姑神。据《三教源流搜神大全》《显异录》等记载，紫姑是唐朝人，姓何名媚，字丽卿，山东莱阳人。武则天时，山西寿阳刺史李景害死了何媚的丈夫，霸占她为妾。李景之妻阴骘刻毒，见何氏美艳惊人，又妒又恨，于正月十五元宵节时，趁何媚解手，把她害死厕中。天帝可怜她，封为厕神。后来，她受到妇女们的崇拜，于元宵之夜在厕中祭之，以纸或布做成紫姑神偶像，念词曰：“子胥不在，曹夫亦去，小姑可出。”如偶像摇动。说明“神”来了，据说此时占卜吉凶，可知福祸。大概紫姑是“过来人”，对福祸有亲身体验，所以才能讲清吧。泰安城乡旧时习俗，于元宵之夜在厕所挂灯烧纸祭祀，以求厕神保佑。

厕神之外，还有厕鬼。唐·段成式《酉阳杂俎·前集》卷一四：“厕鬼名项天竺。”这可是善于作乱的凶鬼。《古今图书集成·神异典》卷四四引《续玄怪录》：“厕神(鬼)每月六日例当出巡，此日人逢必致灾难，人见即死，见人即病。”又说厕神为鬼：“名郭登，蓬头青衣，长数尺。”泰安旧时盖房，要根据堂屋位置选择厕所方向，或在东南，或在西南，以镇厌厕所五鬼。如方位不对，则要导致五鬼作乱，祟及生人。

棍子神　是厌胜野鬼之神。泰安旧俗，年节要请“家堂”来家。据说“家堂”进门之后，要立即放一拦门棍，让棍子神镇住门户，以防孤魂野鬼混迹其中，安享子孙祭奠并在家中作祟。等送走“家堂”以后，才将棍子神撤掉。

二、原始自然崇拜遗俗

原始自然崇拜观念随着社会发展，已有了相当繁杂的变化，其中相当一部分早已面目全非，但在民间信仰中保存的部分却继续存在，并有信仰指向明确、信仰形象直观、信仰方式简单的突出特点，带有民间的淳朴与直率。

泰山石敢当　是明清之际相当流行的神祇。此神无具体形象，只是以石碑、石条上刻“泰山石敢当”五字，立于桥道要冲或房屋墙壁，以驱邪镇妖。

石敢当信仰的流变传承比较复杂。其记载最早见于西汉史游《急就章》：“师猛虎，石敢当，所不侵，龙未央。”颜师古在注释中认为石是姓氏，敢当是所向无敌意，石敢当乃当时一名勇士。宋仁宗庆历年间，福建莆田出土一石碑，上刻“石敢当，镇百鬼，压灾殃；官吏福，百姓康；风教盛，礼乐张”，末署“唐代宗大历五年，县令郑押字记”。这已属自然崇拜之遗。以石镇宅之俗出现较早，《淮南·万毕术》云“丸石于宅四隅，则鬼无能殃也。”庾信《小园赋》云：“镇宅以埋石。”吴兆宜注《荆楚岁时记》云：“十月暮日掘宅角，各埋大石，为镇宅。”近年有些研究者也注意到石敢当为古代灵石崇拜遗俗（吕继祥《石敢当初探》，刊《民俗研究》1989年第2期），应当说这是很有眼力的。

明清以来，石敢当崇拜与泰山联系在一起，意在借泰山神威增加石敢当之分量。民间这一信仰也逐渐人格化、人情化，说石敢当本泰山人，不但能驱妖拿邪，还是一位治病救人的义士。山东学者王士祯对家乡此俗当然比较了解，《茶香室丛钞》卷十记载：“国朝王渔洋山人云：齐鲁之俗，多于村落巷口立石，刻‘泰山石敢当’五字，云能暮夜至人家医病。北人谓医士为大夫，因又名之曰石大夫。”近年陶阳等人整理的《泰山民间大观》就收集了几则石敢当的民间传说，大致是石敢当所到之处即能手到病除，鬼邪惧逃。后来各地皆请，石氏奔走不迭，遂以石、砖刻“泰山石敢当”之名，或砌于屋墙，或立于街口，鬼祟见之亦不敢近。此法甚验，各地竞起仿效，不仅泰山一带随处可见，东南沿海如江苏、浙江、福建等地和江西、安徽各地亦十分普遍，甚至号称“四大佛山”之一的九华山，也在佛寺拐角的墙壁上，镌刻着“泰山石敢当”的大名。泰山石敢当与泰山崇拜同样流行，成为遍及全国，影响巨大的神祇。

由此可见，石敢当起源于自然崇拜中的灵石崇拜，后在流传过程中逐渐人格化，并与泰山联系在一起。明清以来，盛行于全国的泰山石敢当信仰，则是与泰山崇拜密切结合在一起的。

路神　亦源起于自然崇拜，先民们企望在遥远路途中得到神的佑助，始对道路加以祭祀。《礼记·祭法》中规定王、诸侯、大夫、士都要“祀行”。“行”即道路，所以又称“行神”或“祖神”。

同其他神祇一样，路神也有很有来头的几位。一是黄帝之妻嫘祖。《轩辕本纪》云：“帝周游行时，元妃嫘祖死于道，帝祭之以为祖神。”一是黄帝之子累祖。《集诠说真》引《汉书》颜师古注：“昔黄帝之子累祖，好远游而死于道，故后人以为行神也。”一是共工之子修。《风俗通义》引《礼俗》：“共工之子曰修，好远游，舟车所至，足迹所达，靡不穷览，故祀以为祖神。”

与路神关系密切的还有开路神。此神名方相氏，在周代是官职之名。《周礼·夏官·方相氏》：“方相氏掌蒙熊皮，黄金四目，玄衣朱裳，执戈扬盾，帅百隶而时难，以索室驱疫。大丧，先柩。及墓，入圹，以戈击四隅，驱方良。”而方相之来历亦与黄帝妻嫘祖有关。《古今图书集成·神异典》卷四引《贤弈编·附录》：“轩辕黄帝周游，元妃嫘祖死于道，令次妃好嫫监护，因置方相以防夜，盖其始也。”方相俗名险道神，阡陌将军，又名为开路神。明代《封神演义》又分为二神，说是殷纣王时武将方相、方弼兄弟，后来分别封为显道神、开路神。

泰城旧俗中仍有此神。凡有丧事，出殡前必先祭路，即祭方相氏。除夕之夜迎“家堂”却要先祭路神。不过在一般人观念中，路神与开路神方相氏是分辨不清或合二为一的。

碌碡神　碌碡是碾米工具，泰城民间亦奉为神。据说穷人家孩子命不够硬的话，就要认干娘，但无钱置办礼品，只好认碌碡为干娘，这样就成了碌碡娘的孩子，命硬，且寓意有饭吃，不挨饿。认娘以后每年的年三十要给碌碡烧纸，正月十五给碌碡挂灯，以示孝敬。

树神　其神职大致与碌碡神相同，不过更寓意孩子能像大树一样茁壮茂盛，健康成长。认娘时要跪在树前烧香磕头，然后抱住大树摇晃，转上几圈，口书念叨：“抱抱长长，我和大树（树娘）一样长（音常）。”树娘一般由槐树、椿树充当。因为民间认为“槐能生子”，且槐树相传很有神灵之气。过去泰城双龙池古槐、二衙街古槐都有人送过“有求必应”的牌匾，并于树上挂红布，期望得到槐树神的佑助。椿树亦是树中之美好者，“椿庭萱堂”本身又是父母长辈的代称与象征。选此两种树为神，表现了原始的“万物有灵”观念，也渗透出民间的审美鉴赏心理。

簸箕神　簸箕本为加工粮食的工具，以柳条编成，旧时泰安民间奉以为神，主要是认为它有判定是非的神异能力，即神判。这是一种企图借助超自然的力量来鉴别和判定人间是非真伪的习惯做法，是一种最后的判决手段，当事者必须无条件接受，这种判决办法的特点是在人类智慧和力量无法解决某些疑难纠纷的情况下，转而求助于神的意志来解决问题。凡能经受住考验者，表明清白无辜，得到神的佑护，反之则被认为是遭到神的惩罚，而被判定为有过，人们认为这种办法最能体现神的意志，所以叫神判。我国古代就有神判的记载。王充《论衡·是应》：“觟𧣾者，一角之羊也，性知有罪，皋陶治狱，其罪疑者，令羊触之。有罪则触，无罪则不触。斯盖天生一角圣兽，助狱为验。”《后汉书·舆服志》也说“獬豸神羊，能别曲直”，这就是后来所传能辨是非奸直的独角兽。但神判后来的发展却集中于偏远地区和少数民族，借助对象也由神兽转为神物。汉族地区的神判已不多见。

泰安簸箕神判的具体方法是：失主与被怀疑者相对而坐，手平举，每手各握一枚鸡蛋，于鸡蛋上方置一簸箕，令口朝外。另以香炉点三炷香祭神。此时另有一人身背秤钩，围二人正转三圈，倒转三圈。香燃尽后，簸箕就会在鸡蛋上面微微跳动，轻动方向，口向偷窃者；如不是，则簸箕只在原地跳动，口不转向。据说现在泰城老居民仍有人曾亲眼看见。

能行神判的还有一种筷子神，但泰城使用者较少，具体办法不详。

太岁　来源于古代的天体崇拜，但它并不是具体的星体或象征某种天象，它与岁星有关，是人们为计时方便想象出来的。《周礼·春官·冯相氏》：“掌十有二岁。”郑玄注曰：“岁为太岁。”太岁是“左行于地”，即在地下与天上的岁星做相对运动。太岁的观念即由此产生，并受到了与其他星体类似的神化和崇拜。至迟从西汉开始，人们就认为太岁每年行经的方位，与动土兴造、迁徙、嫁娶的禁忌有关。唐代淄博人段成式的《酉阳杂俎·续集》中就记载了山东即墨人冲撞太岁招病："百姓王丰兄弟三人，丰不信方位所忌，尝于太岁上掘坑，见一肉块，大如斗，蠕蠕而动，遂填。其肉遂填而出，丰惧弃之……兄弟奴婢数日内悉暴卒，唯一女存焉。"从此以后再也无人"敢在太岁头上动土"。此神后来又被人格化。《三教源流搜神大全》卷五："太岁殷元帅"条记载，"太岁为殷纣王之子，名殷郊，有勇力，善除妖"。《封神演义》中有"封殷郊为执年岁君太岁之神，坐守周年，管当年之休咎。杨任为甲子太岁正神，率日直正神，循周天星宿度数，察人间过往衍由"。太岁的信仰与禁忌本来仅流传于民间，不列国家礼典，但元明以降，却得到最高统治者承认，设专坛祭祀，这更加刺激了民间的信仰。泰城旧时每逢动土、婚嫁，均要请阴阳先生"定太岁"，即计算太岁在何方，以免冲太岁，新娘花轿不能面对太岁方，新人行礼不能面对太岁方，等等。

蚂蚱神　泰安人称蝗虫为蚂蚱。过去蝗虫是农作物之大敌，为害甚烈。明代以来，见于县志记载的严重的蝗灾达十余次。据泰城老居民回忆，民国初年泰城及周围发生蝗灾。蝗虫来时遮天蔽日，落满农田，啃噬庄稼叶、茎，蝗虫过后一片萧条，留下遍地蝗虫卵。半月之后幼蝗生出，平地上竟有厚厚一层，只好全城出动，用土埋、火烧、水淹，仍不能灭，两三年后庄稼才能恢复正常生长。民间既然驱蝗乏术，所乞求的刘将军又不见灵验，只好转而祈求蝗虫本身，于是在泰城北面岱宗坊以下修建一座蚂蚱庙，每年进香致祭，祈祷蚂蚱不要肆虐为害，佑助粮食丰收。

三、功名利禄与子嗣

在艰难的现实生活中，人们企望有比较理想与美好的明天，所谓"福、禄、寿、喜、财"就是这种民俗心理的反映。于是又有一批专业神祇应运而生，替人们主宰起前途、功名、利禄、子嗣、疾病等，使人们对自己的切身利益，感到一种心理上的平衡。

文昌帝君　又称梓潼帝君。据《华阳国志》记载，四川梓潼县一带在东晋以前信仰恶子神，当地人为之取名张恶子，并立庙祀之。宋代以来，相传其能预测状元事，颇应验。文昌原为星名，是魁星之上六星的总称，古代星相家认为是主大贵的吉星。道教又将其尊为主宰功名禄位之神，称“文星”，说“文昌星明，文运将兴”。又称上帝命张氏掌文昌府事及人间禄籍。元仁宗延佑三年（1316）封梓潼神为“辅元开化文昌司禄宏仁帝君”，从此文昌神与梓潼合二为一。

这种说法颇为荒诞，且拼凑过于勉强。古代有“不语怪、力、乱、神”传统的儒士极力诋斥，并企图为文昌星正名。但对绝大多数贫寒儒士来说，要紧的还是功名利禄，“病急乱投医”，也就顾不得许多，统治者亦顺水推舟，“秩而祀之”，以至天下府县，处处建有文昌宫，儒生士子莫不顶礼膜拜。道教也乘机杜撰出《文昌帝君阴骘文》，假传文昌帝君的“天启”，劝世人积德行善。泰城文昌宫建于明代，其地址在今泰山区政府路南。

魁星　又称奎星。这是与文昌关系密切的神祇，其庙往往与文昌合之。泰城奎星就供奉在文昌宫内的奎文阁里。

奎星（宿）为二十八宿之一，是西方白虎七宿的头一宿，共包括十六颗星。奎星被古人附会为主管文运之神。《重修纬书集成》卷五《孝经援神契》就说“奎主文章”。后因“魁”“奎”同音，并有“首”意，所以代替了“奎”字，古代称状元为“魁甲”。“魁”字后来又被一些人望文生义，加以曲解，说是“鬼抢斗”，“鬼脚右转为踢北斗”，并把魁星形象化，描绘为一赤发蓝面恶鬼，立于鳌头之上，一脚向后跷起如大弯钩，一手捧斗，一手执笔，表示用笔点定状元者。这就是“魁星点斗，独占鳌头”。魁星信仰大盛于宋代，此后便成为封建社会中读书人于文昌帝君之外最崇信的神祇。由此，还衍化出文曲星、武曲星之说。《儒林外史》称中举士子“都是天上的文曲星”。《封神演义》中以比干为文曲星，窦荣为武曲星，其源盖出于魁星崇拜。

财神　自从私有制出现后，财富一直是人们普遍关心的问题。人们殷切地希望有一位神仙能帮助他们招财进宝，财神便应运而生。但究竟谁为财神好，迄无定论，问题是哪位财神都不很灵验，枉自享受了许多人间烟火。人们不得不在更大的范围内遴选“神才”，于是有了文财神、武财神，且各有数名正选。

文财神主要是比干、范蠡两位。比干是商纣王的叔父，为人耿直，见纣王荒淫无道，为政暴虐，便直言相谏。纣王大怒道：“我听说圣人之心有七个窍，今天我要看看你的心有几个窍！”便将比干开膛剖心。因为比干办事公道，纯正无私，人们把他敬为财神，希望他能使经商者童叟无欺，不发昧心财。另一位财神范蠡，原是春秋时期勾践手下的大臣，足智多谋，长于预见。他帮助越王成就了大业，在勾践大封功臣时他却隐姓埋名，携西施泛舟太湖而去，后来越王果然大杀功臣，证实了他“可与共患难而不可同富贵”的先见。据说他后来至山东定陶，自称“陶朱公”，做珠宝生意发了大财，却又看破红尘，把钱财都分给亲友。因他经营有方，又不吝啬守财，所以商贾多奉他为财神。

武财神也主要有两位：赵公明和关圣人。赵公明是道教传说人物，名朗，陕西终南山人。后汉时张天师收他为徒，命他骑黑虎、守护丹炉。因服仙丹，能变化无穷，天帝又命守护斋坛，封之为“正一玄坛赵元帅”。在晋代干宝《搜神记》中，他是冥神，后来又成为“五瘟使者”之一。在明代小说《封神演义》中，姜子牙奉元始天尊之命封神，赵公明被封为“正一龙虎玄坛真君”，手下还有招宝、纳珍、招财、利市，主管迎祥纳福，至此，他才正式当上财神。其形象是头戴铁冠，手执钢鞭，黑面浓须，胯下一头黑虎。据说从商求财者“可以对神（赵公明）祷，无不如意”。另一位关帝财神，多为合伙经商者所祀，意在请其保佑重义不重利，不要争利伤了和气。另外还有五显、五通、五圣、五路神等鬼怪为财神者。

泰山的财神却是文武皆备。红门下的关帝庙，便是清代山西盐商捐资兴建的，期望关老爷保佑人心齐、货利足。泰城通天街东旧有财神庙子街，冲街口有一神龛供奉财神，寓“对我生财”之意。其神眉清目秀，冠冕紫袍，属文财神。近年中天门二虎庙修复原殿，内里也根据《封神演义》所述奉祀赵公明，为执鞭跨虎形象，另有利市仙官妙少司，招财使者陈九公侍立。周围还有以《封神演义》为题材的壁画九幅。

福神　较之门神、财神，福神的影响就小得多了，这恐怕与“福”的界定不清有很大关系。但从其来源上看，黎民百姓却实在从福神处受惠不少。传说福神为唐人阳城。阳城（736～785），字亢宗，定州北平（今河北完县）人。唐德宗时，“城出为道州刺史，州产侏儒，岁贡诸朝。城哀其生离，无所进。帝使求之，城奏曰：‘州民尽短，若以贡，不知何者可供。’自是罢”。看来这位阳城很有些人道主义德行，敢于抵制以侏儒为戏的岁贡，为一方百姓造福，选他为福神当可以胜任。至元明之际，福神又被讹传为汉武帝时人，名杨成。另有因“天官赐福”之说而以天官为福神，或以真武（玄武）为福神者。不过此神未设神像，民间只是在新春之际写一“福”字贴于庭院或照壁。泰城旧时故意把“福”字倒贴，寓意“福到”。

喜神　即吉神，专事送喜与吉祥，但无具体形象，亦无祭祀之所。旧时泰城有迎喜神习俗，“正月元日鸡初鸣时，祀喜神于其方，曰出天行”，也就是以其所值方位为喜神方。北方此俗较为流行，据《京华春梦录》载，旧时北京亦有此俗：“元旦黎明，携帕友走喜神方，谓遇得喜神，则能致一岁康宁”。泰城旧时婚礼，新娘上轿后，轿口必对准喜神方稍停片刻，谓之迎喜神。新人行礼之前，亦须向喜神方站立，才能一生多喜乐之事。这实际是自然崇拜的一种孑遗。

瘟神　原祀泰城西南文曲街瘟神庙。瘟神的观念起源于古人对瘟疫的恐怖。对于危害人类的烈、急性传染病，人力无法抗拒，遂以为由鬼神主之。《山海经》中的西王母“是司天之厉及五残”，是最早的兼司瘟疫之神。东汉蔡邕、晋代干宝都以颛顼氏之子为疫鬼，干宝《搜神记》载：“昔颛顼氏有三子，死而为疫鬼。一居江水，为疟鬼，一居若水，为魍魉鬼，一居人宫室，善惊人小儿，为小鬼。于是正岁命方相氏帅肆傩以驱疫鬼。”《三教源流搜神大全》把五种瘟疫说成五种瘟神：“昔隋文帝开皇十一年六月内，有五力士现于凌空三五丈，于身披五色袍，各执一物。一人执勺子并罐子，一人执皮袋并剑，一人执扇，一人执锤，一人执火壶。帝问太史居仁曰：‘此何神？主何灾福也？’张居仁奏曰：‘此是五方力士，在天为五鬼，在地为五瘟，名曰五瘟。春瘟张无伯、夏瘟刘元达，秋瘟赵公明，冬瘟钟仕贵，总管中瘟史文业。如现之者，主国民有瘟疫之疾，为此天行时病也。’帝曰：‘何以治之而得免矣？’张居仁曰：‘此行病者，乃天之降疾，无法而治之’……帝乃立祠……诏封五方力士为将军……后匡阜真人游至此祠，即收伏五瘟神为部将也。”明人小说《封神演义》中又以吕岳为主瘟大帝，掌瘟神六部。说明过去人们一直对瘟疫诚恐诚惶，除设祠供奉祈祷外实在无可奈何。不仅汉族如此，一些少数民族也是如此。清代徐瀛《旃林纪略》记载，西藏地区于每年2月19日送瘟神，称之为打牛魔王，届时于大昭寺前广场上聚众演出，一人扮瘟神，一人扮达赖喇嘛。二者互相诘难斗法，瘟神以失败告终，被五雷逐走。泰城的瘟神庙在明代即已建立，后来又增设观音堂，期冀以观音菩萨的大慈大悲来镇住瘟神的猖獗。

痘神　原祀岱宗坊北痘神祠。痘，俗称麻疹，是一种传染病，古人对此十分惧怕，认为同瘟疫一样有神掌之，遂加以神化。明代许仲琳《封神演义》第九十九回“封余化龙为主痘碧霞元君，率领五方痘神。”五方痘神即余化龙的五个儿子达、兆、光、先、德。据说余化龙原是商纣王部将镇守潼关。姜子牙伐商，至潼关安营，化龙率子达、兆出战，受伤败走，余德遂暗用妖术，于夜间将五斗毒痘撒遍周营，武王、子牙及合营兵将俱染痘疹。唯有武将杨戬外出未遭侵染。子牙遣杨戬往火云洞求伏羲赐丹救治，伏羲嘱神农予仙丹三粒，曰一粒救武王，一粒救子牙，一粒用水化开，在军前四处散洒，痘毒自然消失。杨戬依计回宫施用，霎时合营痊愈，子牙率兵杀潼关，杀余化龙及其五子。克商后，子牙封余化龙为主痘元君。五子分别为东、西、南、北、中五方的主痘正神。

又说痘神名“痘花五圣”。清代姚东升《释神》引《道箓》，“神姓张名胜，河南虢州阌乡人，生于唐贞观六年五月五日，掌管人间疹痘，以其功大，故统名为痘神云”。痘神杂出，各地所奉不一。其中影响还属余化龙及其五子为大，泰山痘神祠所祀即此。

张仙　即送子张仙。据清代《泰安州志》记载：“张仙祠在关王庙之东偏，州民之祈嗣者祷焉。”张仙祠旧址约在今泰山区政府以南。据《通俗编》引《金台纪闻》，张仙之说实出于一段爱情悲剧。宋太祖赵匡胤灭后蜀，后蜀皇帝孟昶的爱妃花蕊夫人被送到汴京后宫。花蕊夫人不忘故主恩爱，就画了一张孟昶挟弓射猎的画像，挂在室中。一次被太祖看到，询问其故，花蕊夫人谎称：这是我们蜀中的送子张仙。此后弄假成真，送子张仙之名不胫而走。《历代神仙通鉴》记载，宋仁宗“昼寝，见一美男子粉面五髯，挟弹面前，曰：‘君有天狗守垣，故不得嗣。赖多仁政，予为弹而逐之。’帝请详其说，曰：‘予桂宫张仙也。天狗在天掩日月，下世啖小儿，见予则当避去’。帝顿足而觉，即命图象悬之”。又据《七修类稿》：北宋文学家苏老泉曾梦张仙手合二弹，是诞子吉兆，后来果然生了苏轼、苏辙兄弟二人。苏老先生为此特意写了《张仙赞》以表感戴之情。

泰安张仙祠中塑有张仙神像，其形象即按“粉面五髯，挟弹”的记载塑造。殿中有一副对联：打出天狗去，保护膝下儿。横批：子孙绳绳。民间家庭祭祀，则多贴像于烟囱旁。据说天狗往往顺烟囱进屋，吓唬小儿，传染天花。张仙守住烟囱口，天狗就不敢钻入。

与生育、保健有关的神祇还有送子娘娘和眼光娘娘。此二神经常侍立于碧霞元君两侧，来历不甚清楚，大约出于泰山女神职能的分化。求子者要在神像前买个泥娃娃，用红绳拴住，带回家中，名曰："拴娃娃"。生了孩子以后，要再买个泥娃娃供于神像前，以防送子娘娘再把孩子收去。除陪伴碧霞元君外，眼光娘娘在虎山、金山各享有一座专门的眼光殿。据称治疗眼疾很有应验，所以香火也很盛。

四、英雄生前身后名

有些历史人物生前立下不朽功业，被视为英雄，得以名垂青史。这似乎还不够，人们一定要给他们增添身后殊荣，封之以各种神号，主不同神职，相信他们能同生前建功立业一样，管好一方事务。至于有些神职与他们的英名纯属"风马牛不相及"，也就顾不得许多了。

姜太公　一名太公望。姜姓，吕氏，名尚，原为西周名将。《史记·齐太公世家》："吕尚盖尝穷困，年老矣，以鱼钓奸周西伯。西伯将出猎，卜之，曰：'所获非龙非彨，非虎非罴，所获霸王之辅。'于是周西伯猎，果遇太公于渭之阳，与语大说，曰：'自吾先君太公曰当有圣人适周，周以兴。子真是邪？吾太公望子久矣！'故号之曰'太公望'，载与俱归，立为师。"后因功封太公于齐。唐代开始设庙祭祀。《唐会要》卷二三："开元十九年（731）四月十八日，两京及天下诸州各置太公庙一所，以张良配享。诸州宾贡武举人、准明经进士，行乡饮酒礼。每出师命将，辞讫，发日，便就庙引辞……上元元年（760）闰四月十九日敕文……追封为武成王，有司依文宣王置庙。""天宝六载（747）正月敕：乡贡武举人上省，先令谒太公庙。每拜大将，及行师克捷，亦宜告捷"。此时太公庙已属武庙，列入国家祀典。宋代大中祥符元年（1008）加谥太公昭烈武成王。神宗熙宁年间（1068～1077）曾一度"就武成王庙侧建武学，如太学仪"（《事物纪原》卷三）。以后姜太公又被逐步加以神化，在《封神演义》中成为册封诸神的主角，自然也就对众神有管理之责。近代民间大兴于墙角街道砖石上镌刻"姜太公在此百无禁忌"字样以驱神避邪，其源盖出于此。

姜太公与泰山颇有渊源。最早见于晋干宝《搜神记》卷四："文王以太公望为灌坛令，期年。风不鸣条。文王梦一妇人，甚丽，当道而哭。问其故。曰：'吾泰山之女，嫁为东海妇，欲归。今为灌坛令当道，有德，废我行；我行必有大风疾雨，大风疾雨，是毁其德也。’文王觉，召太公问之，是日果有疾风雨从太公邑外而过，文王乃拜太公为大司马。”如此说来，太公发迹亦曾借“泰山之力”。唐代以来，泰城大街小巷都有砖刻“姜太公在此诸神归位”字样砌于墙壁，负责泰城各路神仙纲纪整饬。有趣的是往往与“泰山石敢当”同砌一处，用现代语言来说，颇有“分工协作，齐抓共管”的味道。

关圣帝君　又称关帝、关公，即三国时蜀国名将关羽，封“汉寿亭侯”。在他战死的荆州玉泉山曾立“三郎神”庙祭祀。自魏至唐，在民间并无大的影响。宋代开始，关羽陡然名声大振，开始由人向神转化。徽宗时，金兵南侵，宋室岌岌可危。出于政治需要，统治者看中了关羽。崇宁元年（1102）封其为忠惠公，大观二年（1108）晋升武安王，宣和五年（1123）加义勇武安王。南渡以后，高宗建炎三年（1129）改封壮缪义勇王，孝宗淳熙十四年（1187）更号英济王，这是随着宋王朝在军事上的节节失败而步步乞灵于关公佑护的心理表现。

明清两代关公崇拜愈演愈烈。明太祖洪武二十七年（1394）敕建庙于金陵鸡鸣山。永乐迁都北京，又“庙祭于京师”。成化十三年（1477）以地安门西关羽庙为太常寺官祭场所。“岁五月十三日祭以太牢、果品、五帛，一遣太常寺官致祭，国有大事则告。”（《续文献通考·郡祀考》）同时开始把关羽定为武庙主神，与文庙中孔子相对应。万历十八年（1590）晋封协天护国忠义大帝，四十二年（1614）又称三界伏魔大帝神威远震天尊关圣帝君。这是明王朝预感内外风暴即将来临，便抛出这尊偶像借以吓人。清朝统治者在关外时对关羽十分崇敬，崇德八年（1643）皇太极便于盛京（沈阳）建关帝庙，入关后沿袭明代祀例。顺治九年（1652）敕封忠义神武关圣大帝。雍正时追封关羽父祖三代为公爵，命春秋致祭一如文庙之仪，牲用太牢。嘉庆以后，内忧外患不断，清帝益加乞助于关羽神灵。道光、咸丰、同治又各有封敕。至光绪五年（1879）其封号已多达二十四字，全称为“忠义神武灵佑神勇威显保民精诚绥靖翊赞宣德关圣大帝”。鸦片战争中，腐败的清政府甚至相信关圣帝统领有十万神兵，企图祈祷关圣帝率神兵击退外敌。

在日见炽热的关帝崇拜中，民间则相信关帝有司命禄、保佑科举、治病除灾、驱邪避恶、巡察冥司的灵验，甚至有招财进宝、庇护商贾的法力，所以各行各业、妇孺长幼均对这位万能大神顶礼膜拜。同时，关羽又是义重千斤、忠贞不贰的英雄好汉，“桃园三结义”是江湖义气的表率，统治者也有借关羽“忠孝节义”来教化群众的意图。近代的洪门、青帮特别敬重关羽，江湖上兄弟结拜也必须在关帝像前顶礼焚香、立誓铭志。关帝这种如火如荼的声势令佛、道二教十分眼热，二教纷纷将关公拉入本教下充当护法神，以壮声势。泰城资福寺中十八伽蓝之一就有关公。道教不但奉其为重要神祇，还炮制出《关帝觉世真经》《关帝明圣经》《戒士子文》等经书，假关帝之口说出“人生在世，贵尽忠孝节义等事，方于人道无愧”等道教劝善教义。

泰城的关帝崇拜亦极盛行，城里有关帝庙街，泰山红门有关帝庙，有些佛、道寺庙还设关圣殿、关公堂，有些百姓也于家中供奉关羽像。

包公　姓包名拯，字希仁，庐州合肥（今安徽合肥）人。北宋仁宗天圣年间进士，历任龙图阁直学士，枢密副使。据《宋史·包拯传》载：“拯立朝刚毅，贵戚宦官为之敛手，闻者皆惮之。”他在知开封府时不畏权贵，敢于秉公执法，为民申冤。“人以包拯笑比黄河清。童稚妇女，亦知其名，呼曰‘包待制’。京师为之语曰：‘关节不到，有阎罗老包。’旧制，凡讼诉不得径造庭下。拯开正门，使得至前陈曲直，使不敢欺。”（同上）他十分清正廉洁，在端州（今广东高要）为官时，当地所产端砚十分名贵，但他直至任满‘不持一砚归’。他虽身居高位，但“衣服、器用、饮食如布衣时”。他刚正不阿，“拯性峭直，恶吏苛刻，务敦厚，虽甚嫉恶，而未尝不推以忠恕也。与人不苟合，不伪辞色悦人，平居无私书，故人、亲党皆绝之”。他戒子甚严，尝曰：“后世子孙仕宦，有犯赃者，不得放归本家，死不得葬大茔中。不从吾志，非吾子吾孙也。”（同上）

包拯生前即有许多他的传说，后来流传更广，逐渐把他神化，说他善断案，能“日断阳，夜断阴”，尤能伸张正义，平反冤假错案。旧本《泰安县志》记载，包公曾任奉符（今泰安）县令，“民畏而知感，建祠于泰山下”，旧址在原泰城西门城内，终年香火不断。元代文学巨擘，与全真教有密切关系的元好问在其笔记小说《续夷坚志》中有一篇《东岳速报司》，所写正是包公在泰山的传说。蒿里山神祠的七十五司中，包公专管速报司，都庙中十殿阎罗，由包公司掌第五殿。泰安人希望他在冥间也能为民人主，除暴安良。

驱蝗神　原祀遥参亭西刘将军庙、岱宗坊北八蜡庙。驱蝗神亦称虫王，源出于古代自然崇拜，相传伊耆氏《蜡辞》中即有“昆虫毋作”的咒辞。但其神为谁有多种说法。《夷坚支志》说是鹙，一种水鸟。金代在秋收之际，徐淮平原蝗虫大作，此时无数鹙鸟飞来，把蝗虫全部吃掉，使秋粮大获丰收。朝廷特封骛为“护国大将军”。更为普遍的说法是刘猛将军，即姓刘的勇猛将军。这位刘将军至少有五种说法，影响最大的是刘锜说。

刘锜是南宋抗金名将，甘肃静宁人。他是著名的“八字军”（全军将士脸上皆刺有“赤心报国，誓杀金贼”）的统帅。刘将军曾率军大破金兀术的“铁浮图”和拐子马，立下赫赫战功。刘锜后来受奸臣秦桧排挤，被夺去军权，做了地方官，在任上整治田亩，疏导水患，为百姓干了不少好事。后因驱蝗有功，被宋理宗封为扬威侯、天曹猛将，后代人认为他“生则敌忾效忠，死而捍灾御患，其世祀也固宜”，因而把他奉为驱蝗神。其庙前多有这样一副楹联赞颂他：

卧虎保岩疆，狂寇不教匹马返；
驱蝗成稔岁，将军合号百虫来。

传说正月十三是刘猛将军的诞辰。此日官方要进行祭祀，民间也要举行迎神赛会，抬着刘猛将军的神像游行，以示威镇百虫。

五、能工巧匠的祖师

物质生产体现了劳动人民的集体智慧，是全体劳动者的创造成果。由于各行业有其专业性，且多采用师徒相授的方式传承，故从业者多形成了“认祖”的心理，把与本行有密切关系的开拓者、能工巧匠、传说人物拉来，作为该行业的祖师爷与保护神，并遵守着严格的认祖、拜祖、祭祀的规矩，否则便不被视为行业中人。“数典忘祖”被认为是大不敬，要受惩罚，甚至被斥于同行之外。

茶神　即陆羽，湖北天门人，刚出世即被父母遗弃，为龙盖寺僧人收养，长成后聪颖敏学，诙谐善辩。一次以《易经》自卜，该卦辞为“鸿渐于陆，其羽可用为仪”，遂自名陆羽，字鸿渐。他一生颇为波折，经历智积禅师抱回、儒士李公收养、复为龙盖寺收养并学得茶艺、十二岁离寺等际遇。后曾与流浪艺人演出滑稽戏，扮演丑角颇为顺手。他有很高的文学修养，与当时名士颜真卿、张志和及李公之女亦即诗人李季兰等交往甚笃，曾授太子文学不就，潜心茶之研究。游历天下，遍尝名茶名水，品评优劣。后来在江西上饶广教寺隐居多年，写出世界上第一部研究茶的专著——《茶经》。全书共分3卷10篇，记述了茶叶的产地、特性，采茶的工具、季节，茶的加工，煮茶、饮茶的方法，等等。使饮茶之风广为流传，茶亦成为世界三大饮料之一。后陆羽被奉为茶圣、茶神，为茶商及茶馆老板所供奉，成为茶行共敬之神。

泰安在唐朝曾是茶叶由南传北的重要基地，普遍设立茶馆。宋元以来，曾有繁盛的茶事活动，民间亦素嗜茶，有“不吃饭行，不喝茶不行”之说。民国年间，泰城有“道生”“志诚”两家大茶庄，为徽州茶商，大量经销祁红、屯绿、六安等名茶，深得当地人喜爱。茶庄及其分号中，都虔诚地供奉茶神陆羽像。现在泰城经销的茶叶，仍有不少包装、装饰、容器上有陆羽像。这位茶神，至今没有被茶客们忘记。

蚕神　养蚕织丝发源于我国。传说黄帝之妻嫘祖发明养蚕，《诗经》中已反映出养蚕业遍及黄河中、下游地区。蚕桑之事是农业经济的重要内容，历来受到人们的重视。蚕易受到天敌与灾害的袭扰，人们便盼望能得到神灵保护。因蚕桑历来由妇女专事，蚕神当然也是女性担任蚕神又称蚕女、马头娘，其出现也相当早。《山海经・海外北经》载：“欧丝之野在大踵东，一女子跪，据树欧丝。”郭璞注：“言噉桑而吐丝，盖蚕类也。”战国时荀子《蚕赋》有“此夫身女好而头马首者与”之句，蚕与马便开始相关联。蚕神之职主要是负责蚕丝丰收。《绎史》卷五引《黄帝内传》：“黄帝斩蚩尤，蚕神献丝。乃称织维之功”。晋代以后，蚕马仙化，崇祀日广。据《原化传拾遗》载：“高辛氏时，蜀之广汉有养蚕少女，父亲被人劫持，但父亲所骑马仍在。母亲当众起誓说，谁能救回父亲，就把女儿嫁给他。那马奋而挣断缰绳离去，几天后便载回父亲。此后马见到养蚕女便嘶鸣不已，母亲便把起誓之事告诉父亲。父亲大怒，说起誓之时原不包括马，便把马杀掉，晒马皮于院中。女过其侧，皮蹶然而起，卷女飞去，栖于桑树间，女化为蚕，吐丝成茧，为人间织造丝绢。唐宋以后，蚕神又成为乘云驾马的九宫仙嫔。后世道教宫观中塑蚕神为女像，披马皮，谓之马头娘，俗称马明王，用以祈助蚕事。正月十五吃年糕，据说就是祭祀蚕神。”《道藏》中有道教编著的《太上说利益蚕王妙经》《太上洞玄灵宝天尊说养蚕营种经》。

泰城及四郊旧有不少桑园，养蚕比较普遍，蚕农及蚕行都要供奉祭祀蚕神。不过并不是常年奉祀，而是多在每年蚕事活动开始后进行，收茧后结束。

机神　织机的出现标志着纺织业发展水平的大大提高。我国早在新石器时代就有陶纺轮，河姆渡文化中已有原始腰机，汉代斜织机、水丰织机、提花机已较成熟，以织机为载体的纺织工艺亦达到相当惊人的地步。西汉马王堆出土文物中，“薄如蝉翼”的素纱可与尼龙纱媲美。元代黄道婆改进织机和纺织技术，产生了很大影响。至清初，南京一地仅私人织机就有3万余张。对织机的重视产生了机神崇拜，但其神出现较晚，晚清姚福均《铸鼎余闻》卷四引《杭州府志》：“机神庙在城东北隅，褚河南裔孙讳载者，得机杼之巧于广陵，归而教其里中，于是杭之机杼甲天下。”又引钱泳《履园丛话》：“苏州机神奉张平子（张衡），不知其由，庙在祥符寺巷。”汉清如此之大的时间跨度，奉张衡为机神令人不得其解，也许为张衡造地动仪，精于机械所致。不过这也道出了“其神无主”只好“强拉硬拽”的尴尬相。

泰城织机行不多，因不是主要丝、棉产区之故。但织户、织行必须供机神，乞求佑护，年三十要上香烧纸，有的要给织机挂红布条，以示敬仰、乞吉利。

娼妓神　是妓女的行业神和保护神。妓女地位低下，备受凌辱，更需求神佑护。其神为白眉神，北方尤其流行。妓女最初接客，一定要与嫖客同拜此神，然后定情。娼妓神实为春秋时齐国宰相管仲。清代学者、《四库全书》总编修纪昀说“娼族祀管仲，以女闾三百也。”明代《五杂俎》记载说：“管子之治齐，为女闾七百，征其夜合之资以佐军国。”这是相当流行的说法，京剧《玉堂春》中的崇公道也对苏三持此说。由此看来，我国古代出现官妓比古希腊官妓还要早得多，而管仲实属娼妓行业的始作俑者，且是官妓鼻祖，无愧是娼妓的祖师爷和行业神。

泰城西关一带，新中国成立前曾是烟花巷，妓女们在倚门卖笑中企望得到神灵福佑，但这位神祇当初就只管收取血泪钱，还顾得上她们的死活吗？

泰安旧时还有许多行业神。灵芝街南旧有五阁庙，大殿中供奉泥瓦匠、石匠、木匠、油漆扎彩匠、铁匠等“五大作”的祖师爷。殿前曾有戏台，逢年过节各行手艺人要出钱请戏班子，给祖师爷唱戏，以感谢先师保佑之功。另外说书艺人奉周庄王为祖师爷，年节要摆供敬酒，烧香烛纸钱。染坊供梅葛二仙，理发业供罗祖，等等。

主要参考书目

二十四史	中华书局	
风俗通义	东汉	应　劭
抱朴子	晋	葛　洪
酉阳杂俎	唐	段成式
通　典	唐	杜　佑
云笈七签	宋	张君房
三教源流搜神大全	清	叶德辉
十三经注疏		中华书局
原始文化		朱　狄
中国古代宗教与神话考		丁　山
山海经校注		袁　珂
东夷源流史		何光岳
诸神的起源		何　新
神话与民族精神		谢选骏
天人象：阴阳五行学说史导论		谢松龄
循环不息的梦魇		刘九生
宗教学通论		吕大吉
中国道教史		卿希泰
魏晋神仙道教		胡孚琛
道教与中国文化		葛兆光
中国巫术		张紫晨
中国佛教		中国佛教协会
中国佛教研究史		梁启超
汉化佛教与寺院生活		白化文

论语释注　杨伯峻
孟子释注　杨伯峻
士与中国文化　余英时
传统文化中的儒道释　汤一介
黄帝内经（素问·灵枢）　人民卫生出版社
中国医学史　人民卫生出版社
民间诸神　宗　力　刘　群
文化社会学　司马云杰
现代文化人类学　〔日〕　石川荣吉
岱　览　清　唐仲冕
泰山志　清　金　棨
泰安县志　乾隆版
泰山丛书　王介藩

后　记

当我们从文化学角度审视泰山时，这座早已谙熟的名山一时竟陌生起来，这是一部亘天矗立的浩瀚“天书”，内容博大而精深。伟岸山岩是它精装的封面，其上不乏吟咏赞叹的题刻、松云掩映的寺观。古今多少读者被精彩的封面弄得眼花缭乱，以为得到真传而欣喜，实已被无声地关在天书之外。咫尺之间，其文化珠玑的熠熠辉光不知被遮掩了多少岁月。那在江南发出的“不识庐山真面目，只缘身在此山中”的感慨，用于泰山才真正令人不胜感慨。郭沫若先生以智者的洞察，道出“泰山是中华民族文化史的局部缩影”，本应有裂石穿云的功力，使人警醒，结果被引入种种文采斑斓的大块文章，成为耀眼的点缀。

近年兴起的文化学热潮，已促使越来越多的学者在传统文化的大背景中审读这部天书，寻找通幽曲径。在这中间，作者不敢夸口已登堂入室，只是绕至封面之后，窥其大略。研读所得，窃以为这天书的主题，乃是崇拜与信仰。明清以来流传“济南府人全，泰安州神全”的谚语，正是这种崇拜信仰文化积淀的传承表现。在此主题下，运用文化学、神话学、宗教学、民俗学的手段，把散珠碎玉穿为一串，不知成色如何。如果读者觉得有些新鲜，我就喜出望外了。

本书写作出版过程中，得到山东大学李万鹏教授、烟台师院山曼教授的指教，泰安市委宣传部乔善泉同志、泰山管委路宗元等有关部门的领导同志提出了修改意见，并给予大力支持，诸多师友也提供了热情帮助，在此一并致谢。但愿此书的粗疏，不至于辜负了他们的期望。

作　者

1991年初夏于岱下望岳楼

中华石文化与泰山石

周谦 著

序

1990年泰山文化国际研讨会期间，山东大学在泰安的校友们，曾邀集包括我们老校长吴富恒先生在内的校友与会欢聚过一次，那时曾与周谦同志有过一面之缘。

今年盛暑之时，我接到周谦同志的长途电话，他谈到山东大学出版社出版他的石文化研究著作，希望我能作篇序，我虽一再解释我对石文化的认知甚少，但他十分坚持。说实话，我心里的确有点埋怨这位小学弟，在长途电话里怎能讲清这种事呢？然最终只得答应他看看出的校样再定。

现在校样已收到，我却抑制不住心情要写几句话了，究其原因，首先还不是他的学术著作，而是他的履历、职业精神和毅力。周谦同志是20世纪80年代初山东大学历史系毕业的高材生，他的毕业鉴定里的第一句话就是“该生是我系业务尖子，四年来学习刻苦，成绩优异”，分配意见是“适于教学科研工作”。但不知为什么，他既没有去教学，也没能搞科研，而成了山东《牡丹》杂志的一名编辑，现在则是《泰安日报》副刊的负责人。我自己也曾在报纸编辑部工作过32年，编了多年的理论版，在编辑工作的最后四五年，也主编过副刊和作品版，编余也挤些时间写点东西，所以对当副刊编辑的甘苦，总还有点切身的体会。真想当个称职的编辑，发现人才，培养作者，而且自己又能在所喜爱的领域有开拓、有成就，就必须要比别人付出得多得多，这是毫无疑问的。正因为这样，周谦同志的成就就显得十分突出了。近几年来他已两次获得山东省优秀社会科学成果奖，而在他的著述中，又广泛涉猎文学、史学、经济学、戏剧和民俗等各领域。尽管他的作品我看到得不多，但这本《中华石文化与泰山石》却以雄辩的事实向读者证明，作者确是博览群书，而又有综合科研能力的。这项课题的选择，也足以说明他视野开阔，他的开拓和探索并不局限于一个领域，而是在交叉学科的综合研究中取得新成果。

我对泰山并不熟悉，1980年第一次登泰山，由于机缘不凑巧，甚至没有感受到一般散文中的描述。我曾在游记《峨眉半山中》中记述过这段经历：“1980年秋，接受泰安师专的邀请去讲学，才有了第一次攀登泰山的机会。五岳第一峰，孔子曰‘登泰山而小天下’，我们因登山遇雨，陪我的一位青年同志又中途遇病，只得当天上下，刚到玉皇顶，又匆匆下山，就没有得到孔夫子那样深刻的体会。但泰山毕竟是名山，跃上十八盘，一路风光，即使匆匆来去，也还是提高了我登山的信心。”（拙著《燕泥集》）

也正因为此次匆匆来去，或者说下山时已经疲惫不堪，我基本上失去了欣赏泰山人文景观的机会，更不用说进行什么思考了。等到1990年秋，再度应邀参加泰山学国际研讨会，却已得了不能多食也就不能爬山的病，又只能望山兴叹了。然而，周谦同志的这本《中华石文化与泰山石》，不仅唤起了我游泰山时的美好记忆，增加了我的知识，而且升华了我对泰山石文化内蕴的理解。

祖国名山大川，我游览得不多，但也还是去过崂山，登过黄山，游过“峨眉半山中”。这些山当然都各具特色，各有自己的人文景观。在自然景观方面，又都各有其“极致”的赞美之词。俗语云“看岳归来不看山，黄山归来不看岳”。黄山已被称为“天下第一名山”，可唐代大诗人李白却有诗句云：“蜀国多仙山，峨眉邈难匹。”因而，四川的峨眉山，又被誉为“震旦第一”，“高出五岳，秀甲九州”。只不过，如果从名山与文化，即周谦同志所论述的自然的、社会的、人类创造的这三方面融合统一的文化底蕴来看，在中国，无论哪一座名山都难与泰山比肩。源远流长的泰山文化历史变革，形成了特有的文化现象，这不仅为我国学术界所公认，也已引起了国际文化界的注目，正因如此，1987年泰山被联合国列入世界文化与自然双重遗产。我很赞赏联合国教科文组织专员卢考斯先生考察泰山后讲的这样一段话：“文化源于自然，泰山文化源于泰山。从自然遗产的角度看，自然环境带来了文化和其他很多东西。泰山具有自然的、历史的、文化的三重价值，这是个好的特点，这意味着中国贡献了一种特殊的独一无二的遗产，它为我们开拓了一个过去从未有过，也从未想过的新领域。”（《泰山研究文丛》第二集）

这是东方文明古国贡献给全人类的辉煌创造，也是中华民族的骄傲。自然，周谦同志在他这本著作里所研究的只是泰山学的一个方面。但又确如他所说：“泰山石文化正是融自然、社会和人类创造为一体的边缘交叉科学。它应当成为泰山文化研究新的突破口，并朝着现代应用科学的方向大大前进一步。”

从约6000年前大汶口粗制石斧的发现，到4000多年前陪葬物石珠项链的出土，再到“触石而出，肤寸而合，不崇朝而徧雨乎天下者，唯泰山尔”（《春秋·公羊传》），泰山石已逐渐笼罩上一层神秘的色彩，成了出云导雨的神石。随后，孔夫子做出了“登泰山而小天下”“泰山岩岩，鲁邦所詹”的“立言”，泰山又从神秘转为神圣，又有了秦始皇立石祭天、汉武帝置五车石封禅等，这已不是人类早期的自然崇拜，而是被社会发展赋予了某种政治与宗教意蕴的至高无上的象征。

就这样，泰山的自然形态美，逐渐进入了观念形态，并被不断地从思想文化上给以“雕饰”，山上山下，成了一部“恢宏的石头大书”。太史公（司马迁）曰：“人固有一死，或重于泰山，或轻于鸿毛。”这已经把泰山本身当作民族精神的伟大象征了！石，占有极其特殊的位置，所以历代伟大艺术家寄志于石或托石言志，而成就出传世杰作的，不胜枚举。中国古典小说中两部伟大的作品《西游记》与《红楼梦》，前者的主人公孙悟空乃天产石猴；后者小说的本名就是《石头记》，作者一生把写石与画石作为抒发胸中块垒的寄托。所谓“傲骨如君世已奇，嶙峋更见此支离”（清代敦敏《题芹圃画石诗》），所谓“无材可去补苍天，枉入红尘若许年”（《红楼梦》第一回曹雪芹借石头自喻诗句），都暗喻了作者情愿做一块不同流俗的顽石的悲剧。

中华石文化，确实蕴含着博大精深的民族精神，而泰山石文化历经百代，更可谓气象万千，意蕴恢宏，确实称得起“中华民族文化的一个缩影”。在泰山已为世界文化名山的今天，对于这一中华民族引为自豪的独有的文化现象，进行交叉边缘科学的综合研究，实是泰山学学者不可推卸的光荣使命。周谦同志在繁杂的编务之余，艰苦奋斗，走出这开创性的第一步，着实难能可贵。我真诚地希望这部著作能够有力地推动对石文化和泰山学的研究，使之更深入、更繁荣。

李希凡

一九九二年十二月二日于北京前海

绪　论

一、人猿相揖别：文化的产生与石文化范畴

“人猿相揖别。只几个石头磨过，小儿时节。铜铁炉中翻火焰，为问何时猜得？不过几千寒热。”毛主席这段极富哲理的《贺新郎·读史》的上阕，形象地道出了人与猿的根本区别。从19世纪欧洲的进化论者，到马克思主义的人类学家，都认为第一件粗陋的石头工具的产生，开创了人类历史长河的源头。换言之，人类童年的文明文化史是从打制并使用石器开始的。

文化在古汉语里与文明的含义接近，指文治教化的总和。《易传》中“观乎人文，以化成天下”；两晋南北朝学者“设神理以景俗，敷文化以柔远”“文化内辑，武功外悠”等，都没有超出精神教化的范畴。英国近代著名学者泰勒曾给文化下了一个定义：文化是复杂的总体，包括知识、信仰、艺术、道德、法律、风俗等。(《原始文化》1871年英文版)其侧重的也是精神方面的内容，与我国古代学者关于文化的定义内涵大体一致。

我国近现代学者对文化的概念有了更深更广的认识。梁启超曾指出“文化是包含人类物质精神两面的业种业果而言”(《什么是文化》《时事新报》1922年12月7日),将文化的概念拓展为精神文明与物质文明两个方面。20世纪初的新文化运动中，陈独秀又指出“文化底内容，是包含着科学、宗教、道德、美术、文学、音乐这几种”，认为文化是“有特指内容的总和体”。(《新文化运动是什么?》《新青年七卷五号》)这在当时，都是极富创见的文化学说。

20纪50年代，美国文化人类学家克罗伯提出了一条著名的定义：“文化是包括各种外显或内隐的行为模式，它通过符号的运用使人们习得及传授，并构成人类群体的显著成就，包括体现于人工制品中的成就；文化的基本核心包括由历史衍生及选择而成的传统观念，尤其是价值观念；文化体系虽可被认为是人类活动的产物，但也可被视为限制人类做进一步活动的因素。”(《文化：概念与定义的

批判性回顾》1952年英文版）这一描述将文化的概念从局限的、具体的范畴，升华为宽泛的、思辨的范畴，并试图从本质上揭示出文化的内涵特征。

历史唯物主义文化理论的出发点在于物质与精神创造的并重与有机统一。恩格斯在《自然辩证法》一书中这样写道："一个只知道自然界，另一个又只知道思想。但人的思维的最本质和最切近的基础，是人所引起的自然界的变化，而不单独是自然界本身。"恩格斯在这里所批判的是那种将精神主体与自然客体、物质基础与文化创造割裂开来的倾向。按照这一思想，我们在研究文化定义时，既应注意到作为文化创造主体的人的能动作用，又要注意到文化创造的外部条件。即：自然界是文化产生的基石，社会是文化得以发展的不可脱离的环境。文化的创造是人类劳动与自然、社会交相作用的过程。

我国当代学者提出，凡人类有意识地作用于自然界和社会的一切活动及其产品（包括精神的和物质的），都属于文化的范畴。文化的研究对象包括文化的创造者、自然界、社会，以及三者之间的关系。譬如，一块天然的岩石经过人工打磨后，留下人的技术及价值观念，便具备了文化的意涵。而被打磨成石器的天然岩石及其存在的自然条件，人打磨石器的过程，这一过程中知识与技能的提高，审美意识与社会观念的体现等，都属于文化范畴。

按照这一文化的范畴，石文化研究包括自然的（山石地貌、山石地质等）、社会的（宗教风俗、文学艺术等）、主体的（人们的劳动实践、意识观念的形成和投入）等多方面的内容。而主体对自然与社会的作用，三者的有机统一，则是辩证唯物主义方法论的侧重点。

图1　大汶口出土石斧、石铲、石锛

恩格斯在《社会主义从空想到科学的发展》一书中曾一再强调自然、社会与主体精神的统一，他说道："当我们深思熟虑地考察自然界，或人类历史，或我们的精神活动的时候，首先呈现在我们眼前的是一幅由种种联系和相互作用无穷无尽地交织起来的画面。”（引文着重号为作者所加）这里恩格斯强调的是自然、社会与人类精神的相互联系与作用。应当指出的是，长期以来，我国学术界恰恰忽略或轻视了前三者的一体化研究。学者们大都将自己局限在狭小的单科视野里，研究自然科学的不去联系社会人文因素对本学科的影响与制约，研究社会科学的不从自然界去寻找联系与缘源。而思维的陈旧，方法的因袭，尤其成为社会科学研究的桎梏。石文化作为一门新兴的边缘学科，将自己置于自然、社会与主体精神的交叉边缘，无疑这本身就是一种新的尝试与开拓。

从《尚书·舜典》所载“击石拊石，百兽率舞”，到涂山氏化石生启的传说，秦始皇的封禅立石；从大汶口的第一串石珠项链到龙门石窟、昭陵六骏，中华石文化源远流长。从远古女娲氏炼五彩石补天的传说，到世界名著《石头记》；从孔子的凭石寓志到重如泰山、安如泰山观念的形成，中华石文化内涵深邃。张良的黄石授书，苏轼的“雪浪石”风采，米芾的“拜石”清高；杭州天竺寺的“三生石”，黄鹤楼畔的“石照”，一石十万金的“回回头石”“龙驹石”“田黄石”；台湾凤山的“一片石”，白族的“石头皇帝”，赫哲人的“石头神”……中华石文化事象浩如烟海。

泰山是世界自然与文化双重遗产，郭沫若称其为“中华民族历史文化的缩影”。因而，泰山石文化事象在中华石文化中又有着较强的代表性。基于这一原因，本书试图从我国历史上普遍的石文化事象引发，以泰山石文化为重点剖析对象，提出并建立较为系统、科学的中华石文化体系，并揭示其规律特征。

二、石斧开天地：泰山石文化的发生与发展

距今约6000年前，泰山脚下的大汶河畔诞生了第一枚打制与磨制结合加工的石斧。当时，人类还处于母系氏族社会阶段，生产力十分低下。石斧成为举世闻名的大汶口文化的生产力标志，也开创了泰山石文化的先河。

距今约4000年前，大汶口人的石器种类增多，出现了通体精磨的石斧、石铲和钻孔石器。值得注意的是，在大汶口十号墓中还发现了陪葬的石珠项链、松绿石饰物和玉石工艺品。它表明人类初步摆脱仅能维持生存的生产力桎梏后，开始了最初的艺术创造，泰山石文化进入了意识形态领域。

从私有制出现到秦汉时期，泰山石逐渐笼罩了一层神秘的光环。《春秋·公羊传》载："触石而出，肤寸而合，不崇朝而徧雨乎天下者，唯泰山尔。"认为泰山石是出云导雨的所在。泰山后石坞磨山有"五女圈石"，据考证为先人的大型祭坛。后来又有秦始皇到泰山立石祭天，汉武帝置五车石封禅等。泰山石在古人心目中是神圣的，它引发了古人较早的自然崇拜和宗教意识。

秦汉以后，泰山石文化在上层建筑领域发挥出越来越大的作用。泰山被认为是"吞西华，压南霍，驾中嵩，轶北恒"的"群山之长"，成为"五岳独尊"的华夏"第一山"。"重如泰山""稳如泰山""泰山北斗"等观念逐渐形成并深入人心，泰山山石崩震被看作易君换代的征兆。泰山石敢当习俗开始在民间萌芽，并逐渐扩展至华北、华南及台湾广大地区，成为汉民族流行最广、持续时间最长的风俗之一。

孔子发出"泰山岩岩，鲁邦所詹"的感叹后，历代文人墨客纷纷登临泰山。从"建安七子"之一的曹植，到李白、杜甫、苏东坡；从一代文坛盟主元好问，到党怀英、肖协中、唐仲冕……他们唱山水，抒奇志，叹人生，对泰山石的描述更是脍炙人口，独具特色。我国几乎所有的古典文学名著，如《水浒传》《西游记》《三国演义》《聊斋志异》《老残游记》《金瓶梅》等，对泰山石都有过精彩描述。这一独特的文化现象，在全国乃至世界名山大川中是绝无仅有的。

前219年，第一块泰山刻石屹立在泰山之巅。后来又有千古之谜"无字碑"、大字鼻祖"经石峪"、恢宏巨制唐宋摩崖等石碑、石刻达1800余处，真草隶篆，大家手笔，石匠之作，洋洋洒洒，风流传世，列全国名山之首。而自然朴拙的坊亭桥池、塔堂券台、石龛造像等，经历代营建成为泰山的主要人文景观，并形成了坚实豪放的泰山石头艺术风格。

到了明清时代，泰山石文化在经历了隋唐鼎盛期的大发展，宋元更变期的大融合后，内涵日益丰富，在政治、宗教、风俗、文学、艺术等方面日益显现出自己的特色，并不断给泰山文化乃至中华文化注入蓬勃的生命活力。

《山海经》是第一部记载泰山山石自然特性的典籍，后世的《尔雅》《晋书》《池北偶谈》《泰山述记》等对泰山山石的自然特性也有过零散的记载。1868年起，德国学者李希霍芬、美国地质学家威廉斯、英国的华可脱、日本的富田达以及我国学者冯景兰、王植等一批中外科学家纷纷来泰山考察，并就泰山的形成、泰山杂岩、馒头山寒武纪地层剖面、醉心石及泰山矿产等，发表了一系列具有较高学术价值的研究论文。泰山石文化大步跨入了自然科学范畴。

20世纪50年代以来，郭沫若、杨朔、李健吾、邓尔雅、徐北文、骆承烈等一批学者、文学家，从摩崖刻石、山石景观、泰山崇拜等不同角度对泰山进行了广泛探讨。孙云铸、卢衍豪、黄南庭、陈阶福、王维襄、吕朋菊等专家则在地质、生物、矿产诸方面进行了深入考察研究。泰山石文化内容日益丰富，并进入了现代科学领域。

1987年，泰山被联合国列入世界自然与文化双重遗产，从而使泰山石文化成为全人类的宝贵遗产。国内外学者纷纷提出建立泰山学的建议，有关部门已连续两年举行了泰山文化国际研讨会，石文化成为泰山文化的重要内容之一。谢凝高、杨辛、庞朴、李希凡等知名学者相继发表了一批关于泰山山石景观美学、泰山石与中华精神、泰山与民族思维等方面的学术力作，将泰山石文化研究推向了新的高峰。1991年9月，国内首家石文化博览馆——泰山石文化陈列馆在泰山脚下落成，立即引起中外学者的关注，并得到社会各界的好评。作为民族文化研究的组成部分，泰山石文化的研究正朝着科学化、系列化方向迈进。

三、恢宏的石书：泰山石文化的价值及特征

如果说泰山是中华民族历史文化的缩影，泰山石文化则是泰山文化的集中体现。

大汶口石斧给人类社会带来的新曙光，秦刻石映照出的始皇帝的雄才大略，扇子崖张旗石上赤眉军的猎猎战旗，经石峪高山流水亭上古雅的琴声……展现了一幅绚丽多彩的历史画卷。孔子登临处石坊，普照寺云门前的三笑石，大观峰的壮丽摩崖，千佛崖下古拙的石塔，漫长的七千级盘道……泰山又是一部气势恢宏的石头大书。

泰山石文化具有以下思想、文学艺术、宗教民俗、自然科学、旅游经济等方面的价值。

思想文化价值

泰山是中华民族伟大精神的象征。早在两千多年前，司马迁就用“人固有

一死，或重于泰山，或轻于鸿毛”来歌颂视死如归的伟大精神。汉代文学家枚乘则以“安于泰山”来形容国家的稳定。千百年来，重如泰山、安如泰山、稳如泰山、泰山压卵、泰山北斗等成为流行乡间的口头词谚。

泰山上下灿若繁星的石刻摩崖昭示了中华民族不畏难险、努力登攀、脚踏实地的伟大精神。而泰山石宁毁不折、坚贞不屈的个性，激励着一代又一代中华儿女为民族大业奋斗不息。泰山石文化的精华内涵已成为中华民族共同的思想尺度。对这一课题的研究，可以探究中华精神、民族思维的形成及传统文化与现代文明的关系等。

文学艺术价值

历代文人志士对泰山石都有热情的歌颂和直抒情怀的感叹，无论是诗赋曲艺，还是白话小说，都是我国文学库藏中的瑰宝。对它的研究，可以进一步探究我国山林文学的发展、古代文人的处世观念及山林文学的写作规律特点等。

泰山上下的历代摩崖碑碣是研究我国书法艺术史的宝贵资料。被鲁迅先生评为“质而能壮，实汉晋碑铭所从出也”的秦刻石，“外方内圆，内摈外拓”的张迁碑、衡方碑，“为金元一代金石之冠”的大金重修东岳庙碑，“字大如斗，雄逸高古”的经石峪……都在我国书法艺术史上占有重要地位。

遍布于山前山后的塔亭坊榭、屋堂券台等石头建筑，是我国北方粗犷建筑石雕艺术的代表作。错列组合的红门石坊群，巧借石壁的高山流水亭，我国现存最早的单层石塔四门塔，图案精奇的灵岩寺慧崇塔，千佛崖的唐代佛龛造像……在我国建筑雕刻艺术史上都占有重要位置。

宗教民俗价值

泰山是道家名山，又融儒释道为一体，是中华民族的神山。分布在幽谷绝壁间的道家洞穴、碑刻等是研究早期道家教义、神符含义及炼丹术的重要资料。而从灵岩石塔的崛起、舍身崖佛龛的中缀、谷山寺的兴衰中，我们又可窥见佛教发展的缘起脉络。

广泛流行的泰山民间香社、压石求嗣习俗、石敢当崇拜等，是研究我国民俗发展变异的宝贵资料。

自然科学价值

泰山杂岩的形成、分类及特点，是20世纪地质科学研究热点之一，它对于东亚大陆的历次造山运动及地质构造变化研究有着重要科学价值。馒头山地层剖面是世界上少有的标准寒武纪地层剖面，是研究地球生命起源及演化的重要第一手资料。而泰山醉心石作为地质构造学上的特殊现象，正引起越来越多中外学者的瞩目。

旅游经济价值

泰山的奇峰怪石或肖物象形，或朴拙憨愚，或庄重典雅，或隽秀俊美，许多还蕴含着美丽的传说或神奇的故事。对于这些奇峰怪石及其文化内涵的介绍，可以引发游人浓厚的观赏兴趣，并提高旅游者的观赏审美层次。在地质学方面，探海石为何拱北？仙人桥是如何形成的？长寿桥阴阳界是怎么回事？……对这些问题的研究介绍，可逐渐引导形成泰山独特的地质旅游路线，拓宽泰山旅游领域。

泰山五彩缤纷的石头家族中，花岗石、燕子石、玉石、麦饭石、景观石等都具有较好的经济开发价值。对它们的形成、构造、特点及工艺制作、建筑应用的研讨，可进一步推动泰山石头工业体系的建立与发展，使这些深山宝藏为经济建设服务。

泰山石文化还具有以下诸方面的特征。

主题集中性与内容多元性

泰山文化是中华文化的典型缩影，而泰山石文化则是泰山文化的核心体现。泰山文化是在时空上继发共存的综合体，而石文化则将这综合体的方方面面集中为一个主题，并体现出泰山文化的鲜明特征。

泰山石文化的内容包括山石景观、石头崇拜、石头家族、石头文学、石头艺术及社会精神内涵的方方面面，但其视焦则始终集中在泰山文化的自然载体——泰山山石上，并尤其注重自然载体与社会主体间的依存、制约关系。这一特殊的视野，将把泰山文化的研究引向纵深处。

区域原发性与时间传承性

泰山石文化事象大多是泰山地区本身萌发的文化事象，绝少外来因素的侵扰。这反映了黄河中下游流域作为中华民族文化发祥地的一般特征。同时，它一经萌发形成便传承牢稳，经久不衰。如从孔子自叹“泰山其颓”，到司马迁的“重于泰山”之喻，再到后来的“泰山北斗”等观念的形成，一脉相承，虽经两千余年而无实质性变异。这也反映了中华民族文化稳固传承的普遍特点。

外在形象感与考据可靠性

泰山石文化的研究聚焦于其自然载体——泰山山石之上，与其他学科比较自然有着较强的形象感。徜徉在独具特色的自然山石和石头艺术之中，我们的研究倍觉情趣盎然。与历史典籍或口头传说相比，石头的记载往往具有更好的真实性和可靠性。今天，我们来读泰山这部石头的大书，从这些寿非金匹的石刻石雕和石头建筑上，领略其千百年前的风采，汲取方方面面的研究资料，则较少顾忌人为的篡改与伪造。

四、崭新的课题：研究泰山石文化的意义

早在一百多年前，恩格斯在《自然辩证法》一书中曾一再强调自然科学与社会科学的联系与统一。他说：“只有当自然科学和历史科学接受了辩证法的时候，一切哲学垃圾才会在实证科学中消失。”正是在这一伟大思想指导下，才产生了融自然和社会为一体的马克思主义的人类学说、历史地理学说，并进而产生了历史唯物主义。

耐人寻味的是，一百多年后联合国教科文组织专员卢考斯先生考察泰山后指出：“文化源于自然，泰山文化源于泰山。从自然遗产的角度看，自然环境带来了文化和其他很多东西。泰山具有自然的、历史的、文化的三重价值，这是个好的特点。这意味着中国贡献了一种特殊的、独一无二的遗产，它为我们开拓了一个过去从未有过、也从未想过的新领域。”这里卢考斯强调的也是自然与社会（历史、文化）的统一。他特别指出，泰山的这一特点是对全人类的独一无二的贡献。

从前面的论述中我们知道，泰山石文化正是融自然、社会和人类创造为一体的边缘交叉学科。它应当成为泰山文化研究新的突破口，并朝着现代应用科学的方向大大前进一步。

我国是“保护世界文化和自然遗产公约”的成员国。目前，国内学术界对文化遗产或自然遗产的研讨、保护及开发利用是卓有成效的，如作为世界自然遗产的黄山，作为文化遗产的长城和西安兵马俑等的研究、开发与保护。但学术界对我国唯一具有自然与文化双重遗产价值的泰山的研究，还是十分不够的，尤其在自然与文化的一体化探讨上更显单薄。理论研究的不足，往往带来保护与开发实践上的偏向与彷徨，这一点已经愈加明显地表现出来。泰山石文化的研究注重应用学科的理论探索，它将在保护、开发世界自然文化遗产方面做出自己的贡献。

第一章
雄伟壮丽的山石景观

一、神州龙脉：从三大干龙说到九州五岳

我国是一个多山的国家，山区占国土面积的2/3还多。中华民族的先祖们生于斯，长于斯，世世代代在这里“筚路蓝缕，以启山林”，创造出光辉灿烂的民族文化，对大山的认识是丰富多彩独具一格的。

《山海经》相传是大禹时代的作品，它是我国第一部记载山川形势、物产和神话的著作。《汉书·艺文志》将其列入形法类之首，《隋书·经籍志》则将其列入地理类。《山海经》将天下之山分为五方，《南山经》记载了40座山，《西山经》记载了77座山，《北山经》记载了87座山，《东山经》记载了46座山，《中山经》记载了197座山。并认为“天下名山，经五千三百七十山，六万四千五十六里，居地也。言其五藏，盖其余小山甚众，不足记云。天地之东西二万八千里，南北二万六千里。出水之山者八千里，受水者八千里。出铜之山四百六十七，出铁之山三千六百九十”。早在4000多年前，古人对华夏方舆、山川的记载竟如此细密周到，实在是一件很了不起的事情。

《山海经》的出现与大禹治水有关。从尧舜时代开始，生活在黄河流域的华夏各部落因深受水患之苦，就曾结盟联合治水。传说尧曾召集四岳部落首领讨论治水问题，大禹的父亲鲧被推为治水首领，但鲧治水无功。后来舜代替尧成为部落联盟首长，大禹也接任鲧治理洪水之患，并取得成功，因此而成为舜的接班人。从禹治水成功中，可以推断他对山川形势是熟悉的。同时，禹作为夏王朝的开国之君已具备了号令天下各部落的权威，他曾多年与长江流域的三苗九黎作战，并战胜了他们。为了军事统治和治理国土的需要，大禹很可能发动过一次全国范围的山川方舆调查，并将结果汇集成为《山海经》。其范围包括

西起大漠，东至大海，南至长江，北至辽东的广大地区。如果这一推断成立，大禹则是我国历史上第一次大规模山川版图勘查的发动者和组织实施者。

周人对各类不同山丘的区别观察十分细致。《诗经·周南·卷耳》歌曰："陟彼崔嵬，我马虺隤……陟彼高冈，我马玄黄……陟彼砠矣，我马瘏矣……"生活在山地丘陵地区的周人把巨石耸立的山巅形容为崔嵬，把山脊称作冈，把顶部有土的山称作砠。歌中通过对骑马上山过程中马的各种不同疲劳程度的描写，反映各种不同的山高山势。在《邶风》《魏风》等篇中，把有草木的山称为屺，无草木的山称为岵，偏高的小山称阿丘，前高后低的称旄丘，四周高中央低的称宛丘。这里注意到了大山有无草木的区别，各种不同形态的山丘，事实上已含有自然审美的因素。

汉代《尔雅》中，将山多大石称礐，山多小石称磝，山有水称埒，夏有水冬无水称礐，山有洞穴称岫，山谷不通称豀。又将小山围绕大山称霍，小山与大山不相连称鲜，小山高过大山称峘。对自然山石及群山态势的观察更为细致详尽。

第一位探讨全国山川宏大态势的是宋代的朱熹。他将天下之山分为"三大干龙"："长江与南海夹南条干龙，尽于东南海。黄河与长江夹中条干龙，尽于东海。黄河与鸭绿江夹北条干龙，尽于辽海。"并指出："昆仑为西极之祖，分派三干以入中国。"（《古今图书集成·山川典》引《朱子语类》）朱熹实际上将全国之山划为三大山系，并认为这东西走向的三大山系都发源于西部昆仑山，经中国而入大海。

由于我国西高东低的山川大势，加之西方昆仑山的巍峨庞大，诸山发脉于昆仑之说一直成为古代传统的地理理论。明《图书编》也说："论天下之大势者，必周览乎山川。山者水之源，水者山之委。诸山皆发脉于昆仑。"清入主中原后，康熙大帝提出了"长白山龙脉"说，指出中国之山皆发源于长白山。显然，这一地理理论带有浓厚的政治色彩。

古人还从地理理论上论证了泰山独尊说。明代徐善继、徐善述所著《地理人子须知》中有"论三大干龙"，云："此三干之布于九州也，三干之龙，中干为最尊，次北干，又次南干。"这与古代将南方称南蛮，北方称北羌，而中原为天朝圣地的观念是一脉相承的。"论中条干龙"中又指出："出兖为泰岳。《经》云'黄河在北大江南，两水夹行势不绝。行到鲁齐忽起峰，兖州东岳插天雄。

分枝擘脉钟灵气，圣贤多在鲁邦中’是也。”在古人心目中，鲁国之所以多出大哲大贤，是神州龙脉灵气汇聚于泰山所致。这一理论与古代的五行学说和占卜术是息息相通的。

应当指出，在中华传统文化中五岳始终是天下名山的代表。西汉神爵元年（前61）汉宣帝颁诏天下，泰山为东岳，华山为西岳，霍山为南岳，恒山为北岳，嵩山为中岳。隋开皇元年又将南岳改为衡山。由此，五岳名山的观念根深蒂固，历近两千年不变。《论衡》曰：“九州多山，而华岱为岳。四方多川，而江河为渎者，华岱高而江河深也。”《博物志》则言：“五岳视三公，四渎视诸侯，诸侯赏封内名山者，通灵助化，位相亚也。”明确指出五岳为天下名山代表。因而在传统的山石文化中，五岳所占比重最大。而泰山作为五岳之首，在中华石文化中更占有举足轻重的地位。

还应当指出，古人对我国山川形势及山脉发源的推断大多出于表象观察，由于受科学技术水平的限制，他们不可能建立起科学完整的地理山川理论，甚至其中不乏迷信的糟粕。直到近现代，西方先进的地质地理科学传入，人们对包括泰山在内的名山大川的形成才有了较为科学的认识。

二、精卫填海：泰山二十五亿年成长史

《山海经》里记载了这样一则古老而悲壮的传说。炎帝的小女儿女娃去东海游泳，被浩瀚的大海吞没，化为精卫鸟。精卫鸟怀念故乡亲人，整日悲号哀鸣。后来它衔西山木石填于东海，并发誓把东海变成陆地与高山。《述异记》里又把精卫鸟称作誓鸟，发誓不饮东海之水。这就是著名的精卫填海的故事。

这个故事歌颂的是精卫鸟坚韧不拔的伟大精神，精卫鸟或许原本就是不存在的。然而20世纪初，地质学家们却真的在泰山脚下发现了一种动物的化石，它真的生活在6亿年前的东海之中，这就是著名的泰山三叶虫化石，又称燕子石。从燕子石及其他生物化石身上，科学家们证明了泰山地区在25亿年前曾是一片汪洋大海，巍峨的泰山原出自浩瀚的东海之下，不过这并非精卫鸟的功劳，而是大地构造运动的结果。

现代地质构造科学研究证明，在遥远的太古代初期，泰山及周围鲁西、皖北、冀南和胶东地区是一片汪洋大海。当时频繁的火山运动使泰山地区地壳大

幅度下降，形成一个狭长的海槽，上面堆积了上万米厚的沉积泥沙和火山物质。

距今25亿年前后，鲁西地区发生了一次强烈的造山运动，上万米厚的沉积泥沙和火山物质在来自西南、东北两个方向地壳的挤压下，骤然突起。平静的海平面上一阵山呼海啸之后，一座比今天的喜马拉雅山还高的大山高高耸立起来。这就是著名的“古泰山运动”。

大自然外力作用与地球内力作用相反。在此后近20亿年的漫长岁月里，古泰山在风化剥蚀中逐渐变低，地壳活动亦趋于平静。此间今日泰山群的基底已形成，基底构造显现出褶皱紧密的线性特征，呈北西或北西西方向。

在距今6亿～5亿年前的古生代初期，华北大陆及其大陆架大幅度平稳下降，古泰山再次沉没在海平面之下。此间又逐渐沉积了2000多米厚的寒武—奥陶纪海相石灰岩和页岩层，地质学上称之为沉积岩层。当时正是地球原生动植物发育期，今天我们看到的三叶虫化石便是那个时代的产物。

距今4亿～2亿年前，东海海面上出现了一种非常有趣的现象。随着地壳不断交替升降，泰山时而跃出海面，时而沉入海底，像一只硕大的水球被抛上抛下，并沉积上石炭二叠纪含煤层。

到了距今约1亿年前的中生代晚侏罗纪，华北大陆发生了燕山运动。由于太平洋板块急剧向欧亚大陆挤压，古泰山迅速被挤压抬升，耸立出海平面。同时产生了泰前断裂带，处于断带北盘的古泰山在大自然外力作用下，逐渐脱去2000多米的沉积层，显出自己的本来面目。今日泰山的雏形基本形成。

经过了三四千万年的相对沉寂之后，距今六七千万年前，地壳运动再次活跃，发生了天翻地覆的喜马拉雅山运动。这一运动持续了几千万年，到了3000多万年前，受喜马拉雅山运动影响，泰山继续升高，并形成了与泰前断裂带一致的中天门断裂带、云步桥断裂带。

岁月漫漫，沧海桑田，雄伟的泰山终于高高耸立在华北平原的东端。

三、岩岩气象：泰山山石景观的基本特征

泰山岩岩，鲁邦所詹。
奄有龟蒙，遂荒大东。
至于海邦，淮夷来同。

这是孔子编纂的我国最早的诗歌总集《诗经·鲁颂》中对泰山山石状貌的描述。诗歌的大意是，泰山山石峥嵘，高大巍峨，为鲁国人所瞻仰。这里可以观览龟山蒙山，直到东海的广大地域，南方淮人和东方夷人都来朝拜它。诗歌不仅天才地描绘出了泰山山石高大峻峭的特征，还表述了泰山雄踞东天，受四方朝拜的神圣地位。岩岩，成为两千年来人们描绘泰山特征的最普遍也是最准确生动的形容叠词。

泰山位于东经116° 50′～117° 12′，北纬36° 11′～36° 31′，盘卧426平方公里。耸立于华北平原东端，绵亘200余公里。假如我们从不同角度去审视观察它，便会更深地感受到它气势磅礴的岩岩气象。

（一）平面鸟瞰——中心辐射形山系

泰山山系包括知名山峰112座、崖岭98座、溪谷102条，主峰玉皇顶海拔1545米（见附考1）。今天，从卫星遥感放大图片上，可以清楚地看出泰山山系的发育分布规律。

泰山山系南麓自东而西有东溪、中溪、西溪三条大谷，北麓自东而西有天津河、扫帚峪、桃花峪三条大谷。六条大谷溪均以泰山主峰为源头，分别向东南、南、偏西南、西、北、西北六个方向辐射，将泰山山系的大小峰崖谷溪分割为六个扇形区域。四周群山排列大体成同心圆形，像莲花抱蕊般簇拥着主峰玉皇顶，形成了以主峰为中心的辐射圆山系。

（二）横断截面——三大台阶宝塔式叠垒

如前所述，在燕山运动和喜马拉雅山运动中，泰山前麓形成了泰前、中天门、云步桥三个断裂带，从而造就了南麓阶梯式降落的地貌特征。

从山脚下的泰前断裂带到中天门断裂带，海拔高度上升800余米，其下基盘庞大，为宝塔的第一阶层。从中天门断裂带到云步桥断裂带上升200米，山体收缩，为宝塔的第二阶层。从云步桥断裂带到极顶的400余米，由于喜马拉雅山运动中的几次山体急剧上升，形成了若干山体陡峭的小台阶，为宝塔的第三、第四阶层……且由于后来的抬升速度较快，云步桥以上多绝壁峭岩，造就了泰山下缓上陡的宝塔式叠垒山体。

（三）主体透视——群山伏偃主峰突起

五岳中，西岳华山主峰海拔2100米，北岳恒山主峰海拔2017米，中岳嵩山主峰海拔1490米，南岳衡山主峰海拔1290米，泰山主峰海拔1545米，位居第三。然而泰山历代被称为“拔地通天”“东天一柱”，显得特别高峻，其原因在于泰山的周边环境不同于其他四岳。

周边为平原或冲积台地　泰山巍然屹立于华北大平原的东端，其周边为鲁西平原、泰莱肥宁平原和黄河冲积台地，主峰相对高度大。同时，在西起潼关，东至大海，北起燕山太行山，南到江浙皖的广大区域内，找不出一座高度超过泰山的山峰。

山系边缘为低矮侵蚀丘陵　泰山山系边缘为相对高度在200米以下的低矮丘陵。这些丘陵因长期风化侵蚀，顶部呈圆形，坡度和缓，与泰山主峰形成强烈对比。

主峰周围为侵蚀构造低山　泰山主峰周围山峰海拔高度在500～800米，中等切割，坡度也较为和缓，如中天黄岘岭、北麓馍头山等。而在中天门以上，山体强烈抬升造成深谷巨壑，更映衬出泰山主峰巍峨陡峭的岩岩气象。

泰山不像江南峰峦那般山清水秀，玲珑乖巧；不像塞北山峦那般连绵相接，森林浩瀚；没有黄山那般清秀淡雅，旖旎多姿；没有大兴安岭那般的山深林茂，幽绝奥奇。它突兀而起，拔地通天，以傲然挺立征服人心，以壁绝岩峭使人振奋。对这种独具一格岩岩气象的美学内涵，本章最后部分还将予以专题剖析。

四、神秀造化：泰山山石景观分类与著名自然山石分布

泰山的岩岩气象在不同海拔高度与不同构造形成各具特色的山石地貌区域。同时，山地小气候的差异，春夏秋冬的变化，又使得某些峰区谷带兼有了江南或塞北风光的特点。按山石景观的风格差异，其大致可分为主区、顶区、后区、西区、前区五大景观区。

（一）主区山峻石显

主区指红门以上，经一天门、斗母宫、壶天阁、中天门、五大夫松到南天门以下的中路景区。景区内登山盘道长达8公里，沿中溪蜿蜒而上，历代修建石

级近6000阶，是国内名山中规模最为浩大的盘道。盘道两侧层峦叠嶂，松柏葱郁，形成一幅“盘回拾级踏云行，汉柏秦松夹道迎”的壮美画卷。沿途人文景观众多，计有石坊石亭石桥等70余处，摩崖刻石近400处，碑碣200余块。著名的经石峪、朝阳洞、升仙坊等，也坐落在景区之内。

中路主景区是唐宋以后历代人登临泰山的必经之区，其自然景观壮丽，人文景观丰富，是泰山作为世界自然与文化遗产的代表景区。到泰山旅游的人如果不能由该景区登攀到达极顶，那将会永远“不识泰山真面目”的。

该区山石景观以山峻石显为特色，最能体现泰山的岩岩气象。其主要山峰自下而上有大藏岭、罗汉峰、龙泉峰、栳栳崮、潘黄岭、回马岭、中溪山、拦住山、对松山、飞龙岩、翔凤岭等。中溪山以下诸峰海拔在500～800米，松柏栎枫杨柳杂生其间且生长茂盛，植被较为丰美。中天门以上诸峰海拔在800～1300米，山势峻峭，山体呈蓝灰色，植物以油松为主，多生长在悬崖峭壁之上，盘回扭曲，傲然挺立。

对松山为中路主景区的一大奇观，乾隆皇帝曾有“岱宗穷佳处，对松真绝奇”的誉词。对松山海拔在1300米以上，盘道两侧双峰对峙，峰高石显。悬崖绝壁上，万松叠翠，松石相间，石因松而生机勃勃，松因石而挺拔风流。其石巨亦奇，其松古亦怪，其间云雾缥缈，隐现时无。山风吹来，松涛轰鸣，更别

图2　十八盘两侧的飞龙岩翔凤岭

有一番情趣。山西崖有题诗曰："岩岩气象岱宗开，五岳首推信壮哉。势接沧溟藏雨露，形连霄汉起风雷。千丛脉秀龙鳞树，万丈骨高虎卧台。策杖重游堪纵目，盘桓懒去问蓬莱。"准确生动地道出了对松山景的诗情画意。对松山以上的飞龙岩、翔凤岭，位于十八盘盘道两侧。中间盘道如天梯倒挂，两侧峭壁如削，巨石危立，仅见一线青天。前人有诗曰："拔地五千丈，冲霄十八盘，径从穷处见，天向隙中观。"正说出了飞龙岩、翔凤岭的壮美佳妙。此处是泰山岩岩气象的又一生动写照。

中路主景区的著名自然山石有：

小泰山　位于红门宫后，巨石黝黑，形如泰山主峰。民间传说为碧霞元君化身，朝山香客多焚香祭拜。

红门石　位于红门宫后西侧山崖，两块自然朱红巨石对峙，形如宫门，红门宫因此得名。上有"丹壁悬崖"刻字。

黑石埠　位于红门宫东北溪涧，巨石错列如卧牛怪兽，皆呈铁黑色。其下有洞，有"小洞天"刻字。

醉心石　位于黑石埠上，巨石呈圆柱形横卧，横断面可见层层环形岩页，中间有核，状如树木之年轮。

罗汉崖　位于万仙楼北。巨石耸立，形如登高之罗汉。

龟石洞　位于万仙楼北山崖。石洞内有石如龟。传说古时一贪官在万仙楼处为自己立碑，工匠们凿制石龟作为碑座，谁知石龟怕后人唾骂，乘黑夜爬进石洞。

试剑石　位于经石峪西北。巨石天然劈为两半，传为仙人试剑所致。

鹰石涧　位于回马岭西北深涧之中，巨石如鹰峙立。

虎埠石　位于中天门石坊北。巨石盘卧如虎，传为黑虎化身，有黑虎庙建立东侧。

斩云剑　位于中天门西北。巨石如剑高耸，此石为上下云气交汇之处，巨石两侧常出现不同的阴晴气象。

龙纹石　位于斩云剑北。巨石天然纹理，盘卧如蛟龙，上有刻字。

御帐坪　位于快活三里之北。谷壑断崖，壁立如削，崖上石坪宽阔，传为宋真宗驻跸之处。夏秋时节，谷溪洪水飞流而下，生云化雾，蔚为壮观，故又名"飞瀑岩"。

图3　红门北溪涧醉心石

图4　中天门斩云剑

仙桃石　位于朝阳洞西北山坡。巨石似仙桃，中有凹缝，实为两半圆石相依。

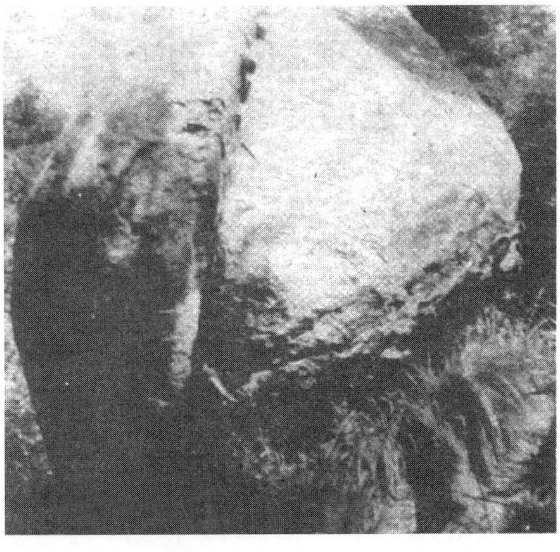

图5　朝阳洞仙桃石

（二）顶区山雄石奇

顶区指南天门以上，西至西天门，东至探海石的岱顶景观区。该景区内石级盘道及步游小道长约5公里，道旁摩崖石刻100余处，石坊、石亭、石台、石栏、石桥等30余处。主要人文景观有未了轩、天街、碧霞祠、玉皇庙等。

该区山石景观的特征为山雄石奇。顶区四周龙角山、莲花峰、老云寨、扇子崖、方山、谷山等耸立相望。远眺群山起伏，阡陌如织，徂徕如画，黄河如带，雄伟壮观。远近峰峦叠嶂，“若星罗，若棋布，或若连营，或若聚幕。鸟兽龟龙、剑盾矛戟之形，无不备具”，分外奇绝。

区内月观峰是泰山四大奇观之一“夕霞晚照”的最佳观处，因入夜可远望济南万家灯火，又称望府山。望吴峰又名孔子崖，传为孔子登泰山望见苏州城门之处。大观峰为天然峭壁，唐宋摩崖铭刻于此，金碧辉煌。日观峰与月观峰遥遥相对，是观赏“东海日出”之处。玉皇顶为泰山最高峰，朝东北可常见“云海奇观”，因突兀而起，巍然高耸，又称天柱峰。区内主要自然山石有：

西天门　位于月观峰西北侧。两天然巨石对峙如门，明代文学家钟惺称：“岱之为天门者三，西天门者石自门焉，真天门也。”

图6　岱顶西天门

象鼻峰　位于天街西端南侧，因峰似象鼻而得名。其下有白云、青云二洞，夏秋季节洞内云烟翻卷。传说白云与青云相汇即为天下云雨。《公羊传》所载“触石而出，肤寸而合，不崇朝而徧雨乎天下者，唯泰山尔”，即指此处。

试心石　位于望人峰巅，二石勾连。传心诚者登此石不动，心不诚则石摇动堕入谷底。

瞻鲁台　位于大观峰之南，巨石如台，高丈余，传为孔子当年登高望鲁国之处。

舍身崖　位于瞻鲁台下，绝壁如削，下临深渊。旧时常有人为父母求福消病，跳崖舍身尽孝。明代万历年间山东巡抚向起鸣筑墙劝拦跳崖，并立碑更名为爱身崖。

仙人桥　位于舍身崖西。两峭壁对峙，下为深涧，上有三巨石相连如桥。明代萧协中赋诗赞曰："三石两崖断若连，空蒙似结翠微烟，猿探雁过应回步，始信危桥只渡仙。"

丈人峰　位于玉皇顶西侧。峰状如驼背老翁。《酉阳杂俎》载：唐玄宗封禅泰山，张说为副使，将其婿郑镒由九品升为五品。唐玄宗问其故，有人答"此泰山之力也"。此后民间即称岳丈为泰山，丈人峰因此而扬名。

鲁迅石　位于碧霞祠东神门外，若立于神门外石级望东南巨石，则此石酷似鲁迅头像，稍前或稍后望，则巨石形状变异。

探海石　位于日观峰，又名拱北石。巨石横出，斜向东北，气势凌然。立于石上可观赏"东海日出"，正所谓"苍茫海气连云动，石上游人别有情"。此石是闻名中外的泰山象征。

极顶石　位于玉皇顶庙院中央，青石错列，盘卧巍然，为泰山

图7　岱顶象鼻峰

图8　东神门鲁迅石

最高点。石原盖于庙殿之下，明代御史万恭将殿北移，始现该石。

（三）后区谷幽石怪

后区指泰山之阴的后石坞、谷山寺、灵岩寺等景区。这里山深谷幽，游人罕至。植被丰美，怪石奇松，千姿百态。加之元君墓、姑子庙等遗址的断壁残垣为荒榛野草所淹没，更增添了几分神秘的气氛。该区主要自然山石景观有：

石河　又称乱石沟。位于岱顶至摩云岭间的深涧之中，巨石交错，层层叠叠铺满涧底。石下为暗河，蜿蜒逾5公里。人行其上，只闻水声，不见水流，为岱阴一大奇观。

黄花洞　位于姑子庙遗址后山崖，天然石洞，洞口多生长黄花。洞内奇寒，终年滴水不断，盛夏可见冰柱下垂，洞前有“来鹤泉”。明代姚奎记述：“瞠目纵眺，上有削铁奇峰千朵，前有夷地可半亩，入其中，窈然而深，朗然而虚明。石窦涓涓，凝结玉柱，大十围，高丈余，晶莹可鉴。”此洞具有北国洞穴气象。

天烛峰　位于后石坞深涧之中。孤峰自涧底拔起，陡立如削，形如巨烛，称“小天烛峰”。其东又有秀峰突起，直插云端，状更雄浑，称“大天烛峰”。

金丝洞　位于谷山西北。据古籍载，秦汉时曾有人在此淘金，长春真人丘处机曾在此炼金丹。

佛足印　位于谷山寺北，著名的一亩松西侧，岩石上有天然大脚印两个，均长尺余，传为佛祖练功所致。

懒张石屋　位于明月嶂北，传为明代名道士张三丰修真处。其上有胭脂石，因巨石天然艳红而得名。

图9　岱阴侍者石

方山　又称灵岩山，位于泰山西北麓。是山主峰如削，上平如砥，方正有规。因酷似印符，《水经注》又称其为玉符山。其南异峰错列，怪石林立，似人形兽影，龙蛇盘曲，鱼跃鸟栖，情趣盎然。

朗公石　位于方山南峰之上。巨石立于山坡，酷似驼背老僧执杖而立。传为灵岩寺开山之祖朗公的化身。

图10　方山朗公石

孔明山　位于灵岩寺西南。山腰峭壁间有一圆形孔穴，大如车轮，南北相通，如明镜高悬，又似皓月当空，为灵岩一大奇观。相传北魏法定和尚重开灵岩受阻，于山前面壁27天，佛祖感动，令太阳神照穿此山，法定遂得以通过。

图11　灵岩孔明山

黄茅岗　位于灵岩寺西。巨石错列盘卧，石间茅草丛生，如群羊栖于山岗。传苏东坡游灵岩曾醉卧此岗，赋诗曰："醉中走上黄茅冈，满冈乱石如群羊。冈头醉倒石作床，仰看白云天茫茫。歌声落谷秋风长，路人举首东南望，拍手大笑使君狂。"（注：地名现称黄茅岗，诗中原为"黄茅冈"。）

（四）西区碧岩绿水

西区指天外村到中天门的西溪、无极庙西南的扇子崖和龙角山西的桃花峪景区。这里山清水秀，草木丰茂，清泉奇石，瑰丽万状，大有江南山水的特色。

黑龙潭为西区一大胜览。蜿蜒而来的西溪在此断裂，形成百丈悬崖，飞瀑下泻，形成黑龙潭。其西有西百丈崖，西南有南百丈崖。雨季来临，三条瀑布飞流而下，气势磅礴，犹如自天而降的玉龙，形成"云龙三观"奇景。西南傲来峰峥嵘挺拔，大有与玉皇顶一争高下之势。其下有天胜寨遗址，为赤眉起义军的大本营，尚有张旗石、演武场及石臼柱础等遗址。其东扇子崖陡壁如削，峰高而体薄，形长而上部略园，状如巨扇，蔚为壮观。桃花峪九曲十八湾，深谷逶迤10余公里，溪水淙淙，青山夹行，一路树绿花红，空山鸟语。每逢春季，桃花盛开，姹紫嫣红，分外妖娆。元人有诗赞道："流水来天洞，人间一脉通。桃源知不远，流出落花红。"西区的主要自然山石景观有：

玄圭石　位于白龙池下。巨石如舟，浮于谷溪急流，上刻"玄圭石"。玄圭，语出《宋书·符瑞志》："玄圭，水泉流通，四海汇同。"东为三元石，大刻"白龙池"三字。

八戒饮酒　位于九女寨峰巅，巨石悬立，状如猪八戒捧杯饮酒，憨态可掬。

月亮洞　位于傲来峰西南，绝壁下有巨穴形如半月，内有清泉终年不断，为泰山最洁纯之山泉。《泰山纪胜》载，月亮洞内有巨蛇，常乞食于道士，两不相惊。

壶瓶崖　位于扇子崖北。巨石纹状如古瓶，一石盖于瓶口。下有"刘盆子洞"，传为赤眉军首领刘盆子居住之所。

彩带湾　位于桃花峪中段。谷溪之水在此汇为水湾，湾底岩石五彩斑斓，鲜明可爱。其东南有巨石，状如元宝，称"元宝石"。其西有石平坦如台，称"钓鱼台"。

月印潭　位于桃花峪西段。断崖谷水汇为溪潭，潭底石质黝黑，中央有白石，宛若圆月倒映潭中。

老翁负孙　位于彩带湾东侧。山顶有大石如老翁，其侧有小石如孙。山半腰有石晶莹明亮，称镜儿石。再西南有老鹰石、棒槌石等。

骆驼岭　位于老翁负孙石东侧。巨峰形如骆驼缓缓而行，其西北有齐长城遗址，沿山势蜿蜒10余公里。

（五）前区山水相依

前区指泰山南麓与泰安城相接的虎山、普照寺、冯玉祥墓、天外村、樱桃园景区。区内虎山、金山、凌汉峰等松柏常绿，虎山水库、金山水库、龙潭水库等碧波荡漾，泰山中溪（梳洗河）、西溪（奈河）蜿蜒流过，可谓山水相依。一条环山旅游路从区内通过，两侧梅兰竹菊争奇斗妍，红墙绿瓦点缀其间，风光秀丽，空气清新，是泰城居民散步游乐的好去处，具有城市公园的性质。主要自然山石景观有：

虎山　位于该区东端。山上怪石嶙峋，塑有猛虎雕像。《礼记·檀弓下》记载，孔子过泰山侧，看到一妇人在墓旁痛哭，便问其故。妇人说，自己的丈夫和儿子都被猛虎吃掉了。孔子问，为何不迁居？妇人答，因为这里没有苛政。于是孔子叹曰："苛政猛于虎。"虎山由此而得名。

吕祖洞　位于虎山西南，梳洗河东岸，天然石洞方阔如屋，传为吕洞宾修炼之处。

虬在湾　位于王母池东，溪涧有巨石如小龙，在急流中时隐时现，似虬龙浮于水中。

骆驼朝岱　位于金山西侧。巨石如骆驼昂首北望。

云门龟石　位于普照寺南山坡树林中，巨石酷似乌龟爬行，首西尾东，如观望过路游人。

投书涧　位于凌汉峰下五贤祠遗址东。巨石平博，下临深渊。宋代儒生胡瑗隐居泰山十年，常卧此石读书，见家书有"平安"二字，即不展读，投入涧下。胡瑗，字安定，为"泰山五贤"之一。明万历年间钦差巡抚曾题"胡安定公投书处"刻上。

金鸡窝　位于樱桃园东侧。巨石西南方有天然石洞，传夜深人静可闻洞内鸡鸣之声，每更一次，白天则不见鸡影。

图12　云门龟石

五、山道弯弯：奇妙的山石地质旅游线

大自然风光在不同的人观来会有不同的感受，诗人撷取的是青山绿水的灵气，画家注意的是远山近水的层次，植物学家闻到了奇花异草的芳香，动物学家听到了悦耳动听的鸟鸣，而在地质学家眼里却是山的形状、石的纹理、岩块的色彩……

红门的山岩为何是红色的？长寿桥下为何有阴阳界？仙人桥是怎样形成的？醉心石奇在哪里？著名的探海石何以突出高耸？假如换一个角度，人们就会发现泰山有一条奇妙的地质旅游路线。

（一）巨石探海竞风流　日观峰上说沧桑

千百年来，人们登上泰山极顶，总要来到日观峰一睹探海石那伟岸的雄姿，或攀登其上遥望东天，观沧海日出，抒风流情怀。然而，在自然科学家那里，探海石却是另一番模样。

探海石又称拱北石，长7米，最宽处2.7米，厚1.4米。根基在南，拔地而出，向北探伸，边棱浑圆，风化明显。主体为片麻岩；中段有花岗闪长岩侵入，肉眼可见石英矿物质，由南向北线状排列。

探海石经历了亿万年大自然内外力作用方得以形成。据地质学家考证，

图13 极顶探海石

燕山运动中花岗岩浆上升，侵入泰山杂岩之中，其中携带了大量坚硬石英矿物体。经过长期风雨冲刷，杂岩体被剥蚀掉，含有花岗岩浆的部分因质地坚硬没被风化而突出耸立地面。接着，在继续风化中，含有更坚硬石英体的部分又逐渐突出，因花岗岩浆及石英体由南向北侵入，所以探海石就成为由南向北伸展的巨石。至今探海石仍屹立在泰山之巅，以伟岸的身姿抗击着大自然的风雨。

应当指出的是，由于探海石体内花岗岩体侵入不均匀，本身质地张力系数不一样，经大自然日晒雨淋，冷缩过程中出现了小裂缝。再加之如今大量游人的攀登，裂缝逐渐增大延长，中段已形成110厘米长的裂缝。这一情况如继续下去，势必导致探海石的断裂倒塌。目前，泰山有关部门已向社会各界发出呼吁，请有关专家制定保护探海石的科学方案，以使这一驰名中外的山石胜览永远立于泰山之巅。

（二）三石勾连多故事 自然造化搭仙桥

民间关于泰山仙人桥的形成有许多传说，有人说它是当年吕洞宾超度东海时所修造，有人说它是佛家大师为威慑碧霞元君而为，还有人说只有攀过仙人桥到达玉皇顶，才能超凡脱俗……

图14　极顶仙人桥

仙人桥究竟是如何形成的呢?

地质学家认为，喜马拉雅山运动后，泰山继续升高，在一次急剧的升高中形成了极顶南缘绝壁。在基岩裂隙处，由于风化剥蚀形成了横切绝壁的小山沟。由于流水等外力作用，小山沟逐渐被侵蚀为深窄的小山谷，在谷两侧的绝壁上风化沿节理深入，有了大小不等的石块。可能由于一次地震，或外力突然触发大小石块的交错支点，两侧的石块同时倒向山谷，由于山谷狭窄，其中较大的三块正好卡在山谷之间，且具有了稳定的力学支点，便形成了三石相连的天然石桥。后来，山洪冲去了谷中的小石块和石屑，山谷越来越深，石桥便越来越显得高危。神奇的大自然造就了世界罕见的自然石桥奇观。

（三）悠悠千载瞻鲁台　原是地质夷平面

与华山、黄山等名山不同，人们经历了一番艰辛的登攀之后到达泰山极顶时，地势豁然平旷，形成了别具一格的天上人间。在极顶西南有一片标准的山巅平面，它三面是万丈深渊，人们从这里可以观望东、南、西三个方向的苍茫大地，通常称之为瞻鲁台，而在地质学上则称其为“夷平面”。

瞻鲁台（含其下舍身崖）夷平面，是历次造山运动及大自然外力综合作用的产物。燕山运动前，泰山在数次升降沉浮中曾受到大自然的外力作用，曾一度剥蚀为准平原地势。燕山运动使泰山再次从地面隆起，但山顶部分却保留了原来的准平原地貌，这就是夷平面。所以，今天的泰山极顶在1亿年前正是大陆平原的一部分。

（四）问山哪得石如流　为有源头自冰川

泰山北麓后石坞有一条奇特的“石河”，山坡上，谷溪底，棱角鲜明的石块连片成流，大的直径4～6米，小的直径1～2米。这一奇特的地质现象引起了国内外地质工作者的浓厚兴趣。

地质学原理告诉我们，大面积石河石海的出现，其石块棱角鲜明，并不是一般自然外力所致。因为外力作用下，崩塌的面积不会这么大，且风化、山洪冲击会造成石块磨圆。德国学者舒勒认为，后石坞石河是冰川气候下岩石反复冻融，分崩离析所致。他指出，后石坞石河与德国中部山区冰川现象十分相似，石块河床有与粗冰川摩擦痕迹，石上层、石滑面有与冰川撞击痕迹，是典型的第四纪冰川现象。我国部分学者则认为，上述现象只能说明泰山地区出现过冰缘条件，究竟有无冰川尚待进一步对地貌沉积物深入考察后才能确定。

图15　后石坞石河

（五）云步桥下飞瀑处　三千万年断裂带

位于泰山中溪的云步桥瀑布是北方少见的断崖瀑布，飞流奔泻而下的场面十分壮观。地质学家们考证，这里便是泰山第三条断裂带的暴露断点，形成于3000万年之前的喜马拉雅山运动中。第三条断裂带形成后，泰山上部继续上升，断崖越来越高，飞瀑落差便越来越大。现代科学手段测得，泰山至今仍以每年0.7厘米的速度在增高。

（六）大夫松下庞然物　原是北山飞来石

著名的五大夫松下，一块椭圆巨石横卧盘道之侧，石长6.5米，宽4.8米，高3.7米，重达3吨以上。其上刻有“飞来石”大字，分外引人注目。民间传说飞来石是山神为威吓宋真宗而推下山的。

其实，飞来石是典型的重力堆积岩石。据考察，北部拦住山山岩节理发育明显，岩石经长期沿节理风化后出现裂隙。明万历年间泰山发生了一次特大山洪，拦住山山岩被冲击崩塌而下，大小石块滚落盘道之上。后来较小的石块石屑被冲走，飞来石便只身留在盘道上，成为几百年来人们评说猜测的话题。

（七）大藏岭侧清幽处　悬崖丹壁映林红

大藏岭侧的岩壁上，有两块朱红色的天然岩石，双石对峙，形如宫门。远远望去，犹如一抹燃烧在翠绿松柏间的晚霞，这便是著名的红门石。

红门石是形成于太古代晚期的混合花岗岩，在岩浆侵入活动中，含有钾长石的岩浆侵入杂岩体内，其化学成分中$K_2O > Na_2O$，呈艳红色，所以红门石就变成了红色的。

（八）莫把顽石当秀木　奇石醉人亦醉心

红门宫北，小洞天上，有一组圆柱形巨石。其横断面为环形岩石层，层层相抱，中间有石核，形状似树木的年轮。这就是闻名中外的“泰山醉心石”，汉代枚乘称之为“泰山溜穿石”。

泰山醉心石又称涡柱构造石，由环层、环核两部分组成，为近同心环状圆柱体。它分布在南起红门，北至后石坞的一条十几公里的辉绿玢岩岩墙中，仅红门到中天门一段便有五百余处裸露点，是国内外独一无二的地质构造景观。

地质学家们通过流体力学模拟试验证明，醉心石是岩浆沿地壳断裂处上升过程中形成的特殊构造岩石。低黏度的岩浆在流动中可以形成涡链、涡阵、涡柱等，当岩浆水平流动时便呈涡旋状岩浆流，岩浆冲出地面迅速冷却后，便成为涡柱构造。

（九）天然一线阴阳界　引来黑龙卧潭渊

西溪长寿桥下，百丈崖上，有一条横贯东西的天然白线，其下是深不见底的黑龙潭。由于岩石上生长着黏滑的黑苔，人走过这条白线便会滑进黑龙潭。所以人们将其称为阴阳界。

其实，阴阳界是一条夹在花岗岩中的石英岩脉。由于这条白色石英岩脉抗蚀力强，在其周围岩石被冲低后，它便突出岩面。西溪水来到这里受岩脉阻拦，流速降低，对上层谷底岩面切割减缓。而下游岩面则因落差增大而切割较快，增大了对百丈崖下的冲击力，天长日久便形成了深不可测的黑龙潭。反之，如果没有这条阴阳界阻拦山溪之水，上游溪水飞流而下，百丈崖便会被加速切割而变矮，黑龙潭也不会这样深。因此，可以说是阴阳界造就了卧龙藏虬的黑龙潭。

（十）莫道风雨功夫软　亿年削砍成巨扇

在高耸的扇子崖下，人们常常会感叹造物主的神奇，这挺拔的山峰何以会如此酷似一柄巨大的石扇?

原来，现在的扇子崖山体含有质地坚硬的钾长石混合花岗石，所以它略呈浅红颜色。1亿年前的燕山运动时，这里的山体被抬出地面，周围不含钾长石的山体被逐渐风化剥蚀，扇子崖便慢慢突显出来。又因为扇子崖岩石呈垂直节理发育，山脊两侧在风化中垂直平行后退，形成了又高又薄的山体，其最薄的上部又在风化剥蚀中变圆，一柄硕大的石扇便被“削砍”出来了。

（十一）花溪岂止南国有　桃花峪里景更秀

走进九曲十八弯的桃花峪，稍一留心便会发现溪涧谷底那五彩斑斓的石子，红绿白兰青各色圆石铺满水底，清澈可鉴，格外喜人。

桃花峪五色石是杂岩混合花岗岩的产物。在岩浆活动中，桃花峪一带杂岩体遭到白色石英岩脉、辉绿岩脉、黑云母闪长岩和红色钾长岩浆的侵入，又经过千万年山溪洪水的冲刷，便形成了独具特色的圆形五花石。

图16　扇子崖

（十二）五亿年前古生灵　今朝翩翩飞岱宗

泰山西北方向有座馒头山，因山形酷似馒头而得名。一个多世纪以来，中外地质学家、人类学家先后在这里发现了三叶虫化石（燕子石）、蓝藻化石、贝化石、蝴蝶化石和竹叶状灰岩、鲕状灰岩等。到了20世纪20年代，科学家终于揭示出馒头山沉积着5亿年前的寒武一奥陶纪地层，它是世界上少有的寒武纪标准剖层之一。

25亿年前泰山跃出海平面，经过了约19亿年的风化剥蚀，古泰山顶部成为夷平面。到了距今6亿年左右，泰山再次沉入海底，其夷平面上沉积了近2000米厚的寒武纪沉积物，当时的海上生物三叶虫、贝类、蝴蝶等被裹入沉积物层中，直到1亿年前泰山再次露出海平面，馍头山地层才被稳定地保留了下来。

馍头山地层化石发育全面，出露性较好，是我国古生物和地层剖面研究的重要基地，在国际地质学界也占有重要位置。

此外，虎山的混合花岗岩石，中天门的石英闪长岩谷溪，玉皇顶的斑纹混合岩等，都具有一定的科学研究和旅游观赏价值。

六、阳刚之美：泰山山石的自然美

当你伫立扬子江畔，观“惊涛拍岸，卷起千堆雪”，油然生发“千古兴亡多少事”的联想时；当你站在泰山之巅，“凭崖望八极，目尽长空闲”，发出“天门一长啸，万里清风来”的慨叹时；或者你为“鳌载雪山龙起蛰，快风吹海立”的钱塘大潮所感染时，或者你为“明月别枝惊鹊，清风半夜鸣蝉”的月夜所陶醉时。你是否想到你为什么被感染陶醉，大自然究竟美在什么地方，不同的自然美又是怎样诱发人们的不同感受、不同感慨的呢？

恩格斯曾这样写道：“当大自然向我们展示出它的全部壮丽，当大自然中睡眠着的思想虽然没有醒来，但好像沉入金黄色的梦幻中时，一个人如果在大自然面前什么也感觉不出来，或仅仅这样感叹，大自然啊，你是多么美丽啊！——那么他便没有权利认为自己高于平凡和肤浅的人群。”（《马克思恩格斯论艺术》）恩格斯在这里形象地揭示出自然美是客观存在着的，而只有当人们感受到它时，它才得以实现。换言之，人们在感悟到自然美的不同规律特点时，它便进入了高尚的审美范畴。

（一）感悟造化——庄子问天与山川之媚

孔子说：“智者乐水，仁者乐山。”这是我国最早关于山水美学的议论，其侧重在“自然的人化”，即人们对山水美的不同感受，没有从大自然本身寻求美的客观存在与特征。庄子仰望苍天，发出“天之苍苍，其正色邪”的疑问，对天本身的色彩美生发思索，可以被认为是触及了客观自然美的本身。

南北朝时期，刘勰认为：“日月像重叠的璧玉来显示附在天上的形象，山河像锦绣来展示铺在地上的形象，这大概是大自然的文章。”（《文心雕龙·原道》）明确提出日月山河美的根源在于大自然本身，是在自然美学范畴内对西汉以后“物我同一”“天人合一”主观美学观的批判。元人汤垕在《图鉴》中进一步阐述：“山水之为物，禀造化之秀，阴阳晦暝，晴雨寒暑，朝昏昼夜，随形改步，有无穷之趣。”提出了山水的变化美，随着自然界的变化而变化，是自然造化灵秀所致。叶燮则明确揭示：“凡物之生而美者，美本乎天也，本乎天自有之美也。”“凡物之美者，盈天地间皆是也。”（《已畦文集·滋园记》）这是对古典主观美学观念的挑战，也是我国古典客观美学观的首次明确提出。

南朝陶弘景审视山川之美，注意到不同美的特色，他说："山川之美，古来共谈。高峰入云，清流见底。两岸石壁，五色交辉。青林翠竹，四时俱备。晓雾将歇，猿鸟乱鸣。夕日欲颓，沉鳞竞跃。实是欲界之仙都。"(《答谢中书书》)这一段在大自然变化中感受到美的描述，成为我国古典美学的精辟之谈。

宋代人郭熙在《林泉高致》中说道："山，大物也。其形欲耸拔，欲偃蹇，欲轩豁，欲箕踞，欲盘礴，欲浑厚，欲雄豪，欲精神，欲严重，欲顾盼，欲朝揖，欲上有盖，欲下有乘，欲前有倨，欲后有倚，欲上瞰而若临观，欲下游而若指麾，此山之大体也。"侃侃而谈中揭示了自然山石的不同特征，并已由此抽象出"浑厚""雄豪""精神""严重"等美学概念。他还进一步触及自然山石与其他事物的美学关系："山以水为血脉，以草木为毛发，以烟云为神彩，故山得水而活，得草木而华，得烟云而秀媚。"这是古典自然美学中对山石自然美的极精彩论述，在山石美学方面大大前进了一步。

清代人方苞是第一个揭示出审美主体与客体之间辩证关系的学者，他说："凡山川之明媚者，能使游者欣然而乐。而兹山岩深壁削，仰而观，俯而视者，严恭静正之心，不觉其自动。盖至此，则万感绝，百虑冥，而吾之本心乃与天地之精神一相接焉。"(《游雁荡山记》)他在这里既指出了"山川之明媚"的客观存在，又揭示了游人"欣然而乐"，对山川美的感悟，同时也认识到审美过程中所渗透的"万感绝，百虑冥"的社会精神和"吾之本心乃与天地精神一相接"的辩证关系。应当说，从庄子问天到方苞的论述，我国古典美学完成了主客体统一的思辨过程。

叶燮曾对五岳山石自然美进行过细致的观察，他在《原诗·内篇》中写道："又名山五岳，亦各各自有性情气象，不可移换……且天地之生是山水也，其幽远奇险，天地亦不能自剖其妙；自有此人之耳目手足一历之，而山水之妙始泄。如此，方无愧于游览，方无愧乎游览之诗。"叶燮又一次指出五岳自然美是"不可移换"的客观存在，而"人之耳目手足一历之，而山水之妙始泄"，强调在主体对客体的感悟中"山水之妙始泄"。

清代学者戴震尤其强调泰山在自然山水审美中的典型意义。他说："譬有人焉，履泰山之巅，可以言山。有人焉，跨北海之涯，可以言水……时或不尽山之奥，水之奇，奥奇，山水所有也……"由于泰山独特的自然景观与悠久的历史文化，使其成为全国山川中美学内涵最丰富的名山。因此戴震提出没有登临泰山的人是没有资格谈论山的。可见，对泰山自然美的研究剖析还具有纵深典型性和广泛代表性。

应当指出，我国古典的自然美学理论只是散见于各类诗画游记作品中，并没有形成较为完整的理论体系，而对自然山石美的研究更属凤毛麟角。在我国当代的自然美研究中，似乎更缺乏由典型到一般，理论与实践融会贯通的学术力作，这是应当引起我们的注意并去努力改变的。

（二）雄伟厚重——泰山山石自然美剖析

自然山水可分为两类综合美的形态。一类称之为调和型自然美。即自然景观的综合态势表现出相对的协调，人们在和谐的氛围之中产生悠然舒适之感，进而引发出秀雅之美。我国南方山水大多属于调和型自然美。如桂林山水，“江作青罗带，山如碧玉簪”，山水相依，款款而来，悠然而去。山势线条柔和，少见直线型陡崖绝壁，山体为绿树红花覆盖，少见巨石裸露。山林泉石，浓淡相宜，层次分明。再如徐霞客笔下的云南大理山水：“（山麓）有树大合抱，倚崖而耸立。下有泉，东向漱根窍而出，清冽可鉴。稍东，其下又有一小树，仍有一小泉，亦漱根而出。二泉汇为方丈之沼，即所溯之上流也。泉上大树，当四月初即发花如蛱蝶，须翅栩然，与生蝶无异；又有真蝶千万，连须勾足，自树巅倒悬而下，及于泉面，缤纷络绎，五色焕然。”这一幅山泉树相依相映，玲珑乖巧，花蝶争艳的山水画卷，正是调和型自然美的写照。它给人以秀美清雅、如意舒闲的美感。

另一类称之为对比型自然美，即自然景观的综合态势表现出强烈对比，人们在强烈的对比中产生紧张与振奋，进而引发一种雄壮美感。我国北方山水有许多属于这一类型。如黄河龙门景观：“东西皆层峦危峰，横出天汉。大河自西北山峡中来。至是，山断河出，两壁俨立相望……东视大山，巍然与天浮，南望洪涛漫流，石洲沙渚，高原缺岸……”（《游龙门记》）层峦危峰、山断河出、两壁俨立、高原缺岸等都造成强烈对比，使人产生抗争与振奋感，进而引发出雄壮静穆之美。再如茅盾笔下的“旷阔的原野上傲然挺立”的白杨，“在北方风雪压迫下却保持着倔强而立”，“朴质，严肃，坚强不屈”。（《白杨礼赞》）空旷荒寂的平原与傲然生机的白杨形成强烈对比，使人产生由悲怆到振奋的感觉，引发出壮阔之美。

泰山山石景观属对比型自然美一类，它历来以雄伟壮美著称于世。宋人郭熙说“真山水之川谷，远望之以取其势，近看之以取其质”(《林泉高致》)。就让我们按这一方法来剖析一下泰山雄壮之美产生的渊源与环境。

1. 平原如砥　主峰突起——雄伟之生发

如前所述，泰山位于华北大平原的东端，它的外围是平原冲积地和低矮的丘陵。在西起潼关东至大海，北起燕山南至江淮的广阔地域间，没有一座比它高的山峰。它不像黄山，八百里峰峰相连，这山望着那山高。也不像华山，南依层峦叠嶂的秦岭山脉。泰山拔地而起，东天一柱，与周围平原丘陵形成强烈对比。明代文学奇才张岱描述泰山气势：“山高数十仞，尽十里而没，山高数百仞，尽百里而没。岱至州城望之，不觉其甚高。及至黄河舟次，七百里而遥矣，然犹及见岱之螺髻焉，则其高可胜计哉！”他描述的实际上是从平原望泰山的感受和泰山耸立于华北平原“高不可计”的雄姿。

在这种强烈的对比反差之下，人们仰望泰山便会“感受到逼人的魅力”，产生“霎时间的抗争感”。汉武帝面对泰山就曾发出过“高矣，极矣，大矣，特矣，壮矣，赫矣，骇矣，惑矣”的惊叹。西方著名美学家博克在分析客体对主体的影响时曾指出：“自然界中伟大和高峻现象所引起的情绪是惊异，其中还含有若干程度的恐怖。”(《崇高与美》)无疑，突兀而起的强烈反差使泰山具有了雄伟高峻的美学特征。人们在这座大山面前，先是“惑矣，骇矣”，产生一种敬畏之感，而接着“高矣，大矣”的美学意象便油然而生。主体在客体的压抑之下，先是产生一种“抗争感”，而同时“壮矣”“特矣”之感也就悄悄滋长了。

2. 巨石突兀　绝壁青松——雄伟之延伸

“山之体，石为骨。”与南方青山碧谷不同，泰山多裸露的巨石。姚鼐这样描写泰山：“山多石，少土，石苍黑色。多平方，少圆，少杂树，多松，生石罅”。作为清代桐城派文学首领的姚鼐对泰山的观察是细致而准确的，而他的《登泰山记》也成为不朽名作。

突兀巨石给人以力感，苍黑色代表了静穆深沉，壁立千仞的绝岩峭壁则使人产生相搏相击的抗争力，于是雄伟的美感便在这里延伸了。生长在峭壁巨石上的青松郁郁葱葱，根深深地扎进岩缝间，树干扭曲着，树冠挣扎向上，呈现出勃勃生机。这旺盛的生命力又与无生命的顽石形成强烈反差对比。人们瞻仰泰山之巅那挺拔的青松，崇敬之心油然而生。由此，雄伟美感意象又得以强化。

3. 形体巨大　宝塔叠垒——浑厚之生发

泰山山系绵延200余公里，盘卧426平方公里，形体巨大，根基安稳。其第一台阶层峦叠嶂，第二台阶山体成收势，第三台阶以上收势更为显著，形成了下阔上小，下大上陡的宝塔式叠垒形貌，这就给人给安稳浑厚的感觉。古人云“泰山元气浑厚，绝不以小巧玲珑示人”，这是很有道理的。

4. 递进节奏　黄金分割——浑厚之延伸

仔细观察还会发现泰山的三大台阶中还有着层层递进的节奏。其第一台阶间隔较缓较长；第二台阶变短，但却较陡；第三台阶以后的各个小台阶愈来愈短，也却愈来愈陡，愈来愈急，到十八盘至南天门一段达到高潮。如果说由平原而山麓是前奏的话，从山麓上至中天门则是较舒缓的发展，而其后则有急进，有跌宕，有高潮，势如一支节奏递进、粗犷大气的自然交响曲。这种节奏感无疑延伸了它内在的雄浑美感。

在审视了泰山的三大台阶比例之后，我们还惊奇地发现它竟然吻合美的黄金分割律。泰山相对高度为1300米，山下到第三台阶之始云步桥为800米，云步桥至玉皇顶为500米，比例恰好相当于1∶0.618。且第一、二台阶较阔大，第三台阶以上则较陡小。我们知道，黄金分割律比例是形式美的最佳匀称比例，泰山山体的自然态势既然符合黄金分割律，那么它在人们的视野中当然是最美、最匀称的自然形体。

如前所述，泰山前麓以中溪为中心线，左右有东、西溪，后麓又有与前麓三溪呼应的天津河、扫帚峪、桃花峪，从而形成了东西、南北两组对称美，高度比例的黄金分割美和空间范围的对称美，都强化了泰山的雄浑安稳之感。

（三）阳刚壮气——泰山山石自然美升华

我国古典美学将美的表现形态分为壮美与优美。壮美属阳刚之美，优美属阴柔之美。姚鼐这样描述过阳刚与阴柔之美：“其得于阳刚之美者，则其文如霆，如电，如长风之出谷，如崇山峻崖，如决大川，如奔骐骥……其得于阴柔之美者，则其文如升初日，如清风，如云，如霞，如烟，如幽林曲涧，如沦，如漾，如珠玉之辉，如鸿鹄之鸣而入寥廓。”（《复鲁洁非书》）显而易见，在对泰山雄伟浑厚的美剖析之后，便会发觉泰山山石属于阳刚类自然美的形态。我国著名美学专家杨辛指出：“泰山的雄伟属于壮美，它具有自己的独特个性。每个风景区都有自己的个性，只能相互补充、丰富，而不能彼此代替。”（《泰山研究论丛》第二辑）这是相当精辟的议论。

诚然，泰山的阳刚壮美系指整体而言。在泰山的主区、顶区、后区、前区、西区中，主区、顶区、前区及后区基本属于此类。西区的扇子崖也应列入阳刚壮美之区，而西溪龙潭和桃花峪、樱桃峪兼有江南山水特色，当属于阴柔优美一类。

这里，我们还想就当前国内自然美乃至美学的研究讲一点不成熟的意见。

审美作为一种深层次的心态文化，带有浓厚的民族色彩。各个民族由于历史、地理环境的不同，审美情趣千差万别。古代盎格鲁撒格逊人以长须为美，巴拉圭人则以无须为美，甚至将眉睫毛全部拔去。东方民族以皮肤白皙为美，而非洲西海岸人则认为皮肤越黑越美，皮肤不黑的姑娘甚至找不到丈夫。同样，在自然美的欣赏上各个民族也有着自己特有的审美情趣，只不过其差异比社会美欣赏要小罢了。因此，对于美学的研究需要特别注重审美主体的地域与民族差别。

然而，当前有些美学研究者却把西方的古典美学理论生硬地照搬照抄过来；或者将我国宝贵的古典美学论述套入西方理论的框架，认为不合规范的就剪头去尾，甚至一笔抹杀；或者以西方美学理论来剖析我国古典美学事象，李代桃僵，阴差阳错。在自然美学范畴内，则有人否定美的客观存在，或认为自然审美无民族差别。出现上述现象的原因，一是我国缺乏系统的民族美学体系，二是有人自觉或不自觉地将物质文明的引进与民族文化的继承对立了起来。

我们认为，建立中华民族自己的美学体系已成为当务之急。这个体系既不排除对西方美学的借鉴，又侧重于对中华民族自身审美心理、审美事象的研究和对我国古典美学的继承。它既承认各民族审美标准的同一性，又强调各民族审美标准的差异性。

当前，随着人类对自然环境保护的重视和世界性旅游业的蓬勃发展，对自然美的研究、开发、保护和利用，就更显得迫在眉睫。因为只有搞清了什么是自然美，自然美与社会美的关系，中华民族对自然美、社会美、艺术美特有的欣赏心态，自然美与旅游开发的关系，甚至人类变化着的自然美学观等等，并逐渐将其普及化、通俗化，我们才有可能做到理论指导实践，将学术研究的成果用来服务于现实，服务于社会建设。

第二章

五彩缤纷的石头家族

一、华夏美石：从和氏璧说到一石万金

《韩非子·和氏篇》曾记录了这样一则令人回肠荡气的故事：

> 楚人和氏得玉璞楚山中，奉而献之厉王。厉王使玉人相之，玉人曰：石也。王以和为诳，而刖其左足。及厉王薨，武王即位，和又奉其璞而献之武王。武王使玉人相之，又曰：石也。王又以和为诳，而刖其右足。武王薨，文王即位，和乃抱其璞而哭于楚山之下。三日三夜，泪尽而继之以血。王闻之，使人问其故，曰：天下之刖者多矣，子奚哭之悲也。和曰：吾非悲刖也，悲夫宝石而题之以石，贞士而名之以诳，此吾所以悲也。王乃使玉人理其璞，而得宝焉。遂命曰和氏之璧。

这个故事歌颂了和氏识宝献宝百折不挠的精神，并已成为传世佳话。从中还可以看出，早在2000多年之前的春秋战国时代，玉石就已成为价值连城的瑰宝，且已经有了专门从事玉石加工的“玉人”。

《诗经·卫风》曰：“有匪（斐）君子，充耳琇莹。”琇莹即指美石，春秋时代的卫国，有身份的男人耳上都佩着美石饰品。《诗经·齐风》载：“尚之以琼华乎而”“尚之以琼莹乎而”“尚之以琼英乎而”。琼华、琼莹、琼英系指美石似玉者。高亨先生考证，齐国的新娘等候新郎娶接，要给新郎佩戴美石饰品。《诗经·秦风》载：“何以赠之，琼瑰玉佩。”琼瑰指的也是美石。“投我以木瓜，报之以琼瑶”，琼瑶在《说文解字》中明确解释为美石。可见，用美石或美石佩件赠送给贵人友朋，在春秋时代已成为一种流行风尚。

《山海经》中曾记载过几十种美石奇石，诸如瑶碧、乐石、蚨石、金石、洗石、采石、文石、涅石、砂石、磬石、箴石、冷石、涂石、端石、砥砺、邦石、鸣石、磁石、昆吾石等。这些石头因色彩、质地不同，有的用来加工佩件装饰品，有的用来制作印章国玺，有的作为观赏品。

《荆楚岁时记》载，汉代张骞通西域，曾在河畔拣回一石，问于东方朔。东方朔答："这是天上织女的支机石，怎么到了你手中？"东方朔故作渊博，显系信口雌黄。张骞不远千里将一奇石带回长安，却说明美石风尚到了汉代热度有增无减。《茅亭客话》记述，唐代开元天宝年间，杭州"锦江桥侧有周处士者，鬻十香丸。以白器贮水浸小石子百颗余，各有文缕，如飞禽走兽，花草云凤，僧道之形者。人常聚睹赏之。"这位周处士用展览美石的办法招徕生意，可称经营有方，也说明了唐代杭州人对美石的喜爱。

宋代人杜绾作《云林石谱》，汇集记载了天下美石几十种，他在序言中写道："天地至精之气，结而为石，负土而出，状甚奇怪。或岩窦透漏，峰岭嶒稜（棱）。凡弃掷于娲炼之余，遁逃于秦鞭之后者，其类不一。"将美石的产生归结为"天地至精之气"。《博物志》则认为："地性含水土山泉者，引地气也。山有沙者生金，有穀（谷）者生玉。"将玉石与种谷物联系起来。

元代人陶宗仪《辍耕录》中曾记载了"刺""避者达""古木兰""助把避""红亚姑""青亚姑""黄亚姑"等十几种名贵美石。书中记述，"（石头）种类不一，其价亦不一。大德年间，本土巨商中卖红刺一块于官，重一两三钱，估直中统钞一十四万锭。用嵌帽顶上。自后累朝皇帝相承宝重，凡正旦及天寿节大朝贺时，则服用之，呼曰刺，亦方言也"。一块重一两多的石头卖价竟高达14万锭中统钞，足见其价值之高。

《泉南杂志》记载："岁己亥三月，乾清坤宁宫造成，需石陈设其中，以奇石四十块分制佳名。"这些奇石的命名十分高雅讲究，如"春云出谷""泰山乔岳""玉韫山光""元嶂云收""江汉朝宗""奇峰迭出""白雪春融""烟波春晓""溪山烟霭"等。胥自勉《灵岩石子图说》中不但绘画了奇石的形状图案，还配有"赋名诸石"。如"琅琊古雪石"，"古干秀质如缀，梅蕊数十兼有暗香浮动，疏影横斜之致"。再如"苍松白石"，"石色微白，上有松枝八九枝，每枝作沉绿圈圈，边圈一金黄色，上下有白石山相对"。这反映了当时观赏美石审美水平的提高。

到了清代，鸡血石、青田玉、田黄石、寿山石、麻花石、琼石、富春石、莱州玉、燕子石、汉白玉石等逐渐成为举世闻名的美石。如鸡血石产于浙江省临安县昌化山区，石色艳如鸡血，质料细腻，脆软适度。清代官吏以花翎红顶为最高品级，鸡血石就被用作花翎红顶玉管的材料，在美石中的地位最为显贵。青田石产于浙江青田县山口镇，质细而光，莹洁如玉。青田石中有一种浅青色的冻石，盛夏大汗淋漓之时，只要将一小块冻石握于手中，顷刻便汗消热退，浑身凉爽。因其矿脉稀少，价值昂贵，青田冻石多为社会上层人士所收藏。

田黄石产于福州市郊寿山，清代曾有“一两田黄三两金”之说。北京故宫博物院藏有乾隆皇帝的一带链田黄石，被视为“宫中瑰宝”。今天，一块鸡蛋大小的田黄石在北京、上海的美石展上标价20万元人民币。日本前首相田中角荣访华时，周恩来总理曾赠给他一颗田黄石，他高兴地说：“这次访华有两件快事，一是参观了长沙马王堆古迹，一是周总理赠送了我梦寐以求的田黄石。”

在我国古代典籍和野史笔记中，关于乐石、化石、珊瑚石的记载也十分引人注目。

“击石拊石，百兽率舞。”从远古时代起华夏部落氏族在庆功盛典上就把石头作为最原始的乐器。《诗经》曰“八音克谐”，八音指用金、石、丝、竹、木、土、匏、革制作的乐器，而“金石之音”则以其清越优美的声调被列为八音之首。在秦汉时代，石磬是宫廷音乐的主乐器之一。

用来制作乐器的石头是一种质地细腻而又坚硬的特殊石头，它既要经得起敲打，又要有良好的共鸣音响效果，以至于今天的人们在仿制古典石磬时都大伤脑筋。《酉阳杂俎》记载：“高唐县鸣石山岩高百余仞，人以物扣岩，声甚清越。晋太康中，逸士田宣隐于岩下，叶风霜月，常拊石自娱。”然而今天高唐县境内却无人知道鸣石山的方位。

图17　普照寺五音石

又有一条材料上说："吴郡临平岩崩出一石，鼓槌之无声。帝以问华，华曰，可取蜀中桐木刻为鱼形扣之，则鸣矣。于是如其言，果声闻数里。"（《张华传》）可见，敲击乐石的木棒也是十分讲究的。泰山普照寺中有一明代传流至今的"五音石"，石呈铁黑色，敲击四方及中央就发出悦耳的五个音阶，奏出的乐曲分外动听。

由于受科学发展水平的限制，宋代以前的人对化石的形成常常产生误解，杜光庭《录异记》记下这样两件事：

> 婺州末康县山亭中有枯松树，因断之误堕水中，化为石。取未化者，试于水中，随亦化焉。其所化者枝干及皮与松无异，但坚劲有未化者数段相兼，留之以旌异物焉。
>
> 会稽进士李眺偶拾小石，青黑平正，温滑可玩，用为书镇焉。偶见蝇集其上，驱之不去，视之已化为石。

显然《录异记》记载的一个是木化石，一个是动物化石。

《洞天清录》记载："蜀中有石，解开自然有小松形，或三五十株，行则成径，描画所不及，石止高二丈，正堪作砚屏之式。"这一条关于木化石的记载就已较为客观。《偃曝谈余》记述："新安西王乔洞，其石皆土所成，取而破之，木叶之形变错其间，文理俱在，若雕刻者，不特一石为然……"从记载内容看，王乔洞是类似山东临朐山旺村的化石出土地点。"其石皆土所成"指的是硅藻土石矿层。《金台纪闻》载："郿县河滩上有乱石，随手碎之，中有石鱼，长可二三寸，天然鳞鬣，或双或只不等。"这显然是一条关于鱼化石的记载，郿县即今陕西眉县，至今仍有鱼化石出产。

《山海经》中将珊瑚石称作玉碧树，后人又依其形态不同称作"石梅"或"石柏"。宋范成大《金石志》载："石梅生海中，一丛数枝，横斜瘦硬，形色枯梅也。""石柏生海中，一干极细，有一叶，宛是侧柏。"也有统称为石树的，《宋书·符端志》："天玺元年，临海郡吏伍曜在海水际得石树，高三尺余，枝茎紫色，诘屈倾靡，有光采。"

在华夏美石家族中砚石又自成系列，最著名的有歙石、端石、红丝石、燕子石等。宋人曹继善《辨歙石说》中列举了几十种上乘歙石，如"细罗石，石纹如罗縠精细，其色青莹，其理紧密，坚重莹净，无瑕璺，乃砚之奇材也”；“金花罗纹，罗纹地上间以金花”；“金花眉子，眉子石中有金花金晕者”；等等。宋人杜绾《云林石谱》记载端石：“石出斧柯山，距（端）州三十三里。”“第一层谓之顶石，皆紫；第二层腰石，或有眼，或无眼；第三层脚石，即无眼。大抵有眼石在水岩中，尤细润。”有眼石为端石最上品。红丝石出“青州益都县，产土中，其质赤黄，红纹如刷丝萦绕石面而稍软，扣之无声。琢为砚，颇发墨……唐林甫彦酋顷作《墨谱》，以此石为上品器”。出产于泰山的燕子石则被乾隆《西清砚谱》列为群砚之首用石。

我国历代的文人雅士有赏石、藏石的习尚，然而其赏石不在名贵而取自然。在幽谷，在山巅，千姿百态的自然美石，或摹景写意，或肖物象形，或秀俊隽美，或朴拙憨愚。文人雅士们取之山野，置之案几，放于庭院，经一番品评领悟，得一片美的真情。

宋代大诗人苏东坡就是一位美石收藏家，有一次他在居所后圃意外觅得一白脉黑石，石的纹理若江水奔流，就特意赴曲阳定做了一个丈八尺的汉白玉盘，将石置于其内，激水其上，墨石白脉如雪浪翻流，妙不可言。苏东坡给石头取名叫“雪浪石”，放石头的书斋叫“雪浪斋”。书法家米芾称奇美石为“石兄”，寻得石中珍品常常揣在怀中，一边走路，一边观赏，自己称此为“握游”。他在无为州做通判时，知州是个贪官，因姓麦，被百姓称为“麦老鼠”。按宋代官规，下级每天早晨都要拜揖知州，米芾十分不快。后来，米芾称病不出，每天在家观赏石头，还穿上官服向收藏的美石礼拜，口里念念有词：“宁拜无知石，不拜麦老鼠。”“拜石”典故成为后世美谈。

《云林石谱》曾记述，“临江士人鲁子明有石癖，尝亲访其处，以渔舟归潇滩，列置所居”，可见其藏石数量是很大的。《奇石记》记载，明代书法家米万钟也痴迷于美石。他任六合县令时，曾“自悬高赏，广搜灵岩山溪中雨花石”，贮于家内大小器皿之中。公务之余，“衙斋孤赏，自品题，终日不倦”。

蒲松龄在《聊斋志异》的《石清虚》一篇中，也描写了一个石头迷：“刑云飞，顺天人。好石，见佳石不惜重直。偶渔于河，有物挂网，沉而取之，则石径尺，四面玲珑，峰峦叠秀。”后来有某尚书欲出百金购之，而刑氏万金不卖。从这个故事中也可以看出藏石习尚在清代仍十分流行。

郑板桥也是一位藏石家，他观赏石的标准“丑、雄、秀”为后人所称道。

他曾自画丑石自喻，并题道："板桥此石，丑石也，丑而雄，丑而秀。"他崇尚自然奇石，主张不施刀斧，这一观点对近现代的美石收藏家影响很大。

近代著名爱国人士沈钧儒爱石至深，他书房的案几、橱架、窗台上摆满了各种石头，并将书斋题名为"与石居"。著名作家周瘦鹃写作之余爱搜集奇石，他家中的奇石有上百种之多。

观赏石是我国传统石文化的重要内容之一。在当代，它泛指自然界天然存在的有一定审美价值的美石（包括基本保持自然形态的石头工艺品），具有奇、趣、雅的特点。近几年来，我国民间搜集收藏观赏美石之风方兴未艾，有些失传的历史名石又重新被发掘出来。1990年，上海第一家美石商店开张。1991年南京雨花石陈列馆建立。同年9月，国内第一家石文化专题博览馆——泰山石文化陈列馆落成，吸引了众多的国内外游人和美石收藏家。国内外100余家报刊、电台予以专题报道，引起社会各界的强烈反响。接着，中央电视台及许多省市电视台播放了美石及收藏家专题介绍，引起广大观众的浓厚兴趣。华夏美石正以它迷人的风采和魅力走向世界。

二、岱宗瑰宝：美不胜收的观赏玉石

（一）色艳质润的泰山玉石

《山海经》载："泰山，其上多玉……环水出焉，东流注于河，其中多水玉。"秦汉时代以前泰山玉石就已名闻华夏，曹植的游泰山诗中曾有"玉石扬华英"的赞誉。直到清代人撰写《五岳志》，还有"泰山方圆四十里，多芝美玉石"的记载。

"玉，石之美者，滑润而有色泽。"（《说文》）我国是著名的玉石之乡，主要产白玉、青白玉、黄玉、红玉、紫玉、墨玉、花玉等。玉分为硬玉和软玉两种，软玉以新疆和田玉为最佳，因洁白细腻，滑润似羊脂，又称羊脂玉。硬玉又称翡翠，娇艳柔润，以广东信宜翡翠为最佳，有"玉中之王"的美誉。泰山玉主要有墨玉、碧玉、红玉、五彩玉、白云玉、紫檀玉等，多属硬玉类。

泰山玉石的不同色泽形态形成于历次的杂岩岩变中。25亿年前形成的泰山杂岩属铁铝榴石角闪岩相，或十字石一兰晶石亚相。在历次造山运动和断裂活动中，含有硅、铝、氧等不同结晶化合物的岩浆侵入杂岩岩体，使之发生混变，从而造就了泰山丰富多彩的玉矿。

泰山墨玉色泽乌亮，质地硬细，主要出产在泰山西南麓界首一带。秦汉时代，泰山墨玉就是制作砚台、笔筒的上乘材料。但是到了20世纪50年代，墨玉开发加工几乎失传。1980年以来，泰安市工艺美术研究部门研制出墨玉系列雕刻工艺品，仿制了泰山名胜石坊、石亭及鼎炉、鸟兽，造型古朴，典雅精细。被轻工部授予“文房用具百花奖”。

近年来，泰山玉雕厂推出了大型组合式九层塔、龙壶等高档墨玉工艺品，雕刻使用了连环雕、夹层雕、透雕等复杂工艺，在泰山石文化陈列馆展出后，得到各界人士的高度赞誉。该厂的组合玉雕“子游列国”，再现了孔子及弟子子路、颜回等人驾乘四乘马车周游列国的场面。设计者的奇妙构思，刀工的娴熟技巧，加之墨玉本身的古朴庄严风格，使得整个场面气势不凡，生动形象，在国际孔子文化节上引起轰动。

泰山碧玉质地晶莹，绿如夏荷，主要出产于泰山西麓。工艺师们巧妙利用碧玉的色泽变化，雕刻成碧荷、秋菊、绿牡丹等花卉，收到了以假乱真的艺术效果。用它制作的龙壶，龙口出水，龙角为盖，龙尾为壶柄，玲珑剔透，分外可爱。

泰山红玉色泽艳若朝霞，纹理富于变化，主要出产于泰山东南麓角峪、邱家店一带。白云玉色泽洁如冬雪，间有浅绿纹路，五彩玉红黄绿青棕五色相间，图案花纹规整。用红玉、白云玉、五彩玉单独或组合制作的双耳壶、细颈瓶、罐盒杯碗等，或清新秀雅，或富丽堂皇，特别适于用作庭室书斋摆设。用暗调五彩玉仿制的司母戊方鼎，选料精细，制作考究，配以红玉烛台，格外古朴典雅，是目前泰山玉石工艺品中的最大件，司母戊方鼎在泰山石文化陈列馆展出后，受到各界人士好评。

图18　碧玉茶具

泰山紫檀玉的发现颇富传奇色彩。1990年秋，山东人民广播电台驻泰记者赴泰山北麓林

图19　泰山玉石工艺品

区采访，在溪畔休息时看到一块纹理奇特的石头便放在挎包带回。当请人加工磨光后，在场者无不欢欣鼓舞，原来此石头质地十分细腻，色泽黄绿相间，纹理酷似紫檀木天然花纹，给人以轻巧可浮于水之感。用它制作的书镇、笔筒、棋盒等，如不仔细观察，会以为是紫檀木制作的，足可以假乱真。目前，对紫檀玉的开发已引起有关部门的重视。

应当指出，泰山玉石虽然开发历史悠久，古籍记述颇多，但至清末民初其工艺几乎失传，矿源也难以查寻。随着泰山旅游经济的发展，泰山玉石工艺品正逐渐引起有关部门的重视，新的矿源不断被发现，新的产品陆续问世，旅游部门已先后举办了几次泰山玉石工艺品展销会，对玉石的深入开发一定会推动旅游经济的进一步发展。

（二）栩栩如生的燕子化石

《池北偶淡》载："邹平张尚书，崇祯间游泰山，宿大汶口，偶行至汶水滨，水中得石，作多福（蝠）砚。"这里所说的用作多蝠砚的石头就是泰山燕子化石。

燕子石，又称蝙蝠石。约5亿年前的古生代，泰山沉入海底后形成了寒武纪沉积层，这一时期三叶虫类昆虫被裹在岩层中，逐渐成为化石。因三叶虫化石发现于泰山前麓蒿里山下，所以国际学术界又称之为嵩里山虫。

燕子石色泽有深绿、浅绿、紫褐数种，虫体微黄，凸出石面，形如飞燕。石质细腻，沉透如玉，抚之如凝脂，叩之有铜声。虫体从1厘米到十几厘米不等，羽翅肱翔栩栩如生。其主产区在大汶河流域的圣井、磁窑、大汶口等地，又以大汶口河床内出产为最佳。《重修泰安县志》云：“大汶口之三叶虫化石，俗称燕子石。其石黝润，居淄石右，其石在坑底者尤佳。”其间又常有蛤蚌、蝴蝶等化石出土，较为珍贵。

燕子石是一种名贵的观赏石。其典雅的色泽，鲜明的虫体，常令人感叹不已。当代著名书法家欧阳中石有诗赞道：“五亿年前古，翩翩燕子飞，奇珍天下宝，史迹依稀存。”

燕子石又是制作高档工艺品的宝贵石材。工艺师们因石就形，稍加雕琢，制成插屏、花瓶、笔筒、书镇等，天趣自然，高贵典雅，日本前首相中曾根访华时，我国领导人曾赠送给他一件燕子石工艺品。著名文学家吴伯箫题词“鬼斧神工”，书法家舒同题词“天趣”，武中奇题词“妙品”，对燕子石给予较高评价。

图20　泰山燕子化石

图21　角峪立石

用燕子石制作的砚台，保潮耐涸，易于发墨。乾隆御制《西清砚谱》将其列为群砚之首，足见其名贵。盛百二《淄砚录》称："此石莱芜往往有之，其背有如蝙蝠者，有如蜂、蝶、蜻蜓者，文皆凸出。制砚名鸿福砚，为读易研朱之妙品。"

近年来，泰安市三叶虫化石珍品厂、莱芜圣井燕子石工艺厂又推出一批燕子石工艺品力作。作品集观赏性，实用性、纪念性为一体，大的超过三尺，小的不过一寸，造型生动，风格迥异，深受观赏者喜爱。目前，燕子石工艺品已销往全国各地和日本、美国及东南亚地区，成为民族艺苑中一枝绚丽的奇葩。

（三）形态各异的角峪假山石

角峪假山石，因产于泰山东南麓角峪镇丘陵而得名。可分为立石、千层石、透石、上水石四大类，色泽有褐、灰、乳白数种，是制作假山盆景的理想材料。

立石又称斧辟石，纹理纵向。石层薄且易于成形，适于制作表现北方山水的大型假山。千层石，石纹横向，纹理凸起，如层石叠垒，适于制作表现古拙风格的大型假山，或中型山水盆景。透石岩面凸凹，孔窍玲珑，与太湖石相近，适于制作表现南方风格的大中型假山，或中小型盆景。上水石蓝灰绿色，石质较软，孔隙细小，易于上水和生苔，适于制作微型盆景。地质学家们认为，角峪假山石是历次岩浆运动综合作用所成，岩浆流向的不同，海陆交替地理条件的变化，岩变程度的区别等，造就了在一个地区出现不同石类的条件，这在我国是十分少见的。

假山盆景历来被誉为"立体的诗画"。泰山假山盆景以气势雄浑为主调，融奇、险、雄、峻为一体，是我国假山盆景艺术的重要流派之一。其布局组合分为孤峰式、重叠式、对称式、攀石式等几类，山水相依，木石映秀，水石竞幽，充分展示出粗犷豪放的泰山山水风格。泰山的盆景艺术家们巧妙地利用角峪假山石的不同特点和色泽，辅以亭台舟桥，飞瀑秀木，使盆景的制作达到出神入化的艺术效果。直立式的傲徕峰，平顶式的瞻鲁台，倾斜式的日观峰，过桥式的仙人桥，重叠式的后石坞……取之自然又高于自然，受到国内盆景艺术界的好评。

1986年以来，泰山假山盆景艺术得以长足发展，有关部门连续举办了6届泰山盆景艺术大赛，许多作品获全国及省级大奖。泰山盆景影响辐射面已扩大到苏鲁豫广大地区，有些微型盆景还出售或赠送至日本、韩国及东南亚各国。1988年9月胡耀邦同志参观了泰山广生泉盆景园后，高兴地写下了“泰山盆景走向世界”的祝词。

（四）天趣自然的山野奇石

大自然的鬼斧神工造就了千姿百态的自然奇石。在泰山漫长而复杂的地质史中，曾发生过多次酸性岩浆的侵袭，大量脉岩沿构造裂隙或片理侵入岩体。酸性伟晶岩脉、细晶岩脉、花岗斑岩脉、石英岩脉及中性煌斑岩脉、角闪岩脉交叉纵横，分布于岩体之中，或交织如网，或侵染如图，形成岩块个体，造就了泰山上下形形色色的奇石怪岩。

泰山奇石具有较高的观赏价值。

泰山石的石色有青、红、绿、黄、褐、白、花等，七彩斑斓，赏心悦目，石纹有平纹、凸纹、暗纹、明纹等，富于变化，巧夺天工。石质有坚韧亮泽者，松软细密者，皱陋暗灰者，品类丰富，相辅相成。

花岗卵石的天趣自然，墨玉的典雅华贵，碧玉的鲜丽清新，燕子石的古朴柔媚，景观石的空灵朴拙等，使泰山美石情韵充沛，各领风骚，融天下名山之奇丽，兼天地造化之钟秀。

泰山石具有独特的纪念价值。

泰山开发历史悠久，是历史的山，文化的山，在中国被推为五岳独尊，万宗之首。泰山又是世界自然与文化双重遗产，是全人类共同的宝贵财富。

重于泰山、安于泰山、泰山压顶不弯腰……泰山石象征着伟大的中华民族精神。

魂归泰山，魂归蒿里，叶落归根……泰山石萦系着海内外中华儿女的绵绵情思。

泰山石具有丰富的科学价值。

泰山花岗石形成于25亿年前，是世界上最古老的杂岩之一，又因其漫长的海陆演变史，质地品类丰富多彩，是国际杂岩研究的重要对象。其醉心石似树木年轮，环层、环核分明，是独一无二的奇石构造现象。泰山燕子石是国际上发现最早的三叶虫化石，以其鲜明的虫体、典雅的色泽，被称为世界化石奇珍。

此外，后石坞第四纪冰川石、馒头山寒武纪地层石等，历来为国内外地质科学界瞩目。

鉴赏泰山美石，首要标准是形奇。

形奇，即丑、漏、透、瘦、皱、拙、清、顽，特点突出，标新立异。或丑极反美，瘦可见骨，或漏中见奥，透隐豁然。忌庸淡无趣，四平八稳。形体状物者，凡山川日月，花木禽鸟，人物图纹，可惟妙惟肖，可抽象写意，均为佳品。忌牵强附会，名石不符。

此外，形体要完整。每块美石的石皮、石肉、石孔、石棱、石纹、石根要自然天成，不得人工雕琢。必要的整修仅限于去除杂质、现出本色。

鉴赏泰山石的第二条标准是色美。

泰山石的色泽，或深或浅，或单色或复色，应当光润亮泽，并与其形态主题谐调一致。

花岗石的黑色适于表现庄严威武、稳重高古的形物；墨玉适于表现鲜丽冷静、华贵冰艳的主题；而燕子石的绿色给人以素雅清新、蓬勃向上之感；景观石的乳白给人以圣洁磊落、轻盈皎美之感；红玉则适于表现热烈喜庆、美好吉祥的主题等。

对美石色泽的鉴赏，还应注意主调鲜明，特色突出，不能含混模糊。

鉴赏泰山石的第三条标准是纹丽。

纹丽指石纹富于变化，石理清晰细密，纹理清奇，构成图形文符者为上品。纹可分平纹、凸纹、暗纹、明纹。理可分横理、竖理、曲线理、环状理。

泰山花岗卵石纹多黑白相间，平纹、明纹较多，构成图形，极富变化，是泰山奇石的典型代表；景观石纹多灰褐相间，凸出石面、环理成纹，富有情趣；玉石多暗纹，常见浅绿、褐、白色；燕子石多为竖理，纹不常见。

鉴赏泰山石的第四条标准是质佳。

质佳指石质坚韧细密，结晶体分布均匀，并有自然光润感。

一般说来，泰山花岗卵石质地坚韧，阳光下可见均匀结晶体，往往光润度较低；玉石、燕子石质地细密，坚韧度低于花岗石，但光润度较高；景观石的坚韧不如花岗石，光润不如玉石，但形体变化奇特。由于泰山漫长的地质史和独特的地质构造，各品类的石质状况又是千差万别、相互渗透的，而这正是泰山美石收藏的功夫所在。

鉴赏泰山石的第五条标准为品高。

品高指形奇、色美、纹丽、质佳的最佳组合，指美石的综合气势情韵，是美石鉴赏的关键所在。

泰山石的综合品格千变万化，风情万种。如挺拔清秀，色调秀雅者，为文人雅气；丰硕华贵，色彩富丽者，为皇家王气；气势拔山，色调肃穆者，为大将威势；空灵圆通，色调灰暗者，为佛家禅势；玲珑乖巧，色彩娇妍者，有丽人风韵等。正所谓“优秀之品，形质既异，纹彩亦殊，无一重复，备无穷无尽之妙。有瞻之在前，忽焉在后，欲罢不能之感”。

泰山美石的赏玩可分为厅堂赏玩、案几赏玩、手石赏玩、枕石赏玩、镶嵌石赏玩、盆景石赏玩。

厅堂石赏玩以大型花岗卵石和景观石为主，多在显要处布置一两块，配以红木或根雕座架，常是一石在堂，满堂生辉；案几石赏玩多为中小型美石，案与石应比例谐调，石头品类应丰富多彩；手石赏玩主要指微型玉石、花岗石类，能发出声音的鸣石为上品；枕石以稍做加工的碧玉、墨玉为佳，有消夏健身的功能；镶嵌石以燕子石、玉石、花岗石面为多，可制成座屏、壁挂或大型屏风，分外古朴高雅；盆景石以景观石为主，以中小型盆景为多见。

三、古老药石：泰山麦饭石与辞香岭之谜

1987年夏，山东省地矿局宣布：泰山南麓辞香岭发现珍稀麦饭石矿。鉴定证明，该处矿产属构造变动和蚀变风化形成的碱金属花岗质岩，含有丰富的锗、钴、镓、硅、锡等人体不可缺少的微量元素，医疗保健价值超过目前国内已发现的麦饭石。这一消息引起了国内外有关人士的瞩目。

我国发现并应用麦饭石至少已有1000多年的历史。宋代《本草图经》载：“麦饭石，处处山溪中有之，其石大小不等，或如拳，或如鹅卵，或如盏，或如饼，大略状如握聚一团麦饭，有粒点如豆如米，其色黄白。”麦饭是我国古代民间普通的饭食，它是将大麦捣烂撮团蒸熟的一种饭团。《后汉书》载，光武帝刘秀起兵南阳之初，曾落难乡野，饥肠辘辘，有乡人送他麦饭充饥，刘秀感激不尽。刘秀称帝后，这人做了朝里大官。宋代诗人苏轼也有“城西忽报故人来，急扫风轩炊麦饭”的诗句。

我国民间主要用麦饭石治疗外疮。《本草纲目》将其列为药石之首："性甘温无毒，主治一切痈疽发背。"据野史载，明代崧山道人吕子华曾有麦饭石配剂的祖传秘方，治疗痈疽外疮有奇效。河南府尹先以重金后用酷刑，诱迫吕子华交出秘方，吕子华至死不从。

当代科学证明，麦饭石含有20余种稀有微量元素，是天然的无机营养源，其全部成分均对人体有益无害。麦饭石浸出液能加速人体有害物质的排除，促进新陈代谢，且对治疗心血管病、肝胃病、皮肤病有良好的辅助作用。在日本，许多人用麦饭石沏茶、泡酒、煮饭以溶出微量元素，增加人体稀有维生素。专家们用麦饭石滤水养鱼，成活率提高45%。园艺家给苹果树、栗子树施用麦饭石粉，可以提前结果。萝卜、玉米施用麦饭石粉后，果实格外饱满，萝卜增产2.7倍。日本著名矿物学家高仓熙景博士预言，不久的将来，麦饭石将成为最有价值的自然肥源之一。

实验证明，泰山麦饭石溶出性能好于其他麦饭石，常温下清水即可浸出偏硅酸等十余种元素和物质。同时，它还可平衡水的酸碱度，吸附水中有害物质，使其达到矿泉水标准。长期饮用麦饭石水可增强身体免疫功能，并有抗疲劳耐缺氧作用。坚持用麦饭石水洗浴，对皮肤病有明显疗效，并可使皮肤润滑光洁富有弹性。泰山麦饭石还具有良好的脱色和吸引杂菌的性能，可用于蔬菜、肉类防腐保鲜及去除冰箱异杂味等。

泰山麦饭石栖地辞香岭距泰安城10公里，其北原为一片汪洋水泊。南来的朝山香客为大水所阻不能通过，便在岭上烧香朝拜泰山后返回，辞香岭便因此而得名。岭上原有一座佛庙，庙前有口八宝琉璃井，正开掘在麦饭石集中的中路岩石上，和尚们饮此井水，个个健康长寿。据当地人介绍，最后的四位和尚中，有三位活到90岁以上，一位在"十年动乱"中死于非命，活了88岁。至今庙前的八宝琉璃井尚在。岭上的山枣树生长得也格外茂盛，枣儿个大色艳，酸甜可口。当地百姓有"七十二株大枣树，三十六位百岁佛"的谚语。辞香岭树丰人寿的谜底就在于麦饭石。

辞香岭南坡的对臼村是个长寿村。据该乡文化干部调查，该村历史上从无瘟疫流行，土生土长的村民没有患过癌症。该村现有600余村民，90岁以上者7人，80岁以上者50余人，最长寿的张桂兰老人活到104岁。据化验，该村的井水已达到矿泉水标准。

为开发这一宝贵的无机营养源，1989年泰山麦饭石中心成立，现已开发出茶用饮剂、煮饭用剂、冰箱除味剂、浴用保健剂等麦饭石系列产品，有关厂家还推出了麦饭石黄酒、“华麦可乐”饮料等。“华麦可乐”饮料口感醇厚，香气淡雅，营养丰富，是新型的保健饮料，曾获山东省首届发明博览会二等奖。

1988年，有关部门又在泰山南麓发现优质热矿泉水资源，经测定为麦饭石地层过滤水源。该水含有丰富的偏硅酸、锶、锗及矿泉水所必需的铁、硼、钴、锌、镍等微量元素。该矿泉水自然水温40℃以上，且水量较大，年可采190万吨。我国40℃以上温泉不少见，但同时具备矿泉水性质的却不多见。泰山矿泉水与麦饭石被并称为泰山双宝。

四、高级建材：泰山杂岩与花岗石

泰山杂岩形成于25亿年前的古泰山运动，是地球上最古老的岩石之一。漫长的地质演变使其具有变质深、类型多的特点。其主要类型有黑云斜长片麻岩、黑云角闪斜长片麻岩、斜长角闪岩和变粒岩，岩层总厚度11000米以上。

泰山杂岩引起了国内外学者的广泛兴趣。1868年德国学者李希霍芬就来泰山考察杂岩情况，1907年美国地质学家威廉斯与彼得斯联名发表了泰山杂岩的调查报告，并首次命名“泰山杂岩”。1923年北京大学地质学教授孙云铸对泰山杂岩进行了科学分类。后来，美国学者华可脱、日本专家富田达及我国学者冯景兰、王植等陆续发表了一些价值较高的学术论文，并就泰山杂岩的沉积特点、组合特征展开了学术讨论。

泰山花岗岩属于泰山杂岩系列。它是古泰山运动中，岩浆与岩体在热压高温下与围岩融合变质形成的新岩石。泰山花岗石质地坚硬，耐压强度为21000公斤/平方厘米，结构缜密，纹理细致，不含任何放射性物质，耐酸率为95%，耐碱率为99%，具有良好的可雕性，是可以广泛用于建筑、化工、大型精密量具制作的优质石材。

现已探明，泰山地区风景区以外的花岗石储量为28亿立方米，是我国宝贵的非金属库藏。主要品种有泰山红、泰山绿、泰山花、泰山黑（又称莱芜黑）、泰山白、泰山青等，品种之丰富，花色之艳丽，为国内所少见。

史书记载，采用泰山石作为建筑材料始于三国时代。《三国志·魏书》载：

图22　泰山石文化陈列馆花岗石纪念碑

“景初元年，增崇宫殿，凿泰山之石英也。”我国现存著名三大古建筑群中的曲阜孔庙、泰安岱庙均采用泰山花岗石为基石。其一是由于泰山花岗石所具有的良好自然属性，其二是由于泰山石具有“安如泰山”“稳如泰山”的传统文化内涵。本书第六章还将专门予以探讨。

在我国著名的现代化建筑中，北京天安门广场人民英雄纪念碑、李大钊烈士墓、上海龙华烈士碑、雷锋墓等均采用泰山花岗石为基石。20世纪70年代修建毛主席纪念堂时，其基石也专门从泰山运去，寓意为人民英雄和伟大领袖的死“重如泰山”。本书第六章也将予以探讨。

目前，泰安市有花岗石建材加工厂20余处，年生产板材20余万平方米。其中泰山花岗石厂、中国建筑石雕公司生产的板材，光洁度、平滑度均达国内先进水平，产品销往全国除西藏以外的各个省、市、自治区，并出口到日本、美国、韩国和东南亚各国。

第三章
扑朔迷离的山石崇拜

一、天在山中：从殷墟卜辞说到顽石能言

人类的祖先给我们留下了许多难解之谜。

我国红山文化东山嘴遗址发现过一座奇怪的石阵，在石块筑成的方形石阵内分布着三组有规律弃置的石块。三组皆为竖立的长条石，上尖下平，呈椭圆形排列。方阵两翼有锥状和长条石堆。正前有石圈，直径2.5米，内铺大小相近的河卵石。在连云港将军崖、辽宁兴州的山岗和泰山之阴的磨山上，也发现过类似的巨石阵列。考古学家们认为，这些方形或圆形的石阵极可能是远古人祭祀大山的祭坛遗址。

马克思曾指出："自然界起初是作为一种完全异己的，有无限威力和不可制服的力量与人们对立的。人们同它的关系完全像动物同它的关系一样，人们像牲畜一样服从它的权力。"（《马克思恩格斯全集》第3卷）远古人类面对山川崩决、风雨雷电等自然现象，既不可理解又不能抗拒，便产生了神秘和畏惧感。他们认为天地山川、日月星辰都是有感情的，这种感情主宰着自然变化，可以给人类带来平安，也可以带来灾难。于是自然崇拜便产生了。

苍天日月交辉，斗转星移。尤其它兴云作雾，雷电交加，人们敬畏它，但又可望而不可即。大山巍峨挺拔，山林茂密，既可为人类的栖居、狩猎、采集提供条件，又会发生洪水山崩，威胁人类生存，人们崇惧它。人们还发现云雨烟雾往往从高山上兴起，便认为高山是沟通天地的途径。《周易·大畜·象》载："天在山中，大畜。"畜为光辉灿烂之意。于是，对天的崇拜就集中表现为大山崇拜。

《殷墟粹编》载："丁丑卜，又（侑）于五山，才（在）隹，二月卜……"（邺三）"庚午卜，其□雨于山……"（邺三）殷人认为雨兴于大山，有神主宰。神山

昆仑山，“一名天庭”，“登之乃灵，能使风雨。或倍上之，乃维上天，登之乃神，是谓太帝之居”(《淮南子》)。茅盾先生曾这样分析道：“原始人民对高山也有一种莫名其妙的迷信，以为顶上必是神们所居住的。希腊神话说神们聚族于奥林匹斯，北欧神话说神们聚居于阿司加尔，都和中国说昆仑乃‘天人济济不可具记’是同一思想。”(《神话研究》)在古伊朗神话里，天神宫设在初始山的哈拉山之巅。古印度的至上湿婆神又称“生于山中者”。而迦勒底神话甚至认为太阳生于“泉源之山”。(《世界古代神话》)敬天与敬山的合一，使得人们对天的敬仰崇拜得以具体化。

《管子·牧民篇》云：“顺民之经，在明鬼神，祇山川……不明鬼神，则陋民不悟；不祇山川，则威令不闻……”认为祭祀山川是教化百、推行政令的必行之举。儒家更提出：“加之以社稷山川之神，皆有功烈于民者也……及九州名山川泽，所以出财用也。非是，不在祀典。”将“望秩于山川”与国计民生联系在一起。夏商周三代对大山的祭祀已有一套较为完整的礼仪，秦汉以后的祭山活动渐渐集中于“五岳望秩”，并进而演化为泰山封禅旷世大典。这一演进显然是与中央集权制的逐渐加强相辅相成的。

大山的崩塌被认为是灾异之兆，离散之象。《五行传》中载：“山崩，阴乘阳，弱胜强也。”《春秋考异邮》提出：“山者，君之位也，崩毁者，阳失制度，为臣所犯毁。”《地镜书》中更明确说道：“山崩，人君位消、政暴，不出三年有兵夺之。”都将自然现象的变化与社会人伦的变化联系起来，实质上是受“天人合一”的理论指导。历史上的阴阳五行家和史学家们常常用这一理论来解释社会的变迁。《诗经·小雅》曰：“百川沸腾，山冢崒崩。”《胡传卜偃》中解释说：“诗称，百川沸腾，山冢崒崩。言西周之将亡也。”《左传·僖公十四年》：“秋八月辛卯，沙鹿崩。晋卜偃曰，期年将有大咎，几亡国。”

从春秋战国时代起，君王们就已十分重视大山的崩溃，并以此来反省自己。据载：“阳山崩，楚王问于左右曰：‘晋人有衅于楚，国夙夜忧惴，况征君不复，徐渊囚而死，周岑乞食于楚市，乘桴于湘江，不知其所矣。是以海内贤士皆弃楚而宾邻，国无以南捍，寡人奈何。今阳山告崩，楚国无所镇，是以寡人之祸彰矣。’”(《天禄阁外史》)楚王由阳山崩而检讨国内失政的原因，并预感灾祸即将来临。《魏书·灵征志》载：“延昌三年八月辛巳，兖州上言：‘泰山崩，颓石，涌泉十七处。’泰山，帝王告成封禅之所也，而山崩泉涌，阳黜而阴盛，岱又齐地也。天意若曰：当有继齐而兴，受禅让者。齐代魏之征也。”这里将北朝时期延昌三年（514）的泰山崩颓，看成是30多年后北齐取代东魏的预兆。

在《管窥辑要》《观象玩占》等卜杂书中还对山的异兆做了具体分类。“山徙，直臣亡，佞臣用，政出私门。不出五年天下有兵，社稷亡”；“山鸣，其地大乱，贼起”；“山有光，臣子不良”；“山忽生于石上，其邑有贼人暴富”；“山上忽生大石，其邑丧至”；等等。

人类对灵石的崇拜与对大山的崇拜几乎是同时发生的。

在云南元谋和广西南宁的史前墓葬中，流行石块随葬现象，有的置于死者头部，有的置于死者脚部，这些经过选择的石块来自附近的山坡。甘肃齐家文化墓葬遗址里，石块多为白色，不论男女老少全有随葬石块，少者五六块，多者百余块。考古学家认为，由于远古人对大山的崇拜，进而相信石头可以佑福避邪，故将其视为护身灵石，死后随葬石块则可以保护亡灵或为亡魂驱除鬼邪。这便是我国最早的灵石崇拜。

在距今五六千年的仰韶文化遗址里，曾出土过一只陶缸，其上彩绘有一幅神秘的《鹳鱼石斧图》：一只健壮的白鹳叼着一尾大鱼，虔诚地奉献给一柄硕大的石斧，而石斧上绘有作为崇奉对象的神秘符号，这是由灵石崇拜演化而来的石头工具崇拜。远古人在征服自然界的艰苦实践中，起初用岩块后来用石斧、石锛、石簇等猎取野兽，收获农耕。在远古人的心中，石头和石头工具是给人类带来衣食生活品的最主要的自然物，所以人们崇拜它并赋予它某种灵性。在有些民族部落里，绘刻有图案的石斧、石锛等，已脱离了实用价值，成为民族的图腾或部落首领权力的象征。

到了商周时期，灵石崇拜成为社祭的主要内容之一。《淮南子·齐俗训》：“殷人之礼，其社用石。”社是商周时代祭祀地神的一种形式，“社，所以神地之道也。地载万物，天垂象，取材于地，取法于天，是以尊天而亲地是也”（《礼记·郊特牲》）。在铜山丘湾商代遗址中，有一处社石遗址：四块不规则的巨石被埋在地中，中心一块，南北西各一块，社石周围分布有人骨20具、人头骨2个、狗骨12具。（《考古》1972年3期）到了周代，社石崇拜又渗透进军事法庭，《周礼·夏官·量人》唐贾公彦疏：“在军不用命，戮于社。故将社之石主而行……”这时的社礼已逐渐成为奴隶主国家的礼制，而社石崇拜则直接服务于政教活动。社石崇拜在秦汉以后演化为封禅立石。

在我国少数民族中，至今仍可以看到社石崇拜的遗俗。白族居住的洱源县兔坪山上，有五间石屋，每间屋内供放着一块巨石，称为“石头皇帝”，每逢族内重大活动，人们都要到这里祭拜求佑。羌族人则特别崇拜白石，传说羌人祖先与戈基人打仗，屡战屡败。后来有神灵托梦要羌人用白石做武器，才取得了胜利，白石于是成为羌人社族的拜祭神石。台湾高山族部落供奉神石，称“石头公”，认为“石头公”是驱妖避邪，保佑族人兴旺的石神。东北赫哲人则认为神石是族内某个英雄的化身，族内有了重大事情，都要到德勒乞玛发（石头人）那里烧香拜祭，求得裁决，这一习俗一直延续到20世纪50年代。

古代的灵石崇拜还表现在祈育求子上。“古之高禖，以石为主。”《礼记·月令》载：“玄鸟至，至之日，以大牢祠于高禖。”高禖便是为求子所立的石神。先秦时代的郊禖在春季举行，女人不育者进入山林，拜祭“乞子石”。（《太平御览》卷五十一）在洛阳、甘肃等地曾出土过古人的石祖灵石，即用岩石加工而成的男性生殖器，它与灵石崇拜也是息息相关的。

《周书·高琳传》载：“高琳，字季珉……琳母尝祓禊泗滨，遇见一石，光彩朗润，遂持以归。是夜梦一人，衣冠有若仙者，谓其母曰：‘夫人向所将来之石，是浮磬之精。若能宝持，必生令子。’其母惊寤，便举身流汗，俄而有娠。及生，因名琳，字季珉焉。”显然，这是一则发生在山东泗水之滨的祈育拜石的传奇故事。这段正史中的记载说明了南北朝时期祈育拜石习俗的广泛流行。后来《西游记》中顽石化为孙悟空的构思，《红楼梦》中通灵宝石的描述，都取材于与祈育求子有关的灵石崇拜的社会现象。直到近现代，泰山上压石求子的习俗仍屡见不鲜。

民族学中关于祈育灵石的资料也十分丰富。贵州三都县水族妇女至今仍拜石求子，云南彝族妇女认为洗澡时要坐在石头上，或去踩河岸边的石足印才能怀孕。四川盐源县左所地区有一石洞，纳西族妇女为求子要朝石洞里投石子，称为“打儿窝”。云南剑川石宝山上有一块怪石，当地白族妇女视为女性生殖器，妇女求育时要用铜钱在上面划几下。这些都是古代灵石祈育的遗俗。

秦汉以后，我国灵石崇拜事象的内容越来越丰富。《汉书·张良传》记述了这样一个故事：张良年轻时，一天有“老父衣褐至良所”，“直堕其履”，并要张良拾起给他穿上。张良跪以进履，老父“以足受之”，笑而离去，并要张良五日后黎明候见。五日后张良去见老人时迟到，老父怒而又推五日。后来老父终于传授兵书给张良，并告之：“十三年后在济北穀城山下见我，黄石便是。”十三年后，刘邦果然得天下，并封张良为侯。张良如约来到穀城山下，果见黄石，“宝祠之”。在这个故事中寄附在黄石中的精灵已被人格化，并可预卜天下大事，为人指点迷津。宋代杜光庭《录异记》里则明确写道：“帝尧时，有五星自天而降，一是土之精，堕于穀城山下，其精化为圯桥老人，以兵书授张子房：‘三读此当为帝王师，后求我于穀城山下黄石是也。’子房佐汉功成，求于穀城山下，果得黄石焉。子房隐于商山，从四皓学道，其家葬其衣冠黄石焉。占者常见墓上黄气高数丈。”在这里，黄石成为土精的化身，而在人世间又成为圯桥老人。

灵石不仅可预卜天下大事，还可以赐人富贵。《闻见近录》载：“鄂州黄鹤楼下有石，光澈，名曰石照。其右巨石，世传以为仙人洞也。一守关老卒，每晨光即拜洞下。一夕，月如昼，见三道士洞中出，吟啸良久，将复入洞，卒即从之。道士曰：‘汝何人耶？’卒具言其所以，且乞富贵。道士曰：‘此洞间石，速抱一块去。’卒持而出，石合，无从而入。明日，视石，黄金也。凿而货之，衣食顿富。为队长所察，执之以为盗也。卒以实告官，就其家取石，至郡则金化矣，非金非玉，非石非铅，至今藏于军资库中。”这个故事显然蕴含着下层人民对摆脱贫苦生活的憧憬，希望神石能解救他们的贫苦。

《稽神录》里也有同样的记载：“临川人岑氏，尝游山，溪水中见二白石，大如莲实，自相驰逐，捕而获之，归置巾箱中。其夕，梦二白衣美女，自言姊妹，求侍左右，既寤，盖知二白石之异也。……后至豫章，有波斯胡人邀而问之：‘君有宝乎？’曰：‘然。’即出二石示之，胡人求以三万为市。岑氏虽宝之而无用，得钱喜，即以与之……”这个故事的前部分显然系神话传说，但后部分中波斯人以三万金购去二白石，却极有可能。《北窗炙輠录》中也有一段记载：“有人亦蓄一石……胡人见之，惊叹不已，遂愿得此石，遽酬……增至十万缗，乃与之。人问胡人：‘此石何异也？’胡人遂取盆水，以石置水中，使人谛视之。乃有一马现石中，有飞动之状。人问曰：‘此石固异矣，然何用也？’胡人曰：‘此龙驹石，以水漫之，饮马，（马永）生龙驹，此无价宝也。’”美女白石与龙驹石都带有神秘的色彩，其价值自然是昂贵的。

灵石还可以治病去灾。汉《风俗通义》载：“汝南汝阳彭氏墓路头立一石人，在石兽后。田家老母到市买数片饵，暑热行疲，顿息石人下，小瞑，遗一片饵，去，忽不自觉。”后来此事被路人讹传为“石人能治病，愈者来谢之”，又传“头疼者摩石人头，腹痛者摩其腹”，“凡人病自愈者，因言得其福力”。这尊墓前石人一时被尊称为石翁。

敦煌文献中记载唐代风俗：“凡人居宅处不利，有疾病、逃亡、耗财，以石九十斤，镇鬼门上，大吉利……”（《伯三五九四写卷》）灵石甚至用来制止姑嫂争斗，《宅经》云：“妇姑斗争，取石重六十斤埋门外即罢。”后来，宅地埋石逐渐演化为泰山石敢当崇拜，本章第三部分还将予以专门探讨。

二、惑矣神山：泰山山石崇拜的演进

汉武帝刘彻站在泰山脚下曾发出过这样的感叹：“高矣，极矣，大矣，特矣，壮矣，赫矣，骇矣，惑矣。”这一对泰山从外形到内涵，从客体到主体的综合评述是十分精彩的。

黄河中下游流域是中华民族祖先生息繁衍的摇篮。位于黄河之滨的泰山地区早在旧石器时代就有了人类活动的足迹，乌珠台文化、大汶口文化、龙山文化前后相衍，先民们代复一代地生活在这里。日出东山，云雾从山中兴起。日落西山，风雨自山上降临。大山赐予了鸟兽野果，大山给予了思索启迪，在原始先民心目中大山是崇高的，又是令人敬畏的。对泰山山石的崇拜，在与大自然艰苦的斗争中，在人类社会坎坷的进程中，萌生了，发展了。

（一）石圈之谜——远古自然崇拜

在泰山之阴的磨山上曾有过一座奇怪的石圈建筑。《泰山述记》载：“笔架山以北《岱史》谓仙人牧地，巨石环列，秀丽异他处。”《泰山道里记》指出了它的确切位置：“东北八里为磨山，为五女圈石。”《岱史》记载民间传说：“夜有呼号相力声，诘朝巨石垒成圈，盖五仙女为之。”这个传说使磨山石圈披上了一层神秘的色彩。

那么，磨山石圈究竟是怎样形成和做什么用的呢？

在大汶口文化遗址出土的陶器上，曾绘有我国最早的图像文字——“”，考古学家们的主流观点认为，图像上部为太阳，中间为燃烧的火，而下部代表泰山，整个图象的含义是在泰山上燃火祭祀上天。远古人认为祭祀上天要选在

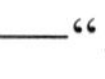

高山上的开阔地，燃柴之烟火升腾高空，可把祭品献给天神。《礼记·祭法》云：“燔柴于泰坛，祭天也。”泰坛即指高山上的祭坛。

远古时代的泰山地区已有了燃柴祭天的原始礼俗。《尚书·舜典》载：“岁二月，东巡狩，至于岱宗。柴，望秩于山川……”柴，就是在泰山上燃柴祭天，望则是山下的人们远望山上烟火，以拜祀上天。既有燔柴之礼，一定有山上祭坛，因此，专家们推测，磨山石圈极可能是远古人祭天的遗坛，类似于前述的红山文化方形石阵和将军崖石阵遗址。

由于泰山的特殊位置，古人认为泰山是产生天下云雨的所在，因此在泰山上的祭祀活动特别频繁。殷墟卜辞中有：“庚午卜，其□雨于山”，“□□卜，又于五山，在齐……月卜。”（《殷墟粹编72》）郭沫若考证，殷商时代在泰山上筑坛祭天的活动是人类较早的宗教和民俗萌芽，其活动表现出较大的自发性。磨山海拔1000米左右，筑于其上的石圈不可能是远古人圈养牲畜的场所，而石圈既然“巨石环列”，也不可能是少数人所为，它只能是一项满足人们精神生活需要的集体工程。

我国及世界各地曾陆续发现过一批石圈或石阵遗址，如红山文化石圈、将军崖石阵、法国的布列塔尼卡纳石阵等，考古界统称其为“巨石文化”，认定其为最原始的宗教祭祀场所。“巨石文化”主要流行于新石器时代晚期到青铜器时代，这一时期泰山地区正处于父系氏族向奴隶社会过渡阶段，泰山已被认定为可以沟通上天的神山。因之，磨山石圈作为世界“巨石文化”的一部分，也应当产生在这一时期。

（二）山神合一——商周神话溯源

商周神话是先民们社会生活与意识形态的折射，透过这些神话我们可以看到泰山不断被人格化，人世间创造出来的各种鬼神不断地被附会于泰山本身，泰山逐渐完成了由自然崇拜到山神合一的行程。

正如经典作家所指出，神话世界是人间世界的折射，通过这些大山的神话，可以窥见商周时代以前的阶级萌芽时期的社会画卷，甚至可以了解到某些历史事件的渊源。同时，山神合一是在原始自然崇拜的基础上发生的，这些大山题材的五彩神话反映了人类社会思想意识的逐渐丰富化、复杂化。大山神话是人类早期文化的瑰宝，山神合一是更高层次上的大山崇拜。

1. 泰山为盘古化身的神话

盘古氏是商周神话中开天辟地的英雄。《太平御览》引《三五历纪》载："天地混沌如鸡子，盘古生其中。万八千岁，天地开辟，阳清为天，阴浊为地。盘古在其中，人日九变。神于天，圣于地，天日高一丈，地日厚一丈，盘古日长一丈。如此万八千岁，天数极高，地数极深，盘古极长，故天去地九万里。"在远古人看来，天与地分离由巍峨大山支撑，而大山便是顶天立地的英雄化身。《述异记》说："昔盘古氏之死也……秦汉间俗说：盘古头为东岳，腹为中岳，左臂为南岳，右臂为北岳，足为西岳。"传说将盘古之首拟为泰山，足见对泰山的尊崇。这是最早的泰山山神合一的神话。

2. 泰山为青帝主宰的神话

《洞渊集》："太昊为青帝，治东岱，主万物发生。"太昊就是伏羲氏，与女娲是亲兄妹，为人类的祖先。(《淮南子·时则训》)《独异志》云："昔宇宙初开之时，有女娲兄妹二人，在昆仑山，而天下未有人民，议以为夫妻，又自羞耻。兄即与其妹上昆仑山，咒曰：天若遣我二人为夫妻，而烟悉合，若不，使烟散。于烟即合，其妹即来就兄，乃结草为扇，以障其面。今时娶妇执扇，象其事也。"从中我们似乎还可以看到原始人类血缘婚姻的影迹。有学者认为昆仑山是古人想象中的神山，有的则提出昆仑山就是泰山的古称。无论持何种看法，到了春秋时代，随着五行说的兴起，太昊伏羲氏已被公认为东方之帝，主生，色青，称为青帝，并成为泰山山神。

3. 泰山为金虹氏帝君的神话

《三教源流搜神大全》载："昔盘古氏五世之苗裔，曰赫天氏。赫天氏子曰胥勃氏，胥勃氏子曰玄英氏，玄英氏子曰金轮王，金轮王弟曰少海氏，少海氏妻曰弥轮仙女也。弥轮仙女夜梦吞二日，觉而有娠，生二子，长曰金蝉氏，次曰金虹氏。金虹氏者，即东岳帝君也。"这一神话中，弥轮仙女与太阳交配生下东岳帝君，也反映了上古时代太阳崇拜与大山崇拜的一致性。

4. 泰山为天帝孙的神话

山神合一的过程中又产生了山与鬼的合一。《博物志》引《孝经援神契》云："泰山，天帝孙也。主召人魂，东方万物之始，故知人生命之长短，掌世界人民官职生死贵贱等事。"此处将泰山与"召人魂"联系起来。《历代神仙通鉴》卷四上说："后稷乃东岳托生，向为太华真人，掌天仙六籍，为东岳天都府君，兹赐为太灵苍光司命真君，执掌人世臣民贵贱高下之分，禄科厚薄之事，地狱各案簿籍，七十五司生死修短之期。”泰山又成为阳管富禄、阴掌冥府的山神鬼三位一体的崇拜对象。

佛教传入我国后，佛家的“地狱说”与道家的“冥府说”合流，形成了泰山独有的“阴间世界”，即奈河以西为阴曹地府，人死其魂要过奈河桥。蒿里山有阎罗殿。《山东考古录・辨奈河》中说：“其水在蒿里山之左，有桥跨之，世传人死魂不得过，而曰奈何。”佛家《分别善恶所起经》中更明确说道：“鬼魂入泰山地狱中，泰山地狱考治数千万毒，随所做受罪。”泰山奈河以西为地狱的说法，至今在民间影响仍很大。

在后世神话流传中，泰山人格化越来越具体，可谓五花八门。《龙鱼河图》中称“东方泰山神君，姓名常龙”，是附会五岳真形说的。《神异经》称“东岳帝君，以岁为姓，以崇为名”，是附会泰山之高的。又说“泰山君秦凯，字景倩”，此不知所云。《封神榜》中则将武成王黄飞虎称为“东岳泰山天齐仁圣大帝”等，兹不赘述。

（三）封禅立石——秦汉告祭大典

《白虎通》云：“王者易姓而起，必升封泰山何……所以必于泰山者何？万物之始，交代之处也。”这段话说出了泰山崇拜转化为泰山封禅的关键。

战国后期阴阳五行家学说流行，认为朝代更替是“木、火、土、金、水”五行相生相克循环运动的结果。同时，分属五行的五岳之说也应运而生，到了汉宣帝神爵元年（前61）正式颁诏天下，确立泰山为东岳，华山为西岳，霍山为南岳（隋开皇元年改衡山为南岳），恒山为北岳，嵩山为中岳。而按照五行说理论，泰山东岳属木德，主春，为万物之始，阴阳交泰之地，成为五岳之首。按照这一理论，新王朝国君登基应朝拜泰山，以示新朝更始，即“王者受命易姓，报告成功必于岱宗也，东方万物之始，交代之处”（《五经通义》），这就是泰山封禅的理论依据。

封，就是在泰山极顶筑坛祭天；禅，就是在泰山下的小山上祭地；而立石则是封禅仪式的必行之举。第一位来泰山封禅的帝王是秦始皇，《史记・封禅书》载：“（始皇）即帝位三年，东巡郡县，祠驺峄山，颂秦功业，于是征从齐鲁之儒生博士七十人，至乎泰山下”，讨论封禅礼仪。儒生们提出“立石以颂德”，将告天祭文秘封于山石之中，且因“恶伤山之土石草木”，登封途中要用蒲草包裹车轮，帝王的舆车也不能例外，以此表示对泰山山石的极大敬崇。

西汉王朝建立后，历经高、惠、文、景四帝，国力恢复，到了元封元年（前110），雄心勃勃的汉武帝开始了历史上又一次大规模的封禅活动。史书载：“（武帝）三月……东上泰山，泰山之草木叶未生，乃令人上石立之泰山巅。”（《史记·封禅书》）后来从东海返归，四月方举行封禅大典，其立石先于封禅。顾炎武考证：“（言立石）不言刻石，是汉石无文字之证。”因而提出岱顶无字碑即是汉武帝所立。

史籍中关于汉武帝封禅时的“五车石”和“石闾山”的记载相当详细。《中国杂史·汉官仪》载：“石二枚，状博平，圆九尺，此坛上石也。其一石武帝时石也，时用五车不能上也，因置山下为屋，号五车石。四维距石，长丈二，广二尺，厚尺半所，四枚，检石长三尺，广六寸，状如封箧，长检十枚。一纪号石，高丈二尺，广三尺，厚尺二寸，名曰立石。”更早的汉马第伯《封禅仪记》亦有此记载。从记载文字看，封禅石是有一定规矩的，且制式相当庞大。

后来汉武帝又几次来到泰山，对泰山脚下的“石闾”亲自加禅，颇具神秘色彩。《史记·孝武本纪》载：“（遂还泰山）修五年之礼如前，而加禅祠石闾。石闾者，在泰山下阯南方，方士多言此仙人之闾也，故上亲禅焉。”显然，汉武帝增加的这一祭祀活动也是与山石崇拜息息相关的。汉武帝在太初三年四月、太始四年四月、征和四年三月，又先后三次前来加禅石闾，使其披上了一层扑朔迷离的色彩。据《后汉书》载，石闾在泰山南岩下，为一天然洞穴，洞中幽深可以住人。如果这一记载可信，汉武帝数次加禅石闾，原因极可能是“方士多言仙人之闾”，目的在于求仙成道，长寿永康。这与封禅的本来意义已大相径庭了。

到了东汉时代，秘藏天书的石礳和神石礼器受到特别重视。汉光武帝曾发“骀骑三千”建造山顶石坛，“二千人发台上方石”。石礳由方石砌成，“皆方五尺，厚一尺，成方匣状”。石礳四周有石检10枚，皆长3尺，宽1尺，厚7寸，东西方各2枚，南北方各3枚。封禅大典开始后，皇帝将天书置于玉匮内，然后再置于石礳中央，“复用金绳缠石礳凡五周，用五色土封埋石礳”，最后用12根长1丈、宽2尺、厚1尺的距石环立于封丘周围，整个仪式搞得神乎其神。

秦汉以后的封禅仪式由神秘化向公开化方向发展，立石、石礳、石坛的礼制不再受到重视。帝王们通过在山上建造巨制摩崖，将自己的功德公布天下，今天我们看到的唐宋摩崖便是有力的明证。显然，唐宋时代的帝王们不再那么相信封禅的神圣性，而是更注重具有宣传性质的摩崖石刻。这也间接反映了泰山神崇拜的削弱和封禅功利性的加强。

宋真宗的封禅闹剧最具有这方面的说服力。他于景德元年（1004）一手制造了伪降天书的丑剧，并开始了历史上最后一次泰山封禅。《蒿庵闲话》载："宋真宗东封还次御帐，涤手池内，一石人浮出水面，出而涤之，玉女也。命有司建祠奉之，号为圣帝之女，封天仙玉女碧霞元君。"石人能浮出水面，显然是荒唐的。这些都说明，到了宋代泰山封禅已成为统治者手中的玩物。

应当指出，封禅时代的泰山神教崇拜与柴望时代的泰山自然崇拜相比，更多地掺杂了政治因素。如果说泰山自然崇拜是自发的、认真的、虔诚的话，泰山神教崇拜则是功利的、实用的，并且越来越明显地表现出其更大的欺骗性。

（四）压石求福——明清民间香社

明清期间泰山崇拜的主要行为模式已由帝王封禅转化为民间香社。

民间泰山香社源于封禅时代。秦汉以后的帝王一方面屡行封禅大典，借以证明君权神授的说教。一方面在山上修庙建祠，鼓励人民朝山进香，借以加强

图23　香客压石求福

思想统治。帝王们的封禅祭祀使泰山披上了一层神圣的光环，为民间香社提供了行为导向，而随之兴起的民间香社则使其神圣的光环变得光怪陆离，并为帝王们的封禅祭祀提供了社会基础。令人惊讶的是，即便在上层封禅活动淡化或停止后，下层民间香社却表现出一种方兴未艾的惯性力。

明清时代，帝王封禅已经停止，而“世之香火东岳者咸奔走元君，近数百里，远即千里，每岁瓣香岳顶，数十万众”，“香火自邹、鲁、齐、秦以晋、冀”。直到近现代，以朝山为目的的泰山香客仍为数颇多，20世纪80年代甚至出现过新的活跃势头。其流传时间之久，波及地域之广，在我国民俗史上都是十分少见的。

香社可分为临时与长期两种。临时香社一般规模较小，朝山时间也不固定。如立于“民国十年岁次辛酉蒲月”的红门宫“善与人同”碑所述，“民国十年仲暮之春，吉林省滨江县瘟疫流行，死者不计其数”；“前清太学生王子敏发起成立”“平安香社”，朝山祈求免灾。这类香社一般为某一单纯事件所引发。长期香社一般规模较大，朝山时间比较固定，外省香社多在农历三月二十八日碧霞元君诞辰（一说农历四月十八日；一说农历三月十五日）前后，本地香社则在六月六日天贶节前后（宋禅符元年六月初六，宋真宗称“天书”降临，随后封禅泰山），有些地方则在农历四月八日佛祖（或诸佛）诞辰前后。大型香社如清代“历城县旧有北斗永善香社，至今相传百余年，实乃古会也。每届春间会期齐集善男信女朝山进香”，其会首4人，承办人13人，社员1200余人。（北斗永善香社碑）再如明代嘉靖年间河南开封六县善男信女朝山香会达万人以上。（岱庙嘉靖铁塔文）此类香社一般以祈求“国泰民安”“嗣子佑福”为目的，即所谓“贫者求富，疾者求安，耕者求岁，贾者求息，祈生者求年，未子者求嗣”，各得其所。

香社的行为习俗中以“压石”最具特点。香客们在拜祭泰山神之后，把小石块压在山上的树杈间，谓之以石“压福”（方言树与福同音）而求子的人则压在树枝上，谓之以石“压子”（方言枝与子同音）。有的香客则干脆刮去石沫，称为“神石沫”，带回服用。至今，在泰山上下的树林灌木丛中，仍可以看到树杈间密密麻麻的小石块，显然这是山石崇拜的遗俗表现。

（五）山震石崩——史籍灾异记载

如前所述，自春秋战国时代起大山的崩塌就被认为是灾异之兆，如《小雅·十月之交》："百川沸腾，山冢崒崩……哀今之人，胡憯莫惩？"泰山作为"神山"，五岳之长，群山之首，其山石崩塌更被视为大的灾难象征。尤其汉代以后，董仲舒"天人感应"的理论在社会政治中发挥出越来越大的作用，"天下之安，犹泰山而四维""泰山安，则四海安"的说教广为流传。泰山山石的变化格外引起人们的关注，人们将其用作预卜政局变化的重要依据。

最早关于泰山震的记载见于《竹书纪年》："（夏）帝发，元年乙酉即位……七年陟（死亡），泰山震。"夏朝帝发前1824年即位，前1831年死亡，《竹书纪年》认为是帝发的死引起泰山震，而后人注《竹书纪年》却认为："泰山震，则将有代起而王者，此其兆也。"将二者因果关系颠倒了过来。

后世典籍中此类记载很多：

桀将亡国，泰山三日泣。

——《岱览》

（西汉元凤三年）泰山……有大石自立，高丈五尺，大四十八围，入地深八尺，三石为足。石立后有白乌数千下集其旁……孟（眭弘字孟）推《春秋》之意，以为……非人力所为……汉帝宜……禅以帝位……孟使友人内官长赐上此书……大将军霍光……奏赐、孟妄设妖言惑众，大逆不道，皆伏诛。

——《汉书·眭两夏侯京翼李传》

（后汉延熹四年）岱山及博尤来山（即徂徕山——笔者注）并颓裂。

——《后汉书·桓帝纪》

（西晋泰始四年）七月，泰山崩坠三里。

——《晋书·五行志》

（后赵建武八年）泰山巨石自燃，历八日始息。

——《晋书·石季龙载记》

（北魏）延昌三年，泰山崩，颓石，涌泉十七处。

——（《魏书·灵征志》）

（元代）至正六年二月，泰山震，连七次，奉符（即今泰安——笔者注）大饥。

——明嘉靖《泰山志校正》卷四

（明成化二十一年）二三月间，泰安州及莱芜等县屡屡发生强烈地震，“震声如雷，泰山动摇”。四月，礼部又上奏：“泰山为五岳之宗，一二月，间摇动者四，灾尤异常。”朝廷遣使告祭。

——《明史·宪宗纪》

（清代）康熙七年六月十七戌时，忽有白气冲天，天鼓忽鸣，城随大震，声如雷鸣，音如风吼，隐隐有戈甲之声……朱山崩裂，石上有文，人不能辨。泰山顶庙钟鼓自鸣有声。或见马蹄迹大如斗，或见大人之足迹其长尺许。

——康熙《泰安州志》

……

从文字内容来看，当时的泰山崩震、巨石自立、巨石自燃等，都引起了封建王朝最高阶层的震惊，有的将散布灾异征兆言论的人杀掉，有的则到泰山告祭。应当看到，虽然这些记载带有迷信色彩，但也是研究我国地震史的宝贵资料。《竹书纪年》中的“夏帝发……七年陟，泰山震”，是我国最早的一条地震史资料。

三、镇鬼厌殃：神圣石敢当流俗

崇信泰山石敢当是我国流传较久远、影响地域较广大的远古灵石崇拜的遗俗。它的产生发展经历了自然崇拜、人格神化和分支合流的复杂过程。

今天，在华北、华南的广大农村，仍能看到各式石敢当制石。这一习俗还在东南亚和世界各地的华人中广为流行，一些外籍华人的居室、别墅前仍立有石敢当制石。在日本京都民族博物馆还收藏有冲绳岛发掘出的泰山石敢当。

关于泰山石敢当的由来，历代学者持见不同。第一种观点认为石敢当系五代勇士之名，“后人凡桥路冲要之处，必以石刻其志，书其姓字，以捍居民”。唐人颜师古的《急就章注》，明人陈继儒的《群碑录》、杨信民的《姓源珠玑》中均持此说。第二种观点认为石敢当“即石可当其冲”意，“故镇于庐舍，墙隅街衢巷屋门前直冲之处也”。当代学者王成竹，宗力的《关于石敢当》《石敢当》等文中均持此说。第三种观点则认为“石敢当是古代灵石崇拜的遗俗，与人无涉”，“石敢当之语应解释为灵石可敌当一切”。当代学者李锦山、吕继祥在《史前灵石崇拜初论》《石敢当初探》等文中持这一观点。

毋庸置疑，民俗事象的发展是一个复杂的合力运动过程。上述几种看法就其论述的时间和地域范围，就其立论考察的角度而言，都是不无道理的。然而，民俗事象是随着时代的变迁而变异发展的，泰山石敢当的形成更是一个并行发展、多元合流的复杂运动过程。上述观点的偏颇也恰恰就在于没有把泰山石敢当放在发展变化的运动过程中考察，割断了前后事象间、事象与时空间的内在的必然联系，从而陷入了这样或那样的片面性之中。

本节拟就石敢当形成的主要时空线索与功能变化做如下描述：

图24　民间房舍上的泰山石敢当

（一）丸石镇宅——早期石敢当萌芽

汉代《淮南子·万毕术》载："丸石于宅四隅，则鬼无能殃也。"这是目前所发现的最早具有石敢当功能的灵石使用记载。

如前所述，商周时代起，鬼灵之说风靡华夏。人们相信"众生必死，死必归土，此谓之鬼"，鬼灵随时可能从地下冒出，游荡于世间，监视着人间事务，并予以奖惩。商周人敬祖祭鬼，战战兢兢，在日常生活、礼尚往来、生产活动、构屋建舍中，禁忌甚多，唯恐得罪鬼灵。

后来人们逐渐悟出，"山川之灵，足以纲纪天下者，其守为神"，山是不能移动的，但山石可以移动，并可以用来遏制地下的鬼灵。于是，到了汉代"丸石于宅四隅"，用丸石镇压地下鬼灵，使之不能到人间作殃的风俗便出现了。北朝庾信《小园赋》载"镇宅以埋石"，明确指明石块最初不是立于地面或砌于墙内的，而是埋在地下，认为这样可以有效地对付地下鬼灵。《荆楚岁时记》载："十二月暮日，掘宅角，各埋一大石，为镇宅。"从记载可知，石块是埋在宅院四角的，而时间选在一年岁末，大约含有去旧迎新，镇压一年内归于黄泉的鬼灵等多种含义。

以上可见，汉至南北朝期间的“丸石镇宅”并没有具体人格化。此间虽已经历了山神合一的过程，人们相信山石中附着神的威力，可以镇鬼厌殃，但总体讲仍属于山石自然崇拜范畴。

有的学者引用西汉史游《急就章》“师猛虎，石敢当，所不侵，龙未央”一段文字，认为汉代“丸石镇宅”就已“石敢当”人格化。这些学者进一步引用唐人颜师古《急就章注》中“卫有石蜡、石买、石恶，郑有石制，皆为石氏；周有石速，齐有石之纷如，其后以命族。敢当，所向无敌也”的记载，断定汉代就已有了石敢当灵石，且为一勇士的化身。其实，这完全是一种误解。

其一，西汉《急就章》是类似《三字经》的儿童启蒙读物，其内容根本不涉及镇宅神石的内容，颜师古的注解也没说到镇宅神石。即使汉时确有石敢当其人，也与镇宅神石无关。其二，史籍中记载的五代时的石敢当，因护卫晋帝而受人敬崇，但比《急就章》晚了千年之久，二者风马牛不相及。其三，汉至南北朝期间关于镇宅神石的记载中没一处提到石敢当。这说明，在当时称谓石敢当的镇宅石并没有出现，更不要说镇宅神石的人格化了。

（二）求官佑福——中期石敢当变异

汉至北朝的镇宅神石，其功能仅是镇鬼厌殃。但到了唐朝前期，它的功能作用却发生了变异。

敦煌文献中记载的唐开元年间的民俗，详细说明了镇宅石的用法与功能（□□表文字残缺）：

> 凡人居宅处不利，有疾病、逃亡、耗财，以石九十斤，镇鬼门，大吉利；
>
> 人家居宅已来，数亡、遗失、钱不聚、市买不利，以石八十斤，镇辰地，大吉；
>
> 居宅以来，数遭□□，口舌，年年不饱，以石六十斤，镇大门下，大吉利。
>
> ——敦煌写卷伯三五九四卷

镇宅石的功能已扩大到去除疾病，防止家奴逃亡和遗失钱财，防止市买不利和制止饥荒发生等。

镇宅石甚至可以保佑宅主升官。《宅经》云：“赤石一，悠长五寸，钱五文，阳宅埋丑地，阴宅埋未地，必迁官。”还可以平息家庭纠纷：“妇姑斗争，取石重六十斤，埋门外，即罢。”此间，石块的颜色、重量都有严格讲究，这是汉至北朝期间所未曾有的。

唐代人还发明了一种镇宅药方：“以白石、紫石之膏，加雄黄、朱砂、石硅，配为镇宅药。石函盛之，置中庭，以五色丝随埋之，深三尺。令人宅家读文。”白紫石膏再加上中药，还有一个埋没石函的读文仪式，显然又在镇宅石的基础上发生了烦琐化的变异。

镇宅石上首先出现“石敢当”字样是在唐朝中期。据宋代人王象之《舆地纪胜》载：宋代庆历年间，福建莆田县令张玮维修县治，挖到一块石头，上刻“石敢当，镇百鬼，厌灾殃，官吏福，百姓康。风教盛，礼乐张。唐大历五年县令郑押字记”诸语。这条材料说明，至少在唐大历年间就已出现了“石敢当镇石”，同时镇宅石风俗已扩及官衙宅地。但此时的“石敢当”与泰山并没有任何联系。

到了五代时期，人物石敢也有了确实的记载。《旧五代史·晋高祖本纪》载：“晋高祖镇常山，唐明宗召赴阙。会闵帝出奔，与晋高祖相遇于途，遂俱入卫州，泊于邮舍。闵帝左右谋害晋高祖。帝密遣御士石敢袖铁锤立于晋高祖后。及有变，敢拥晋高祖入一室，以巨木塞室，敢寻死焉。帝率众杀尽闵帝左右，遂免晋高祖于难。”《新五代史·汉本纪》也有类似记载：“知远遣能士石敢袖铁锤侍高祖以虞变。高祖与闵帝议事未决，左右欲兵之，知远拥高祖入室，敢于左右格斗而死。知远即率兵尽杀闵帝左右，留帝传舍而去。”这两处记载略有不同，但却说明石敢是五代时真实的历史人物。但此时的石敢既不是石敢当，也与镇宅石无关。

以上可见，唐前期的镇宅石，唐中期的刻有石敢当字样的镇宅石及五代勇士石敢，都是在不同时期发生的民俗事象或历史事件中的人物，其间并没有直接联系，但却为后来泰山石敢当镇石的出现准备了条件与素材。

（三）诸说合流——晚期泰山石敢当

到了明清时代，镇宅神石与人物石敢、石敢当灵石合流而融为一体。

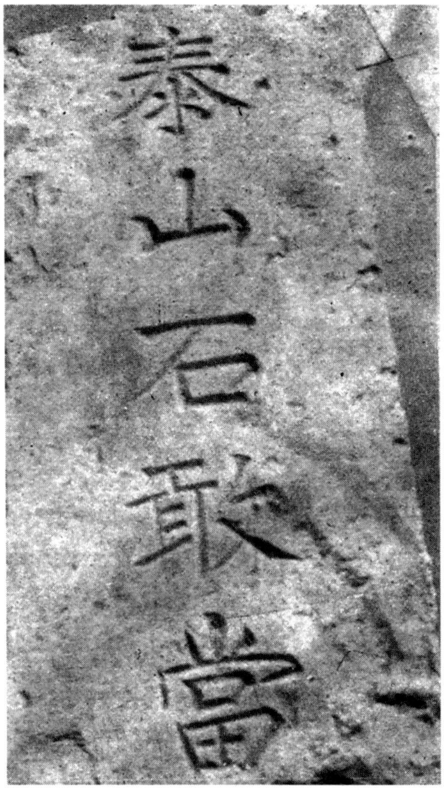

图25　山东肥城出土的明代“泰山石敢当”

首先是镇宅神石与人物石敢融为一体。明代《群碑录》中说：“五代汉刘知远时，有勇士名石敢当，其慕古人名以自表见耶？抑即其人与？”这里将五代勇士石敢写为石敢当，实际上是有意地将历史人物向石敢当灵石靠拢。在《姓源珠玑》中则明确这样写道：“五代刘知远为晋祖押衙，潞王从珂反，闵帝出奔，遇于卫州。知远遣力士石敢当袖铁锤侍。晋祖与闵帝议事，知远拥入，石敢当格斗而死，知远尽杀帝左右，因烧传国玺。石敢当生平逢凶化吉，御侮防危。故后人凡桥路冲要之处，必以石刻其志，书其姓字，以捍居民。”这个记载已完全将五代勇士石敢与石敢当灵石融为一体，从而完成了镇石石敢当的人格化。

镇石石敢当的人格化过程中，石敢当习俗广为流传。《通俗编·居处》引《继古丛编》：“吴民庐舍，遇街衢直冲，必设石人或植片石，镌‘石敢当’以镇之。”袁枚在《随园随笔》中也谈道：“镌今俗为厌胜，辄树一石于当所，曰石敢当。”袁枚是浙江杭州人，曾在江浙地区数县任知县，他所记述的显系当时流行民俗。

其次，人格化的石敢当又逐渐与泰山石崇拜融为一体。《茶香室丛钞》卷十记述：“国朝王渔洋山人《且介亭杂录》云，齐鲁之俗，多于村落街口立石，刻‘泰山石敢当’五字，云能暮夜至人家医病。北人谓医士为大夫，因又名之曰石大夫。按此（泰山石敢当）五字，南中亦有之，而无医病之说，亦无大夫之说。”这段记述说明：第一，明代的齐鲁地区，泰山石敢当已广为流传。而其功能是“暮夜至人家医病”。第二，明代的南方地区也出现了泰山石敢当立石，但其功能与北方不同。

以上可见，泰山石敢当镇石的称谓与内涵是明代时最后形成的，这一形成经历了漫长的进程。远古灵石崇拜是形成的基础，敬祖祭鬼风俗和泰山山石崇拜是形成的社会环境，而真实的历史人物又赋予其鲜活的生命力。泰山石敢当是多种意识形态合力形成的结果，正因为如此，它才成为我国民俗史上最有影响的信仰与行为民俗事象之一。

20世纪20年代邓尔雅曾深入广东农村做过实地调查，他写道："粤俗随地有泰山石敢当石刻，大抵其地有鬼物为祟，或堪舆家以为形势而弗利居民，借此当煞气耳。"（《民俗》41/42期合刊）至今，在云南、贵州、四川、湖南、江西等地仍能看到泰山石敢当的影子。这说明，石敢当冠以泰山之首后，名气大增，已由北方和江浙闽地区扩及我国南方各省。

第四章
璀璨夺目的石头文学

一、独具魅力：从女娲补天说到石头记

《淮南子·览冥训》载："往古之时，四极废，九州裂，天不兼覆，地不周载……女娲炼五色石以补苍天，断鳌足以立四极……"这是我国的第一则石头神话传说，也是我国最早的石头文学作品。

远古神话传说中，女娲与伏羲是亲兄妹，兄妹婚配，成为人类繁衍的始祖。天地倾覆之时，女娲炼了36500块五色石，把天上的窟窿补好，这些石头后来就变成了天上闪烁发光的星星。考古学家们考证，女娲是远古骊山地区母系氏族部落的头领，五色石补天的传说实际上朦胧反映了原始社会血缘婚姻和母系主权的状况，而传说本身也反映了远古先人丰富的想象力。

人类进入文明社会后，石头在文学作品里常常起到中心载体的作用。文人志士们通过对石头的描述，借石抒怀，托石言志，达到情景交融、理趣俱佳的崇高艺术境界，在文学史上放射出奇异的绚丽光彩。本书中将这类民间传说、诗赋小说、说唱传奇等称为石头文学。

石头文学作品的特征之一是借石抒怀。

我国最早的文史著作《左传·昭公八年》中有这样一段文字：

> 春，石言于晋魏榆。晋侯问于师旷曰："石何故言？"对曰："石不能言，或冯（凭）焉。不然，民听滥也。抑臣又闻之曰：'作事不时，然讟动于民，则有非言之物而言。'今宫室崇侈，民力凋尽，怨讟并作，莫保其性。石言，不亦宜乎？"

这便是著名的石能言典故。晋国国君问大夫师旷，石头为什么能说话？师旷说，石头是不能说话的，是有精灵附于石上说话。我又听说，办事不合时宜，老百姓怨恨，就会有不说话的东西说话。当今兴建宫室十分侈靡，民力凋尽，怨与恨一齐来了，石头说话，不是正常的吗？作品中以石头说话为缘由，并借石头说出了对君主侈靡的不满和希望君主爱惜民力的谏议，是借石抒怀的范例。

唐宋八大家之一的柳宗元是借石抒怀的大家。他的《永州八记》将写石与抒怀巧妙地结合起来，达到了炉火纯青的程度。明代文学家茅坤评说《永州八记》是"借石之瑰玮，以吐胸中之气"(《唐大家柳柳州文钞》卷七)，可谓一语中的。

《永州八记》中写山石："其石之突怒偃蹇，负土而出，争为奇状者，殆不可数；其嵚然相累而下者，若牛马之饮于溪；其冲然角列而上者，若熊罴之登于山。"(《钴鉧潭西小丘记》)肖物象形，化静为动，将无生命的石头写得生机勃勃。写潭石："卷石底以出，为坻，为屿，为嵁，为岩。"(《小石潭记》)精描细摹，状物洗练，写出了石头的不同特征。作者着意描绘石头的瑰玮鲜明，与混混沌沌的社会形成鲜明对照，"爱石者，刚也"，从对石头描述的字里行间可以感受到柳宗元因刚直不阿而遭贬的忧愤之情。在王安石的《游褒禅山记》、苏轼的《石钟山记》中，都可以看到写石抒情，一吐胸中闷气的笔法。李商隐诗中有"莫为无人欺一物，他时须虑石能言"的句子，也是这种忧愤心态的反映。

石头文学作品的特征之二是托石言志。

《文士传》曾记述过这样一个故事：

> (魏)文帝之在东宫也，宴诸文学，酒酣，命甄后出拜，坐者咸伏，唯刘桢平视之。太祖以为不敬，送徒隶簿。后太祖乘步牵车乘城，降阅簿作，诸徒咸敬，而桢拒坐，磨石不动。太祖曰："此非刘桢也，石如何性？"桢曰："石出荆山玄岩之下，外炳五色之章，内秉坚贞之志，雕之不增文，磨之不加莹，禀气贞正，禀性自然。"太祖曰："名岂虚哉？复为文学。"

刘桢是"建安七子"之一，在与魏文帝的伦理抗争中，他以磨石的"外炳五色之章，内秉坚贞之志，雕之不增文，磨之不加莹"自喻，并最后取得伦理抗争的胜利。刘桢曾写诗抒怀，表示在任何环境中都要保持自己的操守，后人钟嵘称他为“贞骨凌霜，高风跨俗”。刘桢所崇尚的磨石秉性正是封建社会知识分子“威武不能屈”精神的反映。封建社会的正直文人们恪守坚贞之志，又常常自叹“无才补天”，因而便托石咏志，抒发愤世嫉俗之感。这一笔法的应用在古典名著《红楼梦》中达到了炉火纯青的程度。

《红楼梦》原名《石头记》，开卷第一回便以写石引人注目：

> 列位看官：你道此书从何而来？说来根由虽近荒唐，细按则深有趣味。……原来女娲氏炼石补天之时，于大荒山无稽崖炼成高经十二丈，方经二十四丈顽石三万六千五百零一块。娲皇氏只用了三万六千五百块，只单单剩下一块未用，便弃在此山青埂峰下。谁知此石自经锻炼之后，灵性已通，因见众石俱得补天，独自己无材不堪入选，遂自怨自叹，日夜悲号惭愧。

在这部文学巨著中，这块无才去补天的顽石和化成的“通灵宝玉”贯穿全篇。小说从将顽石投入“钟鸣鼎食之家”的贾府入笔，描述了荣宁二府荒淫奢侈的生活，进而揭示出封建社会由盛而衰的必然趋势。

历经政治坎坷和生活磨难的曹雪芹，是含着忧愤的泪水写《石头记》的，他将大荒山下的一块顽石作为作品的中心线，一是为了逃避官府的迫害，有意为作品披上一层神秘色彩，二是通过顽石抒发怀才不遇的愤慨和忧国忧民的志向。书中诗云：“无材可去补苍天，枉入红尘若许年，此系身前身后事，倩谁寄去作奇传？”这是曹雪芹内心世界的真实写照。

值得品味的是，我国另一部古典文学名著《西游记》也是以写石开篇的，《西游记》第一回中写道：

> 那座山正当顶上，有一块仙石。其石有三丈六尺五寸高，有二丈四尺围圆。三丈六尺五寸高，按周天三百六十五度；二丈四尺围圆，按政历二十四气。上有九窍八孔，按九宫八卦……盖自开辟以来，每受天真地秀，日精月华，感之既久，遂有灵通之意。内育仙胞，一日迸裂，产一石卵，似圆球样大，因见风，化作一个石猴。五官俱备，四肢皆全。

在吴承恩的笔下，石猴成为敢于大闹天宫的英雄齐天大圣，他喊着“皇帝轮流做，明年到我家”的口号，将十万天兵天将打得落花流水。吴承恩将对现实社会的不满与仇恨，集中在对妖魔鬼怪的描述上，进而用一个寄托着自己志向的石猴横扫千军，澄清玉宇，渴望开拓出一个公平美好的世界。据史料载，吴承恩自幼“性敏多慧，博极群书”，“平生不肯受人怜，喜笑悲歌气傲然”，具有坚贞不移的顽石性格。在腐朽的社会现实面前，他自称“胸中磨损斩邪刀，欲起平之恨无力”。他43岁才得以补上岁贡生，就任长兴县丞，“未久，耻折腰，遂拂袖而归”。在这一心态之下，吴承恩托石咏志，塑造了我国文学史上不朽的石猴王光辉形象。

可以看出，借石抒怀，托石咏志乃是我国文学史上十分引人注目的现象。封建社会的正直文人在丑恶的社会现实面前，寓情于石，抒志咏怀，创作出许多传世佳作。如明东鲁狂生撰写的《醉醒石》，着力反映民间疾苦，揭露上层黑暗，对醉生梦死的官僚阶层提出警告；天然痴叟撰写的《石点头》，取意于东晋泰山灵岩寺顽石点头的故事，“推因及果，劝人为善”；等等。

二、异彩纷呈：历代文人笔下的泰山石

泰山为历代文人荟萃之地，泰山石头文学更是璀璨夺目。

古籍载：“岱宗为古圣贤登临喻道之处，历代名儒硕士履履踵接，故自孔子《丘陵歌》而下，佳篇巨制美不胜收。”（《泰山述记》卷七）自古而今，登临泰山并留下泰山题材佳作的著名文学家有：孔子、司马相如、东方朔、应劭、班固、张衡、陈琳、曹植、陆机、谢道韫、谢灵运、骆宾王、卢照邻、李白、杜甫、魏征、刘禹锡、李邕、苏辙、梅圣俞、邵伯温、李清照、赵明诚、党怀英、范致中、元好问、李简、王奕、王恽、杜仁杰、宋濂、李东阳、王守仁、姚鼐、王世贞、顾炎武、魏源、康有为、梁启超、徐志摩、杨朔、李健吾、郭沫若等，而数以万千计的历代文人墨客更是留下了难以计数的诗词歌赋。泰山文学是祖国文化库藏中的瑰宝，而其中对自然山石的描述也是异彩纷呈。

（一）凭石寓志——孔子及泰山文学的开创

孔丘，字仲尼，春秋时代著名政治思想家、教育家和文学家。他出生成长

在泰山下的鲁国，一生多次登临泰山，写下了许多关于泰山的政论和文学作品，分别收在《诗经》《论语》《尚书》《春秋》等巨著中，如《虎山叹苛政》《泰山说三乐》《丘陵歌》《临终歌》等都对后世产生了巨大影响。

《诗经·鲁颂》中孔子收录了我国第一首描写泰山山石的诗歌，诗中用“岩岩”叠字词组将泰山石的高大峻峭外貌形象地勾画了出来。《诗经》是我国最早的诗歌总集，“岩岩诗”开创了泰山文学的先河，并对后世历代泰山诗赋产生深远的影响。宋代文学家石介有“七百里鲁望，北瞻何岩岩”的诗句，清代泰山五贤之一赵国麟有“泰山岩岩，藏万仞之石”的评述，连康熙皇帝的《登岱》诗也使用了“岩岩岱岳高无极，攀陟遥登最上头”的句子，其渊源皆在于《诗经》中的“岩岩诗”。

孔子还写下了一首寓志抒怀的《邱陵歌》：

登彼丘陵，岬崺其阪。
仁者在迩，求之若远。
遂迷不复，自婴屯蹇。
喟然回虑，题彼泰山。
郁确其高，梁甫回连。
枳棘充路，陟之无缘。
将伐无柯，患滋蔓延。
惟以永叹，涕霣潺湲。

孔子在诗中说道，登上那崎岖不平的丘陵，连绵的山峰横亘在前面，实施仁道之路看来很近，若要去寻求它，却又是那么遥远。义无反顾地去追求仁道，当然就会遇到艰难。喟然叹息着回首，将满腹的志向写在泰山。泰山山石是这样盘回巍峨，梁甫山与它连在一起，野草和荆棘长满了山道，登上它是这样艰难。想去砍伐它又苦于没有斧头，只得听其漫延滋生。只有长长的叹息，泪水潺湲而下。

诗歌的语言悲壮生动，以盘回坎坷的山道比喻仁道之路，又将登上泰山喻为求得仁道，寓志以山石，寓情以泰山，情景交融，主宾互补，是托物言志的典范之作。

（二）厚重文采——秦汉时期泰山诗赋特色

秦汉时期，泰山文学得以长足发展。

首先，从秦始皇以来，历代帝王频频来泰山封禅，泰山的神圣地位不断得以加强，成为“天下第一山”，吸引了大批文人墨客登临朝拜观光。其次，公元前221年秦始皇统一天下，“车同轨，书同文”，有利于各地文化的交流和互相促进。应劭的《泰山封禅仪记》、曹植的《飞龙篇》《驱车篇》、司马相如的《劝汉武帝封禅书》、司马迁的《封禅书》，以及两晋南北朝时期陆机的《游泰山》、女诗人谢道韫的《泰山吟》、谢灵运的《泰山吟》都是这一时期的名作。

1. 我国第一篇游记散文《泰山封禅仪记》

《泰山封禅仪记》的作者应劭，字仲瑗，河南项城人，汉献帝时曾任泰山太守。他涉足仕途，兼攻文史，侧重于风俗、官仪研究，著有《汉官仪》十卷，《泰山封禅仪记》即收入其中。《泰山封禅仪记》原名《汉官马第伯封禅仪记》，一般认为该文是应劭依照随汉光武帝登山的马第伯所留资料改写的。

文学界对《泰山封禅仪记》是否为我国第一篇游记散文，有着不同看法。刘操南、平慧编选的《古代游记选注》（上海古籍出版社1982年版）、山东师大中文系编选的《历代游记赏析》（山东少儿出版社1985年版）都认为东晋僧人慧远的《庐山诸道人游石门诗序》是我国最早的游记散文，提出“慧远的文章虽然用诗序形式写出来，但其内容已具备游记文学的特点，标志着游记文学的形成和出现”。而远辰、叶幼明编选的《历代游记选》（湖南人民出版社1987年版）则认为“刘宋谢灵运的《游名山志》是山水游记的始祖”。其实这两种看法都是不对的。

我们认为《泰山封禅仪记》才是我国最早的游记散文。其一，文章虽为仪记，但主要描述的是山石泉林及铜镜、木甲等文物古迹。文章夹叙夹议，抒发了作者的感受，具有较强的艺术感染力。其二，文章记载的是56年春汉光武帝封禅泰山时的情景，又写于东汉时代，比东晋《庐山诸道人游石门诗序》和南朝《游名山志》要早300年之多。

《泰山封禅仪记》语言凝练优美，文风厚重蕴藉，其对登山途中所见所闻的描述十分精彩：

是朝上山，骑行；往往道峻峭，下骑，步牵马，乍步乍骑，且相半。

至中观，留马，去平地二十里，南向极望无不睹。仰望天关，如从谷底仰观抗峰。其为高也，如视浮云。其峻也，石壁窅窱，如无道径。遥望其人，端如行朽兀，或为白石或雪。久之，白者移过树，乃知是人也。殊不可上，四布僵卧石上，有顷复苏，亦赖赍酒脯。处处有泉水，目辄为之明。复勉强相将行，到天关，自以已至也，问道中人，言尚十余里。

文章一开始就通过登山人的主观感受，如“殊不可上，四布僵卧石上”“复勉强相将行”等，将泰山的高峻初步勾画出来。其中对峻峭石壁的描写，对山间行人的比喻，都相当生动准确。接着，作者又变换了视觉：

其道旁山胁，大者广八九尺，狭者五六尺。仰视岩石松树，郁郁苍苍，若在云中。俯视溪谷，碌碌不可见丈尺。遂至天门之下，仰视天门窔辽，如从穴中视天。

一仰一俯，通过视角的变化进一步描绘出岩石溪谷的雄峻。对山谷广狭、天门窔辽的形容，都相当精细简练。

最精彩的是攀登十八盘一段描述：

直上七里，赖其羊肠逶迤，名曰环道，往往有絙索，可得而登也。两从者扶挟，前人相牵，后人见前人履底，前人见后人顶，如画重累人矣。所谓磨胸捍石扪天之难也。

写攀登十八盘（即文中环道——笔者注）之难，采用比喻手法，盘道前后的人成了上下叠罗汉，“后人见前人履底，前人见后人顶，如画重累人矣”。状物取喻，生动形象，成为后人写泰山经常引用的名句。作者高明之处还在于，描写山石景观的同时，十分注重发掘内心主观感受，如“初上此道，行十余步一休，稍疲，咽唇焦，五六步一休，蹀蹀据顿，地不避湿暗，前有燥地，目视而两脚不随”。

对于攀登过泰山十八盘的人来说，读了这段描述后会拍案叫绝。先是十余步一歇，后是五六步一歇，看见前头有干燥可以坐卧之地，可两腿已不听使唤，只好就近坐在湿潮的地上。不是直接描述山石道途之峻峭，而是以主观感受衬托出山石道途的艰峻险阻，主宾互衬绘形绘神，已达到出神入化的地步。

《泰山封禅仪记》所开创的写作风格和技巧至今仍闪烁着熠熠光彩。它在我国古典文学史上应占有重要的一席之地。

2. 曹植与《驱车篇》

曹植的《驱车篇》是又一篇借山抒怀、凭石咏志的诗歌名作。

曹植（192—232）是曹操的第三子，少工诗文，华美工丈，为建安文学的杰出代表。他因才思敏捷，遭到兄长曹丕的妒害，不得不滞留泰山地区，写下了许多愤世嫉俗之作。曹植在深重的政治压力下，产生了渴望脱离尘世，向往神道仙家生活的思想。《驱车篇》便是代表作之一：

> 驱车挥驽马，东到奉高城。神哉彼泰山，五岳专其名。隆高黄云霓，嵯峨出太清。周流二六候，闲置十二亭。上有涌醴泉，玉石扬华英。东北望吴野，西眺观日精。魂神所系属，逝者感斯征。……餐霞漱沆瀣，毛羽被身形。发举蹈虚廓，径庭升窈冥。同寿东父年，旷代永长生。

诗人渴望在“上有涌醴泉，玉石扬华英”的泰山上饮霞光仙露而成仙，然后“毛羽被身形”升入天堂。诗人在《飞龙篇》中也说：“晨游泰山，云雾窈窕，忽逢二童，颜色鲜好……教我服食，还精补脑，寿同金石，永世难老。”在兄弟相残的政治迫害中，作者渴望摆脱尘世的情绪溢于言表。曹植在他的另一篇泰山诗《盘石篇》中问道：“我本太（泰）山人，何为客淮东。”诗人寄情于泰山，托身于泰山的情感真挚而热烈。

3. 谢灵运与《泰山吟》

谢灵运（385—433），晋宋之际名气最大的诗人。曾袭封康乐公，带领数百仆从遍游天下名山大川，探奇访胜，被疑为山贼。他的诗以咏唱山水为主，观察细腻，文风清新，历来为诗家所称道。《泰山吟》是其代表作之一：

> 岱宗秀维岳，崔崒刺云天。
> 岞崿既险巇，触石辄芊绵。
> 登封瘗崇坛，降禅藏肃然。
> 石闾何晻蔼，明堂秘灵篇。

诗的前四句描写了泰山山石峻峭险要的外貌，后四句描述了登封台、石阁、明堂等古迹。诗人抓住了泰山山峰直刺云天、山崖险深、层峦叠嶂的外貌特征，加上山石间缭绕的云雾，写得既生动细致，又大气磅礴。“触石辄芊绵”语出《春秋公羊传》“触石而出，肤寸而合，不崇朝而偏雨乎天下者，唯泰山尔”，诗人借用这一著名典故形容泰山山石及云雾的气势。在以往的不少泰山诗选注中，如《历代诗人咏泰山》（山东友谊出版社出版）、《泰山历代诗选》（山东人民出版社）中均将该句解释为草木蔓生和山石绵延，这显然欠深入思考。

（三）飘逸潇洒——唐宋时期泰山诗词神韵

唐宋时期是泰山文学光辉灿烂的时代。李白、杜甫、刘禹锡、卢照邻、曾巩、王安石等文学巨匠纷纷登临泰山，歌咏抒唱，留下了一批传世之作。李白的“天门一长啸，万里清风来”，气魄浩大，境意博远；杜甫的“岱宗夫如何，齐鲁青未了”，想象丰富，为万古绝唱；苏轼的“天门夜上宾出日，万里红波半天赤”，生动形象，鲜明地勾画出泰山日出的壮丽景观；此外，卢照邻的《登封大酺歌》、唐玄宗的《泰山咏雪》、刘禹锡的《送东岳张炼师》、李德裕的《泰山石》、王安石的《送义公禅师赴任灵岩》、苏辙的《送游泰山》、石介的《泰山诗》等诗词，邵伯温的《泰山闻见录》、张公亮的《灵岩寺记》、范致中的《吕公洞记》等赋文，都各具特色。一时间，泰山文学如星汉灿烂，光辉闪烁，走上了其发展史上的鼎盛时代。巍峨泰山因名家名作而名声大振，正所谓“文以山传，山以文丽”。

1. 李白与《游泰山六首》

李白（701—762）——我国唐代著名浪漫主义诗人。一生轻财任侠，游历了大半个中国。唐开元二十四年举家移居山东任城贺兰氏酒楼（今山东济宁市内太白楼），直到乾元二年移居楚地，在山东居住达23年之久。

李白在山东期间曾隐居泰山南侧的徂徕山，《旧唐书·文苑列传》载：“（李白）与鲁中诸生孔巢父、韩准、裴政、陶沔、张叔明隐于徂徕山，酣歌纵饮，时号竹溪六逸。”竹溪六逸的隐居山林生活成为古代文坛的一段佳话，李白诗“昨宵梦里还，云弄竹溪月。今晨鲁东门，帐饮与君别”，就是当时隐居放荡生活的写影。李白一生郁郁不得志，痛恨上层统治集团的黑暗腐朽而又自叹没有回天之力，便以狂饮不羁与现实对抗，徂徕山隐居便是这一情绪的反映。

天宝元年春四月，李白由故御道登上泰山极顶，写下了《游泰山六首》，其中写山石的有两首，其一：

> 四月上泰山，石屏御道开。六龙过万壑，涧谷随萦回。马迹绕碧峰，于今满青苔。飞流洒绝巘，水急松声哀。北眺崿嶂奇，倾崖向东摧。洞门闭石扇，地府兴云雷。登高望蓬瀛，想象金银台。天门一长啸，万里清风来。玉女四五人，飘摇下九垓。含笑引素手，遗我流霞杯。稽首再拜之，自愧非仙才。旷然小宇宙，弃世何悠哉。

全诗酣畅飘逸，潇洒雄浑，实为泰山诗中的佼佼者。诗人先写山石景色：春光明媚的四月，我登上了泰山。皇帝走过的山道石阶平坦，皇帝的辇舆曾越过千山万壑，山溪幽谷随着山道盘回，马蹄的痕迹依旧，石阶上却布满绿色的苔藓。瀑布飞溅在高高的悬崖，水声松涛声发出悲壮的轰鸣。北望层峦叠嶂神奇雄伟，峭拔的主峰似乎要倒向东方。岩洞紧闭着石门，而洞底却正兴起云雾雷鸣。这段描述的特点是以写山石为主，而又化静为动，如“瀑布飞溅在高高的悬崖”“峭拔的主峰似乎要倒向东方”等，动态的事物给人充满生命力之感。接着，诗人展开想象的翅膀：登上高处眺望那东海仙山，我想象着蓬莱仙境的金台银台，站在天门一声长啸，万里清风浩荡而来，四五位玉女仙子从九天飘飘而下，微笑着伸出白皙的小手，赠给我盛满仙酒的金杯。这段描述集中显现了诗人的浪漫主义创作风格，也流露出作者渴望脱离尘世的愿望。全诗描述，实景与想象交叉，过去与未来交叉，一气呵成，令人荡气回肠，使山石景色在浓笔淡抹中得以传神的升华。

李白的另一首写极顶山石的诗歌也很美：

> 日观东北倾，两崖夹双石。海水落眼前，天光遥空碧。千峰争攒聚，万壑绝凌厉。缅彼鹤上仙，去无云中迹。长松入云汉，远望不盈尺。山花异人间，五月雪中白。终当遇安期，于此炼玉液。

诗人站在极顶，先由最著名的日观峰、仙人桥写起：巍峨日观峰上的探海石向东北倾斜，两座陡峭的山崖夹一双巨大岩石。东海波涛落在眼底，无际的霞光将云底染为深碧。千山万峰朝着极顶聚积，万壑千谷由泰山延伸而去。全诗先近后远，有实有虚，写得大气磅礴。在这神奇的山色的感染下，作者又开始了理想的遨游：我怀念那骑着白鹤的仙人，在云雾中缥缈无迹，山上的高大松树直插云霄，远远望去却不满盈尺，山上的花与人间的花不同，五月里开得遍山雪白。定要寻到仙人安期生，和他一道制那长生不老的玉液琼浆。这里将作者被大自然陶醉的心情抒发得淋漓尽致，不禁使人拍案叫绝。

2. 杜甫与《望岳》诗

杜甫（712—770），我国唐代著名现实主义诗人。少举进士不第，曾漫游全国各地。开元天宝年间，其父杜闲曾任兖州司马，杜甫在兖州地区游历多年，并多次路经或登临泰山。他的最著名的诗作《望岳》便是当时的感受之作：

岱宗夫如何，齐鲁青未了。
造化钟神秀，阴阳割昏晓。
荡胸生层云，决眦入归鸟。
会当凌绝顶，一览众山小。

全诗结构严谨，层层递进，意境高远：五岳独尊的泰山是什么样子呢？青翠的山峰绵延在齐鲁大地。泰山是大自然的神奇造化，高耸的山峰分割着日出日落两个天地。山间那飘动的白云激荡着人们的心胸，崖间那飞翔的归鸟消失在望远的尽头。定要登上那极顶绝峰，饱览群山伏偃的景观。诗中并没有对山石的直接描写，而是通过远望近观的感受，写飞翔的鸟、飘动的云，将分割阴阳昏晓的巍峨泰山的雄姿生动地勾画了出来。《望岳》诗写泰山雄姿，给人以奋发向上的勇气与力量，一扫以往泰山诗赋的宗教迷信色彩，突出了泰山自然美的本色，这正是它得以千古流传的实质所在。

近年来，有的学者从《望岳》之“望”推断杜甫没有登上泰山，这是不对的。首先，从诗的气度来看，如果诗人没有登临极顶，决不会产生“一览众山小”那样雄奇的构思，“望”实为作者选取的描写泰山气势的艺术角度。其次，史籍资料表明，杜甫晚年《又上后园山脚》诗中有“穷秋立日观”的句子，回顾登临泰山极顶的情形，而《望岳》诗所表现的也正是深秋季节的翠峰、白云、飞鸟。新的资料还表明，当时杜甫的好友苏源明正在极顶天街读书，杜甫既已来到泰山脚下，也定会去探望这位好友的。因此，杜甫游历泰山，登上极顶，并曾站在日观峰饱览齐鲁秋色，应当说是比较可信的。

3. 李德裕与《泰山石》

李德裕，唐代著名宰相，后封卫国公。一生多诗文，《泰山石》为其代表作：

鸡鸣日观望，远与扶桑对。
沧海似熔金，众山如点黛。
遥知碧峰首，独立烟岚内。
此石依五松，苍苍几千载。

诗作写的是日观峰探海石。诗人先描述探海石四周风光，意在突出该石的峻拔挺峭和“独立烟岚内”的雄姿。李德裕是唐后期“牛李党争”的李派首领，政治上起伏坎坷，历经磨难，后被贬死崖州。诗中“独立烟岚内”的泰山石，寄托着诗人的志向与抱负，也表达了作者在政治上决不低头的意志与信心。

4. 苏轼与黄茅岗诗

苏轼（1037—1101），我国宋代著名文学家，与父亲苏洵，弟弟苏辙同在唐宋古文八大家之列。元祐八年八月二十日苏轼作为礼部尚书郎、端明殿学士，奉命祭祀泰山，在灵岩寺山门外黄茅岗写下了著名的《登云龙山》诗：

醉中走上黄茅冈，满冈乱石如群羊。
冈头醉倒石作床，仰观白云天茫茫。
歌声落谷秋风长，路人举首东南望。
拍手大笑使君狂。

苏轼诗以热情奔放、流丽轻灵著称。该诗形象地描绘了黄茅岗（原诗中为黄茅冈）山石外貌，诗人在醉眼蒙眬中将山石看作一群奔跑的山羊，取喻状物，给山石注入了生命力。被山色美景打动的诗人躺卧在地上大声唱了起来，连过路的行人都指指点点拍手大笑诗人的狂荡不羁。全诗主客互补，意绪飞扬，诗歌写出了灵气，写出了感染力。

5. 王安石与《送道光法师住持灵岩》

王安石（1021—1086），宋代著名文学家、政治家，唐宋古文八大家之一。王安石诗内容充实，俊逸清新，为后人称道。据宋政和七年郑居中泰山题名记载，有“居中效安石游”句，证明王安石可能来过泰山，而《送道光法师住持灵岩》则是返回后所写：

灵岩开辟自何年，草木神奇鸟兽仙。
一路紫苔通窅窱，千崖青霭落潺湲。
山只啸聚荒禅室，象众低摧想法筵。
雪足莫辞重趼往，东人香火有因缘。

诗先写神奇的草木鸟兽，曲折蜿蜒的山道上的紫苔，青霭缭绕的群峰，进而写荒没的寺院，增加了灵岩的神秘气氛。在足够的铺垫之后，作者笔锋一转写及道光法师赴任话题，既有希望与鼓励，还隐隐显露出愿同往圣地的思绪，让人回味悠长。

（四）精描细摹——元明清时期泰山诗文风格

元明清时期泰山文学进入成熟繁荣阶段。

其表现一是作品数量增多，仅我国类书、志书、野史笔记收存下来的就有2000多件。体裁上有诗歌、散文，还有曲艺、小说等。可谓卷帙浩瀚，丰富多彩。

二是作品风格日趋活泼，写作技巧日趋成熟。如元代文坛盟主元好问的《东游记略》，内容充实，扎实浑厚，融叙事考证为一体；明代“后七子”之一王世贞的《游泰山记》，写景描摹精细，记事谐趣横生；竟陵派文学主将钟惺的《岱记》，写景状物的同时，注意发掘主观感受；张岱的《岱志》缘情真挚，喻志新奇，较好把握了文学创作情与理的关系；陈琏的骈体游记《登泰山赋》，句式工整，辞藻华美，兼有诗歌和散文的特点；清代桐城派文学首领姚鼐的《登泰山记》，选材精当，笔迹磊落，融“辞章、义理、考证”为一体，有大家之风范；泰山五贤之一赵国麟的《游徂徕山记》，情盛意美，洋洋洒洒，景中蕴情，含而不露，达到了较高的艺术境界，等等。

三是文人们的记游范围由山前而遍及山前山后，侧重描写自然风光的作品增多，山石小景物素描增多。如元代王恽的《大龙口》，明代王守仁的《御帐坪》、陈凤梧的《百丈崖》、萧协中的《仙人桥》、郭正域的《丈人峰》，清代周在浚的《题后石坞》、田同之的《对松山》、朱辉珏的《舍身崖》、赵国华的《日观峰》、乾隆皇帝的《对松山诗》等，标新立异，各具特色。可以说，泰山上下的奇峰异石无不留下了文人的足迹和咏叹，其品种、数量之多，内容之丰富，是任何名山大川所无法比拟的。

1．“望岳”诗文

“远望之以取其势，近看之以取其质”，这是古人观赏自然山水的重要准则。“望岳”，实际上是古人观赏泰山所选取的一种角度。继杜甫《望岳》诗之后，历代文人竞相仿摹，勾画出了一幅幅大气磅礴的泰山写意图。其中较著名的有明代诗人乔宇、诗画家董其昌，清代拟古派诗人沈德潜、峻德、施闰章、清雍正皇帝等人的“望岳”诗。

雍正皇帝望岳：“芙蓉万仞插丹梯，海上群峰莫与齐。九点青烟看野马，五更红日候天鸡。”诗人形象地将泰山群峰比做盛开的芙蓉，而将十八盘比做插进芙蓉花丛中的天梯，非远望不能得此感受。董其昌望岳：“百里看山眼，迢遥岱色分。应为天下雨，不断封中云。”从百里之外遥望远天朦胧的山影，如同天边飘来的浓云，于是会自然联想到“应为天下雨”的神山。沈德潜望岳：“大造爱奇崛，产兹东海间。何须凌绝顶，胸已溢尘寰。”诗句反杜甫诗意而用之，在这奇崛的大山前，不须登上极顶，已想象到在极顶鸟瞰九州云烟的壮景，其实质也是在于衬写泰山的岩岩气象。

峻德写远山：“岱宗天半郁相望，万仞雄峰俯八荒”。诗句取横空出世的巍峨山势，联引到万仞雄峰俯视的苍茫神州，气势博大，意境深远。施闰章的《雪中望岳》另有一番风光：“碧海烟归尽，晴峰雪半残。冰泉悬众壑，云路郁千盘。影落燕齐白，光连天地寒，秦碑凌绝壁，汉策好谁看。”全诗勾画出一幅残雪冰泉，山影映落白茫茫齐燕大地的北国壮美风光。

2．写石素描

如果说“望岳”是大笔涂抹的写意画，“写石”则是精描细摹的素描图。

明代于慎行写日观峰：“岱岳峰头一片石，天光杳杳遥空碧。我来夜扫石上云，未明看见海中日。”诗句由一片石到石上云，由石上云到海中日，由近而远，写得轻松活泼。郭正域写丈人峰：“泰岳峰头有丈人，苍颜古貌万年身。群山百万当前立，东帝还须仗老臣。”诗句把丈人峰比拟为苍颜老臣，取喻状物，生动形象。萧协中写仙人桥：“三石两崖断若连，空蒙似结翠微烟，猿探雁过应回步，始信危桥只渡仙。”第一句就将仙人桥的外貌鲜明地勾画了出来，语言洗练而准确。朱辉珏写舍身崖：“万仞突苍崖，天风吹凛栗。石栏未敢凭，云深白日黑。”诗句用黑石黑云渲染舍身崖的阴森可怕。赵国麟写御帐坪：“绝壁临大壑，飞流千尺下……石色漾月影，寒飙涤炎夏……”气势磅礴的大写意中又有诗情画意的小素描。

文人们还注意到不同季节里山石外貌的变化。明代王守仁秋日登临：“晓登泰山道，行行入烟霏。阳光散岩壑，秋容淡相辉。”写出了散落在岩石上的秋日阳光。清代刘应宾写冬日泰山：“古雪藏深岩，苔藓碑难句。”写巨岩间的深雪，古碑上的苔藓，观察细腻，文笔老辣。王子谦写泰山夏雨：“晓凭危岳回高寒，俯瞰溟蒙宇宙宽，可爱乱云填万壑，忽惊急雨失群峦。”后两句一个“可爱”，一个“忽惊”，万壑间的乱云，群峦中的急雨，写得出神入化。清人写春日泰山：“长松入霄汉………红绿无边崖。”一句“红绿无边崖”，抓住了泰山春日山花烂漫开遍岩巅的特征。

由于后石坞神奇的山石风光，文人们写后石坞山石的素描也特别精彩。明代文学家钟惺写后石坞山石：“石壁百仞，松腋之左，左而半上为八仙洞，不及登。对而壁者，有若庙，若寝，若垣，若林者焉。数折视之，皆石也。茂之寄题曰：笋城。中阙为壑石万，其峰错以松，松聚则涛，不以风也，其中烟霏所荡，层峦听之。”作者一连用了几个排比句，把后石坞的状貌勾画出来，并特别注意了以青松、白云衬托山石之美，显示了娴熟的写作技巧。明代后期文学家冯时可写后石坞比钟惺更高一筹：“又里余至独足盘，巉岏崚嶒，路更险而石益奇，如人，如芝，如鹤，如凤者，亦时见。”他的比喻活了起来，人芝鹤凤比庙寝垣林更为生动。作者接着写山石气势：“重重相抱，石色如积铁，耸立于右。”写出了石头的颜色，观察更为细致。

诗人们写山石更注意推敲用字。时代诗人陈凤梧写百丈崖：“百丈崖高锁翠烟，半空垂下玉龙涎。天晴六月常飞雨，风静三更自奏弦。”不但写出了石美，还写出了水美、声音之美。清代人赵国治写百丈崖：“峭壁谁倾万斛珠，探奇人到但狂呼。空传庐岳千寻练，得与飞涛仿佛无。”玉龙涎是石上飞流，而万斛珠则是石上飞溅的水珠，似乎更有气势。康熙皇帝的《百丈崖》诗最有特色：“悬崖千尺响奔湍，涧道嶒嵘动石澜，仿佛清天有风雨，松阴漠漠逼人寒。”全诗有声有色，有比喻有气势，尤其把山间石头写成奔流的石澜，写动了，写出了活力。

清代诗人周在建写后石坞：“仄蹬泉流滑，轻阴鸟语低。山深无客至，石古有人题。坐爱莲花洞，归云好共栖。”全诗不但意境美，用词用字都十分讲究。另一位文人题后坞：“古洞滋灵液，危岩挂怪松。”字字句句推敲得入神入微，尤其“危岩挂怪松”五个字，抓住了后石坞山石风光的特色。

3. 元好问与《东游记略》

元好问（1190—1257），金元时期著名文学家。其祖为金代贵族，元灭金以后，元好问全家被流放至山东聊城，这期间元好问登临泰山并写下了《东游记略》。

元好问为一代文坛魁首，上承欧阳修“中充实则发为文者辉光”的宗旨，主张“文忌空浮”。《东游记略》从典籍记载谈到州人传闻，以亲眼所见考证历代古迹，语言自然质朴，内容充实厚重，尤其对岩岩亭的记载特别值得一提。

岩岩亭，位于今王母池东侧，曾是泰山人文景观与自然景观结合的典范。文中写道：“（岱岳观）东有岩岩亭，山水自溪磵（涧）而下，就两崖为壁，如香山石楼，上以亭压之。北望天门，屹然如立屏，而浊流出几席下，真太（泰）山绝胜处也。”岩岩亭取意于孔子的“泰山岩岩”之句，其下为中溪之水，其上可眺望南天门，且“就两崖为壁”，“上以亭压之”，巧妙地利用了自然山石景观，成为瞻仰泰山的最佳位置。可惜今天岩岩亭已不复见，若能寻迹重修，使古亭重现雄姿，定为泰山的一大盛事。

元好问还写过泰山五言古诗一首：

泰山天壤间，屹如郁萧台。
厥初造化手，劈此何雄哉。
天门一何高，天险若石阶。
积苏与垒块，分明见九垓。

诗中将泰山山体比作“积苏与垒块”，感叹自然造化“劈此何雄哉”，表现了作者丰富的想象力。

4. 姚鼐与《登泰山记》《游灵岩记》

姚鼐（1731—1815），清代前期著名文学家，桐城派文学首领，古文运动的倡导者。他于乾隆三十九年冬登临泰山，写下了著名的《登泰山记》和《游灵岩记》。

《登泰山记》全文仅500字，却将登山、观景、下山的全过程叙述得一清二楚，将雪后泰山山石景观描绘得生动如画。文笔之简，构思之深，境意之高，堪称散文典范，被公认为旷代绝唱。文章最后写道：“山多石，少土。石苍黑色，多平方，少圆。少杂树，多松，生石罅，皆平顶。”“三多三少”的概括，抓住了泰山的基本特征，非大家手笔不能为之。

在《游灵岩记》中作者写自然山石：“泰山北多巨岩，而灵岩最著。……其状如垒石为城墉，高千余雉，周若环而缺其南面。南侧重嶂蔽之，重溪络之……登则周望万山，殊骛而诡趣，帷张而军行。”文章记述细微，取喻生动，形象地勾画出了灵岩三面为石、一面为远山的景观特征。

5. 赵国麟与《游徂徕山记》

在历代描写泰山山石景观的散文中，值得一提的还有清代赵国麟的《游徂徕山记》。

赵国麟为泰山当地人，康熙年间进士，文渊阁大学士。徂徕山历来被列入泰山志书的岱阳篇，赵国麟的游记情盛意美，洋洋洒洒，对自然山石的描绘尤为精彩。

作者写三岭崮东岭山石：“如人，如兽，如列几筵，如陈簠簋，如建幢，如树帜，肖形赋物，不一而足。东行至一岭，石皆蛙形，俯仰向背，跳跃聚散，大小数百头。”在作者眼里，满山的石头都活了，富有了生命力。作者写隔尘桥山石，“行两山间，奇石络绎，令人应接不暇。将出谷口，西偏一山，自巅及趾，如羊数千头，立者，卧者，跪者，触者，啮者，乳者，舐者，负者，奔者，登者，坠者，大者如羝，小者如羔。予谓征野曰：此君家初平饬余之石也”。作者一忽儿将山石比作群蛙，一忽儿将山石比作群羊，并想象出各种动态，比喻得惟妙惟肖，可谓独出心裁。

（五）状物抒怀——近现代泰山游记佳作

到了近现代，随着交通、传播工具的现代化，泰山文学朝着普及性方面发展。散见于各种报纸、杂志、书籍中的泰山文学作品俯拾皆是。20世纪20年代，北京、上海、济南等地的报纸副刊、文学杂志率先推出了泰山文学白话文作品，开创了泰山文学的新纪元。一批清新易懂、状物抒怀的现代散文、诗歌相继问世，并逐渐成为泰山文学的主流。徐志摩的《泰山日出》便是其中的优秀代表作。

徐志摩（1896—1931），现代著名诗人。《泰山日出》最初发表于《小说月报》14卷，是我国第一篇白话体泰山游记。文中写道："那时候在茫茫的云海中，我独自站在雾霭溟蒙的小岛上，发生了奇异的幻想——我躯体无限地长大，脚下的山峦比例我的身量只是一块拳石；这巨人披着散发，长发在风里像一面黑色的大旗。"作者采用浪漫主义写作方法，将山峰幻化为"溟蒙的小岛"，崖巅变成了"一块拳石"，而自己则成为拳石上的巨人，字里行间洋溢着对人和人力的赞颂，对民族兴旺发达的祷告。作者写日出前的泰山极顶和云海变幻也极为精彩，不仅有浓墨重彩的描绘，而且有贴切新颖的比拟，散文家的笔力和诗人的情怀都得以较好的发挥。

在现代泰山游记中，杨朔的《泰山极顶》以文字流畅，谋篇精巧闻名于世。杨朔（1913—1968），我国著名现代作家，他的《泰山极顶》发表于20世纪50年代末，并一直入选我国大中学校的语文示范教材。

文章开首写道："一路从山脚往上爬，细看山景，我觉得挂在眼前的不是五岳独尊的泰山，却像一幅规模惊人的青绿山水画，从下面倒展开来。最先露出画卷的是山根底那座明代建筑岱宗坊，慢慢地便现出王母池，斗母宫，经石峪……山是一层比一层深，一叠比一叠奇，层层叠叠，不知还会有多深多奇。"文章后半部分又写道："那拱卫在泰山膝盖下的无数小馒头却是徂徕山等许多著名山岭。那黄河和汶河又恰似两条飘舞的彩绸，正有两只看不见的大手在舞着；那连绵不断的大小山岭却又像许多条龙灯，一齐滚舞——整个山河都在欢腾着啊！如果说泰山是一幅徐徐展开的青绿山水画，那么这幅画到现在才完全展开，露出画卷最精彩的部分。"全文紧扣"青绿山水画"的比喻，娓娓道来，前后呼应，浑然一体，显示了作者谋篇布局的扎实功力。

发表于20世纪60年代的《雨中登泰山》以肖物传神的工笔素描深深打动了

万千读者。作者李健吾为当代著名文学家、翻译家，他写泰山石：“别成一格的还有那些石头。古诗人形容泰山，说‘泰山岩岩’，注解人告诉你：岩岩，积石貌。的确这样，山顶越发给你这种感觉。有的石头像莲花瓣，有的像大象头，有的像老人，有的像卧虎，有的错落成桥，有的兀立如柱，有的侧身探海，有的怒目相向。有的什么也不像，黑忽忽的，一动不动，堵住你的去路。”这段描述将万千积石写得活灵活现，为众多评论家所称道。

1961年5月，我国著名文史学家郭沫若登临泰山，写下了著名的“游泰山六首”。先是“望泰山”，又“咏六朝松”，继而“访经石峪”，“对松山遇雨”，最后登上“泰山极顶”，“观日出未遂”。诗中写泰山石“四山有石泉声绝，万里无云日照融”，“危岩森壁垒，盘道上天梯”。在极顶，诗人抒展情怀：“晨曦光晦若，东辟石巍然。摩抚碑无字，回思汉武年。”诗文借石咏怀，抚今忆昔，是现代泰山诗中的佳作。

三、大家风范：古典名著中的泰山石

明清时期，我国文坛结束了诗赋主宰的局面，小说评话日益繁荣。明代初年，先是罗贯中依据历史资料和民间传说创作出《三国演义》，继而施耐庵创作的反映北宋末农民起义题材的小说《水浒传》问世。这两部伟大的长篇小说以其深邃的思想和精湛的艺术屹立在我国文学史上，成为我国封建社会文学的一个新高峰。

到了明代中叶，吴承恩写成了百回本的神话小说《西游记》，标志着我国浪漫主义文学创作进入了新时期。接着，《金瓶梅》《封神演义》《拍案惊奇》等话本小说又先后流行于世。清代中前期，一代文学巨匠曹雪芹的伟大现实主义作品《红楼梦》和杰出的鬼怪小说家蒲松龄的《聊斋志异》先后诞生，我国封建社会文学再次闪烁出灿烂的光芒，并由此萌发出近代民主主义的创作思潮。

特别引人注目的是，在这些优秀的古典名著中几乎都有对泰山和泰山石的描述。这一独特的文学现象，不仅在我国，就是在全世界的名山中也是绝无仅有的。那么，这一文学现象产生的原因何在呢？

其一，文学是生活的画卷。到了明清时代，泰山已成为我国家喻户晓的名山、神山，由泰山而演绎派生出的各种观念渗透进政治、文化、经济生活的广泛领域，这在文学作品中当然会有或多或少的反映。其二，“读万卷书，行万里路”已成为知识分子成家立业的信条之一，凡有成就的文学家几乎都周游过国内的名山大川。史料证明，施耐庵、吴承恩、蒲松龄等文学大师都先后登临过泰山，有的还流连寓居，写下了感时抒怀的诗赋小品。他们了解泰山，熟悉泰山，创作中使用有关素材自然会得心应手。其三，也是最重要的一点。从孔子到司马迁，这些在中国历代文人中享有崇高威望的文史大家都曾描述或喻取过泰山，他们所留下的“重如泰山”“稳如泰山”的思想观念已成为中华文化的有机内涵，且在历代文人的思想观念中根深蒂固，这也会在他们的创作中得到充分的反映。

（一）吴承恩《西游记》与泰山石

吴承恩（1500—1581？）字汝忠，号射阳山人，淮安山阳人。幼年“博极群书，为诗文下笔立成”，尤爱搜集神奇故事传说，“每偷市野言稗史，惧为父师诃夺，私求隐处读之”。他熟知元杂剧《唐三藏西天取经》和民间《西游记平话》，并根据自己的生活经历创作了百回本神话小说《西游记》。

《西游记》通过神话故事间接反映了封建社会的阶级对抗，塑造了孙悟空这样一个叛逆者的英雄形象。然而，《西游记》中的天界仙宫并非也不可能是作者的凭空想象，它来源于贮存在作者头脑中的人间世界和自然山水的素材。曾有学者考证《西游记》开篇描述的孙悟空的诞生地是以江苏连云港云台山为背景的。文章中列举了云台山与《西游记》描述的花果山的相似之处后，这些学者便得出了《西游记》背景素材为云台山的“定论”。其实，无论从文学创作的一般规律，还是从吴承恩的个人经历来看，这种“定论”都是值得商榷的。

我们先将《西游记》中的描述与泰山山石景观做一比较：

> 这部书单表东胜神洲。海外有一国土，名曰傲来国。国近大海，海中有一座名山，唤为花果山……
>
> 那座山正当顶上，有一块仙石。因见风化作一个石猴
>
> ——《西游记》第一回

众所周知，自秦汉以来泰山即被称为“东岳”“东天一柱”，而今天的泰安

图26　傲来峰猴子石

历来被称为神州。从历史文化角度来看，“东胜神州”更可能指的是东岳泰山一带。而无论过去和现在，连云港都没有过“东胜神州”之称。其二，从秦始皇到汉武帝都是经由泰山封禅后，再去东海寻求神仙长生不老之术。在人们的心目中，东岳泰山与东海是紧密联系在一起的，这就为“国近大海”和“海中名山”的构思提供了素材。可见，从大的方位与环境角度分析，泰山比云台山更贴近书中的描述。

更令人惊讶的是，在明代以前泰山就有“傲来山”之称。明代《岱史》载：“傲来山在岳顶西南，其石巑岏矗矗。”今天，傲来峰仍是泰山西南麓的一大名胜，而连云港云台山一带从无“傲来”之名。可见，明代中期的吴承恩所借鉴的只能是泰山的“傲来”之名。同时，如今在傲来山南仍有形似猴子的巨石，当地山民称之为“猴子石”，这与书中“傲来国”“花果山”“猴子石”的描述也是一致的。

再看《西游记》第58回的描述：

> ……灵吉笑道：“那妇人唤名罗刹女，又叫做铁扇公主。他的那芭蕉扇本是昆仑山后，自混沌开辟以来，天地产成一个灵宝，乃太阴之精叶，故能易火气。假若搧着人，要飘八万四千里，方息阴风。我这山到火焰山，只有五万余里……”

图27　傲来峰西火焰山

图28　火焰山魔王洞

且不说不少学者认为昆仑山就是泰山的古称，在泰山西南麓确实还有“扇子崖”和“火焰山”。《泰山道里记》载“扇子崖倾崎如摺扇”，它位于傲来峰之东，拔地而起，蔚为壮观，这不正是铁扇公主的那柄能大能小的宝扇吗？扇子崖之西恰好有一座火焰山，《岱览》描述过它的外貌：“火焰山，赤若秃，熏若柴栖。”《泰山道里记》也记载：“扇子崖西北二里为火焰山，一峰黑飙特异。”这与《西游记》中对火焰山的描述十分相近。泰山火焰山下还有魔王洞，《岱览》载：“（火焰山）南崖有洞，洞颇幽邃……俗称魔王洞。”这与《西游记》中的牛魔王洞又何其相似。

现代地质科学对泰山扇子崖、火焰山外貌的形成做出了科学的解释与说明，但这些奇特的地貌在古人那里却是不解之谜，并会由此进行各种各样的猜测与想象。假如《西游记》的作者吴承恩来到过泰山，目睹了傲来峰、猴子石、火焰山、扇子崖、魔王洞等，这些名胜理所当然地会成为他构思《西游记》的自然素材。

那么，吴承恩到过泰山吗？答案也是肯定的。吴承恩年轻时代曾数次到北京应考岁贡生，从他的家乡淮安去北京，泰山是必经之路，对于一个“博极奇书”，极爱搜奇猎怪的人来说，他极可能不止一次到泰山，并进行过较详细的实地考察。在他的《射阳先生存稿》中还收入了一首泰山诗：“日出沧海东，精光射天地。俄而忽西掷，似是海神戏。羲和鞭六龙，能躯不能戏。劳劳彼夸父，奔走更何意。余自尘世人，痴心小世尘。朝登众山顶，聊复饮其气。”吴承恩登上了泰山极顶，没有慷慨壮歌，而是感时伤怀，这与他不满时政的思想倾向是一致的。从诗中还可以看出，此时吴承恩已将泰山、东海、海神、六龙等维系构思在一起了，而这些在《西游记》中都有反映。

从以上论证中，我们至少可以得出这样的结论：《西游记》中许多山石地貌及情节的描述，是作者观览泰山傲来峰、猴子石及火焰山、魔王洞、扇子崖后，再加工改造、构思联想而成的。但其中并不排除对其他山川自然山石形貌的借鉴，我们相信它是作者调动其一生经历素材，经过综合加工、艺术升华的产物。《西游记》与泰山山石有不解之缘。

（二）蒲松龄《聊斋志异》与泰山石

蒲松龄（1640—1715），号柳泉居士，山东淄川人，我国著名鬼怪小说家。他终生郁郁不得志，感愤仕途艰难社会黑暗，数十年间写成短篇小说集《聊斋志异》，谈狐说怪，讥刺时弊，构思新奇，风格独特，被誉为“世界短篇小说”之王。

康熙十二年，蒲松龄由江苏宝应辞幕返回山东，登临泰山，对泰山山石景观、风土人情做了细致考察，为《聊斋志异》的创作积累了大量素材。他在《登岱行》中写道：“兜舆迢迢入翠微，往来白云荡胸飞，白云直上接天界，山巅又出白云外。黄河泡影摇天门，千峰万峰列儿孙……顷刻朝暾上山嘴，山头翠碧连山尾。及至山下雨新晴，归途半踏蹄涔水。回首青嶂倚天开，始知适自日边来。”

在《聊斋志异》中，蒲松龄将泰山石作为正义力量的化身融进了小说故事情节。在《长亭》篇中，他讲述了一个为民驱妖捉邪、治病救人的好汉，经历磨难与考验，终与美丽善良的狐女结为夫妻的故事。这位坚韧不拔的好汉“石太璞，泰山人，好厌禳之术”，璞是玉石的一种，而太璞作为泰山石的人格化，象征着坚强、正义与力量，与民间流传的泰山石敢当人物十分相近。在蒲松龄眼里泰山石太璞是美好与正义的化身。

《聊斋志异》卷六《云翠仙》篇中：一个酗酒赌徒在泰山上骗娶勤劳贤淑的翠仙为妻后，又口是心非，采取欺骗手段欲将妻子卖作妓女。当他随翠仙来到岳丈家，夜宿华楼后，竟然“并无屋宇，身坐削壁上”，此刻的赌徒“身稍移，塌然一声，随石崩坠”，跌入泰山万丈崖谷之中。在蒲松龄笔下，是泰山的山神石怪惩罚了这个无赖。后人评价蒲松龄：“借鬼怪之形，讥腐败黑暗，假神妖之手，惩世之丑恶。”这是十分准确的。

（三）《水浒传》《金瓶梅》《老残游记》《三国演义》等与泰山石

《水浒传》所记叙的宋代农民起义，是以八百里水泊梁山为根据地的。梁山泊在泰山西北不到100公里，书中许多情节都与泰山、泰安州有关。第74回“燕青智扑擎天柱，李逵寿张乔坐衙”中，详细描述了泰安州城的风土人情和东岳庙会五行八作的热闹情形。书中写泰山“山镇乾坤，为山岳之至尊，乃万神之领神。山头伏槛，直望弱水蓬莱；绝顶攀松，尽都是密云薄雾”。这是一般说书人的书首赞语，曲艺文学中称为赞赋，语言通俗易懂，朗朗上口。曲艺赞赋在明代相当流行，它是民间艺人们的一大发明，后被评话小说创作所吸收。

被称为“天下第一奇书”的《金瓶梅》，在中国和世界文学史上都占有重要位置。书中不少情节、人物都与泰山有关，第84回《吴月娘大闹碧霞宫》写吴月娘到泰山极顶进香还愿，在碧霞祠受人欺辱愤而下山的故事。书中写泰山“端的是天下第一名山，根盘地脚，顶接天心，居齐鲁之邦，有岩岩之气象”。这部伟大的写实小说中所叙述的故事，反映了泰山道教到明代已失去其昔日的虔诚与尊严。

清代末年刘鹗的《老残游记》主要写老残在山东各地的见闻，其续集一至六回主要写老残漫游泰山的历程，文中对泰山上下的风景名胜、寺观道尼进行了细致入微的描写，并塑造了一个秀美聪慧的妙尼逸云的形象，该书是历代小说中写泰山风情最详也最真实的一部。第5回中，老残及德夫人一行到达极顶大观峰下，“再往西走，见一个山峰，仿佛劈开的半个馒头，正面磨出几丈长一块平面，刻了许多八分书”。这段对大观峰摩崖的描述形象朴实，体现了刘鹗的语言风格。

此外，《三国演义》第45回、119回，《拍案惊奇》第33卷，《儿女英雄传》第6回中，都曾涉及对泰山的描述，或以泰山作为借代形容，兹不一一赘述。

四、大众心声：美丽的石头传说

在泰山前麓，绿树掩映的普照寺南，崎岖山道的西侧，有一块看上去很不起眼的石头。当地百姓传说，在很久以前有3位99岁的老人来到这里谈论长寿之道。第一位老人说："我能活到九十九是因为饭后百步走！"第二位老人说："我是吃饭留一口！"第三位老人说："我是媳妇长得丑！"三位老人说罢，相互会意地哈哈大笑起来，笑得坐在地上，化作不老的青石。这就是著名的三笑石的民间传说。

如今到泰山普照寺游览的人总要在三笑石前驻足观览，谈笑品评，然后拍照留影离去。一块不起眼的石头成为泰山前麓的一大名胜，并被传播到五洲四海，原因何在？在于这普通的石头被赋予了生命的意义，有了较深的文化内涵。人们到此不仅是为了观赏它的外形，还为了领略它那诙谐而富有哲理的文化意境。一块普通的石头被赋予石文化内涵后，就有了诱人的魅力和奇异的风采。

图29　普照寺三笑石

泰山上下，一石一木，一碑一碣，莫不萦系着美丽动人的故事传说，中国民间文学研究所和中国民间文学研究会山东分会曾对这些故事传说进行了初步发掘整理，共搜集到各类传说故事200余则，而其中有关石头的故事传说达110余则。这些故事传说是祖国历史文化库藏中的瑰宝，也是泰山石文化的重要组成部分。

泰山石的故事传说大都反映了劳动人民的心愿，寄托着他们的爱与憎。其内容多为对山石景观来历的演绎，对风土民情的解释和对正义与善良的讴歌。语言纯朴自然，故事简明生动，展示了民间文学固有的口头性、传承性和变异性规律。

（一）泰山石头传说的分类

按照我国民间文学的分类方法，并根据泰山石头传说的内容特征，我们将已搜集到的110则传说分为石头神话、石头民间故事、石头风物掌故和农民起义遗址传说四类，兹分类论述如下：

1. 石头神话

泰山石的神话传说大都以较著名的山石景观为题材，如探海石和黑虎神的传说，仙人桥与八仙的传说，扇子崖与孙悟空的传说等。这类传说大多都洋溢着劳动人民对泰山山石崇敬与热爱的情感，展示了劳动人民丰富的想象力，其中较少历史的糟粕与不健康的思想倾向。如我们搜集到的一则关于探海石的神话传说（文以方言呈现）：

日观峰上有个探海石，在那里伸伸着探向东海。这探海石原是探海神针。

原来中天门有座二虎庙，二虎庙里有黑虎神，整天价山上山下各处巡逻，看哪儿出妖气，就使一根十八节钢鞭“当当当”地抡下去。

有一天东海妖怪朝泰山放妖气，山上山下那个黑雾呀，伸手不见五指。咋办呢？黑虎神抡动十八节钢鞭，朝海里几下子就把妖气抡没了，山上也晴了。可黑虎神用劲太猛，一下子把探海神针抡断了一截，往回一收带到泰山顶上。日子久了，就成了探海石。

讲述人：泰安市郊区麻塔李树发

探海石是泰山最著名的景观名胜之一，在劳动人民心目中它是神圣的。这样一个凌空而起的巨大山石是怎样形成的呢？直到现代地质学问世以前，人民群众不可能做出科学的解释，便借助于神的力量来解释它的形成。人们站在日观峰眺望东海日出，由东海想到了龙王的探海神针，于是一个美丽的神话故事就形成了。这个故事增加了探海石的神圣感，反映了人民群众对泰山的敬仰与虔诚。

2. 石头民间故事

石头民间故事大多以泰山山石为载体展开情节，或是对忠贞不渝的爱情的歌颂，或是对勤劳善良贤淑的赞扬，或是对贪官污吏的鞭笞与讥讽，或者是表现人民群众对战胜自然灾害的渴望。在110则泰山石头传说中，民间故事有40余则，如望夫山的故事、丈人峰的故事、朗公石的故事、乌龟石的故事等。这些故事中的泰山山石有些是虚构的，其情节变异性也较大，但一般故事线索明朗，结构也较为完整。如望夫山的故事：

> 泰山有座望夫山，不是月观峰那边的望府山，望府是望济南府。那一年四月初八东岳庙会，有刚结婚的小两口来泰山进香。在对松山盘道上碰见了一朝里大官的儿子，看见新媳妇长得漂亮，就调戏她。那男的一阻拦，被差役们推到山沟里摔死了。
>
> 大官的儿子带着新媳妇到了山顶，就要拜堂成亲。新媳妇说："要俺成亲，得叫我再看一眼俺男人。"大官的儿子就答应了。这媳妇走上一个山头，从那里能看见对松山。她趁差役们不注意，一下子跳下悬崖。后来，那山头就成了望夫山。有的说在瞻鲁台那边，有的说在碧霞祠那边，谁知道呢？
>
> 讲述人：泰安市郊区满庄张建明

这个故事很显然是在下层百姓中流传的，望夫山不过是讲故事的人用来作为缘由的。故事中既有对封建官吏衙内公子的抨击，又有对人民群众忠贞爱情的歌颂，主题鲜明，表达了人民群众对封建官僚阶级的憎恨。

但在这类民间故事中也有一些宣扬三纲五常或封建迷信的糟粕，如接驾石的传说中将飞来石附会为迎接宋真宗的接驾石，万丈碑的传说中将朱元璋说成金口玉言，等等。这是需要后人去粗存精，剔除糟粕，进行加工整理的。

3. 石头风物掌故

此类传说大多是对泰山奇石怪岩的说明与附会，如斩云剑的传说、三笑石的传说、红门石的传说、西天门的传说等。劳动人民以泰山上下的奇石怪岩为缘由，编出一则又一则掌故传说，表现了丰富的想象力和创造力。如斩云剑的掌故传说：

> 中天门上头有块大石头，样子像把宝剑，叫斩云剑。从前一伙穷人上山采药，采灵芝草、茯苓、黄精什么的，越采越多，谁都忘了看天。突然山上乌云翻滚，天黑得伸手不见五指，大风刮得人站不住脚，又下起了大雨，有人摔到了悬崖下。
>
> 这时一位年轻的樵夫赶上来，他先让大家都别慌。樵夫知道是风妖在作怪，就站在山坡上大喝一声：“风妖快走！”说着拿斧头朝一块黑云扔过去。谁知道这一下子风停了，天也晴了，大伙得救了。可樵夫因为得罪了风妖和山神，站在山坡上变成了一块大石头，这就是斩云剑。
>
> 以后山上的风雨再不敢过斩云剑了。
>
> 讲述人：泰安市郊区大津口王大栓

斩云剑是位于中天门之北谷口的一块巨石，由于高度的差异和地势的原因，常常出现石北下雨石南晴，或石上大风石下无风的特殊气象现象。聪明的民间故事家们根据这一现象，将斩云剑石解释为英雄泰山樵夫的化身，热情讴歌了见义勇为、舍己救人的大无畏精神。由于这些风物掌故以形状独特的山石为载体，看得见摸得着，具有较强的潜移默化的教育作用。同时，这些山石多集中在登山盘道两侧，有关山石风物的传说增加了游人的观赏情趣，成为泰山重要的旅游文化资源。

4. 农民起义遗址传说

有关农民起义遗址的传说大多是以真实历史事件为基础，经由民间故事家加工而形成的。

泰山地区曾是东汉末年绿林赤眉起义军、唐朝末年黄巢起义军、金代中期渠魁起义军、明代末期孙化亭起义军的根据地或战场。义军战士们在此揭竿而起，占山为王，安营扎寨，对抗官府的进剿，在扇子崖、青崖山、龙角山等处留下了许多营寨遗址，并在此基础上形成了许多生动感人的故事传说。如扇子崖虎皮岩的故事：

扇子崖下的青桐涧有一处虎皮岩，颜色五彩六色的，像虎皮。当年赤眉军在扇子崖扎大营对抗官军，青桐涧是后寨，抢来的金银财宝就放在虎皮岩那儿。

后来义军被打散了，有个地主就占了这片山林。这个地主很坏，给他放羊的小孩一天只能吃一顿饭。一天，小孩放羊到了虎皮岩，看见石缝里朝外淌钱，就接了一袋子回家，不再给地主放羊。

谁知地主听说了，逼着小孩领路找到虎皮岩，果然看见朝外淌钱，忙不迭地也接了一大袋子扛回家。谁知到家打开口袋一看，铜钱都成了石头渣子。

讲述人：泰安市泰山区迎胜村刘立民

义军失败以后，他们的在天之灵还在救济穷人，惩罚地主老财，这当然是人们的美好想象。故事表达了人民大众“善恶有报”的意愿，也流露出对义军战士们的深深怀念。

（二）泰山石头传说的变异

鲁迅先生在评价民间文学作品时曾说过：“乡民们的本领不亚于大文豪。”从上述例举分析中可以看出泰山石头传说是一定历史条件下，人民大众生活和思想的真实反映，这些神话、故事、掌故与传说都包含着人民的寄托与希望。其中有精华也有糟粕，但“每个时代都不能改变它的本质”（恩格斯《德国的民间故事书》《马克思恩格斯论艺术》），我们只有用历史唯物主义的态度对待它们，才能拂去历史的尘埃，使它们大放异彩。

对民间文学的发掘整理要坚持历史唯物主义态度，一是要遵守民间文学口头性规律，保持群众语言特色，二是要遵守民间文学传承性规律，从民间发掘，有话则长，无话则短，严戒人为的编造杜撰。应当指出，在当前泰山民间文学的整理中，有些作者不是深入民间发掘整理，而是闭门造车，将自己杜撰的故事冠以“民间文学”的桂冠，这是很不严肃的。

依照“全面搜集，慎重整理”的原则，我们还发现民间对同一泰山山石的传说却大不一样，这就是民间文学的变异性表现。如三笑石的传说，除“三位老人谈长寿”型外，还有“三挚友同笑”型和“碧霞元君救民女”型两种。

“三挚友同笑”故事为：

崇恩坐泰安府时，有两个好朋友。一个是普照寺的和尚玉梅，辞官不做当了和尚，送客从不出云门石“尘界”。一个是泰安城里的名士陈三邪，画白菜蝈蝈出了名。

一天崇恩约陈三邪到普照寺去找玉梅和尚聊天，拉得很投脾气。吃完饭玉梅和尚送他俩，路上还在拉，不知不觉出了云门石，过了尘界。崇恩说：“玉梅这次可破例出了云门，染上红尘啦！”玉梅一看果然出了云门，到了三笑石那儿，三个都笑起来了。

讲述人：泰城府前胡同安洪文

“碧霞元君救民女”故事为：

从前有大汶口街上的闺女去普照寺还愿，这闺女是汶口街上出名的俊妮。在云门外碰见一县太爷，一看这闺女恁水灵，就要调戏她。这时一位白发老太太拦住了县官，说：“你笑三声，路边这块石头要动，就把人带去。我笑三声，石头要不动，人也让你带去。”县官一听，一个老婆子能有多大本事，就答应了。

县官先笑了三声，吃奶的劲都使出来了，石头纹丝没动。那老太太笑时，头一声树叶响，第二声巨石摇晃，第三声石头朝县官砸过来。那县官一看赶忙跑了。这就是“三笑石”，那老太太是碧霞元君的化身。

讲述人：大汶口镇侯广杰

民间传说故事发生变异的原因，一是流传地域不同，二是流传时间不一样，上述三笑石的三个不同故事就很具有典型性。从流传地域看，“三老人谈长寿”型流传地区较广，“三挚友同笑”型流传在泰安城内市民阶层，“碧霞元君救民女”型则流传在大汶口及泰安郊区农民群众中。从流传时间讲，崇恩与陈三邪、玉梅和尚都是清代初期人，“三挚友同笑”的故事只能产生在清代以后。“碧霞元君救民女”的故事应在宋真宗封禅泰山以后，而“三老人谈长寿”的故事则极可能流传于普照寺建立之后。

以上可见，泰山石头传说作为泰山民间文学的重要组成部分，是祖国传统文化的宝贵财富，对它的深入整理与研究有助于我们探讨民间文学的普遍规律与特点。

第五章
源远流长的石头艺术

一、寿非金匹：从石珠项链说到青山摩崖

人类童年的艺术是由石头萌发的。

考古发掘证明，早在一百多万年前，我国元谋猿人就能将自然界的石块打制成简单的具有线条的砍削器。到了距今四五十万年前的北京周口店人时期，石器已有了单刃、复刃、背面平直等不同类型，器形有了平圆、尖长、锤状的区别。那时，人类最早的艺术创造意识便萌芽了。

到了距今二三万年前的旧石器时代晚期，北京山顶洞人已将在河滩里拣回的细石或磨制的石珠钻上圆孔，穿成串，戴在脖子上作为装饰物，这就是人类最早的项链了。有些山顶洞人还采集天然赤矿石粉将项链染成红色，人类审美进入了一个新的档次。这是人类在与自然界做斗争的活动中产生的真正意义上的审美艺术。

时光流转到五千年前的新石器时代，大汶口人将石器钻孔技术推广到各种石头工具与器皿上，并将这些石器磨光，使其不仅锋利实用，而且洁润美观。大汶口人还发现了黑石、碧玉、玛瑙等，将其磨制为佩件、首饰等，造型淳朴稚拙，体现了人类童年的天真烂漫风格。于是纯观赏性的石头工艺品最后与石头工具分离，这是人类艺术史上第一次伟大的变革。

在描述史前人类的这段历史时，马克思曾指出："动物只生产自身，而人则生产整个世界……动物只是按照它们所属的那个种的尺度和需要来创造，而人却懂得按照任何一个种的尺度进行生产，并懂得怎样处处把内在尺度运用到对象上去。因此，人是按美的规律来创造。"（《1844年经济学哲学手稿》《马克思恩格斯全集》第42卷）只有人类才能在生产劳动中萌发艺术创造意识，才能

时时将美的原则贯穿于生产生活之中，并将其从生产活动中分离出来成为艺术。在艺术长河的源头，我们看到的正是这种情形。

人类进入奴隶社会之后，青铜器曾一度成为主要的生产生活用具。但由于石头本身所具有的坚固、廉价等特点，石雕在宫廷装饰、墓地陈设中得以广泛流行。在河南安阳殷商遗址曾出土了石虎、石鹗、石牛头、石蜻蜓和石人等，或张牙露齿，或双爪着地，或跃跃欲跳，刀法洗练，形象逼真，风格简明淳朴。

随着社会生产力的提高，玉石器雕刻在奴隶社会得到广泛发展。奴隶主为满足奢侈生活的需要制作了规格齐全的圭、璋、璜、琮等礼器，和便于佩带的鱼、蚕、鸟、兔、鹰、猴、马、龙等观赏器，这些礼器、观赏器，雕刻精美，造型富于变化。殷墟中还出土过一件“虎纹大石磬”，加工者巧妙地利用石头的天然形状，将其刻凿为卧虎形象，并配以精美的画纹。该石块本身还能发出悦耳的声响，且击打部位不同，音色音阶则不同。早在四千多年前，作为礼乐器的石磬的出现，表明了我国石头加工艺术水平的提高。同时，大石磬还在世界音乐史上树起了一座重要的里程碑。

商周时代已出现了专门从事玉石加工的工匠，被称作“玉人”，玉人大多附属于宫廷或奴隶主贵族，世代相袭，没有人身自由。这一社会职业的出现使得玉石雕刻艺术朝专业化方向前进了一步，并为玉石雕刻艺术的发展提供了技术积累和社会基础。这正如恩格斯在评价古典希腊艺术时所说：“只有奴隶制才使农业和工业之间的更大规模的分工成为可能，从而为古代文化的繁荣，即为希腊文化创造了条件。”（《反杜林论》《马克思恩格斯选集》第3卷）艺术家的出现正是人类由野蛮进入文明的其中一个时代标志。

秦汉时代奴隶制逐渐瓦解崩溃，残酷的人殉之风得以停滞，而满足贵族精神生活需要的墓地石雕和墓室画石艺术却应运而生。秦汉时，贵族官吏墓地上石人、石马、石兽、石阙等石头雕刻艺术品，造型之硕大，组合之雄伟，是令人惊叹的。至今仍能看到的汉代名将霍去病墓前“马踏匈奴”石像，代表了这一时期石头艺术的辉煌成就。“马踏匈奴”石像主体是一匹气态轩昂的战马，马下匈奴侵略者被踏在地上，周围辅以象征塞北风光的卧羊、卧牛、野兽食羊等石雕，使得整组石雕主题鲜明，造型丰满，内涵深邃。不仅成为精美的艺术绝品，还是一曲大气磅礴的英雄赞歌。霍去病墓前石雕群所采取的比拟象征艺术手法，开创了我国纪念碑式浪漫主义雕塑的先河。

汉代墓室石阙画像之风曾风行一时。《说石》载："大抵汉代极重鬼神，墓有碑而祠有室，而室壁则盛张画本，鱼龙禽兽，牛鬼蛇神，以及古代圣贤之遗事。墓主生年皆为其图绘之材料，又见其雕琢之工细，人物之描写，实艺术及考古之重要取资也。"汉画石像至今存留的尚有数千处之多，仅山东境内即达1000多石，著名的有嘉祥武梁祠、肥城郭氏祠、沂南石墓画像等，内容有神话传说、历史故事、山川人物、动物花卉等。线条刚健流利，作风厚重淳朴。

此间，民间已有了著名的石头雕刻家。北京石景山曾出土过汉代幽州书佐秦君石阙，其侧刻有"鲁工石巨宜"字样，"鲁工"即鲁国工匠，"石巨宜"为工匠姓氏。郭沫若曾指出："我们应把石巨宜肯定为1世纪、2世纪之交的名雕刻家，撰述中国美术史的人，请特别注意。秦君石阙的柱形、纹饰、文字、雕刻等，都具有相当高度的艺术性。"这一分析肯定了汉代著名石头雕刻家的地位，似乎还可窥见汉代山东地区石头雕刻艺术的领先水平。

魏晋南北朝时期创造了华夏石窟艺术的辉煌高峰。随着佛教的传入和流行，佛教文化艺术也与之俱来，在与华夏文化艺术的相激相荡、相容相纳中，印度石雕艺术风格逐渐为魏晋南北朝时期的艺术家们所吸收。现存这一时期的120余处石窟中，造像雕刻逐步摆脱汉代雄浑淳朴的风格，而趋于热带地区形成的清秀洒脱之风。著名的云冈石窟、龙门石窟、麦积山石窟、敦煌莫高窟等，几乎全为佛教人物故事。初期人物造型额部宽广，鼻梁高隆，薄唇卷发，后期人物逐渐穿上华夏衣袍，面孔特征也逐渐中国化。这一变化反映了魏晋南北朝时期的艺术家们勇于吸收外来文化，而又不断融会贯通为我所用的心胸与气魄。富有时代精神的"秀骨清像"在这一时期盛行一时，并创造出灿烂的艺术成果，而其原始的推动力皆在于中印文化的融会与合璧。

隋唐时代强盛的国力为艺术的繁荣提供了坚实的基础。在石窟造像方面，隋及初唐时期已由"秀骨清像"向丰满活力转化，到了唐代中期已完成这一转化。龙门石窟里的"卢舍那佛"像是体现丰腴风格的杰出代表之作，佛像高17.4米，线条典庄丰满，气度安详娴雅，表情妩媚自信，代表了我国石窟造像的最高成就。

这一时期的立体浮雕也有了突破性的发展。著名的《昭陵六骏》体现了盛唐饱满瑰丽、生机勃勃的艺术风格。昭陵是一代英主李世民的陵墓，六骏取材于李世民东征西战开创大业时乘骑的六匹战马。石雕为长方高园浮刻，六骏形态各异，或奔驰嘶鸣，或驻足昂首，姿态健美，稳健勇猛，活灵活现。帝国主义者曾丧心病狂地将六骏打碎，两匹偷运到国外，现存美国费城大学博物馆。另四匹偷运未成，现存陕西省博物馆。此外唐乾陵的天马、石狮、朱雀等也是盛唐石雕的杰出代表。

金碧珲煌的摩崖石刻是唐代石头艺术的另一杰作。现存的泰山大观峰唐摩崖，高13.3米，宽5.7米，刻有唐玄宗《纪泰山铭》1000余字，皆八分书，巨制恢宏，蔚为大观。

艺术是时代精神的体现。唐代石雕艺术所表现出的丰满瑰丽与辉煌生机，折射出盛唐社会的繁荣兴旺与唐代人的创造力和自信心。

宋元时代，中原大地处于频繁的战乱之中，政治经济远没有唐代稳定繁荣，气势博大的石窟造像与立体雕刻基本停止。北方地区存留的石雕造像也大多粗糙阴晦，失去了汉唐时代的力度与气势。然而，由于上层统治阶级的日益奢侈，两宋时期小巧玉石雕刻却得以长足发展。在北宋王朝的宫廷里设有玉院，专门为皇家贵族加工制作诸如小佩件、首饰、笛管、杖头之类的小型高档玉器。据史料记载，当时著名的“巧色玉”利用自然石不同色泽，经过精心布局雕琢，便成为惟妙惟肖的仕女形象。其玉石白色为人面，黑色为人发，曲线为衣纹，浑然天成，为当时天下一绝。

宋元时期民间涌现出了一批以雕刻谋生的艺人，这些艺人或精雕美石，或工于碑文，或擅长砚台印章，成为时尚绝技。《闻见前录》曾记述过宋代这样一位长安雕刻艺人：

> 长安百姓常安民，以镌字为业，多收隋唐铭志墨本，亦能篆教其子以儒学。
>
> 崇宁初，蔡京蔡卞为元祐奸党，借上皇亲书，刻石于文德殿门，又立于天下州治厅事。
>
> 长安当立碑，召安民刊字，民辞曰：“民愚人，不知朝廷立碑之意。但元祐大臣如司马相公者，天下称其正直，今谓之奸邪，民不忍镌也。”府官怒，欲罪之，民曰：“被役不敢辞，乞不刻妾民镌字于碑，恐后世并为罪也。”呜呼，安民者，一工匠耳，尚知邪正，畏过恶，贤于士大夫远矣。

这位名叫“常安民”的镌刻艺人，不仅工于雕镌，且能“篆教其子以儒学”，甚至还对朝廷政事有了自己坚定的看法。这个故事说明，宋代镌刻艺人已具有了较高的文化素养。《挥尘三录》载：“（宋代崇宁间）九江有碑工李仲宁，刻字甚工，黄太史题其居曰琢玉坊。”朝内太史公亲为一碑工题写居额，又说明当时镌刻艺人已有了一定的社会地位。

宋元时期的佛僧中也出现了一些能工巧匠，据载：“宋僧妙应，俗姓童氏，妙于刻石。淳熙中，居龙兴寺，尝模庐山王瀚须菩提像于寺中，其阴作无台五百尊者，笔法奇古。又于虎丘作石观音像，亦佳。”（《古今图书集成·考工典》）庐山寺庙中的菩提像为王瀚须所雕镌，苏州虎丘的石观音为妙应僧所作，这在宋代都是小有名气的佛家石工匠。

元代《经世大典》载：“夫石之为物，其理粗其质坚，故琢磨之，工倍于玉。而我朝攻石之工，制以花卉鸟兽之像，做为器用，则务极其精巧云。”元代人崇尚石制器皿，且雕刻极其精美，元人陈旅曾写过一首《赠莱州石工》诗：“落星犹带天河湿，绝胜丹丘鬼血腥，琢作大樽休载酒，莱山柏露照人青。”（《古今图书集成·考工典》）诗中描绘了莱州的美石，也赞扬了莱州石工绝伦的雕镌技巧。

明清时期，石头雕镌艺术进一步走向民间。民间住宅石雕如石狮、拴马石柱、石槽、石兽头、石流水等，广泛流行开来。这些民间石雕艺术品刀法约简，线条流畅，表现出独具一格的审美情趣。另一方面，碑碣石刻、陵墓石雕也有了新的发展，较著名的如明孝陵神道的石马石狮、石头文臣武将、骆驼麒麟，长陵的石阙华表、石兽石人等，其风格上继承了汉唐时期丰满圆润、气势博大的流韵，反映出明及清前期政治的相对稳定与国力的再度强盛。

这一时期著名的石头雕刻艺人层出不穷。如太仓州“有陆子刚者用刀雕刻，遂擅绝。今所遗玉簪，价一枝值五六十金，子刚死，技亦不传”（《太仓州志》）。吴县有“顾圣之，字德粼”，“父顾道人，工于制砚，人称圣之为小道人。所制砚皆仿古式，朴雅好玩。尝谓人曰，刀法于整齐处易工，于不整齐处，理难明也”。《苏州府志》曾记载过明末石刻艺人马士鲤的一段轶事：

马士鲤，字云达，吴县人。精石刻，四方公私所书碑碣，多出其手。赋性豪迈，敦行谊，与人谈忠孝事辄孜孜不倦。

天启间，吴下争为魏珰建祠立碑，刻文必欲得名手。时毛一鹭为巡抚，檄府县敕士鲤镌刻，士鲤知而宵遁。匿知于浙右，当事亦莫可如何。

继而经事魏大中被逮过吴门，周吏部顺昌欲以女字其孙，仓卒无媒，士鲤曰："非我莫之为也。"遂通两姓之好。后大中考掠坐狱，士鲤四方奔募，悉以所得归其子输纳。其洁身自好如此。

这段记载将一位技艺高绝而又见义勇为的石刻艺人的形象刻画得生动鲜明。它反映了明末包括城市艺人在内的市民阶层，正在政治生活中发挥出越来越大的作用。

明清时期石头雕刻艺术发展的另一趋势是名山摩崖显著增多。至今仍可看到，上至帝王将相，下至文人墨客，在我国各处名山留下了难以计数的摩崖刻石，仅泰山明清摩崖刻石就达上千处之多。摩崖刻石的内容也由过去的刻石记功、朝山拜神等，转为歌山唱水、抒展情怀，其中有许多内容及雕刻俱佳的上乘之作，在我国书法、文学及雕刻艺术史上均占有重要位置。

以上可见，中华石头艺术的长河源远流长。史前艺术的稚拙烂漫，秦汉艺术的雄奇浑厚，隋唐艺术的瑰丽饱满，宋元艺术的玲珑乖巧，明清艺术的典雅绚丽，都在这长河中卷起层层耀眼的浪花。石头艺术历经数千年而不衰，与青铜器、铁器、木器雕刻相比较，显现了顽强的生命力。原因何在？

清代学者龚自珍说出了其中的奥秘："石在天地间，寿非金匹也。其材巨形丰，其徙也难。则寿侔于金者有之，古人所以舍金而刻石也与？"（《龚自珍全集》第八辑，中华书局版）很显然，无论帝王将相，还是平民百姓，都希望有关自己的石刻石雕能长留天地之间，而石头则以质地坚硬、耐腐蚀抗风雨等特点优于其他材料。石刻石雕一般形体巨大，不易被破坏、迁徙。而摩崖石刻依于巍巍青山，更是青山常在，石刻常在。

再者，山石取之于山野，资源丰富，价格低廉，且较其他材料易于采取加工，造型条件简单易行，这也是石头艺术流传久远的原因之一。

二、名山之最：天然的石头艺术博览馆

泰山是一座天然的中华石头艺术博览馆。

上下五千年，皇家的告祭摩崖，贵族的纪事勒石，文人的刻石吟唱，百姓的朝山香碑，平添了大山的几多威严、几多风流。纵横数百平方公里内，峰巅溪畔，盘道尽头，那高大的石坊、巍峨的亭阁、飞跨的石桥，涂抹了大山的万千情趣、万千风采；密林深处，山道尽头，那斑驳的浮图、神秘的经幢、无言的大佛、古怪的投龙，又使大山披上了道家的超逸、佛家的轮回、儒家的醇厚、杂家的思索。

据初步统计，泰山上下现存历代摩崖石刻1200余处，碑碣经幢1100余处，坊亭桥阁130余座，石像栏础、岩画神龛等60余处，既有恢宏巨制，又有方寸之作，其年代之久远，数量之浩大，风格之多奇，均列国内名山之最。

（一）粗犷朴拙的坊亭桥池

造型各异的石坊、石亭、石桥、石池等是泰山人文景观的重要组成部分。这一类石头建筑大多以泰山花岗石为材料，风格粗犷古朴，没有江南建筑的小巧玲珑，也没有宫廷建筑的富丽堂皇，而是以古朴见典雅，以粗犷见自然。从选址布局上看，这些坊亭桥池或跨道而建，或临溪而立，或半山悬挂，或高耸崖巅，大多是因山就势，以一坊一亭之建将周围景观巧妙地联为一体，组合成面，融于自然。泰山石头建筑是我国北方建筑艺术的典范之作。

1. 石坊：道长坊美，匠心组合

泰山的石坊建筑主要分布在从遥参亭、岱庙，经红门、中天门到南天门漫长的中路登山盘道线上。自下而上有遥参坊、岱庙坊、岱宗坊、白鹤泉坊、红门石坊群、回马岭坊、中天门坊、升仙坊、天街坊、北天门坊等。另外岱阴有灵岩胜景坊、龙门坊等。泰山的石坊多为明清时代的建筑，其中艺术价值较高的有岱庙石坊和红门石坊群。

图30　岱庙石坊

图31　岱庙石坊局部

岱庙石坊建于清代康熙十一年（1672），山东巡抚及布政司使立建。石坊位于岱庙正阳门外，高12米，宽9.8米，进深3米。三门三架，四柱重梁。坊顶为九脊庑殿歇山式，檐角飞翘，正梁下有垫板、额板、阑板等。

岱庙坊雕刻精细，因为官方所建，明显带有皇家雕刻风格。石坊两侧基石各长3.3米，高0.8米，石上各立石柱两根，饰透雕石狮两对，雄者戏绣球，雌者抚幼狮，两侧21只小石狮，蹲坐奔跳，形态各异。石坊正脊中饰宝瓶花纹，两侧四大金刚石像起到加固作用，而两端雕螭吻首则起到平衡作用，设计融建筑力学和美学为一体，构思十分巧妙。

石坊的柱、额、板、墩之上雕有丹凤朝阳、二龙戏珠、群鹤舞莲、喜鹊登梅、天马行空、麒麟送主等30余幅具有民族特色的装饰图案。内柱两面均刻有楹联。整座石坊造型雄伟，纵横对称，布局精巧，雕技娴熟，为石坊建筑中的上乘之作。

红门石坊群是一组闻名中外的石雕建筑群，有一天门坊、孔子登临处坊、天阶坊、瞻岩初步坊四座石坊组成，高低错落，大小间隔，不即不离，相映生辉。

红门宫为唐宋以后登山必由之路，1560～1717年的一个半世纪之内，在不足40米的距离之内，四座石坊相继建立，足见其位置之显要。最南端的一天门石坊跨越登山盘道而建，双柱单门，康熙五十六年（1717）建，是时间最晚的一座石坊。其后约20米为孔子登临处石坊，建于明代嘉靖三十九年（1560），是最早的一座石坊。石坊为四柱三门式，内侧石墩雕有石狮两对，外侧为云形纹饰。坊顶三架，正脊两端饰有兽形避邪朝天吻，无斗拱飞檐。坊额书有“孔子登临处”，内侧石柱刻有楹联“素王独步传千古，圣主遥临庆万年”，均为明代状元罗洪先题写。再后约10米为天阶坊，建于明代嘉靖四十三年（1564），双柱单门式，题额“天阶”，两侧楹联“人间灵应无双境，天下巍岩第一山”，均为山东监察御史题写。三座白色石坊西侧，天阶坊西约5米处为瞻岩初步坊，建于康熙五十二年（1713）。双柱单门式，顶部飞檐，上额“红门岩”，下额“瞻岩初步”，两侧楹联为“万壑泉声沉宝磬，千峰云影护禅天”，坊体为大红色。

红门石坊群的组合是精心布局的。一天门石坊与中天门石坊、天街坊相呼应，意在告诉人们泰山的三重天从此开始了；天阶坊告诉人们祭天朝山之途由此开始，强调的是道家的“天界”意境；瞻岩初步坊位于红门西禅院入口，题联也是佛家内容；而四座石坊中最高大的则为纪念孔子登临泰山的孔子登临处石坊。这组石坊从整体上点出了儒、释、道在泰山共存的地位，又强调了儒家的显要位置，集中反映了明清时期的社会思潮。四坊的建筑风格雄浑厚重，朴实无华，取得了与泰山一致的审美风格。

2. 石亭：水幽亭秀，因景而设

与坐落位置显要的石坊相反，泰山石亭主要分布在岩巅、溪畔、瀑旁。通过一亭之设，或点题写意，或组织景观，或借景生情，景因亭而秀，亭因景而幽，在泰山景观中起到十分重要的作用。中路的主要石亭有高山流水亭、观瀑亭、五松亭、对松亭等；西路主要有萃美亭、云水亭、风雷亭等；岱顶主要有望月亭、望河亭等。其中艺术价值较高的有高山流水亭、对松亭和萃美亭。

高山流水亭现位于经石峪西山谷口。原为明朝钦差大臣万恭创建，坐落在经石峪西石壁之上，为泰山著名古亭。《高山流水亭石壁记》云：“涧水而西，得石壁，高约十五尺，广约四十尺。夷出天成，下拥石基。余东向而立，则水帘之泉泠泠出其左，而桃柳数十株蔚蔚绕其右，

图32　经石峪高山流水亭

图33 西溪石亭

余遂倚石壁为之亭。亭悉以石，石柱四，直入石基。其深尺有咫，上覆以石板，令永久……”其原选址之佳妙，意境之流畅，均堪为典范。

高山流水亭为观览经石峪所建，所谓“佛石在前，危壁在后”。而实际却起到对经石峪景点的点题作用，清代诗人题道：“群山环抱一石亭，翠绿丛中一点金，仅闻溪水潺潺过，不见浪花与石经。”道出了景美亭幽的奥秘所在。

萃美亭位于黑龙潭东南岩畔，金代大定年间泰安知州姚建荣创建，元代奉符尹王悟重修，是泰山另一著名古亭。清光绪三十四年，泰安知府玉构在原址再次复修，并易名为西溪亭。

西溪石亭为全石四角方亭，透花石棂，石门朝北，可观览龙潭飞瀑和西崖流水。其门两侧石联为：“龙跃九霄，云腾至雨；潭深千尺，水不扬波。”可谓山青水幽亭秀，景亭相映溢美。元代人徐琰曾对该亭选址创建给予很高的评价：“面水帘而瞰天绅，创构一亭。樽俎不移，而诸景咸会，因榜之曰‘萃美’。坡诗云‘江山虽有余，亭榭苦难稳，登临不得要，万象各偃蹇’。吾不知世间得登临之要，有如此亭者乎？”徐琰曾任浙西肃政廉访使，后主持杭州西湖书院，遍历江南名山大川，他对泰山萃美亭评价如此之高，可见该亭确有独到之美。

其他如回马岭的金星亭（又称药王殿），为全石方亭，单脊花棂，亭造型古朴，耸立岩颠，为祭药王神而建；云步桥畔的观瀑亭（又称酌泉亭）依山而立，全石四角，顶为尖形。门联曰“且依石柱观飞瀑，再渡云桥访爵松”，为赏瀑小憩而设；对松山下的对松山亭，石壁石柱，内衬以木雕，南北圆窗，可隔窗听松涛，又可推窗观岩松，为饱览对松山奇景而建；月观峰上的观月亭，全石四角，尖顶草盖，为欣赏泰山四大奇观之一的夕霞晚照而立；等等。大都因景而设，借景而造，各领风骚。

3. 石桥：谷险桥古，青山飞虹

泰山现存最古老的石桥为崇兴桥，俗称大石桥。位于岱阴灵岩谷口，始建于宋代大观二年（1108），距今已有800余年的历史。

崇兴桥跨涧而修，两端为引桥石墩，中间为大跨度单孔拱形桥洞，两侧为平面石栏。石桥北依峭壁，南通谷溪。北端山岩古柏探出桥头，郁郁葱葱，蔚为壮观。桥西有《齐州灵岩崇兴桥记》石碑，为宋代学者郭思撰文，郭升卿真书。碑阴有宋代兵部郎中王临飞白书体“灵岩道场”。碑文记叙了北宋大观年间灵岩寺主持利用化募修造大雄宝殿余资建桥的经过。该桥曾于明代部分整修，并易名为“通灵桥”。

泰山最大的石券桥为长寿桥，坐落在西溪黑龙潭之上，建于民国初年。两端有引墩，中间为单孔大跨度拱形石券洞，其上两侧各有五个溢洪石洞，栏上有箭杆铁栏。桥头各有一石亭，东亭名为“云水”，西亭名为“风雷”，遥遥相对。

泰山最有名气的石桥为大众桥，坐落在西溪天外村北侧，建于1935年。桥为单孔石券，券洞上两侧各镶石额一块，上书“大众桥”，桥上为两截铁栏。桥为爱国将领冯玉祥隐居泰山普照寺时集资所建，桥北端为冯玉祥将军墓。如今每天都有许多游人经过大众桥前往冯玉祥将军墓，缅怀这位爱国将军

图34　灵岩崇兴桥

的伟大品格。

其他还有斗母宫北的高老桥、总理奉安碑处的东西石桥、回马岭下的步天桥、注水流桥、快活三里北的云步桥；西路石桥有建岱桥、香油湾桥、跨虹桥等；岱麓石桥有八仙桥、普照寺子午桥、灵岩寺内灵带桥、王母池内雕栏桥等。

4. 石池：双龙戏水，静池影翠

泰山上下古石池甚多，较著名的有双龙池、天然池、泉池等。

双龙池位于遥参亭前唐槐东侧，建于清代光绪六年。石池东南、西北各有石雕龙首一个，龙首须角峥嵘，双目圆睁，龙口大开。原引王母池之水，绕岱庙东侧由两龙口入池。池上四周为透花石栏，北石栏板上刻有“龙跃天池”字样。池南有清代《双龙池碑》，碑文记叙了建池的经过。

天然池位于斗母宫南院，建于清代光绪年间。池为棱形，石壁系自然山石垒砌，参差不齐，保持天然风格。池引斗母宫北院之水，供僧尼们饮用和浇灌花木。《清史稿》编撰赵尔巽之弟赵尔萃曾撰写过《天然池记》，文中写道：“架石梁以渠，就坎陷而凿池，不三旬而工峻。昔之芜秽不治者，转瞬而为游憩之胜地矣。”

泉池位于灵岩寺千佛殿东五步三泉处，池内汇集三泉之水，因该池形如古镜，故又名镜池。此外，岱庙汉柏院有八角形石池，汉柏倒映池中，故名影翠池。扇子崖巅有西汉赤眉起义军开凿的天池，岱顶有唐代的玉女池等。

（二）因山借石的历代摩崖

“就其山而凿，曰摩崖。”（《金石索·摩崖》）摩崖刻石指就山崖自然石面而刻写的文字，是我国较早出现的一种刻石形式。摩崖刻石的特点在于巧妙地选取和利用自然山崖，稍加磨凿后刻制，或巍然巨制，或小巧玲珑，或仰视可见，或俯瞰可得，与周围山林泉石融为一体，天趣自然。

泰山摩崖刻石灿若繁星，在道旁悬崖，在谷底石坪，在山林绝壁，处处可见到形式、内容不同的摩崖刻石。这些摩崖刻石将自然景观与人文景观联结衔合起来，成为泰山的宝贵文化旅游资源。据文物考古部门多年考察统计，分布在泰山上下的历代摩崖达1200余处，其历史之久远，时代之连续，内容之丰富，风格之绚丽，均居世界名山之首。

1. 皇家威严：帝王封禅与摩崖巨制

历代帝王的封禅告祭，使泰山名扬四海，神山地位不断得到强化。而帝王们在泰山上留下的摩崖巨制，又使人们领略到当年封建帝王的气势与威严。

唐玄宗《纪泰山铭》，俗称唐摩崖，是泰山最负盛名的摩崖巨制。唐摩崖镌刻在岱顶大观峰下的天然绝壁上，高13.3米，宽5.3米，建于唐开元十四年。刻文为八分隶书，1009个字，文辞洋洋洒洒，书体秀劲绝伦，加以红印金字，辉煌夺目，蔚为壮观。

唐代从贞观之治到开元年间，天下太平，国力强盛。《唐六典》描述玄宗封禅盛况为“取牧马万匹，每色一队相间，望之如云锦”，封禅队伍车辚辚马萧萧，旌旗延绵数十里。封禅期间，玄宗以“灵山清洁，不欲多人”为由，屏退大队人马，只带少数侍臣上山，祭天和密封玉牒结束后，山下大队人马和附近郡县官吏齐呼万岁，声震河山，金碧辉煌的唐摩崖所表现出的正是大唐盛世的时代精神。《说石》评价：“唐高宗、玄宗皆尝东封，玄宗为盛。其文御制御书摩崖……汉以来碑碣之雄未有逮者。以明皇之才，而燕许修其辞，韩史润其笔，欲不工而不可得矣。”认为唐摩崖是汉以后历代刻石中最为雄伟浩大的旷世之作。

唐摩崖1009个隶字，每字方径半尺多，端庄俊逸，雄浑遒劲。其上额部为

图35　极顶唐摩崖

麒麟腾云画面，仿佛飞腾在极顶缥缈的云雾之间。摩崖北与玉皇顶，东与日观峰遥遥相对，更显得势态轩昂，自然天成。虽经1200余年的历史风雨，唐摩崖至今仍保存完好，成为祖国石雕和书法艺术中的稀世之宝。

宋代《登泰山谢天书述二圣功德铭》，俗称宋摩崖，是仅次于唐摩崖的又一摩崖巨制。宋摩崖建于宋大中祥符元年，高7.8米，宽4.1米，铭文楷书，铭额篆体。《泰山道里记》载："唐摩崖东为宋摩崖碑，真宗述功德铭摩勒于上，碑高二丈六寸，宽一丈一尺六寸，额高二尺六寸，宽五尺五寸，碑文字径为二寸，碑额字径八寸，共一千一百六十字，字体真书，绝佳。"然而，今天人们所看到的却只有摩崖的额部篆体，铭文已为明代人破坏。对于这桩摩崖公案至今人们还誉毁不一，众说纷纭。

众所周知，到了北宋王朝的中晚期，冗官冗吏的政弊，积贫积弱的时局，加之北方游牧部落的侵扰，使得宋真宗到了山穷水尽的地步。宋真宗在泰山封禅的前夕，与金人订了割地赔款的"澶渊之盟"，丧权辱国，朝野哗然。为缓和矛盾，欺骗舆论，宋真宗遂与大臣王钦若策划了天书降于泰山的骗局，以制造"君权神授"的借口，维持摇摇欲坠的腐败统治。

王钦若于大中祥符元年六月来到泰山后，声称泰山垂刀山上有"红紫气，渐成华盖"，于是木匠董祚便在垂刀山树林拾到了黄帛天书，上写"国祚延永，寿历遐岁"等字。王钦若煞有介事地将天书献给朝廷，宋真宗心领神会地演出了封泰山谢天书的历史闹剧。他下令将山下到岱顶的沿途树木都挂上彩绸，设火炬灯笼数万盏，还发给大小官员每人两块木板，各长三尺，将官员夹在木板中间，上系彩绸，由士兵连拉带抬地拥至山顶，以解官员登山跋涉之苦，真是出尽了洋相。这一举动还反映出北宋官吏的腐败无能。

宋真宗的这些丑闻，都被秉笔直书的史家们照录不误，宋真宗成为历史上丧权辱国、腐败无能的君王代表和千夫所指的历史小丑，其所留下的《登泰山谢天书述二圣功德铭》摩崖也自然成为正直文人们的攻击对象，在文人们的心目中，代表了耻辱和丑恶的宋摩崖与威武不能屈的泰山精神是格格不入的。

到了明代，先有鄞地文士汪坦大胆地凿磨掉宋摩崖铭文，书写东安邵鸣歧等人的题名，又有安阳人翟涛于其上书刻字径大三尺的"德星岩"三字，其后又有人书写"礼义廉耻"等字刻其上，原《功德铭》只剩下一行篆书碑额。于是，后世许多学者纷纷撰文谴责明代文人的这一破坏行径，在不久前举行的泰山国际学术研讨会上还有人专题论证切责明人的这一举动。

很显然，从今天的角度来看，明代文人们的这一举动是失之偏颇的，甚至起到了某种破坏作用。但在当时，这确实是对昏庸君主们的一种抗议与嘲弄，也是对后世登临泰山的君主们的一种含蓄的警告。尤其是摩崖额篆尚在，铭文内容又有文字记载，与其对明代文人进行过多的指责，不如使残存的宋摩崖成为对人们进行民族精神教育的生动教材。

泰山上最大的摩崖刻石是《朝阳洞诗》摩崖，位于朝阳洞东北御帐岩绝壁之上，高30米，宽12米，字径三尺，书刻楷体，俗称“万丈碑”。清代乾隆皇帝撰诗并书写，全诗共60字：“回峦抱深凹，曦光每独受，所以朝阳名，名山率常有，是处辟云关，坦区得数亩，结构奇幽偏，潇洒开窗牖，万险欣就夷，稍憩复进走，即景悟为学，无穷戒株守。”

乾隆皇帝爱新觉罗·弘历，24岁即位，85岁禅位于太子，又做了3年太上皇，是中国历史上实际执掌国家最高权力时间最长的皇帝。他一生爱好游山玩水，吟诗作画，曾11次来到泰山，6次登上极顶，创造了中国帝王登临泰山次数最多的纪录。乾隆皇帝留下的泰山诗有170余首之多，又是有史以来写泰山诗最多的诗人。他的不少诗作意境高雅，韵仄讲究，堪称上流佳作，《朝阳洞诗》便是其中一首。乾隆皇帝将该诗刻于御帐岩绝壁，显现了他的审美匠心，这里三面为青山环抱，松林葱郁，流雾飞云，构成了一幅美丽的山水画卷，《朝阳洞诗》摩崖恰如镶嵌在这画卷中间的宝石，在山南盘道十几里外便可看到，可谓露尽皇家气派，占尽青山风流。

此外，岱顶的康熙皇帝“云峰”摩崖，乾隆的《夜宿岱顶作》摩崖等，都各具特色。

2. 梵石清音：大字鼻祖与佛家出世

天下名山僧占多。可是泰山佛家与道教相比却一直处于从属地位。

战国之初，方士黄伯阳就在泰山之阴的鹿町山洞修炼求仙，成为后来泰山道教的先驱者，后来道家在泰山建立了上中下三庙，即岱顶碧霞祠，山下岱岳观，城内岱庙，位置显要，香火旺盛。到了北朝前秦皇始元年，佛教开始在泰山落脚，高僧朗公在泰山背后的昆瑞山创建了朗公庙，为泰山佛家之祖。或许为了在阵容强大的道家面前求得生存，也或许是为了恪守佛家清静出世的教义，后来佛家的寺院大都建在泰山偏僻的幽谷峰阴。

然而泰山佛家的这种情势却使其创造出了人间奇迹。退避三舍的佛家在泰山人迹罕往的幽谷留下了举世闻名的大字鼻祖——经石峪摩崖，并使得它得以保存至今。经石峪摩崖位于泰山中路东侧的一处幽谷之中，四面为龙泉峰、椤栳崮、中溪山等山峰所包围。在一片面积达3000平方米的天然石坪上，佛家弟子镌刻了《金刚般若波罗蜜经》经文，每字一尺五寸见方，刻深过寸，隶法书体，波磔古宕，雄浑劲峭，素有“榜书之宗，大字鼻祖”之称。现存1071个字，为我国又一集石雕书法艺术为一体的稀世瑰宝。

《金刚般若波罗蜜经》是大乘佛教的经典。“般若”为梵文的“智慧”之意，“金刚”为金中最刚，引申为锐利坚固、无坚不摧之意。将经文刻在坚固的泰山花岗石巨岩上，本身就具有了象征意义，加之刻文石坪偏远幽僻，与佛家“清静脱俗”“与世无争”的教旨完全吻合。这一选址将自然环境与佛家教旨融为一体，求得了思想与艺术的有机统一，是经过苦心谋划构思的。经石峪大字书体以隶为字，兼有篆、楷、行、草的某些特点，富有变化，笔力古拙，神采安闲，字体宏润，具有极高的书法艺术价值。其经文字体之大，规模之巨，被当今佛学界称为“世界第一经书”。

然而，由于经石峪摩崖没有题名及年代，历代学者众说不一，经石峪摩崖便又成为泰山的又一桩千古疑案。当前学术界主流派的意见断定经石峪摩崖为

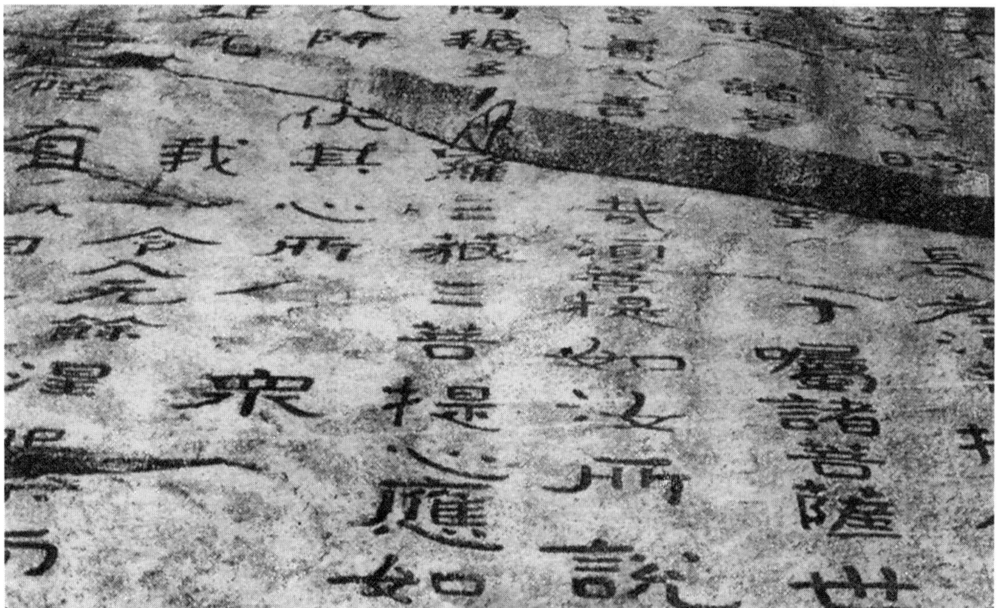

图36　经石峪大字

北齐人所作，其主要论据有四：第一，南北朝是我国佛教发展的鼎盛期，此间佛家已在泰山昆瑞山安营扎寨，形成了佛家企图进逼泰山之阳与道家抗衡的历史条件。第二，北齐官方一度鼓励佛教发展，并申令“缣缃有坏，简册非久，金牒难求，皮牴易灭”，支持将经文刻在山崖上。而这一时期，在山东峄山等地也出现了类似的摩崖刻石。第三，经石峪大字笔法古茂，保留了竹木简字体的余韵，与可考知的西晋永嘉二年《波罗蜜经》经文书体有相延相承的关系。第四，《金刚般若波罗蜜经》全经5000余字，而经石峪刻写1000余字，不及题名和刻记年号便中途停止，显然系人为因素。北齐时支持佛教发展，而北齐为北周灭亡后，周武帝曾下令灭佛毁寺，以打击寺院经济，加强中央财力。所以，始于北齐的经石峪摩崖建造，到了北周不得不中途夭折。清代学者魏源、聂剑光及现代学者郭沫若等均持这一观点。

至于经文书写者，历代撰文考究得较多，分歧意见也较大，且由于没发现具有说服力的权威资料，至今仍是一桩无头公案。

也应当看到，在道家和儒家的压抑之下，佛家弟子仍在泰山上下顽强地表现着自己。如红门处石刻楹联“万壑泉声沉宝磬，千峰云影护禅阁”，盘道左侧的“有求必应”，酌泉亭西崖的“洗心”“涤虑”，十八盘右侧山崖的“踅远红尘”，南天门石刻“风尘奔走历尽艰辛思跪乳，因果研究积成功德敢朝山”，大观峰东侧山崖的“超然尘表”，灵岩寺大石棚摩崖的“绝俗”“特戒”等，宣扬的实质上是佛家出世的教旨。但出于需要，其中混杂了似是而非、介于儒释道之间的刻石内容，这又成为泰山佛教的一大特色。

佛家摩崖刻石的另一显著特点是借景宣教，如酌泉旁侧的“洗心”“涤虑”，借潺溪泉流洗尽俗家弟子凡心。十八盘处的“踅远红尘”，借远离人间的十八盘上天界，抒发佛家出世情感。这些摩崖注重以景启智，寓理于景，起到了宣教布义、潜移默化的作用。

3. 儒家教化：《大学》经正与圣贤箴言

齐鲁为圣贤之邦，儒家思想根深蒂固，加之登临泰山的文人儒士居多，儒家思想便在摩崖刻石中较为突出地表现出来，并与佛道两家展开了不动声色的角逐战。

就在佛家经石峪北侧的高处山崖上，明代文人将孔子的《大学》刻于其上，在儒士们看来，孔子的学说是高于佛家经义的。明代万历年间御史李邦珍更是

图37　经石峪经正石

咄咄逼人，他在经石峪南侧引人注目的巨石上大书“经正”二字，字大三尺，比经石峪大字整整大了一倍，并书刻注文：“孟轲氏云，君子反经已矣，经正则庶民兴。石上之经亦经也，今以圣经反之，故曰经正。”这段话的意思是，君子的职责是纠正经义的偏差，经义正确了，百姓们才能有所遵循且发达昌兴。石上刻的佛经也叫作经典，现在以孔孟的圣经来纠正它，所以叫作经正。这明确说明刻《大学》经文的目的是与佛家《金刚经》分庭抗礼。

儒家摩崖刻石大多集中在游人众多的中路盘道两侧。如斗母宫北山崖的“仰之弥高”，语出《论语·子罕》；孔子登临处的“登高必自”，语出《礼记》“登高必自卑，行远必自迩”；斩云剑北的“郁确其高”，语出孔子《丘陵歌》“喟然回顾，题彼泰山，郁确其高，梁甫回连”；云步桥南山崖“仰止”，语出《诗经》“高山仰止”；云步桥北“从善如登”，语出《国语》“从善如登，从恶如崩”；十八盘下“仰不愧于天，俯不怍于人”，语出《孟子》；丈人峰山崖“峻极”，语出《中庸》“峻极于天”；等等。

儒家摩崖刻石的特点多为有感而发，不拘于山石景观，注重由感受而发微，比佛家的借景宣教又高一筹。如登上十八盘后，仰视天界缥缈，俯视人间茫茫，顿觉天地寥廓，百感交集，不免自己省问人生事业若何？一句“仰不愧于天，俯不怍于人”，道出了人生命运、事业登攀的甘苦磨难：无愧足矣！其中既有对自己人生命运的总结，又有对未来事业的激励与自勉，很容易引起登攀者的思索与共鸣。再如，正当人们大汗淋漓地攀登于途中，倍感登山之苦，一句“从善如登”，使人顿悟做好事难的圣人之训，选机巧妙，如细雨润物。

4. 道家超逸：洞天福地与三清仙境

也许是道家的庙观已占尽了泰山上下显要位置的缘故，道家的摩崖刻石较为少见，且多为附会山景的生硬套搬。

斗母宫南山崖有“洞天福地”摩崖。道家将天下名山胜景分为三十六洞天、七十二福地，由天上的神仙管辖，“神仙应而可接，龙鹤升而有朝”，是下凡神仙与得道道士居住的地方。泰山被道家列为天下第二洞天，故有“洞天福地”之说。红门宫东北溪边山岩上的“小洞天”石刻，也是这个意思。

道家还将仙境分为“玉清、上清、太清”三界，认为是修炼成仙必经的三个层次。斗母宫下山崖有“步玉清”刻石，“玉清”为仙境的第一个层次，“步玉清”为登攀仙境开始之意；三阳观山崖有“全真崖”刻石，意为全真道派的所在；等等。

5. 文人情趣：歌山唱水与典故字谜

在中路10余公里的盘道两侧，更多的则是历代文人的摩崖刻石，有的歌山唱水，洋洋洒洒；有的拆谜嬉戏，标新立异；有的大书一字，引人注目；有的乖小秀美，清新悦目。它们一处接一处，绚丽多姿，各显风流，不由人不驻足观赏，流连忘返。可以说，文人摩崖刻石已形成了泰山旅游文化的一大特色。

泰山文人摩崖刻石的突出特点是简洁精当，往往只三五字便准确地概括出周围景观的特征。一首短诗，一篇百字文，便将触景而发的情感抒发得淋漓尽致、恰到好处。如云步桥处断崖飞瀑，泉水淙淙，群峰竞秀，为泰山一大胜览，这儿也就成为历代文人刻石集中的地方。写瀑布的有“飞泉”“飞泉挂碧峰”“银河落九天”“云桥飞瀑”等；写云雾的有“云步跻天”“水流云在”“云路先声”“寒云”等；“月色泉声”勾画出夜听山泉的诗意，“河山元脉”感受到泰山第三层断带岩脉的气势；“太古清音”勾画出叮咚泉水的画情；等等。

再如对松山处，妙在松涛神韵，文人刻石有“涛声云影”“倚石听涛”“云壑松涛”“风涛云壑”“松风泉韵”“石面迸出水、松头穿破云”等，分别用松涛声响与白云、山石、谷壑、山泉组合，推敲严密，生动形象，有声有色。其他如万仙楼北的“蔚然深秀”，柏洞西山绝壁“万笏朝天”，回马岭“峰回路转”“勒马回首看岱云”，朝阳洞“举足腾云”“春来了”，十八盘“天门

图38　虫二刻石

云梯”“山险心至”，大观峰“青云可接”“捧日擎天”，日观峰东“拔地通天”“长伴白云居”等，都不失为推敲讲究的佳作。

泰山文人摩崖刻石的另一特点是标新立异，妙趣横生。有的刻石幽默中含藏讥讽，有的刻石诙谐中露出戏谑。如斗母宫南不远处山崖的“虫二”刻石，表面领会此处风月无边，“虫二”暗指风月，而在刻石文人心目中却另有所指：明清期间，斗母宫里的年轻道姑为了生活，常常浓抹淡施，梳妆打扮，陪香客们饮酒赏景。有些道姑不但眉清目秀，而且琴棋书画样样精通，打逗调笑，博得达官士绅的喜欢，“虫二”刻石还暗指斗母宫道姑们的无尽风流和士绅文人的闲情雅趣。

再如斩云剑北“如”字刻石，一笔而成，字形怪奇，旁有落款“李和谦游山乐”等。传说李和谦是清代泰安城内的一家铺子的店小二，常用抹布在桌子上写如意的“如”字，他擦桌时也常用写字的笔画擦

图39　如意刻石

抹。久而久之，一笔就能抹出个如字，且将桌面拭得干干净净，字也练得炉火纯青，成为泰安城内一绝，连文人们也望尘莫及。后来他年老返乡，泰城文人们就请他写下这个字，一是对李和谦的纪念，二是对朝山人如意的祝愿。

其他如万仙楼北的“拜石”，中天门北的“虎”字等，都别具情趣。应当指出，文人摩崖刻石的年代大多为明清期间，这一现象说明此间泰山神山地位已逐渐削弱，许多文人登临泰山不是或不仅是为进香而来，也是为了观赏山水，享受自然之美。

6. 志士心声：胸中块垒与敢问国耻

到了近现代，泰山摩崖刻石中出现了忧国忧民、直抒情怀的内容，其数量虽然不多，但却是所处时代的最强音。

玉皇顶东山崖有这样一处摩崖刻石：“眼底乾坤小，胸中块垒多。峰头最高处，拔剑纵狂歌。”诗无署名，作于1927年仲秋。当时正是第一次国内土地革命失败，劳苦工农遭到旧军阀残酷镇压之时，诗作者满腔悲愤地写下这首五言诗，并刻在泰山之巅，抗议呐喊，充满壮怀激烈之情，也显现了不屈不挠的斗争精神。

中天门北山崖有1932年6月余江吴迈的刻石，“接踵过天门，高山群仰止。为问熙攘人，曾否忆国耻？”当时正是日军侵占我国东北的“九一八”事变之后不久，作者登上泰山，观览了祖国壮丽河山，倍感沦失山河领土之悲苦，于是饱蘸悲愤写下了这首发人深省的五言诗。

快活三里北山崖的“泉”题百字文，简述了作者民国三年落难泰山为金钱所困的遭遇，谴责了世人为钱财“黑其心，灭其性，变易其操守，至死不悟”的丑恶行径，实际上也是对腐朽社会世风的鞭笞。其他如独立大夫松处山崖的七绝诗，中天门北山崖的“这就是我”文等，都有较强的思想内涵。

（三）雄浑厚重的塔堂券台

泰山塔堂建筑主要分布在寺庙内外，券台建筑大多在朝山必经之路或官方祭祀重地。一般建筑规模较大，布局较为严谨，较为突出地表现出泰山石头艺术雄浑厚重的风格。

1. 石塔：佛祖栖地，高僧墓林

我国古代的石塔大多为佛家建筑，梵语称为浮图，始兴于北朝，至唐代最盛，主要用于安放佛骨、佛牙或佛家经著，这类石塔多为正多边形，四周雕刻经文和佛家故事，规模也较大。宋元以后，佛塔规模变小，并且出现了安葬僧人的墓塔，称为祖师塔。还有一种由经幢演变而来的石塔，多为圆弧形，外刻图文，下葬僧人，称为灵塔或圆寂塔。

泰山四门塔是我国现存最早的单层石塔，位于泰山东北麓神通寺墓塔林南侧，建于隋大业七年，距今已有1300多年历史，列入首批国家重点文物保护名册。

四门塔为全石建筑，单层尖顶，高15.04米，塔为方形，四面宽7.4至7.9米不等，每面正中有一半圆形拱门。塔身由刻花青石砌成，塔中心为一长条方石柱，柱上端擎三角石梁16条，梁上23行石板层层内收为攒心锥形，顶檐挑出。顶端由露盘、山华、蕉叶、相轮构成塔刹。塔内石柱四面各有一石雕佛像，塔心柱内置佛骨匣，匣内贮有隋五珠钱，顶部拱板有一铭文砖，上刻“大业七年造”字样。

四门塔整体建筑简洁朴素，浑厚稳重。它所采用的三角形横梁，中心支撑，层层收缩的建筑骨架结构，是我国建筑史上力学设计的范例。塔经历1300余年而巍然挺立，反映了我国古代劳动人民卓越的智慧与才能。

位于泰山西北麓的灵岩寺墓塔林是我国保存最完好的佛家墓塔林之一。塔林计有墓塔167座，多系石塔，石碑志铭81幢。墓塔建造时间上至唐宋，下至

图40　灵岩寺墓塔林

明清，时代顺序完好。墓塔造型有方形、圆形、八角形数种，有的高达数十尺，有的仅一尺许，高低错落，风采各异。塔座浮雕，有力士负重，有僧人送狮，有群舞长绸，还有古曲棍球赛，场面生动活泼，人物栩栩如生，为石头浮雕之精品。

慧崇塔是灵岩寺墓塔林中最古老的石塔，建于唐代天宝年间，塔为全石方塔，高5.3米，每面宽3.74米，塔顶置露盘、仰莲、宝珠组成的塔刹。全塔由五层石条垒砌，塔身南面有半圆拱形门、券额雕兽头、武士像，内为方室，原置灵岩开山祖慧崇石像。塔东、西、北面为拱形假门，石门呈半掩状，有僧人探头欲出。门上雕有狮头、伎乐、飞天、武士等图案，精美逼真，保留了北朝石雕的艺术风格。

另外灵鹫山九顶塔内石佛也别具风采，兹不一一赘述。

2. 石堂：青山石祠，佛道净室

泰山现存最早的石堂建筑为岱阴孝堂山石祠，建于东汉初年，也是我国现存最早的地面殿堂建筑，在我国建筑艺术史、绘画艺术史上占有重要位置，为全国重点保护文物之一。

石堂为单檐悬山顶式，全部用青石筑成，室宽3.8米，进深2.08米，屋顶以石板刻出脊背、瓦陇、勾头、椽头、连檐等形状。四壁墙厚20厘米，前正中有八角形石柱，高8.6厘米，上下刻成斗形，与后墙置跨度2.03米的三角石梁，把祠分割为两间。祠堂前檐东西角各有石柱支持，山墙、八角形连、大斗和瓦当上均刻有蕨纹、垂帐纹、菱纹等。孝堂山石祠表明，至少在东汉初年，我国人民就已掌握了柱、梁、枋、

图41　灵岩寺崇慧塔

图42　孝堂山石祠

斗、卷杀等技巧，以及在两山屋顶构造排山的结构理论，这些技巧和理论直到今天仍是当代建筑艺术的组成部分。

祠堂整体造型古拙，线条纹饰简练，具有典型的泰山风格。堂内石刻画像阴阳刻并用，图案有出巡朝会、征战狩猎、神话人物、天文星象等，线条遒劲，场面宏大，为不可多得的古代画石艺术杰作。祠内最早的游人题记为东汉永建四年，据考证，石堂始建距今至少2000年，是我国古代杰出石头建筑艺术的见证。

泰山现存最大的单体石头殿堂建筑为天尊殿，位于扇子崖山口扇子崖庙内，至迟始建于明代。大殿前为三间卷棚，后为全石殿堂。后石殿堂为弧形青石拱券房顶，为少见的石建艺术力作，门额由明代举人王无欲题写，内祀元始天尊。因石殿没有梁、椽、柱、架等，故又称无梁殿。

泰山现存最大的全石建筑群体为西溪无极庙，建于1924年。无极庙有全石山门1间，正殿3间，有左右耳房。东西厢房各3间，顶、墙、门、窗全为石雕而成。山门为九脊硬山顶，题额书写“无极庙”，两侧石柱各有题联。正殿中柱承梁，前有出檐为廊，五脊硬山顶为石板石条石柱扣合而成，两侧石窗为透雕金钱形石棂花，门窗上各有题刻楹联。东西厢房为平顶前倾式，青石板条扣合而成。院内古柏参天，藤萝蔽窗，幽静而阴森。

还应当提到的是泰山清代初年荷花荡石堂山庄建筑群。荷花荡位于普照寺之东，北依凌汉峰，东连三阳观，环境十分幽雅。康熙元年，普照寺住持僧元玉及弟子曾在此建石堂，修石盘，筑石台，凿石池，雕石航，历时8年，费工25000余，构建了一组颇具规模的石堂山庄，为当时一大盛举。

石堂山庄有十二景观，史志记载元玉僧的朋友曾写过一篇石堂山庄题记，文中说道：“吾友古翁，引流凿池，植莲莳竹，以为自乐之地。由东而上则有石梯、石航、石屏、石廓；由西而上则有石门、石壁、石盘、石砌；南以望若缘梯，而北以视若建瓴。每池则间一台，一台又间一池，环池皆峰，独虚其南一面，以望远山。”文中记载的十二景为：振铎岭、石堂、翠屏石、涤砚溪、慈航石、盘云梯、白莲池、玲珑岩、眺望台、飞来石、友松石、水云洞等。山庄内古藤杂树葱郁，荷菊梅竹滴翠。作为全石园林建筑群，其建筑构思之新奇，布局之巧雅，规模之盛大，在国内都是罕见的。

史籍载，元玉僧为明代退引进士，清人入主中原后，出家泰山普照寺为僧。他广交泰安城内社会名流，与孔璧六、张方平、江山民等被称为八大散人。山西督学使张四教《石堂八大散人记》中云：“此八人者齿不同也，地不同也，业不同也，贫富不同也。而其心则同也。其心何以同也？同其正直和平也，同其清洁温雅也，同其潇洒朴略，而犹一烟霞之骨，山水之癖也。所以此八人者，三日不见则如所失，三日不游则郁郁不乐……至则剥芋煨枣，烹雪煮云。或坐竹阴，或立松畔，或咿唔于圃菊之侧，或逍遥于莲池之上。远而望之，不啻画中神仙焉。”可惜的是，如今石堂山庄建筑大部已荡然无存，而荷花荡内只剩下一些断壁残石。康熙年间至今仅300余年的历史，按照正常情况，这样一组庞大的石头建筑群不应遭到如此严重的损坏。那么造成这种惨况的原因是什么呢？笔者猜想，这极可能与清王朝对元玉等明朝遗民的防范弹压有关。当然，最后的结论，还要进一步考证查询后才能做出。

图43　荷花荡石堂山庄遗址

3. 石券：跨道而建，气势浩大

泰山石券拱洞主要有红门拱洞、万仙楼拱洞、壶天阁拱洞、南天门拱洞、碧霞祠东西神门拱洞等，分别创建于明、元、宋三代。高度6～10米，宽度5～8米。为弧形条石券拱而成，扣合严密，强张力设计合理，气势较为浩大。

4. 石台：观测天象，祭礼圣地

泰山最高的石台为北斗台，始建于明万历年间。北斗台位于极顶孔子崖东侧，青石砌成，方形立体，高15米。四边壁自下而上逐渐内收，四面有门连通中心梯道，中心梯道盘旋直达台顶。台顶四周为雕花石栏，饰牛郎、织女、北斗、天鹅等图案。台中心有石制日晷，刻有子丑寅卯等十二时辰，为古人观测天象之所。

岱庙天贶殿前的大露台是泰山面积最大的石台，高2.65米，面积800平方米。大露台又称品级台，为古人祭祀泰山神的场所，只有四品以上的官员才能登台祭祀。露台为青石砌成，周围有石雕栏板，栏柱上饰以云形花纹，东西两侧有对称石阶，南通小露台，北依天贶殿。台上置香案、香炉、香鼎等。大露台东北、西北各有六角碑亭一座，十分壮观。

此外，碧霞祠的重台、王母池的露台、普照寺的亭台、关帝庙的戏台等都各具特色。

（四）洗练简约的石龛造像

《萃编北朝造像诸碑总论》描述我国石龛造像的发展："造像始于北魏，讫于唐之中叶。大抵所造者，释迦、弥陀、弥勒及观音、势至为多。其初不过刻石，其后或以金涂彩绘，其形体大小广狭，制作之精粗不等。"泰山石龛造像以唐代为主，兼有少数魏晋之作，主要分布在舍身崖、千佛崖、玉函山、灵岩寺、佛慧山、悬星崖等处。

目前发现最早的石龛造像位于泰山极顶舍身崖下的绝壁上。石龛高2.2米，宽1.4米，内雕文殊菩萨骑狮像，身着右袒袈裟，面相清瘦，双目微闭，坐北朝南，线条洗练粗犷。狮高0.95米，首上翘。其东又有一未成佛龛，为同时代人所作。根据菩萨形体清瘦的特点，专家们考证此处造像极可能为隋唐以前的北朝人所作。其一，神佛造像的秀骨清癯风格与北朝造像风格完全一致。其二，石龛群与经石峪大字一样，中途而止，显系人为因素，又极可能是遭受北朝周武王打击所致。

泰山石龛造像最多的地方是神通寺千佛崖，在南北长65米的绝壁上雕刻有大大小小的佛像220余尊，题记43篇，其中10篇有纪年，均为唐人所作。千佛崖最早的造像开凿于唐代贞观八年，僧人明德主建。佛像面相方圆，螺形发髻，眉眼细长，外着对襟装裳，内穿僧人袛支，胸前有纹，交手盘坐。该像刀法简约，风格恬静飘逸，部分保留了北朝至隋初造像的秀骨清像特征。

位于佛崖最南端的窟内石像，建于唐代昌庆二年。该佛像面容安详，丰腴饱满，嘴唇短厚，嘴角略含笑意，肩宽背厚，已具备了初唐时代造像风格。像下有南平公主与齐州刺史上柱国驸马都尉谕园公刘玄意的题记，南平公主是唐太宗李世民的第三女，下嫁齐州刺史刘玄意，题记表明造像的目的是为故去的父皇李世民祈福慰灵。

千佛崖北端第二窟内弥陀造像最为精美。该窟门中央有巨大石柱，柱上雕有小型佛像，窟内左右两座弥陀神像，为唐太宗第十三子赵王福祈祷太宗神安所造。两佛像分别高2.8米和2.6米，皆有莲花圆盘背光，螺形发式，面容方阔，两耳垂肩，秀目含笑，神态自若。两佛皆身着褒衣博带袈裟，下身衣裹双腿，肌肤显露，衣褶简洁有致。神佛结跏趺坐在方形石座之上。作品刀法熟巧，纹理简约而精美，与洛阳龙门石窟有异地同工之妙。

图44　泰山北魏石佛像

灵岩寺悬星岩石龛，又称证明殿。内有弥勒、侍卫、神兽等石像，为唐代初年所建造。石窟呈马蹄形，顶部带弧度。北壁主佛高5米，面相丰满，容貌端庄，微含笑意。佛像上身偏袒坐于高石台上，一手抚膝，一手亮掌，做说法之态。该佛像雕刻运用了夸张手法，前额眉凸起，眼窝深凹。近视变形，远观则神态生动。其刀法较多运用了平直线条，具有隋及初唐风格。

泰山最大的神佛造像位于佛慧山，为唐代天宝年间所造。石佛高7米余，宽4米余，面部丰满，神采俊逸，十分壮观。石龛上方镌刻“大雄宝殿”四字，较为少见。其他如黄石崖石窟造像，系北魏正光四年到东魏兴和二年建造，共有大小佛像85尊；玉函山佛像为隋代初年建造；灵岩寺鲁班洞石像为唐中叶建造；等等。

（五）冥奇古拙的岩画画石

对松山西山岩有一幅巨大的刻石岩画，画面为一只硕大粗壮的拳头击向一披头散发的鬼灵，上刻有“永居九幽”四字，线条古拙，风格奇特，为泰山已发现的唯一摩崖岩画。秦汉时代的人认为泰山主死生，人死后魂归泰山。《后汉书・乌桓传》载“中国人死者，魂神归岱山也”，这是道家的教义。佛教则认为，“泰山地狱中考治数千万毒，随所做受罪”，“闻泰山汤火之毒，酷裂之痛，饿鬼饥馑积劳之本，畜生屠剥割截之苦”（《六度集经》）。佛教以奈河（中溪下游）为界把泰山分为阴阳两界，奈河桥是阳间通往阴曹冥府的必经之路，冥府又分为九幽十八狱。天下人死后，凡不能超度升入天堂者，鬼魂统归于泰山冥府。岩画所表现的正是神拳制服鬼魂不得升入天界，只能永居九幽冥府的场面。据考证，对松山岩画为汉魏时期的作品。

泰山汉画石像大多由大汶口、旧县一带汉墓中发掘而得，现集中于岱庙西廊房。汉画石像内容取材广泛，有神话传说、圣人遗事、官吏相聚、孝子事迹、车马出引、百戏乐舞、农人耕作等，生动形象，图案工整。雕刻交叉使用滚雕、浮雕、线刻等技法，流畅简洁，是研究泰山地区汉画像石艺术的宝贵资料。

值得一提的是岱庙东碑廊的《五岳真形图》画碑，明代嘉靖年间建造。画碑高1.68米，宽0.79米，上刻道家符箓及其注文。

对于道家《五岳真形图》的含义，学者们历来多有分歧。一种观点认为是道家入山所必备的神符，随身携带可保护修道者的人身安全。晋葛洪《抱朴子》云“凡修道之士栖隐山谷，须得五岳真形图，佩之则鬼魅精灵、虫虎妖怪，一切毒物莫能近矣。”《云笈七签》中则附会此图为“西王母降汉宫”时，向汉武帝出示的“山泽奇符”；并规定道家弟子“受之者四十年传一人”，“得道者四百年一传，得仙者四千年一传，得真者四万年一传，得昊天太上者四十万年一传”；“家中有此图者，得每年祭图一次，在山林隐居者可以心祭”。总之，将图符说得神乎其神。

另一种观点则认为五岳真形图是五岳等高线图。日本已故学者小林琢治二认为，道家典籍中记载五岳真形图为“因山源之规矩，覩河岳之盘曲，陵回阜转，山高陇长，周旋逶迤，形似书字，是故因象制名，定实之号，画形秘于玄台”，此说已含露五岳真形图为山岭图象的意思；再用五岳真形图分别与现代卫星扫描图和等高线法绘制的泰山地图比较，三者又有惊人的相似。因此可以大胆推论五岳真形图实际上是古人用晕滃法绘制的五岳等高线地形地势图，只是后来逐渐为道家所神化。英国人李约瑟也指出“这幅图所用勾画山形方法，完全不逊于近代所用方法”（《中国科学技术史》卷五）。诚然，地图观的可靠性如何，还需要我们占有更多资料后才能进一步考定。

（六）造型各异的历代碑碣

先秦时代，立在庙堂的曰碑，立在山巅的曰碣。《礼记・祭义》云：“君牵牲入庙门，系著中庭，碑也。”碑在春秋战国时期是用来系拴牲畜的石桩，后来人们在石桩上刻上文字，记事志人，演化为专门用来记事的石碑。石碑一般为方顶，记录一般人物事件。石碣为圆顶，制如大山形貌，用来做特殊及重大事件的铭记。东汉许慎《说文》解释：“碣，特立之石也。”可见碣的规格比碑要高。

到了唐宋时代，碑碣的区别又深化为官品等级的不同。柳宗元考证唐代风俗：“凡五品以上为碑，龟趺螭首。降五品为碣，方趺圆首。”二者形体区别与唐宋时期官帽区别相仿，方制的品位高，圆制的品位低，碑的规格又超过了碣。到了元明清时期，碑碣通用，《语石》云：“至如后世之立石，巍然巨制，实碑而曰碣。”此时二者区别已不复存在。

泰山树碑立碣年代久远。《事林广记》引《管子》：“无怀氏封泰山，刻石纪功。”无怀氏为华夏远古时代的部落首领，距今已有四千多年的历史，只是当时刻石的形制已无从得知。《碑版广例》也说：“古称封泰山者七十二家，勒石千八百余处，今传于世者，自秦刻石以外无闻焉。”

秦刻石及以后历代泰山碑碣现存1100余处，主要集中分布在岱顶、红门、岱庙、灵岩寺四处，兹将有代表性者分述如下。

1. 汉晋源流：天下第一，名碑史话

我国现存最早的石碑是泰山李斯碑。李斯碑又称秦碣或秦刻石，公元前219年秦始皇封禅泰山时立于泰山极顶。到了秦二世胡亥公元前209年东巡泰山时，又命丞相李斯以小篆撰文歌颂始皇功德，并刻于石碣之上。李斯碑现存10个残字，珍藏于岱庙东御座院内，其年代之久远，文史价值之宝贵，堪称“天下第一名碑”。

公元前221年，秦始皇扫灭六国实现天下大一统，为炫耀武力，弹压六国残余贵族，巩固大一统局面，在以后的十年中出巡五次，立石七块。《史记》载：“自泰山阳至巅，立石颂秦始皇帝德，明其得封也。”刻石内容为“皇帝临位，作制明法，臣下修饬。廿有六年，初并天下，罔不宾服。亲巡远黎，登兹泰山，周览东极。从臣思迹，本原事业，祗诵功德……”之类宣扬始皇功绩的赞语，共48句，144个字。秦二世东巡在碑石刻字78个：“皇帝曰：‘金石刻，尽始皇帝所为也。今袭号，而金石刻辞，不称始皇帝，其于久远也，如后嗣为之者，不称成功盛德’。丞相臣斯、臣去疾、御史大夫德昧死言：‘臣请具刻诏书，金石刻因明白矣。臣昧死请。’制曰：‘可。’”叙述了刻碑的原因及经过。

李斯残碑现存的十个残字为“斯臣去疾昧死臣请矣臣”，十个字中臣字占了三个。李斯所采用的小篆书体是秦国统一文字的标准书体，它是在原六国大篆的基础上整改省齐的。《说文》载：“（斯）取古籀大篆，或颇省改，所谓小篆者也。”唐代人评价李斯小篆：“骨气丰多，方贞妙绝。”宋代人刘跂《秦篆谱》指出：“李斯小篆，古今所师。”元人有诗称赞李斯碑：“拳如钗股直如筋，曲铁碾玉秀且奇，千年瘦劲益飞动，回视诸家肥更痴。”李斯碑篆体历来以瘦劲圆润称奇，在书体书韵上有着承前启后的作用，对后世真草隶篆的发展均产生了较大影响，正如鲁迅先生所说：“质而能壮，实汉晋碑铭所从出也。”李斯碑在汉字发展和书法艺术史上是功垂千古的。

2000多年来，李斯碑经历了历史的风风雨雨和天灾人祸。

石碑原立于岱顶玉女池旁，宋代人刘跂大观二年登临泰山时曾这样记载：“徘徊碑下，其石埋植土中，高不过四五尺，形制似方而非方，四面广狭皆不等，因其自然不加磨砻。”首次勾画出了李斯碑的形状和制式。六年以后，刘跂又上泰山：“复宿岳上，亲以毡椎从事，校之他本，始为完善。盖四面周围悉有刻字，总二十二行，行十二字……大凡篆字二百二十有二，其可读者百四十有六。”这说明到了宋代大观年间，李斯碑还存留可辨认字146个。

到南宋王朝，赵明诚《金石录》记载：“盖刻石四，其三面稍磨灭故不传。世所见者持二世诏书四十字而已。”到了明代嘉靖年间，李斯碑仅存下29个字，被移于碧霞祠东庑之内，清代乾隆五年，碧霞祠大火，石碑第一次被埋没失踪。

嘉庆二十年，泰安知县汪汝弼依照山民赵志人提供的线索，搜寻发掘，在玉女池内得到残石二片，并将残石移于唐摩崖前，筑建亭子专门予以保护，称为宝斯亭。清光绪十二年，山洪冲塌宝斯亭，残石再次掩埋于瓦砾之中。

次年道士刘传业于瓦砾中寻到残石，并移到山下岱庙雨花道院，嵌于墙内以供人观览。光绪十六年，嵌于墙内的残石突然于夜间失没，道院报官后，知县毛蜀云立即令“封锁道路，大索三日”，盗贼于仓皇中将残石弃于北关桥下，被泰城居民发现，寻回后重新置于岱庙库房。宣统二年，道士们在岱庙环咏亭前“凿石为屋”，重又将残石置于石屋中，妥为保护。新中国成立后，残石被移置于东御座院内，修砖墙将残石嵌于其中，南面加盖玻璃，以供人观览。历经沧桑的李斯残碑如今成为国家重点保护的稀世珍宝。

2. 丰碑巍峨：岱顶无字碑之谜

泰山玉皇顶下耸立着一座高大的石碑，碑高6米，宽1.3米，厚0.9米，估重17吨以上。碑由碑座、碑身、帽首三部分组成。碑身自下而上逐渐收小，顶部覆盖着出檐方石，方石之上又有一小型雕柱。整个碑体挺拔巍峨，古朴厚重，壮气凛冽，显透着阳刚之美。然而，令人不解的是，碑体上下没有一个字，更无年代记载，于是岱顶无字碑便成为千古之谜。

《泰山小史》记载：“无字碑在岳顶登封台下，秦始皇所立，绝无字痕。或曰秦皇功德难名，或曰焚书绌字，或曰石表，或曰神主。或曰禅文在内，此碑函也。或曰金书玉简在下，故石镇之。咸疑莫测，石色莹白，不受苔藓，非泰之产也。至今居人频见碑中发光，金霞射目，内大篆数字，恍惚不辨，即之则无，离之复有，山灵示人以异哉。”这段文字说出了古人对无字碑的种种猜想，并使石碑披上了一层神奇的色彩，但作者断定石碑为秦始皇所立。明代有人在无字碑旁题刻：“莽荡天风万里吹，玉函金检至今疑。袖携五色如椽笔，来补秦王无字碑”。

清代学者顾炎武则认为无字碑并非秦始皇所立。顾炎武指出，《史记》记载汉武帝元封元年三月东上泰山，“泰山之草木叶未生，乃令人上石立泰山巅”，《史记》上只讲立石，并未说刻字，因此“此无字碑明为汉武帝所立，而后之不读史者，误以为秦耳”。郭沫若先生1961年登临泰山，考证后也认为无字碑是汉武帝所立，并赋诗曰“摩抚碑无字，回思汉武年”，现在郭沫若诗刻碑也立于碑旁，与秦始皇立碑说成对峙之势。

近来又有学者提出，无字碑西南棱上原有一正书“帝”字，现已模糊不清。从剥蚀程度上看，可以推论约为公元7世纪中后期所刻写，这恰是唐高宗与武则天共治天下的时期。而模糊不清的正书“帝”字也颇似唐人笔法。另据史料记载，唐高宗与武则天合葬前也有一座无字碑，形制又与泰山无字碑相近。因此，泰山无字碑也是别出心裁的武则天所立。（见《泰山研究论丛》第二辑）

以上三种观点，莫衷一是，而断为汉武帝所立者已成为主流派，但笔者认为持此说者并无确凿的第一手资料，仅依照《史记》上含糊的记载尚不能最后做出结论。笔者认为还有着第四种可能性：无字碑经鉴定为石灰岩质，较易剥蚀，且今天碑身西南棱距地面80厘米处还有一模糊“帝”字。因此，原石碑极可能是有碑文的石碑，只是由于自然剥蚀，或某种人为因素才使它成为一座无字碑。如果这种观点成立，经过认真的实地考察和资料考证，无字碑之谜当会大白于天下。

3.隶书之祖：汉衡方碑与张迁碑

岱庙东廊房珍藏有两通汉代名碑。一为“汉故卫尉卿衡府君之碑”（简称衡方碑），建于东汉建宁元年。碑高2.4米，宽1.1米，厚0.25米，碑首有圆孔。碑为隶书字体，字形方整严密，神态朴茂敦厚。一为“汉故穀城长荡（汤）阴令张君表颂碑”（简称张迁碑），建于东汉中平三年。碑高2.92米，宽1.07米，厚0.2米。碑额为篆书，碑文为隶书，字体雄强多变，外方内圆。碑体两侧饰以精雕蟠螭，典雅美观，是我国最早的石碑雕饰杰作。

衡方，字兴祖，东汉平陆人，曾任皇宫卫尉。张迁，字公方，东汉陈留人，曾为穀城长（东平县令）。衡方、张迁两碑在汉隶书体中占有重要位置。《玉概》云：“汉碑萧散如韩敕、孔宙，严密如衡方、张迁，皆隶之盛也。”衡方碑、张迁碑的特点是间架稳重，仪态敦厚，“开后来颜真卿正书之渐”。《碑帖叙录》和《平碑记》中都指出，“齐人书多从此出，开魏晋隶书之先源”。

4.隶楷错变：晋孙夫人碑

“晋任城太守羊君夫人孙氏之碑”（简称“晋孙夫人碑”）建于西晋泰始八年，高2.5米，宽0.97米，厚0.2米。孙夫人为晋吏部尚书孙邕之女，嫁任城（今山东济宁）太守为妻。碑原立于新泰新甫山下张孙庄，后移至新泰县学，现藏于岱庙东碑廊。

晋孙夫人碑文词典雅，笔势谨严，笔画方劲，而字体方长，兼有隶体之放逸和楷体之严谨。《艺概》云：“孙夫人碑及吕望表尤为晋隶之最。论者以其峻整超逸，分比梁钟，非过也。”晋孙夫人碑、历城郛休碑和河南太公望表被誉为晋代三大名碑。

5.碑中奇制：武则天双束鸳鸯碑

岱庙内有一座形制奇特的石碑，碑由两块高2米、宽0.6米的长石组成，上首覆盖有阙形碑帽，每石三面有刻文。这就是著名的唐代武则天双束鸳鸯碑，碑原立于王母池西北岱岳观，是现存最早的泰山唐代石碑。

《泰山志》载：“古帝升封设舍所跨处，有石窍存焉，现南址有双碑以盖蚨合而束之，俗名鸳鸯碑。”鸳鸯碑是武则天别出心裁的又一例举，史载：“（高宗时）有司奏事，上或皇后决之。后性明敏，涉猎文史，处事皆称旨。”双束鸳鸯碑则暗喻着唐高宗时帝后共治天下的政治局势。武则天在泰山岱岳观建造双束碑的目的，在于向天下昭示自己的权威和势严。

碑文刻石分为4层，先后刻有唐高宗到唐德宗年间6个帝王、1个皇后在泰山修斋建醮的记事27篇，碑文古拙，不甚工整。其中大周武则天时代的9篇，采用了武则天改制的文字，兼有秦篆汉隶的特征。据双束碑最早一则碑文记载：“显庆六年二月二十二日，敕使东岳先生郭行真，弟子陈兰茂、杜知古、马知止，奉为皇帝皇后七日行道，造素像一躯，二真人夹侍。”显庆六年为唐高宗继位之初，距武则天建大周还有30年之久。由碑文可知，武则天凌驾高宗之上是由来已久的。鸳鸯双束碑是研究唐代政治、宗教、文化史的宝贵实物资料。

图45　唐代双束碑

6. 三体一碑：唐齐州神宝寺碣

“大唐齐州神宝寺碣”，建于唐开元二十四年。碑高2.1米，宽1.34米，原立于灵岩寺北神宝寺遗址，今移置岱庙东廓房。

石碑碑额为篆书，碑文为隶书，碑侧佛经文为行书，一碑而兼三体，书体典雅超逸，为碑中所少见。神宝寺为唐代“域内四绝”之一，碑文记叙了神宝寺的创建沿革和开元年间香火盛况。文中称：“寺内有石浮图两所，各十一级；舍利塔一所。众宝庄严，胡门洞启，石户交晖，返宇锵锵，飞檐𨍭𨍭。”该碑是研究泰山佛教史的宝贵资料。

图46　岱庙宋碑龟座

7. 龟趺螭首：大宋封东岳天齐仁圣帝碑

“大宋封东岳天齐仁圣帝碑”（又称祥符碑），建于宋大中祥符元年。碑高8.2米，宽2.2米，厚0.6米。龟趺台座，四周雕刻精美云纹，碑身古朴挺瘦，碑首由六条螭（古代传说中无角之龙）缠合，倒垂成三角形，雕刻工细，气势感强，是泰山现存最早的龟趺碑。

龟趺螭首碑起源于东汉，兴盛于唐宋，并成为明清时代流行的显贵碑制。趺，即碑座，形象似龟（称赑屃）。古代的龟形碑座与远古图腾崇拜有关，古人认为龟代表长久，《说文》载“龟之言久，龟千岁而灵”，立碑用龟形座，象征

图47　宋宣和碑螭首

万古长存。而螭为碑首，则祈祷着碑主灵魂长安九泉。

祥符碑碑文记载的是自唐玄宗至宋真宗期间，泰山不断被加封各种神号的经过。碑阴为明万历年间山东巡抚题书“五岳独宗”四个大字，每字二尺有余，分外引人注目。

8. 石龟巨制：宣和重修泰岳庙记碑

宋宣和重修泰岳庙记碑位于岱庙配天门东南，与祥符碑成对称之势。碑高9.25米，宽2.1米，为岱庙最大的石碑。碑基成龟形，高1.85米，长4.75米，重约30吨，由一块巨石雕刻而成。石龟四肢着地，龟头昂起，表情生动，为宋代碑雕精品。

碑文记载了宋建中靖国元年到宣和年间陆续修建岱庙的情况，书体师承柳欧楷书，开朗静洁，笔力稍弱。

9. 三美荟萃：大金重修东岳庙碑

石碑立于岱庙天贶殿东南，建于金大定二十二年，高6.2米，宽1.83米，龟趺螭首，雕刻精细。

石碑碑文由礼部侍郎杨伯仁撰写，礼部员外郎黄久约书写，大学士党怀英篆写石碑上额。《金史》称“伯仁字词典丽，久约善书，怀英工篆籀”，该石碑集三人之长，故被后人誉称为“三美碑”。三美碑是金代石碑之首，具有较高的文学、书法艺术价值。

10. 灵岩碑证：元息庵禅师道行碑与中日交通

息庵禅师道行碑立于灵岩寺墓塔林，碑高1.63米，宽0.74米。碑额篆书，碑文行书，书体流利潇洒，为书法艺术杰作。

石碑由日本山阴道但州正法寺住持僧邵元撰文并书，以缅怀他的中国朋友息庵禅师。邵元在元代泰定四年来中国学习佛经，与灵岩寺住持僧息庵禅师交往甚密，结下了深厚的友谊。邵元在碑文中对息庵禅师的传经布法、为人处事评价十分中肯。郭沫若为该碑题诗曰：“息庵碑是邵元文，求法来唐不让仁。愿做典型千万代，相师相学倍相亲。”如今，息庵禅师道行碑成了中日两国人民交往的历史见证。

11. 满空功名：明重开山记碑与中朝友谊

泰安州普照禅寺重开山第一代云公满空禅师塔碑铭记（简称重开山记碑）明代正德十六年九月立，今立存于普照寺院内。

满空和尚为高丽（今朝鲜）僧人，明代永乐初年来到中国，在泰山求法积缘，重建普照寺，先后达二十余年，为泰山佛教的发展做出了巨大贡献。天顺七年闰七月初二日满空禅师圆寂，圆寂前他召集子弟们口占诗一首：“吾年七十五，万物悉归土，光明照十方，无今亦无古。”说罢谢世圆归。

12. 华碑写意：明御制封东岳泰山之神碑

御制封东岳泰山之神碑立于岱庙天贶殿前，建于明朝洪武三年，俗称“去帝号碑”。碑高6.55米，宽1.56米，碑文楷书。碑文阐述了朱元璋去除泰山帝号而改为泰山之神的理由，实际上反映了泰山在明代神圣地位的下降。

该碑的新特点是，龟趺石座脱离了宋元时代的写实风格，而趋于写意。碑首螭的形象精美华丽，纹饰细微。这些特点反映出明代石雕艺术已向丽侈方向发展。

13. 透明晶碑：清重修岱庙碑记

重修岱庙碑记立于天贶殿东南，建于清代乾隆三十五年。碑高5.2米，宽1.5米，龟趺螭首。乾隆皇帝撰写碑文，用汉满两种文字对照镌刻。该碑趺座、碑体、螭首的比例合理，造型优美。碑身石质晶润，磨砺通亮，俗称之为“透明碑”。

14. 刻凿细腻：清御制汉柏图碑

御制汉柏图碑立于岱庙汉柏院内，建于乾隆二十七年，高3.46米，宽1.18米。碑上所刻汉柏及跋语均为乾隆所作。汉柏刻石线条细腻，富有生机。跋语行书，流畅潇洒。为不可多得的画碑杰作。

15. 草书之榜：清杜甫望岳诗碑

杜甫望岳诗碑为泰安知县何人麟书写并立碑，建于乾隆四十九年。是泰山最著名的字碑之一。

何人麟，四川绵阳人，清代知名书法家。碑文录写杜甫《望岳》诗，狂草豪放，一气呵成，遒劲有力。该碑拓片流传甚广，被誉为“海内草书之榜”。

此外，南天门立有元代著名文学家杜仁杰撰写的天门铭碑，岱庙内立金代谷山寺敕牒碑、宋代天贶殿碑铭，灵岩寺立唐代书法家李邕书写的灵岩寺碑、北宋蔡卞的书刻四石等，这些碑都是国内石碑书刻精品。

三、融汇自然：泰山石雕刻建筑的艺术美

艺术美是第二性的美。它是艺术家对自然美感悟的再创造，对社会美体验的再升华。自然美一般侧重形式，社会美一般侧重内容，而艺术美侧重的则是二者的和谐统一，即对客观世界表现与主体思想升华的和谐统一，并在这种统一下着力体现再创造的新颖性与感染力。

我国古典美学对于山石景观自然美的论述较多，而对于石头雕刻、石头建筑等艺术美的论述则较少。西方古典美学对石雕及石头建筑艺术美论述较多，而对山石景观自然美的论述则较少。中外古典美学对自然美与艺术美两者之间关系的探讨都是微乎其微的。造成这一状况的原因在于，我国古典文艺家们重写意而轻写实，而西方的艺术家们则重写实而轻写意。鉴于上述原因，在探讨泰山石雕刻建筑艺术美之前，笔者拟先就自然美与艺术美以及与二者内涵相近的自然景观与人文景观的关系谈点粗浅的看法。

（一）命题思辨——自然的人化与人化的自然

自然美是客观存在的。日月星辰的变幻，山川河流的雄浑，翠松美石的艳丽，都是不依赖于人的主观意象而存在着的美的事物。但是，只有人在实践中

掌握了客观规律并能驾驭客观规律为自己服务时，才能感受到客观存在的自然美。马克思在《1844年经济学哲学手稿》中指出："通过人们的生产活动，自然界才表现为他的作品和他的现实。因此，劳动的对象是人类生活的对象化：人不仅像在意识中那样理智地复现自己，而且能动地，现实地复现自己，从而在他所创造的世界中直观自身。"这段话的中心内涵是在揭示人们在征服自然界的过程中，自然界才具备了实现人类本质力量的审美特点。即：人对自然美的发现与感受，是"由于人化的自然界才产生出来的"(《马克思恩格斯全集》第42卷)。可见，"自然的人化"乃是指人类在征眼世界的生产实践中对自然美的感受。

人们对客观自然美有了感受之后，就会在实践活动中进行能动的、创造性的劳动，并在劳动中注入自己的美感原则，给自然界打上人类鲜明的印记。恩格斯在《自然辩证法导言》中指出："动物也进行生产，但是它们的生产对周围自然界的作用在自然界面前只等于零。只有人才给自然界打上自己的印记，因为他们不仅变更了植物和动物的位置，而且也改变了他们所居住的地方的面貌和气候。"(《马克思恩格斯选集》第3卷)随着人类科学文化水平和审美境界的提高，人们在改造世界的实践活动中，越来越会创造出美的环境和美的事物，这正如歌德所说："人造自然，人从广阔世界里给自己划出一个小天地，这个小天地就贴满了他自己的形象。"(歌德《拉伐戴骨相学著作札记》)歌德所说的"这个小天地"就是"人化的自然"。

以上可见，"自然的人化"是指人类在实践活动中发生的审美意识，它标志着人与自然关系的根本变化；"人化的自然"则是指人类在经历了"自然的人化"审美过程后，实践于客观世界的审美艺术创造。"自然的人化"是审美过程，而"人化的自然"则是创造性的美学成果。

与此相辅相成，人类对自然景观的审美判断与结论，属于"自然的人化"过程。人类对人文景观的创造与成果，则属于"人化的自然"范畴。特别应当强调的是，既然"人化的自然"是在"自然的人化"基础上发生的，那么人文景观也必然从根本上属于自然景观。这一从属关系表现在：第一，人文景观所表现出的艺术美是第二性的，它来源于人类对相关自然景观的自然美的概括化、典型化。第二，人文景观所表现出的艺术美应当融汇自然美，应当高于自然美，但不能是二律背反，不能与自然美产生离心与对抗。

近几年来，旅游事业的发展促进了山岳旅游资源的开发。在这一开发过程中，人们对人文景观的建设，对自然景观与人文景观的关系布局发表了各种各样的看法。有关部门提出，开发旅游资源就要在自然景观区内建设人文景观，就要建设现代化的相关服务设施。而有些学者则对人文景观或服务设施的建设提出这样或那样的指责。究其根本原因，还在于我们对景区开发和旅游美学的基本理论研究不够，这种基本理论研究的薄弱局面还将越来越影响我国旅游景区的开发与建设。

问题十分明显，既然人文景观的艺术美应当是对自然美的概括化、典型化，那么必要的人文景观的建设应当而且必须和自然景观取得和谐一致，景观的艺术美必须融于自然美，一切破坏自然景观的所谓开发，一切功利主义的所谓建设，都将会受到历史的嘲弄与大自然的惩罚。

毫无疑义，对于泰山石头雕刻建筑艺术美的剖析也应当放在自然美与艺术美的关系中去进行，放到“自然的人化”与“人化的自然”的历史行程中去进行。否则，任何滔滔不绝的雄辩都将是形而上学和苍白无力的。

（二）坚实粗犷——泰山石雕刻建筑艺术美剖析

泰山上下的坊亭塔堂等石头建筑和摩崖刻石等人文景观，与自然山石景观的关系如何？换言之，这些石头艺术的建造是否遵循了从“自然的人化”到“人化的自然”的规律了呢？

国内美学界存在着两种截然不同的观点。

一种观点认为，泰山上下的人文景观（包括坊亭塔堂、摩崖刻石等）分布，围绕着朝天祭祀这一主题展开，形成了从岱庙、岱宗坊，经中天门、升仙坊到南天门的朝天中轴线，这些历代建造的人文石头景观与自然山石景观相互映衬，取得了整体的和谐。（见杨辛《泰山美学考察》《泰山研究论丛》第一集青岛海洋大学出版社1989年版）

另一种观点则认为，泰山众多的人文景观所表现的是“臣服化和客观化了的恐怖”，是一种敬畏的虔诚和静穆，“很难与泰山的雄大产生的崇高美相呼应”，“泰山人文景观与自然景观是矛盾、冲突的”（见刘凌《对泰山景观的再认识》《旅游学刊》四卷二期）。

我们初步认为，产生上述分歧的关键在于有的学者忽视了对美的相对性与绝对性关系的认识。与世界上的万事万物一样，美不是凝固不变的，人类在社会实践活动中创造着美，而随着人类社会实践活动的发展变化，美的标准与原则也在发展变化着，这就是美的相对性。然而，美的创造作为人的本质力量的感性显现，又总是蕴含着客观的确定的美的内容，美又具备绝对性。因此，辩证唯物主义美学发展观应当是：在特定历史条件下，各种具体事物所体现出的美是相对美，又是绝对美发展过程中的具体环节。美的相对性是指美在时间、空间上的发展变化，美的绝对性是指事物自身的美的特点与规律。绝对美寓于相对美之中，绝对美的长河由无数相对美组成。譬如古老的万里长城，假如今天仍把它看作抵御游牧民族入侵的军事堡垒，或看作封建专制社会制度下劳苦大众的血泪见证，它显然就不是美的，甚至是丑恶的，罪孽的。而若从它那巍峨的雄姿、浩大的气魄，来感悟人民群众的创造力，感悟中华民族的生命活力，它就是美的。

同样，假如我们把泰山上下的坊殿亭阁等看作祭祀朝天的宗教式建筑物，这些“臣服化”了的“敬畏与虔诚”当然很难与泰山固有的崇高美取得和谐一致。那么，究竟应当怎样看待泰山上下，尤其是中路中轴线上的人文景观呢?

首先，从历史的进程来考察，古帝王的泰山封禅自宋真宗以后便偃旗息鼓。明太祖朱元璋为了强化王朝集权，开国之初便颁布了去除泰山帝号的诏书，有明一代没有举行过一次封禅或祭祀大典。清代的帝王们如康熙、乾隆登临泰山只是象征性地做一番祭天礼拜，其目的主要是观赏山水。乾隆十一次来到泰山，写下的泰山山水诗达170余首，便是很有力的明证。

其次，从我国山水美学欣赏发展进程来看，明清时代正由“比德”进入“畅神”阶段，大批文人墨客乃至达官显贵登临泰山，更大程度上是为了瞻仰泰山的雄姿，领略泰山壮丽的自然景观。雄浑豪放、坚韧不拔、努力登攀的泰山精神已被越来越多的人所认识。尤其进入20世纪以来，奋力登攀、坚韧不拔的精神更成为泰山社会审美的主流共识。今天我们所看到的泰山上下的坊亭塔堂和摩崖题刻大多建造于明清时代，因此它所体现的只能是明清时代的社会精神。至于明清时代以前的某些人文景观的政治宗教色彩，也正在逐渐被削弱，甚至被淹没。假如我们认真地、身临其境地去陶醉，而不是马虎地主观臆想地去推断，就会突然发现无论从石雕石刻石头建筑的数量，还是从其实质内涵上来看，它们所表现的已不是“臣服化”和“祭祀朝天”的宗教意义。

1. 登攀的壮歌：泰山石头艺术的整体和谐美

假如你不是乘旅游车和缆车，而是由中路攀登七千级石阶盘道到达极顶，10余公里的山道自然景观和鳞次栉比的石坊、石亭、摩崖、碑林等，会使你陶醉和振奋。当你由升仙坊一鼓作气跨越十八盘到达南天门时，天地豁然开朗，尽管你会大汗淋漓，尽管你已筋疲力尽，但此刻你会油然产生一种亢奋壮美之感，仿佛刚刚欣赏过一曲登攀的壮歌——每一个脚踏实地攀登过泰山七千级盘道的人，都会留下这种审美直觉。

从岱庙坊到岱宗坊是这一壮歌的序曲。穿越巍峨的石坊，一种急于向上登攀的激情便在你胸中酝酿。在一天门石坊下，你会感受到艰辛的登攀已经开始，天阶石坊告诉你已踏上登天的路程。一路上，“登高必自”“初步登高”“渐入佳境”等摩崖刻石时时在激励你加快登攀的步伐。到壶天阁下，你已感受到登攀的艰辛，“登此山一半已是壶天，造极顶千重尚多福地”的石刻又使你来不及驻足，穿越那神奇幽深的石券门洞继续向前。

中天门石坊下，“但去莫复间，白云无尽时”“中华精神”等摩崖刻石分明在激励着你：是中华儿女，莫停步，再向前。过云步桥，到对松山，“若登天然”“同步青云”“群峰拱岱”“河山元脉”等刻石，又使你初感登高望远之快乐。在十八盘下，遥望天门云端，天梯倒挂，大有进退维谷之势，云雾中的升仙石坊又使你浮想联翩，而两侧山崖“努力登高”“共登青云梯”的刻石，则鼓励着你挽起同伴的臂膀，一鼓作气，跨越十八盘，登上南天门，引吭高歌“天门一长啸，万里清风来”。

的确，没有哪一座大山像泰山这样注重石坊、石阁、石桥和摩崖刻石等的精神内涵与艺术功能。泰山石头建筑的艺术功能，第一是显示整体的和谐美，岱宗石坊、一天门石坊、中天门石坊、升仙石坊、天街石坊等将曲折蜿蜒的山道串联为一体，给登攀者以正在攀登上天之途的感觉，并时时提醒人们已进入了一重天界、二重天界、三重天界。这些石头建筑已成为鼓舞人们“奋发向上，不到天庭非好汉”的推动力。第二是切割不同景区，一天门石坊、壶天阁、中天门石坊、云步石桥、升仙石坊等将泰山南麓划分为若干小景区，细心的游人会发现坊与坊，坊与阁、阁与桥之间的自然山石及树木花草是各具特色的。

摩崖刻石的艺术功能，第一是写意导游，如“渐入佳境”告诉人们从这里开始山色越来越清秀，“回马岭”表明前面山路崎岖坎坷，“至此又奇”提醒人们注意此地山石奇观等。第二是激励精神，如“努力登高”“我亦登临”“勇登仙境”“但去莫复问，白云无尽时”等摩崖刻石，总是在人们感到疲惫的时候出现在道旁山崖，地点的选取和登攀时机的选取都颇具匠心。如果说泰山石头建筑组成了这一首登攀壮歌的骨架的话，这些摩崖石刻则是这首壮歌高亢的旋律。

2. 美妙的变奏插曲——泰山石头艺术的多彩美

在这一曲和谐高亢的登攀壮歌里，泰山石头艺术还显示出它的多彩美。

山崖上或隽秀典雅，或寓意深邃的文人题刻是壮歌中的抒情变奏。借石写意的如“月色泉声”“涛声云路”“松风泉韵”“云桥飞瀑”等；凭石寓意的如“仰不愧于天，俯不怍于人”“从善如登”“山险心平”“洗心”“涤虑”等；以石明志的如“国家柱石”“一尘不染”“神州磊落”等，这些意美情深的刻石在长达10余公里的盘道两侧间或出现，调节了游人的情绪。不少刻石又是对周围山石自然美的概括与升华，极易引起人们的共鸣。

分布在中路盘道两侧谷地崖巅的石亭、石窟等可以说是这首壮歌中美妙的插曲。经石峪高山流水亭的超逸冷峭，黑龙潭萃美亭的幽深秀美，回马岭金星亭的慈祥大度，舍身岩石龛的神秘幽然，神通寺四门塔的古朴雄峻……都将这首气势磅礴的壮歌点缀修饰得更加充实，更加丰满。

然而，这些丰富多彩的插曲又与壮歌的主旋律是和谐一致的。如经石峪处“曝经石”三个大字，自下朝上看是倒置的，而从南天门鸟瞰它却是正刻的。其旁的高山流水亭石刻楹联为“天门倒泻一帘雨，梵石灵呵千载文”，上与南天门呼应，下与中溪河连接。这些都体现了营造者宏大的整体构思，即使在僻静的经石峪谷地营造石亭、摩崖，也时时紧扣着壮歌的主旋律。

3. 坚实的壮歌基调：泰山石头艺术的粗犷美

与南方园林轻巧玲珑的风格不同，也与皇家庭园华丽高雅的风格大相径庭，泰山石头艺术所显现的是一种独有的粗犷简约风格，除岱庙建筑群外，泰山上下的石头建筑很少见到琐细的雕饰和花花绿绿的渲染。这些建筑造型以利用直线为多，如一天门坊、中天门坊、升仙坊、高山流水亭、萃美亭、四门塔等代表性石头建筑都是采用直线、直折线、方形、三角形装饰图案，建筑整体给人以坚实稳定、粗犷刚强之感。这与南方园林建筑较多采用的曲线弧线、花朵形、椭圆形等所显示出的柔和的优美感，在形式美的使用上有着原则性的不同。明代著名文学家张岱登临泰山时就发现了这种不同，他说“泰山元气浑厚，绝不以小巧玲珑示人”，可谓一语中的。

（三）融于自然：泰山石头艺术美的升华

泰山自然山石所表现出的雄浑厚重的自然美，本书第一章已做了论述。本章前二节的论述中又揭示了泰山石头艺术美坚实粗犷的特征。这样，泰山的自然美与艺术美就取得了美学特征的一致性。

元人李澄叟在《画论》中说：“北人山水，布置拙浊，法度莽朴。”泰山石头艺术美的坚实粗犷风格是融于雄浑厚重的自然美之中的。

首先，由于泰山石头雕刻、石头建筑采用的大多是泰山本身的花岗岩，在色泽、质感等方面就取得了与大山一致的形式美。古人云“山之体，石为骨”，泰山坊亭堂阁所采用的花岗石是使建筑艺术美融于自然美的基音。在这些建筑中，既有全石结构的坊堂塔台建筑群，又有全石结构的亭阁建筑小品，既有突出石头部件的砖石、木石建筑，又有以石刻为主的碑砌建筑。尤其高明的是，许多未加雕凿的自然石也被巧妙地组织到建筑艺术中来。如玉皇顶庙中央的“极顶石”，后石坞娘娘庙中的“昊天石”等，作为自然天成的美石、奇石，被组织进建筑群，使自然山石美与建筑艺术美融为一体。在中路盘道和极顶的不少人文建筑中，许多自然石也不经雕凿地被用作石栏、石墙的一部分，使得自然景观渗透进人文景观之中，内外呼应，显示出本色的自然美。

其次，泰山石头建筑、石头雕刻在巧借自然山势方面也突出体现了融于自然的特征。一天门、中天门、南天门三座中轴风景线上的主要石头建筑，分别建造在三级地势阶梯上，突出了自然山势的区别，加强了山体递进增高的节奏感，起到了画龙点睛的艺术效果，既与泰山自然山势融为一体，又是对泰山自然美的升华。南天门可以说是巧借自然山势的典范之作，它坐落在飞龙岩与翔凤岭之间，双峰对峙，门倚绝壁。山因天门而愈峻，天门因山而愈雄。巨大的天门石券将攀登者的视线聚为一点，而穿越石券，天界豁然开阔，起到了欲放先收的艺术效果。在人们即将完成艰苦的登攀，快要到达极顶之际，位于双峰之间的南天门又起到了点明主题、升华主题的作用。

历代勤劳智慧的建设者们，始终按照融于自然、升华自然的美的规律开发泰山、建设泰山，为我们留下了中华民族艺术美学的典范之作，它是我们民族文化库藏的瑰宝。今天，只有更认真、更深入地研究它、领悟它，我们才能在借鉴与扬弃的过程中发展它、完善它。泰山是世界自然与文化双重遗产，这一殊荣的获得凝聚着五千年来中华儿女的心血与汗水，更是中华民族的骄傲与自豪。在改革开放、大步走向世界的形势下，我们更应认识到保护这一世界自然与文化遗产的历史责任，那些不遵循自然规律的做法应得到制止，那些不顾及子孙后代的功利主义行为应受到谴责。

第六章
意蕴深邃的社会内涵

子张曾经问孔子："仁者为什么乐山呢？"孔子答道："因为山巍峨高大。"子张又问："巍峨高大有什么可乐的呢？"孔子说："山上有茂密的草木，鸟兽在这里繁衍，财用从这里出产，大山是正直而无私的。四面八方的人都到这里砍伐，大山正直而无私。吐纳风云，通于天地之间，阴阳和合，滋生雨露润沛天下万物，百姓们都能得到衣食。这是仁者所以乐山的根本原因。"（《孔丛子·论书》）这段对话是我国历史上最早涉及大山社会内涵的记载。孔子告诫弟子们，做人要像大山那样正直无私，他以比德的方式说出了一番深刻的人生哲理。

《吕氏春秋》云："石可破也，不可夺其坚。"认为正人君子应当像山石一样，坚贞不渝地追求事业志向，不能在困难的情况下为苟全自己而放弃节操。后来的"宁为玉碎，不为瓦全""泰山不能移，威武不能屈"，讲的都是这类意思。建安七子之一的刘祯则以顽石自喻，他说："石出荆山元岩之下，外炳五色之章，内秉坚贞之志，雕之不增文，磨之不加莹，禀气贞正，禀性自然。"可见，我国历代文人志士为自然山石赋予了深邃的社会内涵。

前面几章分别论述了泰山的山石景观、石头家族、石头崇拜、石头文学和石头艺术。作为泰山石文化的不同侧面，它们又交会为一个点：即泰山石文化的社会内涵，亦即其社会美学特征，它是泰山石文化，也是中华石文化的核心内容。

一、美的升华：从博大崇高到泰山北斗

第一位赋予泰山社会内涵的人是春秋时代的晏婴。晏婴，字平仲，齐国人，曾先后辅佐齐灵公、齐庄公、齐景公治国理政，为春秋时期一代名相。他曾这

样告诫人们："泰山之高，非一石之积。"（《子华子卷下·晏子问党》）意思是泰山这样巍峨高大，不是一块石头堆积而成的，一个国家要办好自己的事情，更要有许多有才能的人辅佐。

秦始皇一统天下之前，为防止异国的渗透颠覆，曾颁布过驱逐其他诸侯国侨民的逐客令。大智大谋的丞相李斯犯颜直谏，他告诉秦王嬴政："泰山不让土壤，故能成其大。江河不择细流，故能成其深。王者不却众庶，故能明其德。是以地无四方，民无异国，四时充美，鬼神降福，此五帝三王之所以无敌也。"（《谏逐客书》）他从泰山之大因不让土壤开始，说服了秦王，取消了逐客令，广纳天下英杰贤士，成就了一番惊天动地的大事业。

晏子和李斯从泰山博大崇高的自然特征出发，引申出了治国安邦的大道理，这些寓意深刻的话语成为后世的至理名言。历代文学家取意于泰山博大崇高的比喻很多，韩婴有"泰山不让砾石，江海不辞小流，可以成其大也"（《韩诗外传》卷三），"泰山不让砾石"的取喻实际上较"泰山不让土壤"更为准确。清代文学家郑世元有"泰山不自高，因丘垤以形"（《感怀杂诗》），告诉世人要做泰山般崇高的谦谦君子。这一类比喻的共同特点是取形明喻，由客体而主体。

《礼记·檀弓上》里有这样一段记载："孔子蚤（早）作，负手曳杖，消遥于门，歌曰：'泰山其颓乎！梁木其坏乎！哲人其萎乎！'"这里孔子以"泰山其颓"自喻自己行将离世，实际上是将泰山人格化的开始。于是，孔子的弟子们也纷纷用泰山来比喻自己的祖师，《孟子·公孙丑上》歌曰："泰山之于丘垤，河海之于行潦，类也。圣人之于人民，亦类也。出于其类，拔于其萃，自生民以来，未有盛于孔子也。"泰山是一切丘垤不能类比的大山，孔子像泰山高于群山一样，出类拔萃，没有什么人能超越他。

西汉伟大的史学家司马迁首先用"人固有一死，或重于泰山，或轻于鸿毛"来歌颂视死如归的伟大精神，他再次将泰山博大崇高的自然特征抽象出来，赋予更深更广泛的社会内涵。而宋代著名文学家欧阳修则抓取泰山博大崇高的特征，将其人格化，他说："自（韩）愈没，其言大行，学者仰之如泰山北斗。"（《新唐书·韩愈传》）韩愈是唐代古文运动的领袖，他曾不顾世俗非议，团结了一批才华横溢的文人，受到后世文坛的敬重。欧阳修将韩愈比作巍峨博大的泰山和闪耀在星空的北斗，表示了他对韩愈的敬重，也开创了"泰山北斗"人格化的先河。至此，泰山博大崇高的自然美已升华为人格化的社会美。

泰山作为备受尊重的人格象征很快从文坛走向民间。宋代晁说之《晁氏客话》记载当时民间风情时说："俗呼妻父为泰山……今人乃呼岳翁。又有呼妻母为泰山，呼叔伯丈人为列岳。"妻父、妻母这些受到尊敬的长辈在宋代时就已被尊称为泰山，这一习俗流传至今。

在民间，泰山还成为高于自己的人的代名词。明代《水浒传》第二回中，九纹龙史进冲撞了禁军教头王进，史太公忙说道："师父如此高强，必定是个教头，小儿有眼不识泰山。"史太公将王进比作泰山，以表示自己的歉意。冯梦龙的《古今小说》卷二十七中有："其妻有眼不识泰山，弃之而去，到后来悔之无及。"《二刻拍案惊奇》卷三十三中有："这是有眼不识泰山，罪该万死。""泰山"成为广泛流行的尊称代词，而"有眼不识泰山"则成为冒犯别人后赔礼的道歉用语。

以上可以看出，泰山博大崇高的自然美经过几千年来的深化、演绎，最终已升华为崇高精神和伟大人格的象征。重如泰山、泰山北斗等已成为中华民族精神的有机组成部分。

千百年来，泰山精神鼓舞着一代又一代中华儿女为民族事业前仆后继，勇往直前。维新志士们呼喊："若必择死所，而谓泰山鸿毛，轻重有异，则虽死之事恐亦不能死矣。"（《敢死论跋》）辛亥革命志士们呼喊："当此国基未固，人才消乏之秋，逝者如斯，将谁与支撑危局？泰山梁木，同人等悲不自胜。"（《民国通俗演义》第二回）毛泽东告诫红军战士："为人民利益而死，就比泰山还重。替法西斯卖力，替剥削人民和压迫人民的人去死，就比鸿毛还轻。"（《为人民服务》）泰山所象征的伟大精神已深入到中华民族每个人的心目之中。

人们敬仰泰山，歌颂泰山精神，常常以泰山石寄托自己的希冀与愿望。北京天安门广场人民英雄纪念碑和毛主席纪念堂基石特意选用泰山花岗石，象征着人民英雄和领袖的死重于泰山。远离泰山的上海龙华烈士墓、伟大共产主义战士雷锋墓、河北李大钊烈士墓等均以泰山花岗石筑砌而成，是人民群众在歌颂烈士们为国捐躯的精神像泰山一样崇高。

不仅如此，泰山精神的文化影响甚至还超越了国界。泰山徂徕石料厂近年来为日本制造的花岗石墓塔、灯塔十分畅销。中国建筑石雕公司承造的几内亚"11・2"纪念碑全部选用泰山花岗石雕建，它同样寄托着人们对为争取独立而献身的几内亚烈士们的悼念和敬仰。

那么，我们更深入一步地探讨，产生这一巨大文化效应的基础究竟是什么呢？换言之，泰山博大崇高的自然美是怎样升华为社会美的呢？

自然界是文化产生的基石。西方美学家荷迦兹曾说："层峦叠嶂包含有一种逼人的魅力，汪洋大海则以其浩瀚无边而动人心魄。但是，当眼前出现巨大的美的形体时，我们的意识则会体验到一种快感，恐惧就变成崇敬感。"(《美的分析》)荷迦兹从层峦叠嶂对人的心理所产生的"逼人魅力"，引出了崇敬感的产生。康德也曾指出："关于自然作为一种势力，乃是一种对各种大的障碍优越的机能，它叫作一种威力。假使它对于那自身具有力量的抵抗也是优越的。自然，在审美的评赏里看作力，而对我们不具有威力，这就是力学的崇高。"(《判断力批判》)康德更明确认为，自然界中那些巨大的而对人类不产生危害"威力"的东西，便会产生"力学的崇高"。康德与荷迦兹观点的相同之处是都认为自然界巨大的形体会使人产生崇高感。不同之处是一个认为使人产生恐惧的形体产生了崇高感，一个则认为是对人们不具备威力的巨大形体产生了崇高感。

我国现代美学专家认为，自然界里的崇高常常表现为外在形式的粗犷、严峻，而社会的崇高则常常表现为对抗、冲突、挫折和压抑下的奋起。自然界里的崇高向社会崇高转化，常常以现实客体(如高山、大海等)压倒实践主体(人本身)为外在特征。其在内里又表现为受到客体压抑的实践主体，充分地激起了实践主体(即人)的本质力量，并在一刹那间焕发出要征服客体的强大精神力量。崇高不是主客体和谐统一的静态美，而是双方在对立、冲突之中趋向统一的动态美。(刘叔成、夏之放著《美学的基本原理》)显然，这段描述揭示出了人类在巍峨大山、滔滔江河面前心理变化的辩证规律。

我们在第一章曾对泰山雄伟壮丽的自然美做过分析。面对主峰突出，群山伏偃，形体巨大，峭壁绝岩的泰山，古人曾用"根盘齐鲁不知几千里，巍然而立，俨然一伟丈夫"来抒发自己的感觉，已含有自然美向社会美转化的因素。人们在攀登泰山的过程中，在峻峭巨石绝壁下先是有一种自身的压抑感与渺小感，继而产生对泰山崇高美的仰慕。在这种压抑与仰慕的双重心理下，征服感与挑战感在悄悄滋生：一定要攀上峭岩绝壁，到达极顶。对泰山崇高自然美的敬仰，以及由自然美向社会美的渗透和升华，就是这样滋生与转化的。

社会是文化产生的必要条件。黑格尔曾指出："我们不能把自然界估计得太高或者太低，爱奥尼亚明媚的天空固然大大地有助于荷马诗的优美，但是这个明媚的天空决不能单独产生荷马。”（《历史哲学》）文化产生的基石是自然界和自然之美，然而不同文化又是在特定社会环境中出现并发展的。我们在第二章曾论述了泰山山石崇拜的发展过程，在商周山神合一泰山崇拜的基础上，出现了孔子的“泰山梁木”之喻。秦汉帝王的泰山封禅加剧了泰山神圣人格的发展，出现了司马迁的“重于泰山”之喻。隋唐时代五岳制的最后形成和泰山五岳独尊地位的确立，出现了欧阳修的“泰山北斗”之喻。可以很明显地看出，历代文史学家们是在时代氛围的熏陶与驱使下才实现了泰山自然美向社会美的转化与升华的。另一方面，历代文史学家们对泰山自然景观的赞美歌颂，使得人们不断领悟并丰富了泰山的自然美，而对泰山社会美的领略则使泰山的美学内涵不断得到充实与发展。

以上可见，从泰山博大崇高的自然美向社会美的一次次转化与升华，乃是自然界与社会氛围交叉作用的结果。历代文史学家们在雄伟崇高的泰山面前，受到时代的驱使与制约，才实现了这些转化与升华。这一观点既区别于某些西方学者的“地理决定论”，又不同于我国美学界流行一时的“社会决定论”，它主张自然与社会的双重作用和辩证统一。

二、美的拓展：从安稳凝重到国泰民安

泰山社会美的基本内涵是博大崇高之美的人格化。在这一基本内涵不断充实发展的行程中，其外延也在悄悄拓展。

泰山社会美外延的拓展主要表现在其安稳凝重的自然特征逐渐被取喻进社会范畴。《癸辛杂说》云：“泰山如坐，桓山如行，嵩山如卧，华山如立，衡山如飞。”我们在第一章里曾对泰山宝塔式叠垒的山体、三大台阶递进的山势做了详细的论证。“泰山如坐”的安稳凝重的自然特征，触发了历代文史学家们的联想。

汉代的枚乘是历史上第一位以泰山安稳凝重的特征形容人们处事稳健的文学家。他在《上书谏吴王》中写道：“必若所欲为，危于累卵，难于上天；变所欲为，易于反掌，安于泰山。”枚乘是吴王刘濞的文学侍从，他对吴王的割地谋反提出反对，并写了这篇《上书谏吴王》。东汉人注解《易经》有“安如泰山，

福喜屡臻”(《易林·坤·中孚》)，是对人身安康的祈祷。

唐朝天宝年间杨国忠当权，“有劝进士张彖谒杨国相者，曰：‘富贵可立至’。彖曰：‘人以国忠为泰山可倚，吾视之如冰山耳。若皎日既升，得无失所恃乎？’”(《天宝遗事》)进士张彖的话里使用了“泰山可倚”，其取意也在于泰山平安稳靠。明代罗贯中《三国演义》四十五回中，孔明为情势所迫留居东吴，刘备为孔明安全担忧，孔明在分析了敌我友三方军情后说“亮虽居虎口，安如泰山”，表现出一代军事家的大智大勇。《镜花缘》中记述唐武则天当政，也有“武后恃有高关，又仗武氏兄弟骁勇，自谓稳如泰山”的句子。稳如泰山的外延已由个人扩展到军旅。

《后汉书·广陵王荆传》中有：“功易于泰山破鸡子，轻于四马载鸿毛。”其比喻是取意于泰山之重，但与司马迁的“泰山鸿毛”之喻不同，它是用于形容两军力量殊悬，强者必然摧毁弱者的。《晋书·孙惠传》云：“况履顺讨逆，执正扶邪，是乌获摧冰，贲育拉朽，猛兽吞狐，泰山压卵，因风燎原，未足方也。”将“泰山破鸡子”简化为“泰山压卵”。后来，“泰山压卵”成为形容军队阵容强大的成语，如明代《何忠节传》中有：“六军之来，殄此丑夷，如泰山压卵耳。”以泰山雄伟稳固的自然美形容军阵的强大，取喻鲜明生动。

后“安如泰山”“稳如泰山”等由用来形容个人、军队或某个集团，又扩大到比喻国家平安、江山稳固。古人认为：“天下之安，犹泰山而四维”，“泰山安，则四海安”。《易经》中的“泰”，被后人解释为“吉、亨”，卦形上为乾，下为坤，乾为天，坤为地，乾坤合璧，天地相交，才能平安，而泰山则是“万物之始，天地交泰”之地，“履而泰，然后安”，于是泰山便更有了平安吉祥的含义。《淮南子·齐俗训》有“百王太平，升封泰山”，汉武帝《鼎铭》有“登于泰山，万寿无疆，四海宁谧”，而唐太宗泰山封禅则被誉为“率土致复盂之安，丕基成盘石之固”，这些都是取喻于泰山的平安稳固。

到了宋代，“安如泰山”的间接形容词又演化为更加直接的成语，《梦粱录·山川神》中说：“春秋醮祭，诏命学士院撰青词，以祈国泰民安。”泰山脚下的泰安城原称奉高、奉符等，到了金元时期而改称泰安，并一直演用至今，其内涵当然可理解为国家像泰山一样吉祥稳固，人民像泰山一样平安福康。

如前所述，自然界是文化产生的基石，社会是文化产生的必要条件，泰山在自然美向社会美的转化升华中受到自然与社会的双重作用，而在其社会美外延的拓展进程中，则更直接、更多地受到了社会因素的影响。泰山的自然美早在人类出现以前就已客观存在着，但只有随着人类社会的产生和发展，它才不断被感悟，被深化。当泰山的自然美渗透并转化为社会美之后，它又是随着社会的发展而变得丰富多彩。譬如，只有在出现了军队和国家后，才有可能出现军队安如泰山、国家安如泰山的形容。

其次，与自然美不一样，社会美内涵的充实发展有着明显的社会功利性。人们的社会实践活动无不带有明显的目的性，而社会审美活动又是在社会实践中产生的，这就使得社会美必然披上功利主义的色彩。如“泰山安，则四海安”，“登于泰山，四海宁谧”观念的产生，都是与封建帝王封禅泰山，加强政治统治息息相关的。

三、大山之问：历史的继承与时代的批判

泰山在中华民族人民的心目中是神圣的，人们把黄河泰山看作伟大祖国的象征。在十八盘上，我们常常看到朝气蓬勃的年轻人相互搀扶着，朝着极顶进发。泰山精神鼓舞着一代又一代中华儿女为了民族振兴前仆后继奋勇登攀。在泰山脚下，我们常常看到那些鬓发斑白的海外游子，神态庄重地包起一撮黑土、一枚石块，带着它们漂洋过海，供奉在异国他乡。

“泰山者，乃群山之祖，五岳之宗，天帝之孙，神灵之府。”5000年来，泰山对我国的政治宗教、伦理文化等产生了巨大影响，对中华文化以及民族精神的形成起到了至关重要的作用。泰山与泰山石成为中华文化、民族精神的承载客体。

今天，当我们从自然与社会的双重角度来审视这座古老的大山时，人们不禁要问：什么是泰山精神？它在中华民族的过去与未来曾经产生和将要产生什么影响？

（一）高尚与坚韧——泰山象征的民族精神

“高山仰止，景行行止。”（《诗经・小雅》）中华民族特别敬仰高尚的品格和伟大的人品，早在2000多年前孔夫子就告诫弟子做人要像大山一样崇高，这些告诫也成为后世人们处世的准则。

千百年来，人们常常用泰山来象征高尚伟大的精神。这些精神包括：做人要高尚磊落，如泰山般博大崇高——“仰之者如泰山北斗”；做人要有气节，威武不能屈，富贵不能淫——“泰山压顶不弯腰”；为正义事业而战，甘洒热血写春秋——“人固有一死，或重于泰山，或轻于鸿毛”；在逆境中要庄敬自强，奋斗不息——“虽居虎口，安于泰山”；在困难的情势下要勇于接受挑战——“泰山崩于前，面色不变”，“要学那泰山顶上一青松”；要有战胜困难，克敌制胜的自信心——“六军之来，泰山压卵”。而这些则构成了泰山精神的基本内涵。

泰山精神的上述基本内涵最初都萌发于两汉时代，它所崇尚的伟大人格和高尚精神又在泰山石文化中得以充分物化，并集中体现为坚韧不拔的奋进精神，我们仅将以“登”字为主题的摩崖刻石联系起来，就可清楚地感受到这一主旋律。

在一天门盘道起步处，“登高必自”刻石一开始便告诉人们要具有脚踏实地、循序渐进的苦干精神。接着，“初步登高”“勇登佳境”等刻石又时时给人以提示与激励。到了十八盘下，人们已筋疲力尽，可“努力登高”的刻石又激起奋力登攀的勇气。一个“登”字，反复重叠，反复强调，突出的正是坚韧不拔的伟大精神。而坚韧不拔、百折不挠正是中华民族精神的有机内涵。

快活三里处有这样一段刻石：“愿同胞努力前进，上达极峰，独立南天门，高瞻捧日（拿）云，可以张志气，拓胸襟，油然而生爱群拯世之心，感斯山之固稳，国家柱石，曰然曰峻，巍然民族之威。”慷慨激昂，情真意切，可以说是中华民族坚韧不拔奋进精神的鲜明写照。今天，在泰山盘道上可以看到上至白发老人，下至幼稚孩童，都在以同样顽强的意志向极顶登攀，在他们身上显示出的正是中华民族向往崇高与光明，吃苦耐劳和奋进不息的传统美德。

泰山精神又是泰山文化的灵魂。石头崇拜的扑朔迷离，石头文学的璀璨夺目，石头艺术的奔放质朴，无不渗透着泰山精神的阳刚之气。《列子·汤问》云：“伯牙善鼓琴，钟子期善听，伯牙鼓琴，志在高山，钟子期曰：‘善哉！峨峨兮若泰山。’”的确，崇高的泰山精神以其雄健的生命活力感昭着一代又一代华夏子孙，为民族大业奋争不息，生生不已。如今，在建设现代化强国的历史征程中，泰山精神又激励着亿万中华儿女苦苦探索，百折不挠，走向明天。“峨峨兮若泰山，洋洋兮若大河”的中华精神，是中华国魂所在，希望所在。

（二）向心式独尊——泰山与民族思维

《淮南子·坠形训》曰："中央之美者，有岱宗，以生五谷桑麻，鱼盐出焉。"古人认为泰山位于天下的中心，而"事在四方，要在中央"（《韩非子·杨权》），泰山维系着天下的四面八方。于是，汉代便出现了"五岳独尊"，泰山是高于其他四岳和天下所有名山大川的，它应当受到天下人的崇敬和朝拜。这便是向心式的思维模式。

向心式思维模式是指人们的思想指向一个中心，而不会轻易改变。人们的思维往往着眼于地域空间，着眼于四面八方的内聚力。在这一模式之下，人们需要中心，崇拜中心。我们的远古祖先认为自己"外薄四海"，处在"四夷"之中，因而自称"中国"，《诗经》中有"惠此中国，以绥四方"之说。汉代人更进一步认为："或曰，孰为中国？曰王政之所加，七赋之所养，中于天地者为中国。"（《法言》卷四）认为华夏中原是文明的渊源、世界的中心，"居中夏而治四方"的观念根深蒂固。明代末年来华传教的利玛窦这样说："中国人认为他们的辽阔领土的范围，实际上是与宇宙边缘接壤的。"（《中国札记》上册）"中央大国，万邦来朝"正是中华民族向心式思维模式的体现与表露。"华夏中央"说与"泰山中央"说出于同一思维模式和思想渊源。

向心式思维模式对我们的民族产生了正反两个方面的作用力。

一方面，向心式思维模式有着强大的内聚性和同化力。在我国漫长的历史长河中，虽然经历了诸如春秋战国、魏晋南北朝、五代十国这类的割据局面，但每一次割据动乱都是以大一统形成而结束。在"分久必合，合久必分"的历史进程中，岁月流逝，朝代更迭，但泰山的神圣地位并没有变，作为天下中心的标志，它成为中华民族的内聚力源。即使是少数民族，在入主中原建立新王朝之后，很快就接受了泰山独尊的观念，并被泰山文化所同化，从北朝、金、元、清历代统治者祭拜泰山的活动中，可以清楚地看到这一点。

与泰山"五岳独尊"的观念相辅相成，汉代董仲舒提出了"罢黜百家，独尊儒术"，他说："《春秋》大一统者，天地之常经，古今之通谊也……臣以为诸不在六艺之科、孔子之术者，皆绝其道，勿使异进邪辟之说，然后统纪可一，而法度可明，民知所从矣。"（《汉书·董仲舒传》）"儒术独尊"与"泰山独尊"相互呼应，形成了"帝王独尊"的思想文化理论基础，其实质皆在于加强封建的专制统治。

历史地看，向心式思维模式以及它所表现出的内聚性和同化力，对于维护祖国统一，促进民族大融合起到过积极作用。它还使得祖国传统文化能得以陈陈相因，保留了较大的完整性。

另一方面，向心式思维模式还表现出了较强的排他力和封闭性。“帝王居中，抚驭万国，当如天地之大，无不复载”，这一“万国中心”“唯我独尊”的思想对外来新思想、新事物采取了顽固的排斥态度。甚至到了清代中叶，曾十一次登临泰山的乾隆还拒绝英国人通商的要求，他说：“天朝物产丰盈，无所不有，原不藉外夷货物以通有无。”（《粤海关志》卷二十三）这一“天朝尊大”的思想，使得中国一再失去顺应大潮，引进先进科学技术的历史契机。

当“天朝独尊”的梦幻被西方列强的炮舰打破后，封建统治者的排他性则朝着封闭性滑去。鲁迅先生曾这样说道：“汉唐虽然也有边患，但魄力毕竟雄大，人民具有不至于为异族奴隶的自信心。或者竟毫未想到，凡取用外来事物的时候，就如将彼俘来一样，自由驱使，绝不介怀。一到衰弊陵夷之际，神经可就衰弱过敏了，每遇外国东西，便觉得仿佛彼来俘我一样，推拒惶恐、退避，抖成一团，又必想一篇道理来修饰……”（《坟·看镜有感》）从“将彼俘来”到“彼来俘我”，鲁迅先生将向心式思维模式下的独尊者刻画得入木三分，惟纱惟肖。

“独尊儒术”也罢，“五岳独尊”也罢，其实质都是为封建专制政治服务的，泰山作为“群山之祖”，是统治万山之神的，封建帝王作为“一国之尊”，则“天下之事无大小皆决于上”，二者息息相通，正因为如此，历代君主功业告成之后总要登临泰山，封禅告祭。

（三）守成式主静——泰山与民族个性

孔子曾说：“仁者乐山，知者乐水。仁者静，知者动。”在孔子的心目中，大山作为仁者的象征，有博大崇高的一面，也有静穆持重的一面，“静以养身”“静观自得”等都是儒家的处事准则。泰山的安稳凝重对于民族个性的形成有着积极的作用，但它也自然成为仁者主静的崇拜目标。另一方面，向心式的独尊由对外的排斥发展到封闭自守，便成为守成式的思维模式。“坐以守成”与“静观自得”两种渊源相近的观念结合起来，便形成了守成式主静模式。

李大钊在考察中西文化区别时曾指出：“东洋文明是静的文明，西洋文明是动的文明。”（《由经济上解释中国近代思想变动的原因》）的确，千百年来，守成式主静的思维模式对中华民族个性的形成产生了巨大的影响。十分显然，泰山的“五岳独尊”“安稳凝重”等社会内涵里，也必然包括守成式主静的民族个性。

守成式主静的民族个性使中华民族成为爱好和平的伟大民族。在这种民族个性的熏染之下，守成静泊、谦恭老成成为世人所崇尚的伟大品格，它对于中华民族传统伦理道德观的形成和社会的稳定都起到了至关紧要的作用。

然而，守成式主静的思维模式对于民族个性形成所产生的消极作用更是不容忽视的。首先，守成式的主静不是面向明天，开拓未来，而是拘守于现实，着眼于纵向的平缓推移。它使得国民缺乏开拓精神，对旧传统、旧思想采取保留的态度，抹杀了人们的创新精神。在这一模式下，“知足长乐”成为国民崇尚的思想境界。毫无疑义，在大多情况下“守成”与“知足”都是守旧懒惰的同义词。在“小富即安”或“业成功就”之后，便是“创业难，守业更难”的告诫格言，一个“守”字抹杀了人们继续开拓的进取精神。

其次，守成主静的思想必然滋生中庸之道，因为唯其居中才能居稳，唯其位居中稳才能致静，中庸之道的实质就是不偏不倚、圆滑老成，20世纪20年代梁漱溟与林语堂先生都曾一针见血地指出过中国国民性的这一特征。在这一思想指导下，坏的东西可以不受到谴责与惩罚，好的东西也得不到赞扬与光大。凡是有棱角的一律要受到指责刁难，圆滑的则受到支持鼓励。于是，恶势力逍遥了，真善美的却在无形中被扼杀了。鲁迅先生曾为此向国人大声疾呼“要热烈地主张所是，热烈地攻击所非”，并说“唯此，中国才有希望”，这是十分中肯而准确的。

说到底，守成式主静的思维模式渊源于小农经济安土乐天的思想，它是直接由农业文明中生发出来的国民个性。在小农经济形态中，男耕女织，自给自足，“鸡犬之声相闻，民至老死不相往来”，人们甘于守成，乐于静泊，处于与外部世界隔绝的状态。人们排斥与外界的交往，因而不要强烈的自我表现，崇尚“君子讷于言”“君子慎于言”，并逐渐形成了圆滑老到的性格。

长期滞留于农业社会的华夏民族，代复一代地固守土地，日出而作，日息而没，又逐渐形成了安土重迁的观念。《礼记》曰：“不能安土，不能乐天，不能乐天，不能成其身。”眷恋故土，落叶归根，成为中华儿女共同的心理状态。“父母在不远游”“金窝窝，银窝窝，不如家里的草窝窝”等，都是这一心理状态的反映。我们在本书第二章里曾讨论过，古人认为人死后灵魂是要归于泰山的，汉乐府民歌《泰山吟》《梁甫吟》《蒿里曲》以及《太平御览》《搜神记》中对此有十分详尽的记载。泰山是中华民族魂灵归依的神山，远行千万里的人死后，灵魂也要返回故里，归于泰山，这与安土重迁、落叶归根的观念也是一脉相承的。

安土重迁、落叶归根、魂依泰山等观念，经过世世代代的信仰升华，一方面表现为崇高的爱祖国爱家乡的民族情感、民族精神，另一方面却又束缚着人们过于依恋故土，徘徊于故土，失去了开拓精神，不能像西方民族那样冒险创业，甚至漂洋过海去开辟民族生存和发展的新天地。在今天，后者是愈加显而易见的。

四、山与海的比较：两种不同的文化观

在即将结束本书的时候，我们不妨让目光离开这座古老的大山，把视野放得更远，更阔些。

我们的这个星球表面，海洋占71%，而高山和陆地仅占29%。在宇航员的眼睛里，地球是一个蓝色的美丽星体。

西方的罗马人、希腊人、腓尼基人，在古埃及的铭文里就被称作“海上民族”。早在公元前1600年左右，希腊人的片片白帆就已驰向大海，并将爱琴海视作自己的内海。到了公元前340年左右，亚历山大大帝的船队已在地中海驰骋扬威，纵横征战。

近代的葡萄牙人、西班牙人、英吉利人竞先从陆地走向大海，从事商品交易和殖民掠夺，繁荣了前资本主义经济。马克思称：“美洲的航行，给新兴的资产阶级开辟了新的活动场所。”大海给资产阶级带来了巨额利润，大海给资本主义提供了发展的新大陆，大海为西方文明提供了得以发展的广阔空间。

西方人是那样的眷恋崇拜大海。黑格尔曾这样赞叹：“大海给了我们茫茫无定、浩浩无际和渺渺无限的观念；人类在大海的无限里感到自己的无限的时候，他们就被激起了勇气，要去超越那有限的一切。大海邀请人类从事征服，从事掠夺，但同时也鼓励人类追求利润，从事商业……他们便是这样从一片稳固的陆地上，移到了一片不稳的海面上，随身带着那个人造地盘，船——这个海上的天鹅，它以敏捷巧妙的动作，破浪而行。”（《历史哲学》）这是一曲海上民族

的海洋赞歌，也是坦率的西方人道出的致富圣经。

的确，西方人冲向大海才有了残酷的资本原始积累，才有了大规模的向美洲、澳洲和南非的移民，才有了得以大显身手的田园、牧场、矿山……才有了高度发达的资本主义经济。大海过去和现在都是西方人的生命线。

中国人则不同。中国人特别崇尚高山与土地。

正当亚历山大开拓海上疆域的时候，春秋诸国正忙于修筑大道、城池。诗云："周道如天，其直如矢。"秦始皇统一六国后，首先要做的也是修驰道、祭泰山。汉唐时代起，到宋元明清历朝，中华民族的视线始终投向内陆，热血男儿们的"拓边精神"指向西北草原和大漠。"黄沙百战穿金甲，不破楼兰终不还"，成了卫青、霍去病、杨继业、于谦等一代又一代将士们的铿锵誓言。而在海疆方面，当倭寇从海上袭来劫财掠地时，一代名将戚继光也只是筑城以自卫，设台以架炮，少得有扬帆远航痛歼残敌于海上之举。

更令人费解的是，从江浙水乡到中原京畿，明明有几千公里的海运线可以利用，从隋炀帝到明清君王却不惜耗费大量的人财物力开凿几乎与海岸线平行的漕运大运河，从而演出了一幕又一幕征夫苦役的人间悲剧，这使得最初来华的马可·波罗、利玛窦等西方人十分困惑不解。"海客谈瀛洲，烟涛微茫信难求"，大海对于我们的先祖似乎是特别神秘莫测的。

我们的先祖对于大山则是顶礼膜拜的。《国语·鲁语》云："山川之灵，足以纲纪天下，其守为神。"《后汉书》云："山岳者，灵气之所宅。"大山可以享受举国祭祀大典，可以被加封为这样或那样的神圣称号，而大海甚至大河则绝无如此的荣耀。"大漠孤烟直，长河落日圆"，"黄河远上白云间，一片孤城万仞山"，"天门一长啸，万里清风来"。在文学家们的视野里，大漠与高山也是分外奇美的。

元明之际，虽有几次扬帆大海的尝试，但由于后来愈演愈烈的海禁政策，茫茫无际的太平洋上始终没有出现强大的中国船队。清代后期，雄心勃勃的李鸿章为政治而军事，一度组建了称强亚洲的庞大水师，但由于封建统治者整体的轻商海禁政策，没有与之相辅衬的商业船队，更缺乏发展的原动力和生存基础，加之政治的昏庸腐朽，最后也是"樯橹灰飞，一朝覆亡"。

轻海重陆，轻海敬山，似乎是华夏民族的传统心理。它与西方人的重海爱海，形成了鲜明的对照。早在100多年前，梁启超就似乎发现了二者的不同，他说："海也者，能发人进取之雄心者也。陆居者，以怀土之故，而种种之系累生焉。试一观海，忽觉超然万累之表，而行为思想皆得无限自由。彼航海者，其所求固在利也，然求之之始，却不可不先置利害于度外，以性命财产为孤注，冒万险而一掷之。故久于海上者，能使精神日以勇猛，日以高尚。"（《地理与文明之关系》）这话是很有其一番道理的。

一位当代西方学者这样说道："许多致力于现代化建设的发展中国家，正是在经历了长久的阵痛和难产之后，才逐渐意识到：国民的心理和精神还被牢固锁在传统意识之中，构成了经济与社会发展的严重障碍。"（《人的现代化》，转引自《泰山研究论丛》三辑），我们不是可以从这段话中得到某种借鉴与启示吗？

历史已经证明并必将证明，任何开明的国策与优秀的准则只有在相适应的国民精神与国民个性中才能得以实现，而国民精神与国民个性的优化提高则依靠全民族文化素养的提高。

今天，当我们来总结泰山文化这份珍贵的历史遗产时，会发现精粹与糟粕同在，因而必然是弘扬与批判同在。

泰山是巍峨的，当我们登上泰山极顶观赏那壮丽的日出的时候，也看到了波澜壮阔的大海。

大海是浩瀚的，当海外游子站在巨轮的甲板上翘首回望故乡时，也看到了昂首东天的泰山。

其实，25亿年前的泰山就是一片大海。

1992年2月至6月第一稿

7月至9月第二稿

9月至11月定稿

附录1
泰山高度考

唐宋以前，古人关于泰山高度的概念是笼统而模糊的。

《博闻录》载："（泰山）高四千丈，环一千里。"《茅君内传》上说："（泰山）周回三千里。"这些夸张的笼统之谈，皆缘于人们对泰山高大的仰慕。同时因受科技水平的限制，当时的人根本无法测出泰山的确实高度。

《汉官仪》上说："（泰山）自下至古封禅处凡四十里。"所谓"下"，并没确切说明起点所在，"古封禅处"一般系指玉皇顶。晋代郭璞的《山海经注》上说："（泰山）从山下至顶四十八里三百步。"计量单位精确到步，显然是经过了一次勘测活动。晋代以360步为一里，6尺为一步，折合105480尺。《唐六典》上也记载："（泰山）周百六十里，高四十余里。"这些皆指从山脚至山顶的斜线

图48　泰山极顶

距离，古人称之为“平高”，亦即登山的里程。由于没有先进的测绘工具，加之山势地形的凸凹不平和曲折回旋，所以众说不一，误差较大。

历史上第一次用科学方法测量泰山高度的是明代人张五典。张五典（1555—1626）字和衷，山西泌水县人，万历年间进士。他平时十分注重水文地质、天文地理知识的搜集整理，在任山东布政使参议期间，发明了“双杆表格测高法”，完成了我国测绘科技史上的一次大突破。

张五典的“双杆表格测高法”是：用两根刻有尺度的一丈长的杆子，中间各置一铁环。一根为竖杆，另一根为横杆，用一根绳子先系在横杆的环上，再穿过竖杆的铁环，牵动绳尾，则横杆可上可下，且要使横杆保持水平方向。测量时，由竖杆所立之点看横竿顶端所达地点，每杆为二步（五尺一步），以求远近平高。每量一杆，若在平地则横杆平稳着地，若在坡地，则横竿前端着地，后端悬空，然后测出后端距地面距离，即为上下直高。又专门绘制一张360格的图表，每量一步，则分别填出平高和直高的数字。如此填满一表则为平高一里，累计直高数则为一里内直高。

此次测绘由盛州巡检张嘉彩实施，共测点4300余次，测得泰山平高为14里80余步，直高为368丈3尺4寸。张五典为此写了一篇短文，收在《岱史》《蒿庵闲话》等书中。

张五典“双杆表格测高法”的测绘结果，泰山平高为7.13公里。今天测出红门宫下盘道起工处至玉皇顶的距离为6.5公里，岱宗坊至玉皇顶的距离为7.7公里。假如当时测量起点在岱宗坊与盘道起工处之间，则张五典测量结果与今天的测量结果十分接近。

其直高结果368丈3尺4寸，折合1227.8米。今天国家标准地图标明的泰山海拔为1524米，岱庙北门海拔为153米，则泰山相对高度为1371米。张五典测量结果与今天的测量结果相差143.2米。

清代乾隆年间，学者阮元再次测量泰山高度，他在泰山城中“以测望置算”，泰山极顶比城中试院高477丈9寸又31分寸，折合1433.793米，与今天测出的泰山相对高度仅差52.793米，其测绘手段已经相当先进。

然而，今天泰山的确切高度却产生了某些混乱。

国家测绘局测定的泰山高度为海拔1524米，地图出版社出版的各种版本的地图册一直采用这一数据，大中小学的地理课本上也均采用此说。国家城乡建设部1986年申报泰山世界自然遗产文本中标明泰山高度为海拔1545米，如今泰山极顶标明高度也是1545米。据说这一高度是国家测绘局重新测定的结果，可是迄今并没有查见正式的文件记载，且1990年出版的《中华人民共和国地图册》仍标明泰山海拔1524米。

1991年《齐鲁晚报》又公布了山东省地质勘探大队测出的泰山新高度，为海拔1532米。此说一出，有关部门立即予以驳斥，并坚持泰山高度为海拔1545米。

泰山是联合国教科文组织确定的世界自然与文化双重遗产，它的高度应当有一个确切的权威数字，这种各持己见的局面不应再继续下去。当今已有了先进的测绘山高的技术，有关部门应尽早组织一次权威性的复测，并予以公布，以避免再出现相互矛盾的高度数字。

附录2

泰山石长城考

泰山长城是齐长城的一部分，故《岱览》曰："齐长城横绝泰山。"

齐长城始修于春秋初期，比秦始皇时代的万里长城早400多年，是我国最早的长城。而今人们能看到的齐长城全部横坐在泰山的峰谷之上，因此可以说，中国最古老的长城在泰山。

公元前685年，一代春秋霸王齐桓公即位，任用管仲为相，在行政、农商诸方面进行了改革，加之"齐带山海，膏壤千里，宜桑麻"，遂"冠带衣履天下，海岱之间敛袂而往朝"。齐桓公在着力整治发展国内经济的同时，为防备西邻鲁国和赵国的侵扰，便开始在西部边界修筑长城。

图49　泰山石长城

当时齐与鲁、赵的边界西起济水、清河，中经泰山，东至大海。齐国最先修筑的是齐长城西段，即今济南到平阴之间的平原丘陵地带，这里有济水、清河流过，为进入齐国都城临淄的必经之路。西段长城东与泰山相连，成为有效地阻挡敌国战车兵马的屏障。《管子》云“长城之阳鲁也，长城之阴齐也”，即指该段长城。不久前在长清防门曾发掘出齐西段长城遗址，夯基清晰，城基宽10米左右。防门是齐长城上的重要关隘，周灵王五十七年（前555）齐晋两国曾在此交兵，争夺防门要塞。

到了齐威王时，称霸一时的齐国已开始走下坡路，“百官业乱”“民不聊生”。齐威王任用邹忌为相，整顿吏治，广开言路，决心中兴齐邦，“不飞则已，一飞冲天；不鸣则已，一鸣惊人”。当时已进入了战国时期，诸国间战争频繁，西部燕赵等国时时威胁齐国边境，于是齐威王又开始了一次较大规模的修筑长城工程。《竹书纪年》载：“周显王十八年（即齐威王六年——笔者注）齐筑防以为长城。”《史记·六国年表》也载：“齐威王十一年，赵取我长城。”在齐威王筑防长城五年之后，齐赵两国便在长城下摆开了战场。后来，齐国国力渐渐恢复，齐威王又任用大军事家孙膑为将军，接连取得了对西邻国战役的胜利，在长城内外演出了“围魏救赵”“减灶诱敌”等一幕幕有声有色的历史活剧。

战国后期，齐楚联盟破裂，楚与秦结盟攻齐，齐与韩结盟伐楚。史称齐宣王“伐楚九岁，攻秦三年，欲以残宋，取淮北”。齐国的边患又移至西南方向，于是齐宣王又开始了第三次大规模的修筑长城，并将筑防重点移至泰山及以南地区。《齐记》称：“齐宣王乘山岭之上，筑长城，西至济州，东至海，以备楚。”一条西起今日的平阴，经长清、泰安、莱芜、博山、沂水、五莲、胶南到大海的千里齐长城最后形成了。

齐长城的修筑自齐桓公到齐宣王前后历时300余年，它对于巩固齐国边防，使齐国政治稳定，经济繁荣，曾起过重要作用。《战国策·秦策》上评价：“昔者齐，南破荆，中破宋，西服秦，北破燕，中使韩魏之君。地广而兵强，战胜攻取，诏令天下，济清河浊，足以为限，长城巨防，是以为塞”。从地理形势分析，齐国三面环海，仅西部与中原诸国相接，又有长城依山借势筑防，易守难攻，较之中原无险可守的诸国占有很大优势，这也应当是它从齐桓公到齐威王、齐宣王一再崛起称雄的原因之一。

齐长城的修筑浸透了劳动人民的血汗，著名的“孟姜女哭长城”的故事便发生的春秋时代的齐国，齐庄公攻莒，大夫杞梁战死，庄公遣人吊丧，孟姜女拒不受见，后庄公亲往吊丧，其妻孟姜女哭声震天，十日不绝，长城为之崩塌，孟姜女遂投海水而死。后人则将此典故演绎为秦朝发生的事。

《史记正义》引《泰山郡记》："泰山西北有长城，缘河经泰山千余里，至琅琊台入海。"齐长城泰山一段大都依山势而建，外层为山石垒砌，中间填塞土石等，宽度从6米到10米。今天，人们从桃花峪之北的北顶山，经岱阴佛爷寺仙台岭、梯子山，朝东南进入莱芜北部山区的长城岭，可以看到绵延不断的齐长城遗址。在泰安市郊区下港谷山村山坡上有50余公里的长城遗址，高达2～4米。保存较为完好的齐长城在莱芜北部的长城岭，长达50余公里。《莱芜县志》载："长城故址在县治北境长城岭上。"今天登上长城岭依然可看到保存完好的城墙、垛堞等。在著名青石关、绵阳关、天门关遗址，透过荒榛野草淹没的断石残墙，似乎依稀还可听到战车的轰鸣、军士的呼喊和历史的脚步声。

附录3

泰山盘道考

《汉官仪》载："泰山盘道屈曲而上，凡五十余盘，自下至古封禅处凡四十里。"盘道指曲折回旋的山道。《汉官仪》记载泰山山道自下而上经50多个大的曲回旋绕，实际里程达40里。

今天的泰山盘道从红门宫前盘路起工处到玉皇顶的实际里程为6.5公里，可能与历代架桥平石缩短了登山距离有关。中路盘道石阶6660余级，西路石阶2100级，竹林寺至扇子崖石阶1400余级，后石坞石阶1000余级，加上佛爷寺、灵岩寺、桃花峪等处盘道石级，共计12000余级。泰山盘道是2000多年来经历代修造营建而成的，它是我国最古老、工程量最大的登山盘道之一。

第一位下令修治泰山盘道的是秦始皇。

图50　泰山石盘道

秦朝以前，登泰山的路十分艰难，古人顺着自然形成的谷溪山脊盘旋而上，并没有人工开造的盘道。孔子《丘陵歌》中有："喟然回顾，题彼泰山。郁确其高，梁甫回连。枳棘充路，陟之无缘，将伐无柯，患滋蔓延。"描述的正是秦以前登泰山的艰难情景。

公元前219年，实现了一统大业的秦始皇东巡至峄山，召集鲁国儒生70余人到泰山之下，讨论封禅登山礼仪。儒生们说："古者封禅为蒲车，恶伤山之土石草木，扫地而祭，席用杆秸，言其易遵也。"(《史记·封禅书》)从中可以看出，在春秋战国时代及其以前，君王们拜祭泰山时，上山要用蒲草裹上车轮子，不敢损坏山上的草木土石。既然是乘车而上，就不可能有石阶盘道。不敢损坏山上的土石草木，也不会有开山修道之举。

秦始皇认为这是儒生们的迂腐之见。史籍载："始皇闻此议各乖异，难施用。由此绌儒生，而遂除车道。"秦始皇下令修治的是车道，这是最早修筑泰山山道的记载，显然，还并非阶梯式的石级盘道。

汉代时，随着封禅活动的升级，帝王们又下令开拓登山之道。《汉官马第伯封禅仪记》中记载："(光武帝)二月九日到鲁，遣守谒者郭坚伯将徒五百人治泰山道……十二日宿奉高是日，遣虎贲郎将先上山，三案，行还。益治道徒千人。"汉光武帝先后派遣了1500人修治泰山山道。郭坚伯是第一位有史记载的泰山盘道工程的主持人。

在汉代，南天门以下的险要盘道(今十八盘处)称"环道"。《汉官马第伯封禅仪记》载："遂至天门之下，仰视天门窔辽，如从穴中视天，直上七里，赖其羊肠逶迤，名曰环道。往往有絙索，可得而登也。""环道"是对盘旋而上的山道的形象称谓，"羊肠逶迤""往往有絙索，可得而登也"等记载说明，当时仍没有阶梯式的石阶盘道。

唐玄宗封禅泰山"张皇六师，震詟六宇。旌旗有列，士马无哗"，征调了大批兵士役夫，造行宫，修盘道。李白《泰山吟》有"四月上泰山，石平御道开，六龙过万壑，溪谷随萦回"之句，说明唐代人曾平石构壑，再次修筑了泰山盘道。宋人邵伯温《泰山闻见录》有："又经天门十八盘，峰兀秀耸"的记载，首次提到南天门十八盘。可见，唐宋时期极可能已开始修筑石阶盘道。

元代初年泰山道士张志纯创建"南天门阁"，文学家杜仁杰撰《天门铭》记其盛举。其上石刻对联曰"门辟九霄仰观三天胜迹，阶崇万级俯临千嶂奇观”。“阶崇万级”之语也说明，元代之前的唐宋时期，石阶盘道已基本形成。

明代于嘉靖三十四年（1555）曾对泰山石阶盘道进行过一次大规模的修治。现存红门宫下的“盘路起工处”石碑是那次修治工程的纪念碑，碑正面大字“盘路起工处”为嘉靖年间登州府通判孙价所书。令人遗憾的是，石碑无记叙当年修筑情况的碑文。从“盘路起工处”石碑判断，那是一次大的修筑活动，因为它不是重修纪念碑，且由外地官吏书写碑名。

此次修筑盘道三年之后，明代著名文学家王世贞曾登临泰山，他写道：“已度石壁峪为十八盘……而今道益饰治，且有舁者（指抬山轿子的人——笔者注）……自是为十八盘者三。”可知那次修治之后，已有了三个十八盘之说。

明朝大规模修治泰山盘道，除政治原因外，还有着重要的经济原因。唐宋以后，来泰山朝山的香客日益增多，至明代“合计入山者日八九千人，春初日满三万”。明政府为弥补财政支出，于正德十三年下令征收泰山香税，凡进山者“每人一钱二分，千人百二十,万人千二百，岁入二、三十万”。史称“岳之有香税惟岱也”，“外国所艳闻也”。（明代《广志绎》）因此，明政府大规模修治盘道，便利香客登山，很大程度上是为了多收香税，增加财政收入。

清代乾隆十三年（1748），即清高宗第一次祭祀泰山之前，山东巡抚阿里衮率济南知府明德巡查泰山，做迎驾准备。因回马岭以上山势险峻，“乃为天桥之没，架木叠板，纡折而上。自券台至升仙坊，凡六处，为桥六百三十一丈奇”（明德《望岱纪略》）。这是一次突击性的临时修治。

乾隆三十六年五月十五日夜，泰山暴发特大山洪，冲塌盘道多处，跨桥多孔，泰安知府夏玢组织重修，“凡二十四桥皆恢拓之”。

到了光绪八年（1882），山东巡抚任道榕因泰山盘道经年失修，下令泰安知府曹浚澄、知县徐寿基“计工修葺”。红门《修理泰山盘路碑记》记下了当时的情形：“泰山由麓而至顶四十余里，其间石磴六千七百余级。今计其地当十不逮一耳。历年既久，半已倾圮，行者多有陨越之虞。道榕于是岁春月檄曹守浚澄，徐令寿基，计工修葺。危者安之，毁者易之，以及桥梁陡崖石坡等工，亦皆修治完固，而险峻难济之道，拾级而升。今而后行者皆便于登降矣。惟恐更阅数年，而今之所谓完固者，又何若也。因于事后，提拨闲款银五百两合修山路工银五千五百两，合成六千两，分发济泰沂三府，生息以为岁修之费。”此次修整之后，又拨了白银六千两，以其息作为每年维修盘道的专款，这说明清政府对修治泰山盘道的重视。4年之后，即光绪十二年（1886），山东巡抚陈士杰再次修整完善了泰山盘道，此次以增修盘道石栏为主，“修铺津梁，平易道路，盘曲处翼以石栏，凡二千五百二十丈，俾登山者有恃无恐”（红门《重修泰山盘道碑记》）。负责施工的仍是知府曹浚澄，还有新任县令黄丽中。经过光绪八年、十二年前后两次修整，泰山盘道已基本完善。

光绪三十一年（1905）秋，山洪冲毁回马岭一带盘道。次年，泰安知县李于锴、泰安城寓居官吏萧纪庭发起泰城人士捐资修复了盘道。泰安知府玉构曾为此作记，刻石于回马岭下。

民国十九年（1930），中原发生蒋（介石）、冯（玉祥）、阎（锡山）大战。蒋阎争夺泰安，阎锡山部队“以一旅守城，以一旅守山，沿盘道设防”，“满山修筑战沟埠”，泰山盘道遭到极大破坏，直到新中国成立前未得到修复。

民国十一年（1922）道士梁鸿峻募化修建扇子崖盘道1400余级。

中华人民共和国成立之后。从1954年11月到1956年底，泰安县政府先后拨款16.6万元整修泰山盘道，修复一天门到五松亭零星损坏盘道166级，五松亭段盘道178级，对松亭段盘道245级，南天门到西神门173级，东神门至玉皇顶349级，计1131级；新建斗母宫到经石峪盘道230级；新建竹林寺到中天门石阶1473级，龙潭水库至长寿桥石阶586级；砌石子路面1077米。

此后泰山盘道一直未得到正常维修。1983年，泰安市政府拨款43万元整修了中天门到南天门盘道1311级，建石栏扶墙1290米，并拓宽改造了天街路面。1987年，泰山管委投资12.7万元整修了壶天阁到东西桥子盘道1000余级，并先后新辟了玉皇顶到丈人峰，瞻鲁台至拱北石，玉皇顶到孔子庙的新石阶盘道。

泰山石阶盘道有许多沿用已久的专用名。如“十二连盘”，《泰山述记》记载“在步天桥北上，又上为黄岘岭”，因此处山势险峻，接连有12个回旋盘道而得名；“倒三盘”，乾隆《泰山志》记载“在虎埠石北”，因此处盘道由高处向下修筑而得名；“快活三”，《泰山述记》记载“凡三里，地忽坦夷，或名快活山”，因此处山势平坦，游人得以喘息而得名。这些名称一直沿用至今。

十八盘是泰山盘道的最险峻地段，也是泰山盘道工程的代表杰作。这里两壁悬崖，仅1公里的山谷垂直高度却达400余米。经历代劳动人民修建，十八盘犹如天门云梯，成为泰山的一大象征。十八盘共有79盘，1633级。从对松亭北山口到龙门坊旧址393级，为慢十八盘；从龙门坊旧址到升仙坊767级，为不紧不慢十八盘；从升仙坊到南天门473级，为紧十八盘。明代诗人写道："拔地五千丈，冲霄十八盘。径从穷中见，天向隙中观。"正道出了十八盘的气势。

悬崖翠磴云中转，玉阙朱楼万仞端。[1]

古老的泰山盘道正以它崭新的姿态迎接着四方游客的到来。

---

① 本书图片由曲建春提供。

再版后记

人猿相揖别，只几个石头磨过。

泰山的历史由石头萌发，泰山的文化从石头写起。

悠悠五千年，泰山石溶进几多百姓憧憬，帝王的梦幻，神奇的传说。

漫漫七千阶，泰山石铭刻着万千大众的辛劳，无数志士的呐喊，永远登攀的高歌。

泰山石坚稳，深邃，博大。

泰山是一部石头的大书。

这是二十八年前，我为红门泰山石文化陈列馆落成写的一段文字，并镌刻在红门宫东侧的一座小石碑上。从那时起，我便有了研究泰山石文化课题的意愿。在许多友人的支持鼓励下，一九九二年撰写了《中华石文化与泰山石》一书，并由母校山东大学出版社出版，算起来也有二十六七个年头了。

近些年，寓居京城，远眺西边莽莽苍苍的燕山山脉，就不由地想起那座工作与生活了几十年的巍峨泰山，浮现出那些一起工作的同事们的音容笑貌。十分感谢泰山管委《中华泰山文库》工作室的同志们，将拙著《中华石文化与泰山石》纳入《文库》中。毫无疑问，《中华泰山文库》是一项浩繁艰辛的工程，但确是传承泰山文化，弘扬泰山精神的高瞻远瞩之举。

此次再版已是拙著第三次出版，工作室的同志们要我再补写一个后记。提起笔来，啰啰嗦嗦地写了上面的这些话。

是为记。

二〇一八年十二月周谦于京华